CAMBRIDGE LIBRARY COLLECTION

Books of enduring scholarly value

Religion

For centuries, scripture and theology were the focus of prodigious amounts of scholarship and publishing, dominated in the English-speaking world by the work of Protestant Christians. Enlightenment philosophy and science, anthropology, ethnology and the colonial experience all brought new perspectives, lively debates and heated controversies to the study of religion and its role in the world, many of which continue to this day. This series explores the editing and interpretation of religious texts, the history of religious ideas and institutions, and not least the encounter between religion and science.

Les Légendes grecques des saints militaires

The Belgian Jesuit Hippolyte Delehaye (1859–1941) was a distinguished member of the Society of Bollandists, named for the seventeenth-century Jesuit Jean Bolland, who was assigned the task of collating and editing the various versions of the lives of saints and martyrs. This work in French was published in 1909, and considers the various legends, originating in the Greek Orthodox Church, about the lives of soldier-saints, from the most famous, such as St George and St Theodore, to those, such as St Procopius of Scythopolis, where there is not unanimous agreement that they were soldiers at all. A long appendix gives the Greek texts (with variants) of several versions of the lives and martyrdoms of Sts Theodore, Eutropius, Procopius, Mercurius and Demetrius. Delehaye in his introduction points out that Christianity spread rapidly through the Roman army, and that this accounts in part for its dissemination across the Roman world.

Cambridge University Press has long been a pioneer in the reissuing of out-of-print titles from its own backlist, producing digital reprints of books that are still sought after by scholars and students but could not be reprinted economically using traditional technology. The Cambridge Library Collection extends this activity to a wider range of books which are still of importance to researchers and professionals, either for the source material they contain, or as landmarks in the history of their academic discipline.

Drawing from the world-renowned collections in the Cambridge University Library and other partner libraries, and guided by the advice of experts in each subject area, Cambridge University Press is using state-of-the-art scanning machines in its own Printing House to capture the content of each book selected for inclusion. The files are processed to give a consistently clear, crisp image, and the books finished to the high quality standard for which the Press is recognised around the world. The latest print-on-demand technology ensures that the books will remain available indefinitely, and that orders for single or multiple copies can quickly be supplied.

The Cambridge Library Collection brings back to life books of enduring scholarly value (including out-of-copyright works originally issued by other publishers) across a wide range of disciplines in the humanities and social sciences and in science and technology.

Les Légendes grecques des saints militaires

Hippolyte Delehaye

CAMBRIDGE
UNIVERSITY PRESS

University Printing House, Cambridge, CB2 8BS, United Kingdom

Cambridge University Press is part of the University of Cambridge.
It furthers the University's mission by disseminating knowledge in the pursuit of education, learning and research at the highest international levels of excellence.

www.cambridge.org
Information on this title: www.cambridge.org/9781108081450

This edition first published 1909
This digitally printed version 2017

ISBN 978-1-108-08145-0 Paperback

LES

LÉGENDES GRECQUES

DES

SAINTS MILITAIRES

ABBEVILLE. — IMPRIMERIE F. PAILLART

LES

LÉGENDES GRECQUES

DES

SAINTS MILITAIRES

PAR

Hippolyte DELEHAYE

BOLLANDISTE

Publié avec le concours de l'Académie des Inscriptions et Belles-Lettres

PARIS

LIBRAIRIE ALPHONSE PICARD ET FILS

LIBRAIRE DES ARCHIVES NATIONALES ET DE LA SOCIÉTÉ DE L'ÉCOLE DES CHARTES

82, rue Bonaparte, 82

1909

A Monsieur HENRI OMONT

Membre de l'Institut.

PRÉFACE

Le dépouillement des manuscrits hagiographiques des grandes bibliothèques de l'Europe et les recherches préparatoires à une nouvelle édition de notre *Bibliotheca hagiographica graeca* (Bruxelles, 1895) nous ont fait constater, une fois de plus, combien certains textes, très populaires au moyen-âge, ont été négligés et se montrent rebelles à un classement logique ; à quel point aussi le morcellement et la dispersion des matériaux compliquent l'étude d'une série de légendes que l'historien, non moins que le philologue, rencontre souvent sur sa route.

En dépit de l'activité des chercheurs d'inédit, race d'hommes que nulle tâche ne semblait capable de rebuter, plusieurs versions de ces vieux récits ne sont point encore accessibles au grand nombre des curieux. Elles continuent à rester confinées dans un domaine réservé, et seuls, de rares lecteurs privilégiés, placés dans le voisinage des plus riches dépôts de manuscrits, peuvent en faire l'objet d'une étude approfondie.

Une bonne édition des Passions des martyrs les plus célèbres, qui furent si souvent copiées dans leur langue originale et successivement traduites dans tous les idiomes modernes, rendrait à l'érudition un service considérable et répondrait à un besoin urgent. Mais il faut n'avoir jamais abordé ce genre de travaux pour se dissimuler les difficultés de l'entreprise. Si l'on doit attendre l'homme qui, avec l'abnégation requise, aura les loisirs et les ressources nécessaires à l'accomplissement de cette ingrate besogne, on fera bien de renoncer indéfiniment à éclaircir certaines questions d'hagiographie auxquelles ni les savants ni même le grand public ne se montrent indifférents.

La difficulté d'atteindre du premier coup l'idéal entrevu ne doit point décourager les efforts et nous avons cru rendre service en publiant dès maintenant le résultat de nos recherches sur un groupe de légendes dont l'importance, au point de vue littéraire, est considérable, et sur lesquelles l'historien ne se prononce qu'avec hésitation.

L'hagiographie grecque est à l'origine de toute cette littérature. Nous essayons de classer les textes qu'elle nous livre directement, à l'exclusion des dérivés; et pour éviter d'embrouiller davantage un sujet déjà très compliqué de sa nature, nous élaguons les questions subsidiaires qui viennent trop souvent, en pareille matière, tenter la curiosité du chercheur et entraîner le critique à des digressions peu favorables à la clarté.

Le problème littéraire, toujours capital lorsqu'il s'agit de textes hagiographiques, nous occupera donc de préférence. Toutefois, nous n'hésiterons pas à formuler les conclusions historiques qui découleront, comme d'elles-mêmes, de la comparaison des documents.

L'Académie des Inscriptions et Belles-Lettres a bien voulu entendre la lecture de ce mémoire, et en a rendu possible la publication par son généreux et bienveillant concours. Les membres de la Commission des Travaux littéraires qui ont proposé à l'Académie de prendre cette publication sous son patronage et tous ceux qui nous ont encouragés à divers titres, spécialement MM. Henri Omont et Paul Meyer voudront bien agréer l'expression de notre vive reconnaissance.

Bruxelles, 24 décembre 1908.

LES

LÉGENDES GRECQUES

DES

SAINTS MILITAIRES

CHAPITRE PREMIER

INTRODUCTION

Le nombre des saints de l'Église Grecque qui, d'après leurs Actes, ont été engagés dans le service militaire, et que les artistes représentent avec la cuirasse, le bouclier et la lance, est relativement considérable. A côté des célèbres phalanges des quarante martyrs de Sébaste, des martyrs de Mélitène conduits par S. Hiéron[1], de la troupe des compagnons de S. Maurice[2] et d'autres groupes moins nombreux, comme ceux des SS. Probus, Tarachus, Andronicus[3], des SS. Juventin et Maximin[4], des SS. Sergius et Bacchus[5], la liste des saints comprend

1. *Passio S. Hieronis et soc.*, dans Migne *P. G.*, t. CXVI, p. 109-120. La Passion la plus ancienne de S. Hiéron est inédite, et sera publiée dans les *Acta Sanctorum*, au 7 du mois de novembre.

2. *Passio S. Mauricii et soc. LXX* dans *P. G.*, t. CXV, p. 356-72.

3. *Acta SS.*, oct., t. V, p. 566-84.

4. Le seul texte que l'on possède sur ces saints est l'homélie de S. Jean Chrysostome, Montfaucon, t. II, p. 578-83.

5. *Acta SS.*, oct., t. III, p. 833-83; *Analecta Bollandiana*, t. XIV, p. 373-95.

une longue série de soldats isolés, Théodore, Ménas[1], Aréthas[2], Artémius[3], Callistrate[4] et beaucoup d'autres qui sont assez connus, soit par leur légende, soit par leur image traditionnelle.

Cette proportion d'uniformes dans le chœur des martyrs a frappé plus d'un historien et l'on a cherché à se rendre compte du succès de la propagande chrétienne dans les camps. Il n'y avait donc pas, comme on l'a répété, incompatibilité entre le métier des armes et la religion du Christ ; et l'Église ne portait pas sur l'état militaire les sévères jugements de quelques moralistes rigides. En même temps que l'on étudiait les causes de la rapide diffusion du christianisme dans l'armée, on tentait de définir le rôle de l'armée dans la diffusion du christianisme par le monde[5].

Ces questions assurément intéressantes et non encore suffisamment éclaircies, nous n'entreprenons pas de les résoudre ici. Tout au plus pouvons-nous prétendre à jeter quelque lumière sur certains côtés du problème en essayant d'apprécier à leur exacte valeur, les Actes de quelques saints guerriers choisis parmi les plus célèbres.

On distingue, en effet. dans le groupe des saints appartenant à la milice, une sorte d'état-major, choisi parmi les plus populaires d'entre eux ; ce sont les saints militaires

1. Les textes relatifs à S. Ménas sont nombreux et difficiles à classer. Cf. *Analecta Bollandiana*, t. XVIII, p. 406-407 ; K. KRUMBACHER, *Miscellen zu Romanos*, aus den ABHANDLUNGEN DER K. BAYERISCHEN AKADEMIE, I Kl. XXIV, Bd., III. Abt., 1907, p. 31-34.

2. *Acta SS.*, oct., t. X, p. 721-59.

3. *Acta SS.*, oct. t. VIII, p. 856-84.

4. *Passio S. Callistrati* dans *P. G.*, t. CXV, p. 881-900.

5. A. BIGELMAIR, *Die Beteilung der Christen am öffentlichen Leben.* (München, 1902), p. 164-201 ; A. HARNACK, *Die Mission und Ausbreitung der Christentums in den ersten drei Jahrhunderten*, 2e Auflage (1906), t. I, p. 257 et suiv. ; t. II, p. 41-50 ; ID., *Militia Christi*, Tübingen, 1905 ; K. H. E. DE JONG, *Dientsweigering bij de oude Christenen*, Leiden, 1905.

par excellence, auxquels les Grecs donnaient le nom de τῶν ἁγίων μαρτύρων τῶν στρατηλατῶν[1], et dont le Pseudo-Codinus dresse la liste dans le texte suivant : Ἄλλο σταυρὸς ἔχων εἰκόνας τῶν ἁγίων τεσσάρων μεγάλων μαρτύρων Δημητρίου, Προκοπίου καὶ Θεοδώρων, ἕτερον ἔχων τὸν ἅγιον Γεώργιον ἔφιππον[2]. S. Georges, qualifié habituellement de τροπαιοφόρος, apparaît ici comme le chef de cette troupe d élite formée par les deux Théodore, Démétrius et Procope. Ils sont fréquemment représentés sur les mosaïques, les fresques, les ivoires, les sceaux, tantôt isolés, tantôt en groupes et ces groupes sont diversement composés. Souvent les grands guerriers que nous venons de citer y figurent seuls : d'autres fois ils sont en compagnie de soldats moins illustres, tels que les saints Mercure, Eustathius[3], Sergius, Bacchus, Aréthas, Eustratius, Nestor, ou encore d'autres saints étrangers à l état militaire.

Voici, par exemple, sur un bas-relief, les saints Démétrius, Théodore le stratélate, Georges et Procope[4]; sur un médaillon d'or les SS. Théodore, Démétrius et Georges[5]; sur un ivoire S. Théodore et S. Georges; sur

1. CONSTANTIN PORPHYROGÉNÈTE, *De Caerimoniis*, app. ad lib. I, éd. de Bonn, t. I, p. 481.

2. *De officiis*, IBID., p. 48.

3. Sur une ampoule du British Museum sont représentés deux saints militaires debout, armés de la lance et du bouclier. On a cru lire dans le champ les noms ΑΗΤΙΟΣ et ΓΕΟΡΓΙΟΣ. O. M. DALTON, *Catalogue of early christian antiquities... of the British Museum* (London, 1901), n. 997, p. 176. Il n'y a pas de doute pour le nom de S. Georges. M. Dalton identifie l'autre saint avec un des quarante martyrs de Sébaste, Aétius (Cf. *Synaxarium ecclesiae Constantinopolitanae,* p. 521). Mais outre que ce martyr, séparé de son groupe, ne jouit d'aucune notoriété, il est difficile d'admettre que son nom ait été écrit Ἀήτιος au lieu de Ἀέτιος, même par un graveur ignorant. La lecture doit être rectifiée très probablement.

4. G. SCHLUMBERGER, *L'épopée byzantine à la fin du Xe siècle,* t. III, p. 80.

5. *ID.*, *L'épopée byzantine*, t. I, p. 585.

une croix pectorale S. Théodore, S. Georges, S. Démétrius avec la Vierge et S. Jean-Baptiste[1]. Une mosaïque de la cathédrale de Cefalù montre alignés les SS. Théodore, Georges, Démétrius, Nestor[2] : à la Martorana à Palerme, on voit S. Théodore, S. Mercure, S. Procope[3] ; une fresque de Saint-Paul du mont Athos réunit S. Démétrius, S. Procope, S. Artémius[4]. Les célèbres triptyques du Louvre, du Vatican, de la Minerve fournissent les séries les plus nombreuses. Le premier comprend les SS. Théodore le stratélate, Théodore le conscrit, Mercure, Eustratius, Arethas, Georges, Eustathius, Démétrius, Procope[5] : les mêmes saints, plus S. Ménas, figurent sur le triptyque du Vatican[6], de même sur celui de la Minerve, S. Mercure en moins[7].

L'énumération des groupes restreints, celle surtout des représentations isolées, nous mènerait très loin et ne paraît nullement nécessaire[8]. Il résulterait d'un relevé complet

1. *ID., L'épopée byzantine,* t. II, p. 49.

2. Photographie Alinari, communiquée par M. G. MILLET, qui m'a également permis de profiter de la riche collection de documents iconographiques réunis par lui, et dont il a publié le catalogue sous ce titre : *La collection chrétienne et byzantine des Hautes Études*, Paris, 1903. Le savant professeur voudra bien agréer l'expression de ma reconnaissance.

3. MILLET, *La collection chrétienne*, etc., n. C. 723.

4. MILLET, *Ibid.*, n. B. 92.

5. SCHLUMBERGER, *Mélanges d'archéologie byzantine*, 1re série (Paris, 1895), p. 71-86.

6. CH. DE LINAS, *Anciens ivoires sculptés*, REVUE DE L'ART CHRÉTIEN, t. XXXVI (1886), p. 157-62 ; A. MUÑOZ, *L'art byzantin à l'exposition de Grottaferrata* (Rome, 1906), p. 104-105.

7. DE LINAS, t. c. p. 162-69. — Il convient de rappeler ici que les saints militaires venus au secours des croisés devant Antioche, d'après Mathieu Paris (*Chron. maiora,* ad ann. 1098), sont S. Georges, S. Démétrius et S. Mercure. *Cognoverunt ergo principes ex inspectione vexillorum sanctum Georgium, sanctum Demetrium et sanctum Mercurium sua signa sequentes praecedere.* LUARD, t. II, p. 88.

8. Nous renvoyons le lecteur au catalogue déjà cité de M. MILLET, au Ménologe de Basile, reproduit par la phototypie, et savamment

que les saints militaires les plus fréquemment reproduits sur les monuments de l'art byzantin sont précisément ceux qui figurent, dans l'ordre suivant, en tête de la liste des martyrs, dans le *Guide des peintres* du moine Dionysios : Georges, Démétrius, Procope, les deux Théodore, Mercure[1]. Le plus généralement, les artistes leur donnent le costume guerrier ; parfois, cependant, ils manquent à cette règle, et leur font porter, ce qu'on pourrait appeler l'uniforme des martyrs, c'est-à-dire le costume des dignitaires du palais impérial, et une croix à la main[2]. Cette dérogation doit être sans doute attribuée à des motifs d'esthétique, et n'a point la signification mystique que l'on a prétendu y trouver[3].

Chez les Grecs, les saints militaires sont le plus souvent représentés debout ; S. Théodore et S. Georges sont parfois montés, ce dernier plus rarement, nous verrons pourquoi. Les Coptes et les Abyssins ont au contraire une

commenté par M. Pio Franchi (Turin, 1907), aux *Matériaux concernant l'archéologie du Caucase* publiés (en russe) par la comtesse Ouvarof, Moscou, 1893, 3e livraison ; à N. de Likhatchef, *Matériaux pour servir à l'histoire de l'iconographie russe* (en russe), Saint-Pétersbourg, 1906. — Pour les monnaies, voir L. Sabatier, *Description générale des monnaies byzantines*, Paris, 1862. — Pour les sceaux, G. Schlumberger, *Sigillographie de l'Empire byzantin*, Paris, 1884, et les suppléments publiés par l'auteur dans la *Revue des Études grecques*, t. I, IV, etc., et dans ses *Mélanges d'archéologie byzantine*, Paris, 1895 ; K. M. Konstantopoulos, dans le *Journal international d'archéologie numismatique*, t. IX (1906), p. 48.

1. Ἑρμηνεία τῶν Ζωγράφων, ἔκδ. δευτέρα (Athènes, 1885), p. 192 ; Didron, *Manuel d'iconographie chrétienne* (Paris, 1845), p. 321.

2. Il y en a plusieurs exemples sur les triptyques du Louvre et du Vatican. Voir aussi [P. Franchi de' Cavalieri], *Il menologio di Basilio II*, p. 17, 28.

3. Kondakoff, *Histoire de l'art byzantin*, t. II, p. 107 : « Aréthas, Artémius, Démétrius de Salonique, Gervais et Protais et d'autres guerriers adolescents ne figurent pas avec leur costume de guerriers, en raison de leur grande sainteté. » Il s'agit ici des miniatures du ménologe de Basile.

prédilection pour la figure équestre. Ils ne se contentent pas de représenter à cheval les grands saints guerriers, auxquels en Égypte s'ajoutent les saints Ménas et Mercure : des confesseurs et des martyrs qui n'ont jamais exercé le métier de soldat, le Christ lui-même, prennent volontiers chez eux l'apparence de cavaliers armés[1].

L'iconographie n'est pas seule à grouper les illustres « stratélates » et à leur attribuer cet air de famille qui résulte de l'identité du costume et de l'attitude. Les légendes qui racontent leurs hauts faits et leur martyre se distinguent également par une certaine uniformité dans la trame du récit, dans les développements et dans la variété même des formes qu'elles ont revêtues successivement. Les préférences des hagiographes se sont volontiers portées vers les saints militaires. L'abondante littérature qu'ils ont suscitée autour d'eux et qui encombre les ménologes, les synaxaires et tous les recueils du même genre, est en rapport direct avec l'extraordinaire popularité dont ils ont joui. Beaucoup de leurs légendes ont passé, non sans se mélanger à des éléments nouveaux, dans les littératures orientales d'abord, et plus tard dans celles de l'Occident. Considérées dans leur ensemble, les traditions relatives à la plupart des saints militaires sont d'une complication presque inextricable.

1. J. Strzygovski, *Der koptische Reiterheilige und der hl. Georg*, Zeitschrift für Aegyptische Sprache, t. XL, p. 1-11. Cf. J. Clédat. *Le monastère et la nécropole de Baouît*, Mémoires de l'Institut français d'archéologie orientale du Caire, t. xii (1906), pl. xxxix, liii, liv, lv, lvi ; Strzygowski, *Koptische Kunst* dans Catalogue général des antiquités égyptiennes du musée du Caire (Vienne, 1904), table, s. vv. *Georg. Reiterheilige*, etc. A Konia (Iconium) on signale le type probablement unique de S. Georgis monté sur un char. W. M. Ramsay, *Notes on christian history in Asia Minor*, dans Expositor, VIIth series, vol. IV (1907), p. 413.

La multiplicité des formes que revêtent nos légendes fait bien comprendre dans quel esprit elles étaient lues, et permet d'apprécier le degré de respect qu'elles inspiraient au public d'alors. Tandis que les textes sacrés étaient reproduits avec une scrupuleuse fidélité, on en prenait à son aise avec ces récits merveilleux qui étaient loin d'être acceptés comme parole d'évangile et, sans compter la foule des rédacteurs, les simples scribes se croyaient autorisés à y mettre du leur. Évidemment, on ne s'accordait pas à les trouver entièrement satisfaisants au point de vue de la forme et même du fond. De là les entreprises réitérées en vue d'améliorer l'ensemble. On retranche, on développe, on interpole, on remanie avec une liberté, disons mieux, avec un sans-gêne qui a pour résultat de rendre l'étude de nos légendes singulièrement pénible. Le nombre des recensions et la profusion des variantes a trop souvent dérouté les érudits en les empêchant de mettre la main sur l'exemplaire-type de chaque catégorie. Nous voudrions essayer de remédier quelque peu à la confusion en esquissant un système de classement dans lequel les textes se groupent suivant l'ordre du développement de la légende. Sous peine de se perdre dans le détail. il faudra s'arrêter à des groupements d'une certaine étendue. On pourra essayer plus tard de les subdiviser en étudiant de plus près les remaniements qui ont introduit dans cette branche littéraire une variété si déconcertante, et, il faut bien le dire, si stérile.

Une des causes de l'obscurité qui règne encore dans la matière tient à ce qu'on n'a pas suffisamment isolé les versions primitives des traditions étrangères qui se sont greffées sur elles. Si parfois, sortant du domaine de l'hagiographie grecque, nous avons recours aux légendes latines ou orientales, ce sera seulement dans le cas où elles marquent avec plus de sûreté la direction dans laquelle la tradition s'est développée.

Pour être traitées dans toute leur ampleur, les questions d'hagiographie, outre l'étude des documents relatifs à la vie des saints, exigent celle de leur gloire posthume. Les récits et les panégyriques ne nous apprennent que d'une façon très incomplète ce que le peuple chrétien pense de ses saints, et ce n'est ordinairement pas là qu'il a consigné ses plus précieux souvenirs. Pour essayer de toucher aux origines et rejoindre les temps mêmes où les saints sont entrés dans la gloire, il faut remonter un double courant : celui de la tradition littéraire qui, trop souvent, nous égare dans la fantaisie ou dans l'inconnu, et celui de la tradition vivante du culte, qui se transmet de génération en génération et nous ramène bien plus sûrement à la source. Quoique l'objet propre de ce travail ne comprenne que le côté littéraire du sujet, nous ne pouvons entièrement négliger l'histoire du culte des saints militaires. On ne saurait étudier avec fruit n'importe quelle légende, en faisant complètement abstraction de la réalité historique. Elle n'est autre, en hagiographie, que la dévotion traditionnelle des fidèles, nous ramenant, sans interruption, aux jours mêmes où la tombe du saint vient de se refermer sur lui. Il est important de savoir jusqu'à quel point précis nous conduit cette enquête sur les premières manifestations du culte de chacun des martyrs dont nous aurons à nous occuper. Nous réunirons à cet effet les données essentielles, sans viser aucunement à tracer un tableau absolument complet, et après, comme avant notre esquisse, l'histoire du culte des grands saints militaires reste à écrire [1].

1. Nous ne cherchons pas davantage à donner une bibliographie complète de chacun des saints militaires. Aucun travail important

Nous disons « les grands saints militaires ». D'après ce que nous avons dit plus haut, on devine assez à quel groupe de saints nous bornons nos recherches. Il est composé des deux saints Théodore, de S. Georges, de S. Procope, de S. Démétrius, auquel il convient de joindre S. Mercure, dont la popularité, du moins chez les Grecs, est un peu inférieure à celle des cinq autres grands officiers, mais dont la légende a trop d'affinités avec les précédentes pour en être séparée.

n'a échappé aux recherches du chanoine Ulysse CHEVALIER, et nous renvoyons à son *Répertoire*. L'ouvrage de LUCIUS, *Anfänge des Heiligenkults* (Tübingen, 1904), nous a été souvent utile. Nous dirons plus loin ce qu'il faut penser des idées dont il s'inspire dans les questions spéciales que nous traitons.

CHAPITRE II

S. THÉODORE

Euchaïta, dans l'Hélénopont, province d'Amasée et de Sinope, dans un site que l'on reconnaît généralement pour le Tchorum actuel[1], a toujours été considérée comme le centre principal du culte de S. Théodore. La basilique qui s'élevait sur son tombeau et qui attirait de nombreux pèlerins, ne saurait être identifiée raisonnablement qu'avec celle d'Euchaïta, bien que cette désignation géographique ne soit pas exprimée dans les plus anciens récits. Dès le vᵉ siècle, Euchaïta apparaît déjà, sans en porter encore le nom, comme la ville de S. Théodore. Pierre le Foulon, exilé, y chercha un refuge : προσέφυγεν εἰς τὸν ἅγιον Θεόδωρον Εὐχαΐτων[2]. S. Alypius le stylite, qui mourut sous Héraclius, s'y rendit en pèlerinage[3], de même que l'anachorète Jean du *Pré Spirituel*[4], et l'on sait par Zonaras que Jean Zimiscès, en reconnaissance d'une victoire dont il se jugeait redevable à l'intercession de S. Théodore, reconstruisit la basilique où reposaient ses reliques, et changea le nom de la ville en celui de Θεοδωρόπολις[5].

1. Ramsay, *Historical Geography of Asia Minor*, p. 20-21 ; 268, 318-22 ; J. G. C. Anderson, *Studia Pontica* (Bruxelles, 1903), p. 6-12. — Voir cependant G. Doublet, *Inscriptions de Paphlagonie* dans le *Bulletin de correspondance hellénique*, t. XIII (1889), p. 297-98.
2. Theophane, *Chronogr.* ad ann. 5969, De Boor, t. I, p. 125.
3. Le texte grec de la Vie ancienne de S. Alypius est encore inédit. Nous renvoyons à la traduction latine publiée par Lipomano, *Vitae SS. Patrum*, t. V (Venetiis, 1556), fol. 189ᵛ-194ᵛ.
4. *Pratum Spirituale*, c. clxxx, *P. G.*, t. CXXXVII, p. 3052.
5. Zonaras, XVII, 3, 17-18, Büttner-Wobst, t. III, p. 535.

Zonaras, en cette occasion, nomme Euchaneia, que l'on rencontre parfois aussi associée au nom de S. Théodore, comme synonyme d'Euchaïta : ναὸν αὐτῷ κατὰ τὴν Εὐχάνειαν ἢ Εὐχάϊτα περικαλλῆ ἐδομήσατο. Nous ne discuterons pas ici cette identification qui a été contestée[1], et nous n'avons pas à faire l'histoire de la ville, dont l'importance, surtout au point de vue ecclésiastique, n'a cessé de croître au moyen-âge, grâce à son grand patron. Rappelons que nous avons un témoin de sa prospérité au XIe siècle dans la personne d'un de ses plus célèbres évêques, le métropolite Jean Mauropous : Η τοῦ μάρτυρος αὕτη πόλις καὶ παροικία, ἣν ἐξ ἐρημίας ἀβάτου πολυάνθρωπον πόλιν τε καὶ χώραν ἀπέδειξε [2], et il montre les pèlerins accourus à la fête du saint ἐκ τῶν μερῶν ἁπάντων τῆς οἰκουμένης [3]. Ce n'est qu'au XIVe siècle qu'elle apparaît comme déchue de son ancien rang et que l'on voit passer à Apros le titre de métropole qu'elle avait possédé jadis [4].

On voudrait être rassuré sur l'authenticité d'une inscription, dont l'original a malheureusement disparu, attribuant à l'impératrice Eudocia la construction d'une église de S. Étienne et le don d'une relique de S. Théodore à la ville d'Euchaïta : τῇ πόλει τοῦ ἁγίου Θεοδώρου [5]. Il serait également à désirer aussi que l'on fût fixé sur l'origine de deux autres « villes de Théodore » dont l'une Θεοδωρού-

1. GELZER, *Zur Zeitbestimmung der Griechischen Notitiae Episcopatuum*, JAHRBÜCHER FÜR PROTESTANTISCHE THEOLOGIE, t. XII (1886), p. 540, 541 ; RAMSAY, op. cit., p. 21.
2. P. DE LAGARDE, *Ioannis Euchaïtorum metropolitae quae in Codice Vaticano 676 supersunt*, dans *Abhandlungen der K. Gesellschaft der Wissenschaften zu Göttingen*, t. XXVIII (1881), p. 132.
3. *Ibid.*, p. 131.
4. MIKLOSICH-MÜLLER, *Acta et diplomata monasteriorum et ecclesiarum Orientis*, t. I, p. 90. Cf. A. WACHTER, *Der Verfall des Griechenthums in Kleinasien im XIV Jahrhundert* (Leipzig, 1903), p. 14.
5. *Bulletin de correspondance hellénique*, t. XIII (1889), p. 294.

πολις sur le Danube est mentionnée par Procope[1] et dont l'autre πόλις Θεοδώρου est connue par une inscription qui paraît être du XIIIe siècle[2]. Mais peu importe. On ne peut douter de la rapide extension du culte de S. Théodore. De nombreuses églises s'élevèrent en son honneur dans tout l'Orient, et bien que l'on ne puisse remonter à l'origine de chacun de ces sanctuaires, on en compte plusieurs qui peuvent prétendre à une haute antiquité.

Une des plus anciennes églises de Constantinople est dédiée à S. Théodore[3] Son fondateur n'est autre que le patrice Sphoracius, consul en 452, et le 5 novembre on célébrait annuellement la dédicace τοῦ ἁγίου Θεοδώρου ἐν τοῖς Σφωρακίου[4] Un μαρτύριον τοῦ ἁγίου Θεοδώρου à Eaccaea, en Syrie, doit être, selon toute vraisemblance, daté du Ve siècle[5]. Une δόμος ἀεθλοφόρου Θεοδώρου, à Gérasa, serait également des dernières années du Ve siècle[6], et vraisemblablement aussi une église d'Amasée, dédiée à S. Théodore, si l'empereur Anastase, désigné par l'inscription, est Anastase Ier (491-518), comme de bons connaisseurs semblent disposés à l'admettre[7]. A la même époque,

1. *De aedificiis,* IV, 6. Voir aussi IV, 11, deux φρούρια τοῦ ἁγίου Θεοδώρου.

2. C. I. G. 8742. On a proposé d'identifier cette ville avec Theodosia en Russie.

3. *Iustiniani Novellae,* III, 1 : ὅ τε σεβάσμιος οἶκος τοῦ ἁγίου μάρτυρος Θεοδώρου παρὰ Σφωρακίου τοῦ τῆς ἐνδόξου μνήμης ἀνιερώθη.

4. *Synaxarium ecclesiae Constantinopolitanae,* PROPYLAEUM AD ACTA SANCTORUM NOVEMBRIS, p. 197.

5. C. I. G. 8616 ; LEBAS-WADDINGTON, *Voyage archéologique en Grèce et en Asie Mineure,* inscriptions, 2159.

6. C. I. G. 8654 ; *Revue biblique,* t. IV (1895), pp. 387, 389.

7. TH. REINACH, dans *Revue des Études grecques,* t. VIII (1895), p. 83, n. 22 ; S. PÉTRIDÈS, dans *Échos d'Orient,* t. III (1899), p. 273-78. De ce que S. Théodore soit appelé dans l'inscription ὁ τοῦδε τοῦ πολίσματος ἔφορος, il ne suit pas nécessairement que son tombeau se trouvât à Amasée. D'autres villes avaient pour patron S. Théodore et portaient même son nom sans pouvoir prétendre à l'honneur de garder ses

Édesse possédait deux églises sous son vocable [1], et au siècle suivant il y avait à Jérusalem un μαρτύριον τοῦ ἁγίου Θεοδώρου [2] ; celui de Carsatas, près de Damas, n'était peut-être pas moins ancien [3].

On ne sait à quelle époque on commença à honorer S. Théodore à Dalisandos, qui se glorifiait de posséder son bouclier [4], ni à Diolcis, en Égypte [5], ni en plusieurs autres villes où des édifices consacrés à S. Théodore sont signalés par les inscriptions [6]. La diaconie de S. Théodore à Rome remonte à la période byzantine, mais il est impossible de fixer la date de fondation [7]. Le célèbre martyr était certainement connu à Rome au commencement du VIe siècle. Le pape Félix IV (526-530) le fit représenter sur la mosaïque de la basilique des SS. Cosme et Damien au forum romain [8].

restes. L'exploit de S. Théodore accompli à Amasée, d'après la legende, suffit à expliquer la dévotion spéciale des habitants de cette ville pour le saint martyr.

1. A. Baumstark, *Vorjustinianische kirchliche Bauten in Edessa* dans *Oriens Christianus*, t. IV (1904), p. 179.

2. *Vita S. Sabae auct. Cyrillo Scythopolitano*, c. LXXVIII, Cotelier, p. 855.

3. Anastasius Sinaita, dans Ioannis Damasceni *De imaginibus*, III, *P. G.*, t. XCIV, p. 1394.

4. Constantini Porphyrogeniti, *De Thematibus*, I, 13, éd. Bonn. p. 36.

5. *Vita S. Nicolai*, c. XIV, C. Falcone, *S. Nicolai Acta primigenia* (Neapoli, 1751), p. 12 : εἰσελθὼν ὁ δοῦλος τοῦ Θεοῦ εἰς τὴν κώμην τὴν λεγομένην Διόλκω κατέλυσεν εἰς τὴν ἐκκλησίαν τοῦ ἁγίου Θεοδώρου.

6. A Soada un ξενεὼν τοῦ ἁγίου Θεοδώρου, Lebas-Waddington, n. 2327 ; d'autres sanctuaires à Hypaepa, en Lydie, C. I. G. 8872 ; à Ancyre, C. I. G. 8823,

7. L Duchesne, *Le liber Pontificalis*, t. II, p. 41.

8. De Rossi, *Musaici delle chiese di Roma. Abside dei SS. Cosma et Damiano*. Marini suspectait l'inscription SANC THEODORVS. De Rossi est d'avis que dans les restaurations on a exactement reproduit les lettres de l'inscription primitive. La mosaïque de l'église Saint-Théodore est moins ancienne que la précédente, et sans aucune inscription. Voir De Rossi, tome cit., *Musaico dell' abside di S. Teodoro ai piè del Palatino*.

Jusqu'ici il n'a été question que d'un seul Théodore. A une époque qu'il est difficile de préciser, on commence à faire mention d'un homonyme, et l'on distingue S. Théodore le général d'avec S. Théodore le conscrit, deux saints militaires, dont les actes offrent beaucoup de ressemblances et que l'on rattache tous les deux à Euchaïta. Dans les textes littéraires, le dédoublement peut se constater dès le IXe siècle, et bien avant la novelle de Manuel Comnène qui met au rang des fêtes à demi chômées celle du 7 février, διὰ τὸν μεγαλομάρτυρα στρατηλάτην Θεόδωρον, celle du 17 du même mois, διὰ τὸν ἀθληφόρον Θεόδωρον τὸν τήρωνα, et celle du 8 juin, διὰ τὸν μεγαλομάρτυρα στρατηλάτην Θεόδωρον, ce dernier jour étant celui de la translation [1], la distinction devait avoir pénétré l'usage liturgique. Il y eut sans doute des églises spécialement dédiées à l'un ou à l'autre Théodore; on en connaît sous le vocable des deux à la fois, comme à Pergame le ναὸς τῶν ἁγίων Θεοδώρων [2] et le célèbre sanctuaire de Serres, en Macédoine [3].

Nous ne voulons pas nous attarder à discuter la question de l'identité ou de la distinction des deux saints homonymes. L'existence du second Théodore, dit le stratélate, n'est point établie historiquement et l'apparition de ce nouveau martyr à côté de l'ancien, qui fut longtemps seul à jouir des honneurs du culte, n'est point un phénomène isolé en hagiographie. Nous en trouverons un autre exemple dans la catégorie des saints militaires. La mul-

1. Voir les scolies de Balsamon au Nomocanon de Photius, tit. VII, c. 1, *P. G.*, t. CIV, p. 1072-73. La novelle de Manuel Comnène est de 1166. *P. G.*, t. CXXXIII, p. 760.

2. C. I. G. 8753.

3. P. N. Papageorgiu, Σέρραί, dans Byzantinische Zeitschrift, t. III (1894), p. 233-329. Le discours de Théodore Pediasimos περὶ τοῦ ἱεροῦ τῶν Φερρῶν dans M. Treu, *Theodori Pediasimi eiusque amicorum quae exstant* (Potisdamiae, 1899), p. 14-16). Il est suivi, p. 17-25, d'un recueil de miracles des deux saints.

tiplication des homonymes qui, en réalité, représentent le même saint, a son origine soit dans la diversité des légendes qui circulent à son sujet et qui modifient sa physionomie, soit dans la diversité des fêtes instituées en son honneur, soit enfin dans la célébrité de certains sanctuaires ou le saint est honoré sous des vocables divers. On serait bien embarrassé de dire laquelle des trois causes a fait surgir le second Théodore. Quoi qu'il en soit, les formes variées de la légende n'ont pas peu contribué à populariser l'idée d'une dualité aussi extraordinaire.

Les synaxaires marquent les trois fêtes à date fixe que nous avons rappelées plus haut [1]. On célébrait aussi une fête de saint Théodore le premier samedi de carême [2]. Cette fête mobile est spécialement consacrée à commémorer une apparition miraculeuse du saint. Julien l'apostat, à ce que raconte la tradition, avait défendu de vendre au marché les denrées qui n'auraient pas été offertes aux idoles ou aspergées du sang des victimes. On conçoit l'embarras des chrétiens. Saint Théodore vint à leur secours. Il apparut en songe à l'évêque d'Euchaïta et lui suggéra de remplacer la nourriture habituelle par un plat de froment bouilli, désigné dans le pays sous le nom de colybes, κόλυβα. Le récit le plus connu de cette vision se trouve dans un panégyrique faussement attribué à Nectaire de Constantinople [3]. Il fallait rappeler cette histoire, qui n'a pas été négligée par les derniers rédacteurs de la Passion de saint Théodore, ainsi que nous le constaterons.

Telles sont les attestations les plus importantes relatives

1. *Synaxarium Ecclesiae Constantinopolitanae*, pp. 451, 469, 735.
2. Τριῴδιον (Venise, 1839), p. 135.
3. *P. G.*, t. XXXIX, p. 1821-40. Voir un poème sur le miracle dans G. Wernsdorf, *Manuelis Philae carmina graeca*, (Lipsiae, 1708), 14-50. Sur les « colyba » voir L. Petit dans *Échos d'Orient*, t. II (1899), p. 324.

aux anciens sanctuaires dédiés à saint Théodore et aux fêtes établies en son honneur dans l'Église grecque. Nous allons passer en revue les récits hagiographiques qui ont tant contribué à répandre son culte.

*
* *

Les textes nombreux qui racontent la légende de saint Théodore se partagent en deux grandes classes : ceux qui ont pour objet Théodore le tiron, ὁ τήρων, le conscrit, et ceux qui se rapportent à Théodore le général, ὁ στρατηλάτης.

Occupons-nous d'abord de la première série dans laquelle nous rencontrons le plus ancien texte relatif à S. Théodore, nous voulons parler du panégyrique du saint attribué à S. Grégoire de Nysse [1]. On sait que cette attribution a été contestée, sans que les critiques soient tombés d'accord pour rejeter le panégyrique parmi les « spuria » du saint docteur. Les difficultés qui ont été soulevées contre son authenticité et dont quelques-unes pourraient être accentuées davantage, ne sont pas, de l'avis d'excellents connaisseurs, entièrement insolubles [2]. Nous ne devons pas chercher à les résoudre ici sans grand profit pour le travail qui nous occupe. L'homélie est fort ancienne ; il nous suffit de savoir qu'elle est anté rieure aux autres récits concernant le martyr. Voici en résumé ce que raconte à son sujet l'auteur du discours, que nous continuerons à appeler Grégoire de Nysse.

1. *P. G.*, t. XLVI, p. 736-48.

2. L'authenticité du panégyrique a été mise en doute notamment par Dupin, par Rivet, par Chamier et par l'évêque anglican Andrewes. Oudin, *De scriptoribus ecclesiae antiquis*, t. I., p. 607, Tillemont, *Mémoires*, t. IX, p. 273, 275, et Forbes, *Considerationes modestae et pacificae*, t. II, p. 241, ont essayé de résoudre leurs difficultés.

Théodore naquit en Orient. Il fut pris par le service militaire et arriva « dans notre contrée » avec sa légion qui venait y établir ses quartiers d'hiver. C'était sous le règne de Maximien et de ses collègues.

La persécution éclate. Théodore, qui n'est plus un conscrit dans l'armée du Christ, est forcé de comparaître devant deux chefs (ἡγεμὼν καὶ ταξίαρχος). « Je ne connais pas les dieux, dit-il à ceux qui l'interrogent ; mais je connais bien les démons que vous honorez. Mon Dieu est le Christ, le fils unique de Dieu ; pour lui je suis prêt à souffrir tous les tourments. »

Un soldat lui demande : « Votre Dieu a donc un fils et il engendre comme les hommes ? » Théodore riposte par une plaisanterie au sujet de la mère des dieux.

Le saint est renvoyé provisoirement ; on compte sur la réflexion pour le faire changer de sentiment. Il profite du répit qu'on lui donne pour mettre le feu au temple de la mère des dieux à Amasée.

Le bruit de l'événement ne tarde pas à se répandre et le coupable est bientôt découvert. Théodore est cité devant les juges. Il se montre intrépide et insensible aux menaces. Alors les juges essaient de le vaincre par de belles promesses, et font briller à ses yeux l'or, les dignités et notamment le souverain pontificat. A ce mot, le saint se mit à rire et exprima tout son mépris pour les pontifes des idoles et les empereurs qui s'arrogeaient cet honneur.

Les juges alors le firent suspendre, et on lui déchira les chairs. Le martyr glorifiait Dieu comme s'il eût été complètement insensible.

Après ce tourment il fut envoyé en prison. On y entendit cette nuit-là des voix nombreuses qui chantaient des psaumes ; le geôlier ne vit personne.

Enfin, après de nouvelles tentatives pour l'amener à apostasier, le saint fut condamné à la peine du feu.

Sous cette forme relativement simple, la légende de saint Théodore ne se rencontre dans aucun autre texte. Nous négligeons ici beaucoup de détails fort intéressants pour l'histoire du culte, mais indépendants de la légende. Il ne sera pas inutile de faire remarquer que, dans la péroraison du discours, quelques médiocres manuscrits présentent une variante, qui — le contexte le montre assez — est une interpolation de date récente. L'orateur, s'adressant à saint Théodore, le prie d'ajouter au poids de son intercession le suffrage des autres martyrs : ἄθροισον τὸν χορὸν τῶν σῶν ἀδελφῶν τῶν μαρτύρων. Telle est la leçon des anciens manuscrits [1]. Un scribe s'est rappelé à cet endroit le second S. Théodore, et a ajouté : κάλεσον τὸν συνώνυμον καὶ ὁμότροπόν σοι Θεόδωρον μετὰ πάντων [2] Ce n'est pas, on le voit, un argument à produire en faveur de la distinction des deux homonymes.

Nous prendrons comme type de la seconde légende de S. Théodore le conscrit le texte du manuscrit de Paris 1470, daté de la fin du IXe siècle [3]. Il sera publié intégralement en appendice (Appendice I). Il suffit de le résumer ici dans ses traits essentiels.

Maximien et Maximin lancent un édit de persécution. En ce temps-là, Théodore fut incorporé par Brincas dans

1. *P. G.*, t. XLVI, p. 748.
2. Tom. cit., p. 1214.
3. *Catalogus codicum hagiographicorum graecorum bibliothecae nationalis Parisiensis*, ediderunt SOCII BOLLANDIANI et HENRICUS OMONT (Paris, 1896), p. 148.

la légion des Marmarites, qui tenait garnison à Amasée.

Il y avait aux environs d'Euchaïta un dragon qui tuait beaucoup de monde. Un jour, Théodore passant par là le vit sortir de son repaire: il s'élança sur lui, au nom du Christ, et le tua.

Un peu plus tard, Théodore est sommé par Brincas de sacrifier aux idoles; il s'y refuse. Un certain Posidonius « ducenarius » l'interroge, après quoi Brincas propose de lui donner un peu de répit pour lui laisser le temps de la réflexion. Théodore profite de sa liberté pour fortifier dans leurs bonnes dispositions d'autres confesseurs de la foi et pour aller mettre le feu au temple de la mère des dieux.

Accusé par un certain Cronides, Théodore est conduit devant le juge Publius Straton. Celui-ci ne parvenant pas à vaincre sa constance, le condamne à être enfermé dans un cachot pour y mourir de faim.

Durant la nuit le martyr est favorisé d'une apparition du Christ, qui lui promet de le soutenir. Théodore entonne des cantiques, que les anges chantent avec lui. Les geôliers et le juge lui-même constatent leur présence. Alors le juge fait apporter au martyr du pain et de l'eau; mais il se refuse d'y toucher.

Nouvel interrogatoire. Le juge lui propose le souverain pontificat; mais le trouvant inébranlable, il le fait déchirer avec des ongles de fer, puis après des tentatives réitérées, il le condamne à périr par le feu.

Les bourreaux tirèrent du bois des ateliers et des bains voisins. Lorque le bûcher fut prêt, Théodore déposa ses vêtements et essaya de se déchausser. Mais les fidèles se précipitèrent pour lui rendre ce service. Le martyr fut lié au poteau et fit une longue prière. Apercevant dans la foule Cléonicus, un de ses camarades, il l'encouragea à persévérer et continua sa prière.

Le bûcher allumé, on vit la flamme entourer le martyr comme une voile enflée par le vent, et son âme monta au ciel comme un éclair.

Une pieuse femme, nommée Eusébie, réclama le corps du martyr et le garda chez elle.

*
* *

La Passion que nous venons d'analyser est composée de deux parties très distinctes. La première, qui s'arrête à la condamnation du martyr, n'est qu'un développement de la légende telle que la raconte Grégoire de Nysse. Les supplices ne sont pas notablement amplifiés, mais l'ordre est modifié. Il y a aussi plus de précision dans les détails. La légion dont Théodore fait partie est désignée sous le nom de « légion des Marmarites[1]. » Les chefs sont également nommés : Brincas, Posidonius, Publius Straton, et Cronides, l'accusateur. Enfin, la victoire de Théodore sur le dragon est brièvement racontée au début.

Il s'agissait de compléter l'histoire par un récit du martyre ayant quelque proportion avec le reste. Le rédacteur ne s'est pas mis en frais d'imagination, et l'on n'a pas de peine à reconnaître dans la seconde partie la Passion de S. Polycarpe. Les traits les plus caractéristiques de cette pièce célèbre ont été sans façon appliqués à S. Théodore, et les phrases mêmes littéralement transcrites. L'hagiographe y a inséré une prière pour « les

1. S. Christophe, d'après sa légende, aurait également servi ἐν τῷ νουμέρῳ τῶν Μαρμαριτῶν. USENER, *Acta S. Marinae et Christophori* (Bonn, 1886), p. 56. La *Cohors tertia Valeria Marmaritarum* est citée dans la *Notitia dignitatum*, Or. XXXIII, 34. SEECK, p. 70. Il est à peine besoin de faire remarquer que la présence d'un nom historique dans des textes comme ceux qui nous occupent, n'ajoute rien à leur autorité.

conscrits emprisonnés avec Théodore » et une apostrophe à l'un d'eux, Cléonicus. Pour terminer, il ajoute l'épisode classique de la pieuse femme qui cache le corps du martyr ; il l'appelle Eusébie.

*
* *

Une remarque à rappeler durant tout le cours de ces recherches. Comme il arrive fréquemment dans le genre de littérature qui nous occupe, les exemplaires de la légende qui vient d'être résumée présentent des variantes assez notables. La trame du récit n'est pas, en général, sensiblement modifiée ni le texte soumis à des remaniements profonds. Mais le style est souvent retouché, des développements sont sacrifiés, des détails sont omis, ou parfois ajoutés, et il faudrait, dans certains cas, un travail considérable et sans proportion avec le résultat, pour déterminer de quel côté se trouve la version primitive, et décider si l'on est en présence d'une interpolation d'une part ou d'une lacune de l'autre. On pourra comparer avec le récit que nous publions, et qui est fort ancien, le texte du manuscrit de Paris 520, fol. 161-169 [1], celui de la version latine publiée par Mombritius [2], et celui d'une autre version publiée dans la *Bibliotheca Casinensis* [3]. Le premier ne connaît ni Publius, ni Cronides ; le second nomme Cronides, mais le *praeses* est anonyme ; le troisième nomme parmi les compagnons de captivité, outre Cléonicus, un Eutropius que les autres ignorent [4]. Le ms. 1470 se contente de dire que Eusébie garda le corps du martyr dans

1. *Catal. codd. hagiogr. graecorum bibl. Nationalis Parisiensis*, p. 14.
2. *Bibliotheca hagiographica latina*, n. 8077.
3. *Bibliotheca hagiographica latina*, n. 8078.
4. *Bibliotheca Casinensis,* t. III, florileg., p. 81.

sa maison, et nulle part nous ne voyons que cette maison fût située à Euchaïta. Voici le texte du ms. 520 : τὸ σῶμα... ἀπέθετο ἐν γλωσσοκόμῳ ἐν τῷ οἴκῳ αὐτῆς, οἰκοδομήσασα τὸ μαρτύριον αὐτοῦ ἐν Εὐχαΐτοις, ἔνθα καὶ νῦν ἡ μνήμη τοῦ ἁγίου μάρτυρος ἐπιτελεῖται. Les versions latines sont d'une précision plus grande encore : *corpus sanctum... posuit in loculum et transtulit eum in possessionem suam, quae distat a civitate Amasiae via unius diei in locum qui appellatur Euchaita, qua possessione cogitavit ecclesiam facere* [1].

Il est intéressant de constater que, sur les quatre versions de la seconde légende que nous rapprochons ici, celle du ms. 1470 seule mentionne l'histoire du dragon. Si l'on veut se rendre compte de la manière gauche dont elle est introduite dans le récit, avec lequel elle n'a qu'un lien tout artificiel, on n'aura pas de peine à admettre que cet épisode est une interpolation, et que, primitivement, la seconde légende de S. Théodore en était indépendante.

*
* *

Nous ne pouvons omettre de signaler la ressemblance étroite qui existe entre la première partie de la seconde légende de S. Théodore et la légende de S. Théagène, dont la fête se célèbre le 3 janvier. Le récit développé qui concerne ce martyr n'a été conservé qu'en latin, mais on ne peut douter, par les extraits des synaxaires [2], de l'existence d'un original grec, qui jusqu'ici n'a été signalé dans aucun manuscrit. Avant le VIII siècle, il circulait certainement une version latine de la Passion de S. Théagène ; cette pièce a laissé des traces très reconnaissables dans plusieurs anciens manuscrits du martyrologe hiérony-

1. B. MOMBRITIUS, *Sanctuarium*, t. II, p. 325.
2. *Synaxarium ecclesiae Constantinopolitanae*, p. 367.

mien [1]. Elle était apparentée, cela est certain, à la légende de S. Théagène que nous possédons encore ; les fragments qui en restent sont trop réduits pour permettre d'en dire davantage. De la légende de S. Théagène nous avons deux rédactions latines qui répondent chacune à un texte grec, dont le moins développé n'était pas meilleur que l'autre, comme on l'a pensé, mais simplement allégé d'un épisode suspect [2]. D'après la légende donc, S. Théagène était également conscrit. Il vivait sous Licinius et appartenait à la légion *Secunda Traiana*, sous le tribun Zélicentius et le préposé Posidonius. Théagène refuse de servir. Il est lui aussi interrogé par deux juges, et Posidonius, qui paraît également dans la légende de S. Théodore, lui pose des questions qui rappellent beaucoup celles qui furent adressées à ce martyr. Mais là ne se bornent pas les ressemblances. Lá scène de la prison est identique de part et d'autre. Théagène comme Théodore est enfermé dans une prison scellée, dans laquelle il doit mourir de faim. Le Christ lui apparaît, et lui défend de toucher à la nourriture qu'on pourrait lui apporter. Alors Théagène se met à chanter, et des voix invisibles lui répondent. Le juge vérifie qu'il est toujours seul, et lui fait apporter à manger. Mais le saint refuse de toucher aux aliments en disant, comme Théodore : « Le juste vit de la foi. »

Il est naturel de se demander laquelle des deux Passions a servi de modèle à l'autre. L'auteur de la légende de S. Théodore était très capable, nous l'avons vu, de s'approprier le bien d'autrui et de dépouiller S. Théagène au profit de S. Théodore. Il nous semble néanmoins plus probable que l'emprunt a eu lieu en sens inverse. La première partie de la passion de S. Théodore est visiblement une

1. *Act. SS.* novembris, t. II, p. [5].
2. *Bibliotheca hagiographica latina*, n. 8106, 8107.

amplification du récit de S. Grégoire de Nysse; il ne fallait pas grande imagination pour tirer la légende du panégyrique, et ce n'était pas la peine de chercher ailleurs. Le rédacteur de la passion de S. Théagène, telle que nous la possédons, a dû être plus embarrassé. Car sans l'épisode de la prison, ces actes, tout en prenant aux yeux de l'historien meilleure apparence, n'ont plus rien qui puisse intéresser la foule et l'on conçoit qu'il se soit trouvé quelqu'un pour essayer d'en rendre la lecture moins aride en y introduisant quelques-uns des incidents de la passion déjà populaire de S. Théodore [1].

La troisième légende de S. Théodore le conscrit est celle de Métaphraste au 17 février. J'ai dit ailleurs sur quoi repose cette attribution et quelle en est la portée [2]. Il ne saurait y avoir aucun doute sur le fait que la Passion Μαξιμιανῷ καὶ Μαξιμίνῳ τοῖς βασιλεῦσι, dont nous publions le texte plus loin (Appendice II), faisait partie intégrante du ménologe de Métaphraste.

Une rapide analyse fera saisir le procédé du nouveau rédacteur. Il s'est emparé de la seconde légende, l'a racontée dans son style élégant et précieux, et l'a allongée du récit très prolixe du miracle des κόλυβα, d'après le panégyrique de Nectaire [3]. Inutile d'insister sur les traits qui ont disparu dans le travail de remaniement, sur les lieux communs et les discours qui sont l'ornement caractéristique de la nouvelle Passion.

1. Rappelons ici que la seconde Passion de S. Théodore (n° 6) et celle de S. Nestor (*Act. SS.*, feb., t. III, p. 629) ont une partie commune, comme l'a fait remarquer E. Leblant, *Les Actes des Martyrs*, (Paris, 1882), p. 28.
2. *Analecta Bollandiana*, t. XVI (1897); p. 311-29.
3. Plus haut, p. 15.

L'exemplaire de la seconde légende qui a servi de modèle, était, comme la version du manuscrit 1470, agrémenté de l'épisode du dragon. Il est placé, dans notre texte, entre l'enrôlement de Théodore et son départ pour la légion. Le martyr accomplit ce grand exploit comme pour donner une preuve de son savoir-faire, et Métaphraste se complaît à raconter le fait avec de longs développements. A noter que la femme qui joue toujours un certain rôle dans les histoires de ce genre, se trouve précisément être Eusébie, celle qui se contentait, dans les précédents récits, de prendre soin de la sépulture du martyr.

On sait que la tradition manuscrite du ménologe de Métaphraste est, en général, d'une remarquable fixité. Sur un point, la Passion de S. Théodore le conscrit, — nous aurons la même remarque à faire au sujet de la Passion du stratélate — fait exception à la règle. L'épisode du dragon manque dans un certain nombre d'exemplaires. Voici la proportion des manuscrits des deux classes dans les fonds grecs du Vatican et de Paris. Le passage se trouve dans le ms. de la Vaticane 1245, dans les mss. de la Bibliothèque Nationale 1190, 1450, 1500, Coislin 304 ; il manque aux manuscrits Palat. 308, Paris 771, 773, 1529, Coislin 307. Nous ne voulons, en ce moment, que constater le fait, sur lequel il y aura lieu de revenir.

*
* *

Dans la seconde classe des récits relatifs à S. Théodore, le saint se trouve du premier coup promu au rang de général. Ici encore nous aurons à distinguer trois groupes de textes qui ont chacun leurs caractéristiques et qui vont aboutir au ménologe de Métaphraste.

Les Actes qui se réclament du nom d'Augarus, sont les plus anciens [1]. En voici la teneur.

Licinius persécute les chrétiens et envoie partout ses édits, même dans l'armée. C'est lui qui avait fait périr les quarante martyrs de Sébaste, les soixante-dix centurions et les trois cents martyrs de Macédoine [2]. Voyant que le peuple méprise ses volontés, il se décide à frapper surtout des personnages importants.

Il entend parler d'un certain Theodore, connu par sa beauté, sa sagesse et ses exploits contre le dragon qui infestait Euchaïta. En effet, Théodore avait juré de délivrer sa patrie du monstre. Il arrive sur les lieux, et commence par s endormir sur l'herbe. Une pieuse femme, nommée Eusébie, l'avertit du danger qu'il court. Mais lui, armé du signe de la croix et fortifié par la prière, au milieu des larmes d'Eusébie, adjure le dragon au nom du Christ de quitter son repaire. Le dragon obéit en faisant trembler la terre sous ses pieds. Aussitôt, Théodore le perce de son épée. Beaucoup de soldats païens, témoins du spectacle, embrassent la foi chrétienne.

Licinius, informé de cet acte de bravoure, envoie des personnages de sa cour à Héraclée, où s'était rendu Théodore, pour le prier de venir le trouver à Nicomédie. Théodore reçoit les envoyés avec de grands honneurs et leur remet une lettre pour inviter l'empereur à venir lui-même à Héraclée avec ses grands dieux.

L'empereur se met en route. Théodore est favorisé d'une apparition. Il entend la voix du Seigneur : « Courage, Théodore, je suis avec vous. »

Le saint se revêt de ses habits précieux, monte à cheval et va au devant de l'empereur, qui le reçoit avec beaucoup

1. *Analecta Bollandiana*, t, II, p. 359-67.
2. Ce groupe de martyrs n'a pas été identifié jusqu'ici.

de bienveillance et lui demande quel jour il veut prendre pour sacrifier aux grands dieux. Théodore le supplie de lui confier quelque temps dans sa maison les images sacrées, et dès qu'il les a en sa possession, il met en pièces les statues d'or et d'argent, dont il distribue les morceaux aux pauvres. Lorsque deux jours après l'empereur veut célébrer le sacrifice, il apprend du centurion Magnentius qu'on a vu la tête de la grande déesse Artémis entre les mains d'un mendiant.

Alors Licinius irrité fait frapper Théodore à coups de nerfs de bœuf; puis on lui brise le corps avec des fouets plombés; on lui arrache la chair avec des ongles d'acier; on le brûle et l'on râcle ses plaies avec des débris de poterie. Après toutes ces souffrances, le martyr est gardé en prison durant cinq jours, puis crucifié, sur l'ordre du tyran. Les bourreaux le tourmentent horriblement dans les parties les plus secrètes, pendant que des enfants lui crèvent les yeux à coups de flèches et qu'on exerce sur lui mille indignités.

« Et moi, le tachygraphe Augarus, dit le narrateur, j'étais là, et le saint me pria de demeurer près de lui jusqu'à la fin. » Licinius le crut mort et le laissa sur la croix. Mais la nuit un ange descendit du ciel, le guérit et le détacha.

Cependant Licinius donne l'ordre à deux centurions, Antiochus et Patricius, de jeter à la mer le corps du martyr. A la vue du saint, qu'ils retrouvent libre et plein de santé, les deux centurions croient en Jésus-Christ, et avec eux quatre-vingt-deux soldats.

Instruit de ces conversions Licinius envoie le proconsul Sextus avec trois cents soldats pour mettre à mort les nouveaux chrétiens. En voyant les prodiges opérés par Théodore, eux aussi se convertissent. Il y eut alors une sorte de sédition. Un nommé Léandre voulut se jeter sur Théodore ; mais il fut tué par le proconsul ; celui-ci à son tour tomba sous les coups d'un certain Merpas, Hun d'origine.

Théodore apaisa le tumulte, et, en passant devant la prison, délivra tous les prisonniers. De nouvelles conversions suivirent : des démoniaques furent guéris.

Alors Licinius ordonna de trancher la tête à Théodore. Celui-ci, après avoir recommandé à Augarus de transporter ses restes à Euchaïta, fit le signe de la croix sur tout son corps et se livra au bourreau. C'était le 7 février.

Le saint corps fut transporté en grande pompe à Euchaïta, le 3 juin. Il y a grand concours de fidèles. et il s'y fait beaucoup de miracles.

Le faux Augarus écrit dans un style très recherché, et affectionne particulièrement les jeux de mots. Pas plus que le caractère invraisemblable de la narration, cette recherche ne semble avoir nui à son succès. La pièce nous est parvenue dans un grand nombre de manuscrits[1] et il en existe deux vieilles traductions latines[2].

*
* *

Ce n'est pas seulement par sa préface, Ὥσπερ φαίνει ὁ ἥλιος, que la pièce précédente se distingue de ce que nous appellerons la seconde légende de S. Théodore le stratélate, laquelle commence sans préambule par ces mots Λικιννίου τοῦ δυσσεβοῦς, et dont le texte du Vatican. 1993

1 La bibliothèque Vaticane à elle seule en possède douze. Voir *Catalogus codd. hagiographicorum graecorum bibliothecae Vaticanae*, ediderunt HAGIOGRAPHI BOLLANDIANI ET P. FRANCHI DE' CAVALIERI, p. 319.

2. *Bibliotheca hagiographica latina*, n. 8084, 8085.

(Appendice III) peut donner une idée suffisante. Elle est caractérisée notamment par cette particularité qu'Augarus, le prétendu compagnon et biographe du saint, est complètement éliminé du récit. On pourra encore remarquer que dans la première légende Théodore le stratélate est assez clairement désigné comme natif d'Euchaïta ; ici il est dit originaire d'Héraclée : ἐπὶ τὴν Ἡρακλέους χαίρων ἐχώρει, ἐξ ἧς δὴ καὶ ὥρμητο, et l'hagiographe, parmi les raisons que le saint devait avoir de ne pas se rendre à Nicomédie, trouve celle-ci, assurément bien extraordinaire, qu'il tenait à honorer sa patrie en y versant son sang.

Dans l'ensemble cette version reproduit les mêmes faits que la précédente, et à peu près dans le même ordre. Mais elle est beaucoup plus développée dans la plupart de ses parties — sauf pourtant vers la fin — et quelques épisodes sont traités avec une extrême prolixité, celui du dragon avant tout. La lettre de Théodore à l'empereur n'est pas seulement citée en passant mais résumée point par point. L'auteur s'arrête aussi avec complaisance sur le supplice de la croix et insiste d'une manière très déplaisante sur les raffinements de cruauté qui l'accompagnèrent, comme on sait.

Les jeux de mots et les excentricités du vocabulaire propres à la légende précédente ne se retrouvent pas ici. Le style sans manquer de recherche, est plus libre ; le rédacteur est visiblement préoccupé d'effacer la trace de certaines invraisemblances de son modèle et de mieux ménager les transitions ; le récit se déroule d'une façon plus logique.

Je ne veux pas insister sur certaines particularités qui semblent propres à la rédaction du manuscrit du Vatican plutôt qu'au groupe tout entier. Nous avons dit que les pièces de ce genre sont sujettes à subir des coupures assez arbitraires. Ainsi l'on cherche en vain ici les noms de Merpas et de Leandre. Ce qui ferait croire que le premier au moins de ces personnages n'a pas été négligé par le rédacteur de la seconde légende, c'est que dans la troisième, qui dérive de la présente, Merpas joue son rôle comme dans la Passion du faux Augarus. Faisons remarquer que le proconsul Sextus s'appelle ici Κέλσος.

*
* *

Une nouvelle rédaction de la légende nous est fournie par le ménologe de Métaphraste au 7 février. Elle se reconnaît aux premiers mots : Λικιννίῳ τῷ βασιλεῖ πολλῇ κεχρημένῳ τῇ περὶ τὰ εἴδωλα δεισιδαιμονίᾳ (Appendice IV). La suite du récit est sensiblement la même que dans la légende précédente, mais la matière est de nouveau librement travaillée. Ainsi l'auteur ne se contente plus de la minute de la lettre à Licinius ; il nous en communique le texte. Une part plus grande est donnée au dialogue ; l'intervention personnelle de l'empereur dans les supplices est plus accentuée et une longue prière est placée dans la bouche du martyr.

Un trait à signaler, et qui est bien dans le goût des métaphrases. Lorsque l'empereur remet à Théodore ses dieux d'or et d'argent, il n'oublie pas de se recommander à ses prières : ἀλλὰ καὶ ὑπὲρ ἡμῶν δεήθητι. Malgré toutes les libertés qu'il prend avec son modèle, on reconnaît que le métaphraste s'est certainement servi de la seconde légende ; la concordance verbale d'un bon nombre de passages suffirait à le prouver.

Dans le manuscrit du Vatican 1245, dont nous nous servons pour publier la Passion, l'histoire du dragon est passée sous silence. Une demi-colonne effacée à l'endroit même où elle devait se placer semble indiquer que le copiste, après avoir commencé à l'écrire, se ravisa. Et en effet, dans plusieurs manuscrits l'épisode se trouve à l'endroit voulu, et alors il est raconté exactement dans les mêmes termes que dans la légende de Théodore le conscrit. Rien de plus facile, par conséquent, que de compléter notre texte. Il suffit d'y insérer, entre les mots ἕξει πρὸς τοῦτο συνευδοκοῦν θέλημα et ἀμέλει καὶ χαίρων le récit de la lutte contre le dragon qui fait partie de l'autre texte métaphrastique. Les manuscrits complets sont les nos 820, 1993 de la Vaticane, les nos 976, 1450, 1500, Coislin 307 de Paris ; les manuscrits incomplets le n° 1245 de la Vaticane, et le Coislin 304. On remarquera que trois des manuscrits qui contiennent les deux légendes de Théodore le conscrit et de Théodore le stratélate, Vat. 1245, Coislin 304 et 307, donnent un texte complet et l'autre incomplet. Mais ce n'est pas une règle générale. Les manuscrits de Paris 1450 et 1500 racontent, à quelques pages de distance, littéralement la même histoire de l'un et de l'autre saint Théodore. Lequel des deux groupes est resté fidèle à la rédaction primitive de Métaphraste? C'est une question qui n'a pas été résolue encore.

Telles sont, groupées par famille, les légendes de S. Théodore qui se rencontrent le plus souvent dans les ménologes. Il en est quelques autres qui ont eu une bien moindre diffusion, et qui d'ailleurs se rattachent toutes, en quelque manière, à celles qui précèdent. La plus curieuse de ces légendes isolées est celle qui prétend combler les lacunes des autres en racontant les premières années de S. Théodore à partir de sa naissance. Il va de soi que l'on ne peut songer à la prendre au sérieux dans aucune de ses parties ; mais elle est un spécimen intéressant d'un genre que Métaphraste a peut-être mis à la mode par ses biographies de la Ste Vierge : Λόγος διαλαμβάνων τὰ ἀπὸ τῆς σεβασμίας γεννήσεως καὶ ἀνατροφῆς τῆς ὑπεραγίας δεσποίνης ἡμῶν Θεοτόκου[1] et de S. Jean-Baptiste : Λόγος διαλαμβάνων τὰ ἀπὸ τῆς γεννήσεως, ἀνατροφῆς καὶ ἀποτομῆς τοῦ ἁγίου Ιωάννου τοῦ προδρόμου[2]. D'autres saints trouvèrent des biographes qui ne firent grâce aux lecteurs d'aucun détail présumé intéressant ; ainsi S. Nicolas dont on connaît une Γέννησις, ἀνατροφή, πολιτεία καὶ βίος θεοφιλὴς καὶ τῶν θαυμάτων διήγησις τοῦ μεγάλου ἐν ἀρχιερεῦσιν Θεοῦ καὶ ἐν θαυματουργίαις περιωνύμου Νικολάου[3]. Il est facile de reconnaître dans cette classe de compositions les procédés de la rhétorique des anciens, et le plan même de l'éloge funèbre d'après Ménandre : τὸ προοίμιον — τὸ γένος — ἡ γένεσις — ἡ φύσις — ἡ ἀνατροφή — ἡ παιδεία — τὰ ἐπιτηδεύματα — αἱ πράξεις, etc. Il se trouva donc un hagiographe pour écrire, sur ces données, un Βίος καὶ ἀνατροφὴ de S. Théodore. Nous le connaissons sous deux formes, l'une très abrégée, dans le manuscrit 499 de Paris, fol. 284[v]-285[v], écriture du XIe siècle[4]. L'histoire complète se trouve dans un manuscrit du XIIe siècle, le *Vindobonensis theologicus grae-*

1. Cette pièce est inédite et se trouve dans de nombreux manuscrits. Voir nos catalogues hagiographiques de la Bibliothèque Nationale et de la Vaticane. Il en existe une traduction latine dans LIPOMANO, *Vitae SS. Patrum*, t. VI, fol. 168-78[v].

2. Pièce également inédite, et dont le texte se trouve ordinairement dans les mêmes manuscrits que la précédente. De même, la traduction latine dans LIPOMANO, fol. 196-203.

3. Dans le manuscrit de Vienne, theol. gr. 60 (dont il sera bientôt question), fol. 291-312[v].

4. *Catalogus codd. hagiographicorum graecorum bibl. Nationalis Parisiensis*, p. 9.

cus 60, d'après[1] lequel nous la publions (Appendice V).

Voici en peu de mots la composition de la pièce. Une préface empruntée en partie à la vie de S. Théodore le Sicéote : Εὐλογητὸς ὁ κύριος καὶ πατὴρ τοῦ κυρίου ἡμῶν Ἰησοῦ Χριστοῦ[2]; la naissance et l'enfance du saint; ses premiers miracles ou exploits ; l'entreprise d'Amasée et le martyre ; détails sur Eusébie; neuf miracles posthumes.

La légende dont l'auteur s'inspire mais qu'il entend compléter est celle de Théodore le conscrit, et la première phrase sur la patrie du saint est littéralement celle de Grégoire de Nysse. L'histoire de l'enfance et de la jeunesse est sans doute puisée à la tradition populaire d'Euchaïta, où le Βίος καὶ ἀνατροφὴ semble avoir été écrit. Le père du martyr s'appelle Erythrius, sa mère Polyxène, et l'on nous dit qu'elle mourut en couches. Le père ne trouvant pas de nourrice pour son fils, inventa le biberon et le nourrit lui-même, jusqu'à ce que l'enfant fît ses premières dents. Il lui trouva alors un autre genre de nourriture. Heureusement, la suite de l'histoire n'est pas racontée avec ce luxe de détails. Théodore, après la mort de son père, rejoint l'armée à Amasée, où il se distingue, naturellement.

Un jour il quitte secrètement le campement. A sa prière Dieu fait jaillir une fontaine, que l'on montre encore, dit le biographe. Puis il délivre un lieu, qui n'est autre qu'Euchaïta, des reptiles qui l'infestaient et surtout du terrible dragon qui faisait l'effroi des habitants d'alentour. Ici

1. Lambecius-Kollar, *Commentariorum* l. IV, p. 142. — A signaler encore comme se rattachant au même genre la pièce Ἀνατροφὴ καὶ βίος καὶ θαύματα καὶ μαρτύριον τοῦ ἁγίου μάρτυρος Νεοφύτου, dans le ms. de Vienne, *Hist. graec.* 38, fol. 171ᵛ-181ᵛ, et le Βίος καὶ θαύματα de S. Tryphon, dans le ms. *Hist. graec.* 3, fol. 6ᵛ-12ᵛ, Lambecius-Kollar, l. VIII, pp. 715, 154.

2. *Vita Theodori Syceolae,* dans Theophilos Ioannu, Μνημεῖα ἁγιολογικὰ (Venise, 1884), p. 361.

Eusébie apparaît comme dans la seconde légende du stratélate, mais nous apprenons que c'était une matrone romaine de sang impérial. L'épisode est raconté avec une prolixité qui contraste avec la concision de la suite. L'interrogatoire et le martyre sont rapportés très sommairement. Eusébie ensevelit avec honneur le corps de S. Théodore. Elle-même, après sa mort, est honorée comme sainte, et l'on fait sa fête, ajoute l'hagiographe, le samedi de la mi-carême, τῷ σαββάτῳ τῆς μέσης τῶν νηστειῶν ἑβδομάδος.

Les miracles, que nous n'analyserons pas, méritent d'être lus, même le premier, où il s'agit d'un portrait du martyr fait sur la commande d'Eusébie, et pour lequel il vint poser lui-même en costume militaire. Cette image existait encore au temps de notre biographe. C'était peut-être celle-là même dont Jean Mauropous parle dans un de ses sermons ; elle était l'objet d'une vénération spéciale. Le saint y était représenté à pied.

Le panégyrique de S. Théodore par Nicétas le Paphlagonien, non encore publié mais dont il existe un bon nombre de manuscrits [1], n'est pas d'un bien grand intérêt; mais il fournit une date pour l'histoire du développement de la légende. Nicétas († vers 880) distingue déjà les deux Théodore. Il établit entre eux des liens de parenté (συγγενεῖς γὰρ τῷ ὄντι), sans aller jusqu'à faire du stratélate, avec l'auteur d'une Passion Arménienne, le neveu du conscrit [2]. Le Théodore spécialement célébré par Nicétas est le stratélate, et c'est à lui qu'il attribue la victoire sur le dra-

1. Il y en a quatre à Paris, les mss. 757, 1180, 1452, 1505, *Catalogus codicum hagiogr. graec. bibliothecae Nationalis Parisiensis*, p. 28, 80, 118, 194 ; deux à la Vaticane, les mss. Vat. 1246 et Palat. 4. *Catalogus codicum hagiogr. graec. bibliothecae Vaticanae*, p. 121, 204.

2. Dans la passion arménienne de S. Théodore le stratélate, publiée par Conybeare, *Monuments of early Christianity*, second edition (London, 1896), p. 221.

gon. Pour le reste également, il s'en tient assez fidèlement à la seconde légende

Jean Mauropous, métropolite d'Euchaïta, a prononcé plusieurs discours sur le grand patron de sa ville épiscopale. Ils sont à lire comme documents de l'histoire du culte de S. Théodore ; au point de vue du développement de la légende, ils peuvent être à peu près négligés ; ils furent peu lus et n'ont d'autre originalité que le style.

Le premier de ces panégyriques, prononcé le jour de la fête du premier samedi de carême, célèbre S. Théodore le conscrit, et lui attribue la gloire d'avoir délivré sa patrie du dragon [1]. Il fait connaître, en passant, qu'à Amasée on conservait la colonne à laquelle le martyr avait été lié : πρὸς κίονα δεθεὶς ὁ γεννάδας, πηγὴ δὲ νῦν θαυμάτων ὁ κίων τοῖς Ἀμασεῦσιν, ἐξαίνετο [2]. D'après le titre même, le second panégyrique a été également prononcé en l'honneur de S. Théodore le conscrit, mais à une autre date, au printemps probablement ; car il y avait en même temps une sorte de fête des fleurs, ou de *rosatio* : εἰς τὴν μνήμην τοῦ ἁγίου μεγαλομάρτυρος Θεοδώρου τοῦ τήρωνος ἤτοι τὸν ἀνθισμόν [3]. Le sujet du troisième discours est indiqué ainsi : Σάββατον τῆς μεσοπεντηκοστῆς εἰς τὴν μνήμην τοῦ ἁγίου μεγαλομάρτυρος Θεοδώρου ἤτοι τοῦ πεζοῦ [4]. Ce jour-là on se réunissait, semble-t-il, devant une image miraculeuse, où le saint était représenté à pied. Rien n'indique qu'il s'agit ici du second S. Théodore, et il est remarquable qu'à Euchaïta même il soit si peu question de lui. L'épigramme de Jean Mauropous εἰς τοὺς δύο ἁγίους Θεοδώρους [5],

1. P. de Lagarde, *Ioannis Euchaitorum metropolitae quae supersunt* (Gottingae, 1882), p. 119-130.

2. *Ibid.*, p. 124.

3. *Ibid.*, p. 130-37.

4. *Ibid.*, p. 207-209.

5. *Ibid.*, p. 36.

c'est-à-dire sur deux images de S. Théodore, ferait croire qu'il rejetait la distinction des deux homonymes :

Ὡς ἀγχίνους ἦν ὁ γραφεὺς τῶν εἰκόνων·
διπλοῦς γὰρ αὐτός, πνεῦμα σάρξ τε, τυγχάνων,
διττοὺς ἑαυτῷ τοὺς ὑπερμάχους γράφει,
τῷ μὲν τὸ σῶμα, τῷ δὲ τὴν ψυχὴν νέμων.

Outre les Passions que nous avons analysées et les panégyriques qui en dépendent, la littérature qui s'est formée autour de S. Théodore comprend encore les recueils de miracles, par exemple celui qui a pour titre Χρυσίππου πρεσβυτέρου Ἱεροσολύμων διήγησις τῶν παραδόξων θαυμάτων τοῦ ἁγίου καὶ πανενδόξου μεγαλομάρτυρος Θεοδώρου [1]. Il a sa place dans l'histoire du culte du saint, mais ne fournit aucune version de sa légende. Il en est de même du recueil moins important des miracles des deux saints Théodore par Théodore Pediasimos [2] se rattachant au sanctuaire de Serres, dédié, nous l'avons dit, à l'un et à l'autre Théodore.

*
* *

On rencontre, sous la rubrique Θαῦμα τοῦ ἁγίου μεγαλομάρτυρος Θεοδώρου τοῦ τήρωνος, une version tout à fait particulière de l'histoire du dragon [3]. C'est un récit des plus embrouillés. La scène se passe dans le royaume d'un

1. Il y en a divers manuscrits à Vienne, Lambecius-Kollar, *Commentar.*. l. IV, p. 144, à Paris, *Catalogus codd. hagiogr. graec. bibl. Nationalis Paris.*, p. 120 et ailleurs.

2. M. Treu, *Theodori Pediasimi eiusque amicorum quae exstant* (Potisdamiae, 1899), p. 14-16.

3. Publié par Veselovskij, dans le *Sbornik* de l'Académie des Sciences de Saint-Pétersbourg, t. XX (1880), n. 6, p. 14-22. Autre rédaction dans le manuscrit 1190 (fol. 62-63) de la Vaticane. *Catalogus codd. hagiogr. graec. bibl. Vaticanae*, p. 104.

roi nommé Samuel — d'autres manuscrits l'appellent Saul. La substance de l'histoire est celle-ci : la mère de S. Théodore étant allée puiser de l'eau à la source voisine de l'antre du dragon, est enlevée par le monstre. Théodore réussit à la délivrer. La fin du récit opère de la façon suivante le raccord entre les faits qui se sont passés dans les domaines du roi Samuel et la province romaine où Théodore souffrit le martyre : Ἐτελεύτησε δὲ ὁ βασιλεὺς ἐκεῖνος καὶ μετέστη ὁ Θεόδωρος εἰς ἑτέραν πόλιν· καὶ ἦν ἐκεῖ βασιλεὺς ἑλλήνων ὀνόματι Μαξιμιανὸς καὶ ὑπ' αὐτοῦ ἐμαρτύρησεν τὴν καλὴν ὁμολογίαν· καὶ πιστεύσας εἰλικρινῶς ἔλαβεν τοὺς στεφάνους παρὰ τοῦ κυρίου ἡμῶν Ἰησοῦ Χριστοῦ... ἀμήν. L'étude de cette pièce isolée, remplie de détails absurdes, pourra tenter les amateurs de folklore[1]. Elle nous apparaît comme une adaptation de l'épisode emprunté à la légende de S. Théodore, et non comme la première forme de ce récit, qui aurait ensuite passé dans la légende.

Nous n'avons jusqu'ici rencontré aucun texte de la Passion de S. Théodore où l'histoire du dragon soit racontée de cette façon. Mais dans le manuscrit de Paris 1190, fol. 110-116v on la retrouve sous le titre de Μαρτύριον τοῦ ἁγίου ἐνδόξου καὶ μεγαλομάρτυρος Θεοδώρου τοῦ τύρωνος ἢ ὅτε ἡρπάγη ἡ μητὴρ αὐτοῦ ὑπὸ τοῦ δράκοντος[2]. Cette pièce commence *ex abrupto* : εἶθ' οὕτως ἐκέλευσεν ὁ βασιλεὺς συναχθῆναι τοὺς ἄρχοντας τῆς πόλεως. Il s'agit d'un roi anonyme, comme dans les contes. L'histoire des exploits de Théodore se déroule insipide et incohérente, pour se terminer par la victoire sur le dragon. Le roi rend de grands honneurs au héros, et on ne voit pas que celui-ci ait été inquiété pour sa foi : Μετὰ δὲ ταῦτα ὁ ἅγιος Θεόδωρος μετετέθη

1. Sur le combat contre le dragon dans le folklore, voir E. Cosquin, *Contes populaires de Lorraine*, t. I (Paris, 1886), p. 72-78.
2. *Catalogus codd. hagiogr. graec. bibl. Nationalis Paris.*, p. 92.

εἰς τὰς αἰωνίους μονὰς καὶ ἔμεινεν ἐν τῇ καλῇ ὁμολογίᾳ τοῦ Χριστοῦ, καὶ πιστεύσας εἰλικρινῶς ἐξ ὅλης τῆς ψυχῆς καὶ καρδίας αὐτοῦ ἔλαβεν στέφανον παρὰ κυρίου (fol. 116). Quelques lignes plus bas il est néanmoins question du martyre : Τοῖς δὲ ἀναγινώσκουσιν αὐτοῦ τὴν τιμίαν καὶ ἁγίαν ζωὴν καὶ τὸν ἀγῶνα τοῦ μαρτυρίου αὐτοῦ, χαρίσεται αὐτοὺς κύριος ὁ Θεὸς τὴν βασιλείαν αὐτοῦ τὴν ἐπουράνιον. Il serait superflu d'insister davantage pour montrer que cette vision de la vie de S. Théodore appartient à la basse littérature apocryphe dont on a exhumé en ces derniers temps des spécimens si étonnants.

Nous n avons pas à nous expliquer longuement sur la valeur historique des récits concernant S. Théodore. Les plus anciens et les plus répandus, on l'a vu, se partagent en deux classes, qui ne sont indépendantes qu'en apparence. S. Théodore de part et d'autre est un militaire. Conscrit d'abord, il devient, sous la plume des hagiographes, à qui cette condition inférieure a paru peu digne d'un aussi grand martyr, général d'armée. C'est ainsi qu'ils ont transformé le diacre S. Laurent en archidiacre, de même qu'ils ont fait de S. Martin, au lieu du simple soldat que nous connaissons, un chef de milice [1]. De part et d'autre aussi les récits conduisent le héros à Euchaïta. Enfin, dans leurs lignes fondamentales ces récits sont identiques. Le saint provoque le persécuteur par un sacrilège ; il est torturé une première fois, puis réconforté par une visite céleste ; enfin, son sacrifice est consommé. Les détails importent peu ici et il est visible que les légendes du stra-

1, Βίος καὶ πολιτεία καὶ θαύματα τοῦ ἐν ἁγίοις πατρὸς ἡμῶν Μαρτίνου ἐπισκόπου Φραγγίας. Ms. de Vienne, *Hist. graec.* 19, fol. 67v : συμβούλιον ποιησάμενοι οἵ τε βασιλεῖς καὶ πᾶσα ἡ τῶν ῥωμαίων σύγκλητος, ἐψηφίσαντο Μαρτίνον τινὰ ἄνδρα τετορνευόμενον καὶ ἀσκηθέντα εἰς τὴν τῶν πολεμίων γυμνασίαν· κόμης τε οὗτος τὴν τύχην ἐτύγχανεν· ἐπιβάντος δὲ τοῦ πλήθους τῶν βαρβάρων καὶ τοῦ πολέμου κοχλάζοντος, χειροτονεῖ μὲν τοῦτον στρατηλάτην ὁ βασιλεύς.

télate cherchent en tout à renchérir sur celles du conscrit.

On se rappellera que ces dernières se ramènent toutes à la plus ancienne, celle qui est racontée dans le panégyrique attribué à S. Grégoire de Nysse. Ce récit suppose-t-il un document écrit, nous voulons dire des actes historiques de S. Théodore? Bien que, abstraction faite de la forme oratoire, la narration porte un cachet légendaire fortement marqué, nous ne voudrions pas le nier. Nous ne l'affirmons pas non plus, car il n'y a rien, dans l'ensemble, qui ne puisse avoir été puisé par l'orateur dans la tradition populaire du pays. Quoi qu'il en soit, le texte le plus ancien qui nous soit parvenu sur S. Théodore, le représente comme un soldat.

*
* *

Il peut être intéressant de rappeler quelques autres textes hagiographiques qui se rattachent au cycle de S. Théodore.

Les légendes postérieures à celle de Grégoire de Nysse font intervenir dans l'action, outre certains officiers et magistrats dont les noms semblent bien de l'invention des hagiographes, plusieurs pieux personnages dont quelques-uns se rencontrent plus tard ornés de l'auréole de la sainteté : Eusébie, d'abord, la femme dévote qui ensevelit le saint, puis les camarades de Théodore, Eutrope et surtout Cléonicus à qui le martyr adresse cet adieu : « Je vous attends. suivez-moi. »

La fête de Ste Eusébie se célébrait à Euchaïta, au XIe siècle — nous n'avons pas de documents plus anciens — le samedi de la mi-carême. Le métropolite Jean prononça ce jour-là le seul panégyrique de la sainte qui nous soit parvenu, et qui commence par ces mots caractéristiques : Περὶ ταύτης γε μέντοι, περὶ ταύτης τῆς φιλομάρτυρος ἔγνωμεν οὐδέν τι σαφές [1]. Il se décide pourtant à raconter sa légende, et notamment à vanter ses nobles origines qui la rattachent aux empereurs Maximien et Maximin.

Eusébie est-elle un personnage historique que les hagiographes ont placé à côté de S. Théodore, comme ailleurs ils ont englobé dans un même cycle S. Laurent et S. Hippolyte, par exemple ; ou bien est-elle une création purement légendaire comme on en trouve tant dans ce genre de littérature, et qui finit par passer dans le domaine de la réalité aux yeux des dévots de S. Théodore ? Cette dernière explication est la plus probable, et l'on voudra bien se rappeler qu'un des lieux communs les plus fréquents dans les histoires de martyrs, c'est l'épisode de la sainte femme qui veille à leur sépulture ; on sait aussi que la légende aime à placer dans l'entourage des plus grands persécuteurs des femmes qui se distinguent par leurs vertus chrétiennes.

La Passion des saints Eutropius, Cleonicus et Basiliscus, groupe dont la fête se célèbre le 3 mars, se rattache très étroitement à celle de S. Théodore [2]. La colère du ciel est tombée sur le juge Publius, le bourreau de Théodore. Il est remplacé dans ses fonctions par Asclepiodotos, lequel se fait lire les Actes de S. Théodore : ἐκέλευσεν ἀναγνωσθῆναι τὰ ὑπομνήματα τοῦ ἁγίου Θεοδώρου. Il admire naturellement le courage du martyr, mais demande où sont ceux qui se trouvent cités dans ce document : Ποῦ εἰσιν οἱ ἐμφερόμενοι τοῖς ὑπομνήμασι Θεοδώρου. Et on lui amène Eutropius, Cleonicus, Basiliscus. Nous avons trouvé dans les textes,

1. P. De Lagarde, *Ioannis Euchaitorum metropolitae quae supersunt*, p. 202-207.

2. Manuscrit de Messine 30. Voir *Catalogus codd. hagiographicorum graecorum monasterii S. Salvatoris Messanensis*, dans Analecta Bollandiana, t. XXIII, p. 46.

tantôt Cleonicus seul, tantôt Cleonicus et Eutropius ; d'autres manuscrits leur associent sans doute Basiliscus.

Pour les unir plus étroitement encore à S. Théodore, on en fait des parents du saint, συστρατιῶται καὶ συγγενεῖς τοῦ ἁγίου[1]. Dans le texte de la Passion que nous publions (Appendice VI), Eutropius et Cleonicus sont fils de la même mère ; Basiliscus est le neveu de Théodore. Mais tous les trois sont liés d'une telle amitié qu'ils se donnent le nom de frères. Les deux premiers étaient Cappadociens ; Basiliscus était, comme Théodore, originaire de Chumiala. Les interrogatoires et les supplices rappellent les légendes de S. Théodore, et l'on y chercherait en vain un trait historique. La fin de la pièce donne quelques indications qui ne sont pas à négliger, bien qu'elles ne suffisent pas à résoudre les questions que l'on peut se poser au sujet des trois saints. Eutropius et Cleonicus seuls sont mis à mort cette fois ; Basiliscus est réservé pour plus tard. Eutropius est enterré par un certain Belonicus dans une de ses possessions nommée Θέρμα, à 18 milles d'Amasée ; Cleonicus est déposé par un nommé Quintus dans un endroit appelé Κῆμα, à 30 milles d'Amasée, et l'auteur dit que sur les tombeaux des martyrs se font de grands miracles.

Si l'on pouvait s'en rapporter à l'hagiographe sur l'existence des deux sanctuaires aux environs d'Amasée, il faudrait dire que l'on a mis en relations avec S. Théodore des saints parfaitement authentiques qui, primitivement, étaient étrangers à son histoire. C'est un procédé très usité en hagiographie et il suffit de parcourir les cycles des martyrs romains pour en rencontrer plusieurs exemples. Dans cette hypothèse, on n'aurait

1. *Synaxarium ecclesiae Constantinopolitanae*, p. 503.

aucune difficulté à accepter l'identification de S. Basiliscus avec le saint de Comane, auprès duquel S. Jean Chrysostome fut déposé aussitôt après sa mort.

A défaut de cette explication, il faudrait en admettre une autre qui n'est pas non plus sans se vérifier souvent en hagiographie. Les compagnons de captivité de S. Théodore, Cléonicus, Eutropius, Basiliscus, seraient de l'invention de l'hagiographe. Détachés des Actes de S. Théodore, ils auraient formé le groupe du 3 mars, lequel, à son tour, devint l'objet d'un récit circonstancié. Cette histoire aurait fini par créer artificiellement une sorte de culte qui n'a point de racines dans l'antiquité.

Pour prévenir des confusions, il ne sera pas inutile de rappeler ici un autre Théodore, à propos duquel les hagiographes prononcent le nom de son célèbre homonyme. Il existe un Μαρτύριον ἐν συντόμῳ τοῦ ἁγίου καὶ ἐνδόξου μεγαλομάρτυρος Θεοδώρου τοῦ ἐν Πέργῃ τῆς Παμφυλίας μαρτυρήσαντος [1], et il est deux fois question de lui et de ses compagnons Socrate, Denys ainsi que de sa mère Philippa dans les synaxaires [2]. L'auteur de sa légende dit de lui : Οὗτος ἦν ἐπὶ 'Αντωνίου τοῦ βασιλέως καὶ ἡγεμόνος Θεοδότου, ἕτερος καὶ προγενέστερος ὑπάρχων πρὸ χρόνων ο' παρὰ τὸν ἅγιον Θεόδωρον τὸν τήρωνα τὸν ἐν 'Αμασείᾳ μαρτυρήσαντα καὶ ἐν παντὶ τῷ κόσμῳ τιμώμενον [3]. Lui aussi était militaire et offre même cette ressemblance avec le grand Théodore qu'il fut, peu avant son martyre, enrôlé comme conscrit : καὶ κρατηθεὶς καὶ αὐτὸς εἰς τήρωνα. Nous n'avons, pour nous renseigner sur ce saint, que des Actes sans autorité [4].

1. Manuscrit de la Bibliothèque Nationale de Paris, 1534, fol. 92ᵛ-95ᵛ. Voir *Catalogus codd. hagiogr. graecorum biblioth. Nationalis Parisiensis*, p. 231.
2. *Synaxarium ecclesiae Constantinopolitanae*, p. 65, 614.
3. Cod. Paris. 1534, fol. 92ᵛ-93.
4. *Acta SS.*, sept., t. VI, p. 137-40.

CHAPITRE III

SAINT GEORGES

Parmi les saints de l'antiquité, nul n'a éclipsé la gloire de S. Georges. Sa renommée s'est répandue dans toutes les parties du monde chrétien ; l'Orient et l'Occident l'ont célébré avec enthousiasme, en prose et en vers, dans tous leurs idiomes, et la littérature qui s'est inspirée des combats du grand martyr, du victorieux par excellence (τροπαιοφόρος), est une des plus touffues dont l'hagiographie fournisse l'exemple.

Parmi les auteurs qui, depuis Papebroch[1], ont tenté de mettre un peu d'ordre dans la masse confuse des textes, il faut citer A. Kirpitchnikof[2] et A. N. Veselovskij[3], suivis, en ce qui concerne la tradition grecque, par F. Vetter[4] et J. E. Matzke[5]. Leurs travaux nous ont été fort utiles, encore que nous n'ayons pas cru devoir adopter tous les

1. *Acta SS.*, april., t. III (1675), p. 100-163.

2. *Sv. Georgij i Egorij Khrabrij*, dans *Zurnal ministerstva narodnavo prosvetcenija*, t. CC (1878), otd. 2.

3. Dans *Sbornik otdelenija russkavo jazyka i slovenosti imperatorskoj Akademii nauk*, t. XXI, n. 2 (1880).

4. *Der heilige Georg des Reinbot von Durne* (Halle, 1896), p. I-LXIII.

5. *Contributions to the history of the Legend of Saint George with special reference to the sources of the french, german and anglo-saxon metrical versions*, dans PUBLICATIONS OF THE MODERN LANGUAGE ASSOCIATION (Baltimore), t. XVII (1902), p. 464-535, t. XVIII (1903), p. 99-171. Le travail du P. M. HUBER, *Zur Georgslegende*, dans ZEITSCHRIFT ZUM 12 DEUTSCHEN NEUPHILOLOGENTAG 1906. Erlangen, 1906, est une contribution à l'étude de la légende latine. Sur une dissertation de M. E. BEGEMANN, *Zur Legende vom Heiligen Georg dem Drachentöter*, voir *Analecta Bollandiana*, t. XXVII (1900), p. 96-97.

détails de leur système, ni souscrire à chacune de leurs conclusions. Il nous a paru superflu de noter par le menu les points sur lesquels nous différons d'avis. On remarquera que nous avons renoncé à la division des actes de S. Georges en actes apocryphes et en actes canoniques. Cette terminologie, qui ne repose sur aucun fait établi, est de nature à créer des malentendus.

Avant de nous engager dans l'étude des légendes de S. Georges, rappelons les souvenirs les plus anciens du culte qui lui fut rendu.

Lydda, Lod de l'Ancien Testament, petite ville à 10 milles de Joppé sur le chemin de Jérusalem, appelée à partir du IIe siècle Diospolis, est célèbre dans l'antiquité chrétienne et durant le moyen-âge par le sanctuaire de saint Georges, où de nombreux pèlerins se rassemblaient autour de la tombe du martyr[1]. Théodose comptait *de Emmau usque in Diospolim milia XII, ubi S. Georgius martyrizatus est; ibi et corpus eius et multa mirabilia fiunt.* Antonin également nomme *Diaspoli civitatem quae antiquitus dicitur Azotus, in qua requiescit S. Georgius martyr*[2]. La légende racontée par Arculphe et rapportée par Adamnan au sujet de S. Georges, se rattache aussi à Diospolis[3]. Au IXe siècle encore, le moine Bernard visite le même sanctuaire : *De Alariza adivimus Ramulam iuxta quam est mo-*

1. F. Buhl, *Geographie des alten Palästina* (Friburg i. B. 1896), p. 197; E. Robinson, *Biblical Researches in Palestine,* second edition, t. II (London, 1856), p. 244-48 ; V. Guérin, *Description géographique de la Palestine,* Judée. t. I (1868), p. 322-34 ; W. Thomson, *The Land and the Book,* t. I (London, 1883), p. 103-106.

2. P. Geyer, *Itinera Hierosolymitana,* pp. 139, 176.

3. *Ibid.*, p. 288-94. — Je ne sais sur quelles preuves on a pu dire que le culte de S. Georges a été fondé à Lydda-Diospolis par Constantin. [Clermont-Ganneau, *Études d'archéologie orientale,* t. I (Paris, 1895), p. 189. Aucun document n'autorise pareille affirmation.

nasterium beati Georgii martyris ubi ipse requiescit[1]. On sait que Georges de Chypre appelle Diospolis la ville de S. Georges : Διόσπολις ἤτοι Γεωργιούπολις, sans que l'on puisse indiquer l'époque où cette dénomination commença à se répandre[2].

La basilique de Lydda fut détruite en 1010 par ordre du khalife Hakem[3]. Relevée par le roi Etienne de Hongrie, elle fut renversée de nouveau par les musulmans à l'arrivée des croisés[4]. Quand ceux-ci furent maîtres de la Palestine, ils la rebâtirent avec magnificence[5]. Mais elle fut de nouveau ruinée par Saladin en 1191[6]. Les ruines en existent encore. « L'abside centrale est aujourd'hui aux trois quarts intacte, l'abside latérale du nord existe également en partie... Au milieu du chœur est une espèce d'autel, assez grossièrement construit dans les temps modernes... Les musulmans comme les chrétiens vénèrent cet endroit, car ils croient que sous l'autel repose encore, dans une crypte, une partie des restes du saint martyr[7]. »

Le culte de S. Georges ne resta point confiné dans son sanctuaire de Diospolis. Quelques-unes de ses églises en

1. *Itinerarium Bernardi monachi,* c. X. TOBLER-MOLINIER, *Itinera Hierosolymitana,* t. I, p. 314.
2. H. GELZER, *Georgii Cyprii descriptio Orbis Romani* (Lipsiae, 1890), p. 51. Cf. *Byzantinische Zeitschrift,* t. I, p. 253.
3. *Adhémar de Chabannes,* dans BOUQUET, t. X, p. 152.
4. *Guillaume de Tyr,* VII, 22, dans *Historiens des Croisades,* t. I, p. 312-13.
5. M. DE VOGÜÉ, *Les églises de Terre Sainte* (Paris, 1860), p. 365.
6. BEHA ED-DIN, *Vie de Saladin,* dans *Historiens des Croisades,* t. III, p. 268.
7. V. GUÉRIN, *Description de la Palestine,* t. c., p. 324. Cf. L. EINSLER, *Mār Eljās, el Chadr und mār Dschirjis* dans *Zeitschrift des deutschen Palaestina-Vereins,* t. XVII (1894), p. 42-55, 64-74. Vues des ruines dans E.-O. GORDON, *Saint George Champion of Christendom and Patron Saint of England* (London, 1907), p. 5, 71. Lire le *Survey of Western Palestine,* t. II, p. 268, auquel ces vues sont empruntées.

Syrie comptent parmi les plus anciennes qui aient été élevées en l'honneur d'un saint. A Eaccaea, en Batanée, on a trouvé l'inscription suivante[1] : † Οἶκος ἁγίων ὀθλοφόρων (*sic*) μαρτύρων Γεωργίου καὶ τῶν σὺν αὐτῷ ἁγίων. Ἐκ προσφορᾶς Τιβερίνου ἐπισκόπου ἔκτισεν ἐκ θεμελίων τὼ ἱερατῖον καὶ τὴν προσθήκην τοῦ ναοῦ ἰνδ. ιε' ἔτους σξγ' σπουδῇ δὲ Γεωργίου καὶ Σεργίου μεγάλου διακ(όνων). Comptée d'après l'ère de Bostra, l'année 263 correspondrait à l'année du Christ 368, qui n'est pas une quinzième indiction. C'est pourquoi Waddington préférait calculer d'après une ère locale, dont le commencement n'a pu être fixé, mais qui remonterait à une époque très ancienne, vers la fin du premier siècle de l'ère chrétienne[2].

A Édesse, on mentionne une église de Saint-Georges vers la fin du ve siècle[3].

A Zorava dans la Trachonite une inscription, datée de 515, constate la construction d'une église de S. Georges sur l'emplacement d'un temple païen. Le fondateur, Jean, fils de Diomède, plaça dans ce sanctuaire des reliques de S. Georges : ἱδρύσας ἐν τούτῳ τοῦ καλλινίκου ἁγίου μάρτυρος Γεωργίου τὸ τίμιον λείψανον, τοῦ φανέντος αὐτῷ Ἰωάννῃ οὐ καθ' ὕπνον ἀλλὰ φανερῶς[4]. On ne peut supposer une translation du corps de S. Georges de Diospolis à Zorava. Deux explications restent possibles. Ou bien Jean de Zorava obtint pour sa basilique soit des parcelles des ossements du saint, soit des reliques représentatives ; ou bien il trouva un corps, qu'il jugea, sur la foi d'une vision, être celui de S. Georges.

1. C. I. G. 8609 ; LEBAS-WADDINGTON, 2158.
2. LEBAS-WADDINGTON, 2159.
3. BAUMSTARK, dans *Oriens Christianus*, t. IV, p. 179.
4. C. I. G. 8627 ; LEBAS-WADDINGTON, 2498 ; DE VOGÜÉ, *Syrie Centrale. Architecture civile et religieuse* (Paris, 1865-1877), p. 61-62, pl. XXI.

Vers la fin du VIᵉ siècle, Antonin signale, à 20 milles d'Élusa, un hospice sous le vocable de S. Georges [1]. A Nahita, une église datée de 628 est bâtie en l'honneur τοῦ ἐνδόξου μάρτυρος ἁγίου Γεωργίου [2], et ailleurs, en Syrie, beaucoup d'inscriptions non datées attestent la popularité du culte de S. Georges dans cette contrée : à Sahwet el-Khudr, sur la porte d'une chapelle fondée par un nommé Scholasticius [3] ; de même à Khudr-Mitân [4], à 'Amra [5], à Eïtha sur la porte d'un temple converti en église [6].

En Égypte, Abû Sâlih note quarante églises dédiées à S. Georges et trois monastères, une église aussi en Abyssinie [7]. Le sanctuaire d'Al-Bahnasâ ou de la Petite Oasis offre ceci de particulier qu'il se glorifie de posséder le corps de S. Georges. Abû Sâlih n'oublie pas d'expliquer comment ce fait se concilie avec la tradition ancienne et toujours vivante de Lydda. Le corps de S. Georges a été transporté en Égypte ; la tête seule est restée en Syrie ; des pèlerins qui y sont allés en 1174 l'ont constaté [8].

Il y a une église de Saint-Georges à Mitylène [9] ; celle de Bizana remonte à Justinien [10] ; le sanctuaire dont il est fait mention dans la vie de Théodore le Sicéote est peut-être à peine moins ancien [11] et Saint-Georges de Thessalonique, sans être de l'époque constantinienne, était un des monu-

1. GEYER, *Itinera Hierosolymitana*, p. 182.
2. C. I. G. 8652, LEBAS-WADDINGTON, 2412 ᵐ.
3. C. I. G. 8901, LEBAS-WADDINGTON, 1981.
4. LEBAS-WADDINGTON, 2038.
5. LEBAS-WADDINGTON, 2092.
6. LEBAS-WADDINGTON, 2626.
7. B. T. A. EVETTS, *The churches and monasteries of Egypt attributed to Abû Sâlih* (Oxford, 1895), p. 363.
8. EVETTS, t. cit., p. 258-60.
9. C. I. G. 890.
10. PROCOPE, *De aedificiis*, III, 4, éd. de Bonn, p. 254.
11. *Vita S. Theodori Siceotae*, cc. VIII, XXIV, THEOPHILOS IOANNU, Μνημεῖα ἁγιολογικά, p. 368, 384.

ments les plus vénérables du culte du saint[1]. Athènes avait aussi son Saint-Georges au moyen-âge[2], et nous pouvons affirmer sans hésitation que nous ne connaissons qu'une très petite fraction des édifices sacrés élevés sous ce vocable en Orient.

Le culte de S. Georges ne tarda pas à se répandre en Occident. S'il est difficile de remonter aux origines de Saint-Georges in Velabro de Rome[3], nous pouvons affirmer que dès le VIe siècle, le saint était honoré en Italie et en Sicile[4], qu'à la même époque on possédait de ses reliques dans les Gaules[5] et que l'évêque de Mayence, Sidonius, lui avait élevé une basilique[6].

Rien n'est donc mieux établi que la célébrité et l'antiquité du culte de S. Georges[7]. Examinons si les actes de son martyre répondent à la gloire de son nom.

La plus ancienne légende de S. Georges qui nous soit parvenue, remonte très haut puisque le palimpseste de

1. H. Holzinger, *Die altchristliche und byzantinische Baukunst* (Stuttgart, 1899), p. 136-38.

2. A. Mommsen, *Athenae Christianae* (Lipsiae, 1868), p. 25, 99.

3. P. Batiffol, *Inscriptions grecques de Saint-Georges au Vélabre*, dans Mélanges d'archéologie et d'histoire, t. VII (1887), p. 419-31.

4. *Gregorii I. Registrum*, Ewald-Hartmann, t. I, p. 13, 125 ; t. II, p. 45, 202.

5. Gregorii Turonensis, *In gloria martyrum*, c. 100, *M. G.*, Script. Rer. Merov., t. I, p. 554-55.

6. Leblant, *Inscriptions chrétiennes de la Gaule*, 341, 342.

7. Il n'est pas inutile de faire remarquer que le nom de *Géorgie* donné au pays des Ibères ne rappelle nullement S. Georges et son culte. Il est dû à la transcription byzantine d'un toponyme Ibère dont l'élément fondamental est *Gurz*, qui se retrouve dans Grusia comme dans Georgia. Voir la note du P. Matagne dans *Acta Sanctorum* octobris, t. XII, p. 651, M. N. Marr, dans les *Zapiski* de la section orientale de la Société impériale d'Archéologie de Saint-Pétersbourg, t. XVI (1905), p. 269, sans connaître le travail du P. Matagne,

Vienne, qui contient les fragments du texte grec, est daté, par de bons connaisseurs, du v° siècle [1]. Malgré les énormes lacunes de ce texte, nous pouvons, grâce aux vieilles traductions latines, dans lesquelles on retrouve un récit continu [2], nous faire une idée suffisante de ce que nous appellerons la première légende de S. Georges. Nous suivrons le texte du manuscrit de la bibliothèque des Bollandistes [3] publié par Arndt [4], sauf à indiquer, en cas de besoin, les variantes des autres manuscrits [5].

L'empereur des Perses, Datianus, — le grec porte Δαδια-νός [6] — convoque par un édit soixante-douze rois et menace les chrétiens des plus affreux supplices.

Georges de Cappadoce, commandant militaire, arrive à la cour, distribue ses biens aux pauvres et confesse le Christ.

Interrogé par l'empereur, qui l'invite à sacrifier aux

est arrivé à la même solution. Le culte de S. Georges était d'ailleurs fort répandu en Géorgie comme dans tous les pays orientaux. Voir la liste des églises dans Brosset, *Description géographique de la Géorgie par le tsarévitch Wakhoucht* (Saint-Pétersbourg, 1842), p. 484-87.

1. Detlefsen, *Ueber einen griechischen Palimpsest der K. K. Hofbibliothek,* Sitzungsberichte der K. K. Akademie der Wissenschaften, t. XXVII (1858), p. 386-95.

2. *Bibliotheca hagiographica latina,* n. 3363-3383.

3. Cod. 14, fol. 34-40. Voir *Catalogus codd. hagiographicorum bibliothecae Bollandianae,* Analecta Bollandiana, t. XXIV, p. 433.

4. *Berichte über die Verhandlungen der Kön. Sächsischen Gesellschaft der Wissenschaften,* t. XXVI (1874), p. 49-70.

5. Des matériaux en vue d'une édition critique de la plus ancienne forme de la Passion de S. Georges ont été réunis par K. Zwierzina, *Bemerkungen zur Ueberlieferung des ältesten Textes der Georgiuslegende,* Prager deutsche Studien, Heft VIII (Prag, 1908), p. 1-10.

6. M. Clermont-Ganneau, *Recueil d'archéologie orientale,* t. VII. (Paris, 1906), p. 371, s'occupe du roi *Dacianus* des Actes de S. Georges, et se demande si le grec ne portait pas δουκιανός. Cette conjecture doit être écartée. La forme syriaque n'a pas d'autre origine que le Δαδιανός de l'original. A rapprocher, ne fût-ce qu'à titre de curiosité, le nom de Dadian que portent les princes de Géorgie. Brosset, *Histoire de la Géorgie* (Saint-Pétersbourg, 1830), p. 380-86, note.

idoles, il fait connaître ses antécédents et refuse d'adorer les dieux

Sur l'ordre de l'empereur, il est suspendu, déchiré, forcé de mettre les pieds dans des chaussures garnies de clous pointus, frappé sur la tête à coups de marteaux qui font jaillir la cervelle. Après de nouveaux tourments, tous endurés avec une égale fermeté, il est jeté en prison ; on lui charge la poitrine d'une pierre énorme.

Le Seigneur lui apparaît pour le réconforter et lui annonce que sa passion durera sept ans ; les tourments ne lui feront aucun mal ; il mourra trois fois et trois fois il ressuscitera avant de mourir pour tout de bon.

Le lendemain encore, il est présenté à l'empereur, qui le fait battre, et après l'avoir renvoyé en prison, convoque tous les magiciens de la terre. Un certain Athanase se présente. On lui amène des taureaux ; au moyen d'une formule magique, il divise en deux un de ces animaux.

Georges est mis en présence du magicien, qui lui verse un breuvage magique, en promettant de se convertir s'il ne ressent aucun mal. C'est ce qui arrive. Athanase tient parole et l'empereur le fait aussitôt mettre à mort.

Alors l'empereur ordonne de préparer une roue armée de tous côtés de pointes et de glaives. Prière de Georges.

Le martyr est jeté sur la machine et taillé en dix parties. L'empereur fait jeter ses os dans un puits. Mais tandis qu'il est à table avec les soixante-douze rois, le tonnerre éclate, Georges ressuscite. Anatolius, maître de la milice (notre manuscrit porte par erreur Athanasius) se convertit avec toute son armée. Tous les convertis sont passés au fil de l'épée.

Ramené au tribunal, le saint est soumis à de nouveaux tourments. On lui verse dans la bouche du plomb fondu, on lui enfonce dans la tête soixante clous rougis au feu.

Puis il est suspendu la tête en bas au-dessus d'un brasier, introduit dans un bœuf d'airain, etc. Reconduit en prison, il est favorisé d'une seconde vision.

Le lendemain, au tribunal, le roi Magnentius jure de se faire chrétien si Georges parvient à faire porter des fruits à vingt-deux sièges de bois qui se trouvent là. Le miracle se produit, mais Magnentius en fait honneur à Apollon. Le martyr est scié en deux et son corps jeté dans une chaudière avec du plomb et de la poix. Mais on entend un fracas épouvantable. Le Seigneur descend avec S. Michel et ses anges et ressuscite une seconde fois le martyr.

Il est arrêté de nouveau. Une femme implore son secours en faveur de son fils dont le bœuf vient de mourir. L'animal est rappelé à la vie.

Le roi Tranquillinus demande à Georges de ressusciter les morts qui reposent dans un sarcophage On l'ouvre, et il ne s'y trouve qu'un peu de poussière que l'on apporte au martyr. Il se met en prières et l'on voit se lever cinq hommes, neuf femmes et trois enfants, qui étaient morts depuis 460 ans. Une source jaillit miraculeusement. Georges baptise les ressuscités et, sur son ordre, ils disparaissent aussitôt.

L'empereur fait conduire Georges chez la veuve la plus pauvre que l'on puisse découvrir. Georges lui demande du pain, et elle est obligée d'aller en emprunter. Mais un ange en apporte ; en rentrant, la veuve trouve la table servie et la poutre (furca) qui soutenait sa maison, en fleur. Elle présente au martyr son jeune enfant qui était aveugle, sourd et paralytique. Il lui rend la vue.

Rappelé au palais, le saint est de nouveau battu, brûlé, déchiré. Il expire : ordre est donné de porter son corps au sommet d'une montagne et de l'exposer aux oiseaux de proie. Les soldats, au retour, entendent un grand bruit. C'est la troisième résurrection de Georges. Celui-ci appelle les soldats, fait sortir de terre une source d'eau vive et les baptise. Ils sont punis de mort.

L'empereur fait au martyr de belles promesses pour l'engager à sacrifier aux idoles. Georges lui répond en termes qui font croire que sa constance est ébranlée et qu'il sacrifiera le lendemain. Introduit au palais, on le mène en présence de l'impératrice Alexandra.

Il instruit l'impératrice des principaux dogmes chrétiens ; elle l'écoute avec plaisir, mais redoute la colère de l'empereur.

On annonce partout solennellement que Georges va sacrifier aux idoles. La veuve, dont le fils avait miraculeusement recouvré la vue, éclate en lamentations. Le saint appelle l'enfant, le guérit de ses autres infirmités et lui ordonne d'aller au temple des dieux chercher Apollon. Le dieu se présente lui-même à Georges et confesse qu'il n'est qu'un ange déchu. Georges frappe du pied la terre qui s'entr'ouvre, et engloutit l'idole.

Alors le saint entre dans le temple et brise les autres idoles par le simple contact de son souffle. Les prêtres le conduisent à l'empereur. Celui-ci va trouver l'impératrice, qui confesse la foi du Christ, subit la torture et enfin le martyre.

L'empereur signe la sentence de mort, et Georges est conduit au lieu du supplice, à la « Porte de fer ». Un pied dedans et un pied dehors, il demande aux bourreaux de lui laisser le temps de prier. D'abord, il demande que le feu du ciel dévore l'empereur et les soixante-douze rois. Cette prière est exaucée sur-le-champ. Ils sont consumés avec tous les païens qui se trouvent dans leur compagnie. Puis, il prie pour les fidèles et demande que Dieu veuille exaucer tous ceux qui invoqueront son nom. Et le Seigneur répond que ceux qui honoreront les reliques de ses vêtements seront exaucés et qu'il les sauvera dans toutes sortes de nécessités. Alors le martyr ordonne aux bourreaux de faire leur devoir.

« Moi, Pasicrate (Passecras), serviteur de mon maître Georges, j'ai été présent durant sept ans à sa passion, et j'ai mis par écrit tout ce qu'il a souffert. Trente mille neuf cents hommes et l'impératrice Alexandra ont été amenés par lui à croire dans le Christ. »

Tel est le tissu d'inepties qui forme le plus ancien récit que nous possédions sur S. Georges. Nous l'avons résumé dans ses grandes lignes, et sans relever beaucoup de variantes que les divers exemplaires appartenant au même groupe permettent de noter[1]. Ce travail nous mènerait très loin, car, outre les versions latines déjà citées, il y aurait à tenir compte des textes coptes[2], qui dérivent du grec, quoi qu'on en ait dit[3]. Le résultat, on peut le craindre, ne répondrait pas à l'effort, et on arriverait principalement à constater, une fois de plus, l'extrême liberté que l'on prenait avec les récits hagiographiques de cette espèce, et la difficulté de trouver deux exemplaires d'un même texte, sans traces sensibles de développement, d'abréviation ou d'interpolation. Passons aussitôt à une seconde légende de S. Georges qui ne diffère pas seulement par des retouches de la précédente, mais où se manifeste un

1. F. Vetter, *Der heilige Georg des Reinbot von Durne*, p. xxv-xxxv, a fait ce travail pour le fragment grec et les deux versions latines, *Bibliotheca hagiographica latina* 3363 et 3367.

2. E. A. Wallis Budge, *The martyrdom and miracles of Saint George of Cappadocia. The coptic texts* (London, 1888), p. 1-37 ; 177-99.

3. E. Amélineau, *Les actes des martyrs de l'église Copte* (Paris, 1890), p. 244.

travail plus profond qui en modifie la physionomie générale.

*
* *

Nous choisirons comme type la passion de S. Georges telle qu'elle est racontée dans le manuscrit du Vatican 1660, fol. 272-288[1]. Le texte grec est inédit, mais il en existe une traduction latine dans le recueil de Lipomano[2]. On peut en rapprocher les manuscrits grecs de Paris 499, fol. 289^{v}-299^{v} ; 771, fol. 347^{v}-353^{v} ; 897, fol. 111-131 ; 1447, fol. 125-135^{v} ; supplém. gr. 162, fol. 146-161^{v} [3], et les manuscrits du Vatican 866, fol. 276-277^{v}, Ottobon. 1, fol. 240-247[4], Le récit est précédé d'un prologue : Ἡ μὲν τοῦ σωτῆρος ἡμῶν Ἰησοῦ Χριστοῦ προαιώνιος βασιλεία..., et ne commence qu'à cette phrase : Ἐγένετο τοίνυν κατ' ἐκεῖνον τὸν καιρόν, τῆς σατανικῆς εἰδωλολατρείας ἐπικρατούσης. Voici l'analyse sommaire de la Passion.

Dioclétien, assisté de Magnentius, se prépare à exterminer la religion chrétienne et à rétablir partout le culte des idoles. Il envoie un édit — dont on donne le texte — à tous les gouverneurs et à tous les magistrats : il convoque le sénat et une foule de dignitaires et leur fait part de ses desseins au sujet des contempteurs dès dieux. Réponse de l'assemblée.

Pendant qu'on recherche les chrétiens, Georges, le

1. *Catalogus codd. hagiogr. graecorum bibliothecae Vaticanae*, p. 154. Le manuscrit est daté de l'année 916.

2. *Vitae SS. Patrum*, t. I. (Romae, 1559), fol. 123^{v}-127^{v}.

3. *Catalogus codd. hagiogr. graecorum bibliothecae Nationalis Parisiensis*, p. 9, 36, 49, 109, 328.

4. *Catalogus codd. hagiogr. graecorum bibliothecae Vaticanae*, p. 91, 249. M. P. Franchi de Cavalieri, qui a bien voulu vérifier encore une fois ces textes sur ma demande, fait remarquer que le ms. 2042, fol. 197-202, contient une version très apparentée. La marche du récit est la même, mais les variantes sont nombreuses.

vaillant soldat, s'anime au bon combat. Georges était Cappadocien, noble et riche ; il était tribun dans l'armée impériale.

Après avoir distribué ses biens aux pauvres, il se rend au tribunal de l'empereur, et en présence du sénat et de l'armée il confesse le Christ.

Magnentius l'interroge, et Dioclétien, ὁ βύθιος δράκων, l'exhorte à immoler aux dieux. Sur son refus, l'empereur le fait frapper cruellement. Le sang du martyr coule, mais le fer se recourbe comme du plomb. Georges est envoyé en prison et on lui met sur la poitrine une énorme pierre.

Le lendemain on prépare la roue garnie de glaives. Prière de Georges. Il est jeté sur l'instrument de torture et son corps est mis en pièces : κατετμήθη τὸ σῶμα εἰς πολλά. L'empereur et Magnentius vantent la puissance des dieux et vont prendre leur repas.

Vers la dixième heure on entend une voix céleste ; l'ange du Seigneur guérit le martyr et le délivre. Georges va trouver l'empereur, qui offrait un sacrifice à Apollon. Dioclétien ne le reconnaît pas tout d'abord. Mais bientôt il le fait saisir.

Deux stratélates, Anatolios et Protoleon se convertissent, et sont aussitôt condamnés à mort.

L'impératrice Alexandra également se déclare ouvertement chrétienne, puis se retire au palais. Georges est jeté, sur l'ordre de l'empereur, dans une fosse remplie de chaux vive, et gardé par les soldats. Trois jours après, il en sort sain et sauf.

Les assistants, auxquels l'impératrice et les soldats s'associent, proclament la grandeur du Dieu des chrétiens. Georges est saisi de nouveau, et condamné à marcher dans des chaussures de fer garnies de pointes et rougies au feu.

Une voix du ciel se fait entendre, et cette fois encore le martyr est guéri.

Reconduit en prison, il comparaît de nouveau le lendemain. L'empereur l'accuse de magie, puis le fait fouetter. Magnentius lui demande de ressusciter un mort. Georges adresse une prière à Dieu et le miracle s'accomplit. L'empereur interroge le ressuscité, mais ne se laisse point toucher par le prodige.

De nouveau le saint est ramené dans la prison, où il instruit les catéchumènes et guérit les malades. Un cultivateur, du nom de Glycérius, dont le bœuf vient de mourir implore son secours. Le bœuf revient à la vie. Glycérius se convertit et est coupé en morceaux sur l'ordre de Dioclétien.

Celui-ci essaie encore de gagner le martyr par la douceur. Georges feint de céder. et se fait conduire au temple au milieu d'une foule immense. Il fait tomber les idoles en faisant le signe de la croix. Les prêtres réclament sa tête.

L'impératrice Alexandra accourt, et demande à partager le sort de Georges. Dioclétien prononce la sentence. Alexandra expire paisiblement, et après une prière, Georges est décapité, μηνὶ ἀπριλλίῳ κγ', ὥρᾳ ζ', ἡμέρᾳ παρασκευῇ. Pasicrate, le serviteur de Georges, signe la relation.

*
* *

On a pu constater que le rédacteur de la seconde légende, tout en gardant l'essentiel de la précédente, le témoignage du faux Pasicrate, une succession de supplices épouvantables, les conversions opérées par le martyr et une foule de détails moins importants, vise néanmoins à atténuer l'invraisemblance de l'histoire qu'il a sous les yeux, et essaie même de lui donner une teinte historique.

Le roi Dadianos et les soixante-douze rois, trop évidemment fabuleux, sont remplacés par Dioclétien[1]. auquel se trouve adjoint comme second, δεύτερος, Magnentius, qui dans la première légende était un des soixante-douze. Alexandra devient la femme de Dioclétien. Plusieurs épisodes ont disparu. Il n'est plus question du magicien Athanase ni du miracle des chaises, ni de la veuve avec son enfant sourd-muet et aveugle ; la prière, si choquante et suivie d'effet, de Georges appelant la vengeance du ciel sur les persécuteurs est passée sous silence, et, ce qui est capital, l'hagiographe ne fait mourir le martyr qu'une seule fois. Les trois résurrections sont remplacées par autant de guérisons miraculeuses. La nouvelle version présente d'autres particularités : les supplices de la chaux vive et des chaussures brûlantes succèdent à la conversion d'Anatolios, Protoleon et Alexandra ; on nous raconte l'histoire du bœuf de Glycérius et plusieurs traits qu'il serait trop long de relever.

Y a-t-il lieu de croire que la Passion de S. Georges telle que nous venons de l'esquisser dérive sans intermédiaire de la plus ancienne légende ? Nous n'oserions l'affirmer. Il est à tout le moins probable que primitivement elle comptait un épisode de plus et que la version courante de nos manuscrits provient d'un exemplaire plus complet. L'épisode dont nous voulons parler est celui du magicien Athanase. En effet, André de Crète, qui dans son panégyrique de S. Georges[2] semble s'être inspiré de la seconde légende, mentionne expressément le magicien. Les textes

1. Il n'est donc pas exact, comme on l'a pensé, que, « dans les plus anciennes versions c'est Dioclétien qui apparaît comme l'auteur du martyre de S. Georges ». CLERMONT-GANNEAU, *Études d'archéologie orientale*, t. I, p. 188. Dioclétien n'apparaît que dans les versions remaniées.

2. *P. G.* XCII, 1169-92.

métaphrastiques, dont il sera question bientôt, le nomment également, et dans le panégyrique de Georges de Chypre [1] Athanase occupe une large place.

*
* *

Au groupe dont nous nous occupons en ce moment, se rattache le Μαρτύριον τοῦ ἁγίου Γεωργίου que les manuscrits donnent tantôt comme complètement anonyme (ms. de Saint-Paul de l'Athos), tantôt comme συγγραφὲν παρὰ ἀνδρὸς φιλοπόνου καὶ πνευματικοῦ (ms. de Paris 1178), tantôt comme συγγραφὲν παρὰ Συμεὼν μαγίστρου καὶ λογοθέτου τοῦ Δρόμου (ms. de Paris 402), ou encore παρὰ Θεοδώρου μαγίστρου τοῦ Δαφνοπάτου (ms. de Paris 1529). La pièce a été publiée en 1880 à Hermopolis, d'après le manuscrit de l'Athos [1].

Voici les premiers mots de l'introduction : Διοκλητιανοῦ τοῦ τυράννου τῶν τῆς Ῥώμης σκήπτρων ἐπειλημμένου· καὶ τῆς Νικομηδείας Μαξιμιανοῦ βασιλεύοντος, Ναρσαῖος ἐκεῖνος ὁ τῶν Περσῶν βασιλεὺς συνεχῶς τοῖς τῆς Νικομηδείας ὁρίοις ἐπιστρατεύων καὶ τήν τε Παλαιστίνην καὶ Ἀρμενίαν βαρείᾳ χειρὶ λεϊζόμενος, καὶ τὴν Καππαδοκίαν ἰσχυρῶς κατατρέχων, αὖθις σοβαρῶς τῷ φρονήματι πρὸς τὴν οἰκείαν ἐπανῄει πατρίδα. On y surprend le souci de mieux concilier avec des données historiques certaines les éléments de la légende déjà remaniée. Au lieu du « second » Magnentius, c'est Maximien qui apparaît aux côtés de Dioclétien. La Perse n'est plus, comme dans le récit primitif, le théâtre de l'action, mais elle est rappelée à propos des entreprises de Narsaios ; de même la Cappadoce, patrie du martyr, la Palestine, lieu de

1. *Acta SS.*, april., t. III, p. XXV-XXXIV.

1. Μαρτύριον τοῦ ἁγίου ἐνδόξου μεγαλομάρτυρος τοῦ Χριστοῦ Γεωργίου τοῦ τροπαιοφόρου. Ἐν Ἑρμουπόλει, 1880.

son triomphe, l'Arménie, domicile de son père d'après une légende dont nous aurons à nous occuper plus tard. Le rédacteur donne plus loin le nom du père de Georges et ce détail provient de la même source. Sont cités encore trois frères de l'empereur, qui ne sont pas tous des inconnus pour nous : Magnentios, Dadianos et Theognitos. Dadianos, le grand roi de la première légende, est ici un simple gouverneur de la Syrie ; Magnentios, un des soixante-douze, est devenu gouverneur de la Libye ; et Theognitos de l'Égypte. Maximien s'empare de Narsaios et va rejoindre Dioclétien à Diospolis (au lieu de ἐν Διοσπόλει le manuscrit de l'Athos porte ἐν δυσὶ πόλεσι). On s'attendrait à voir commencer sur ce théâtre l'action qui doit aboutir au martyre de S. Georges. Non. Dioclétien retourne à Nicomédie et c'est de là qu'il lance son édit. A partir de ce moment se déroulent toutes les péripéties de la seconde légende, racontées dans les mêmes termes que dans le manuscrit du Vatican. C'est ce texte même, simplement débarrassé de son prologue, et pourvu d'une nouvelle introduction.

*
* *

A première vue, le texte du manuscrit de Vienne, Theol. graec. 123, publié par Veselovskij appartient à la même classe que les précédentes[1]. Il débute par le prologue Η μὲν τοῦ σωτῆρος ἡμῶν Ἰησοῦ Χριστοῦ προαιώνιος βασιλεία, et l'on y retrouve de longues pages qui reproduisent littéralement les phrases et les développements du manuscrit que nous avons pris pour type. Mais il ne faut pas s'y laisser tromper ; il n'y a guère que la première partie et

1. *Sbornik* de l'Académie des Sciences de Saint-Pétersbourg, t. XXI (1881), p. 172-89.

quelques épisodes de la fin qui soient empruntés à la seconde légende. Les divergences commencent à se faire remarquer surtout à partir du supplice de la roue. Le martyr est coupé en dix pièces et ressuscité; il subit de nouveaux supplices, est scié en deux et ressuscité une seconde fois. Une femme nommée Scholastica obtient du saint la résurrection du bœuf de son fils. Il ressuscite aussi un homme nommé Jobel, qui était mort depuis environ trois cents ans, et qui reçoit le baptême. L'empereur fait périr le saint dans des tourments plus affreux; mais cette fois encore, il ressuscite. Conversion et martyre des soldats. Résurrection du bœuf de Glycérius. Sur sa promesse de sacrifier aux idoles, Georges est admis au palais. Eutropius, eunuque de l'impératrice Alexandra, avertit sa maîtresse de la présence du martyr. Elle se fait instruire par lui. Condamnée à mort en même temps que Georges, elle expire doucement. Prière du martyr. Voix du ciel. Mort du saint. Il est enterré à Diospolis, près de sa mère Polychronia.

La déclaration de Pasicrate manque à la fin de la pièce. Pourtant, c'est bien ce personnage qui est censé faire le récit, car dès le début, le narrateur parle du τίμιος μαργαρίτης Γεώργιος, ὁ ἐμὸς δεσπότης, ce qui n'a de sens que dans la bouche de Pasicrate.

On a compris que la Passion du manuscrit de Vienne est un texte composite où la seconde légende est remaniée d'après les données de la première, et d'après d'autres encore parmi lesquelles il faut compter la légende de l'enfance de S. Georges dont il sera question bientôt. Le manuscrit de Vienne, de basse époque d'ailleurs, n'a donc pas l'importance qu'on a semblé lui attribuer.

*
* *

Nous avons dit dans quelle mesure le panégyrique de S Georges par André de Crète, Ἀεὶ μὲν λαμπρὰ καὶ πανεύφημα, dépend de la seconde légende. Il n'est pas inutile de faire remarquer qu'il existe un second panégyrique, Ἥλιος μὲν ἑκάστης ἀνίσχων ἡμέρας, attribué au même auteur[1]. Cette attribution n'est nullement certaine et c'est au futur éditeur des œuvres d'André de trancher la question d'authenticité. Il est important de constater que dans cette pièce, l'orateur, quel qu'il soit, suit simplement la seconde légende telle que nous l'avons résumée, et passe entièrement sous silence tout ce que concerne le magicien; ce qui donnerait à croire qu'il a eu sous les yeux une version moins complète que l'auteur du premier panégyrique.

*
* *

Il convient de faire un groupe à part des textes qui se rencontrent dans la ménologe de Métaphraste, à cause de la vogue singulière dont la collection a joui et du problème littéraire qui s'y rattache. La plupart des saints sont représentés dans ce recueil par un texte unique, toujours le même, et dont la tradition manuscrite est en général très sûre. Un petit nombre, parmi lesquels S. Georges, y figurent tantôt avec une recension de leurs actes, tantôt avec une autre; mais les deux rédactions ont d'étroites ressemblances.

Le texte Διοκλητιανὸς ὁ Ῥωμαίων αὐτοκράτωρ[2], qui a son

1. *Acta SS.*, april., t. III, p xx-xxv.
2. *Acta SS.*, april., t. III, p. IX-XV.

style propre et dont la forme littéraire est relativement très recherchée, suit généralement pas à pas, en ce qui concerne l'histoire du martyre, la seconde légende. Il y a pourtant à signaler quelques particularités. La suppression du prologue est sans importance. Mais il est à noter qu'ici Georges est né de parents chrétiens et que sa mère meurt avant la première rencontre du martyr avec l'empereur. A remarquer surtout l'épisode d'Athanase qui est raconté longuement, et auquel se trouve rattachée la résurrection du mort. Cette histoire se termine par le martyre du ressuscité et du magicien. Le rédacteur parle en son propre nom. Mais il n'a pas supprimé purement et simplement la mention de Pasicrate que nous avons rencontrée jusqu'ici dans toutes les versions de la légende. Le personnage a été introduit dans le récit même où il joue un rôle. Dans sa prison, le martyr demande au gardien la faveur d'avoir un entretien avec son serviteur. Cette faveur lui est accordée, et la porte s'ouvre devant ce familier, dont le nom n'est pas prononcé, mais qu'on reconnaît assez à ce trait : ὅστις καὶ τὰ ὑπὸ τὸν ἅγιον ὑπομνήματα σὺν ἀκριβείᾳ πάσῃ συνέταξεν. Le saint lui recommande de recueillir ses restes avec son testament et de les ramener en Palestine.

L'autre rédaction, Ἄρτι τοῦ τῆς εἰδωλομανίας νέφους[1], est, en général, plus serrée que la précédente : on le reconnaît dès les premières lignes. Le cours de la narration est identique, mais bien des traits ont disparu et plusieurs parties du récit sont sensiblement condensées. Une des particularités de cette forme de la Passion, c'est l'importance toute secondaire donnée au magicien, et la place qui est assignée à l'épisode. Ailleurs Athanase paraît avant la résurrection du mort ; ici il entre en scène après ce prodige, et

1. *Acta Sanctorum*, aprilis, t. III, p. XV-XIX.

l'hagiographe ne lui accorde que quelques lignes. Du serviteur, Pasicrate ou tout autre, il n'est plus question.

Je signalerai, sans chercher à tirer les dernières conclusions de cette coïncidence, deux rapprochements entre le panégyrique déjà cité de S. André de Crète et la rédaction dont nous venons de nous occuper. Voici comment le panégyriste introduit son héros : Πατρὶς αὐτῷ ἡ Καππαδοκῶν χώρα, τροφὸς ἡ Παλαιστινῶν· χριστιανὸς ἐκ προγόνων, νεάζων τῇ ἡλικίᾳ, πολιὸς τὴν σοφίαν· εὐθὺς τὴν καρδίαν κατ' ἀμφότερα σφριγῶν κατὰ τῆς ἀσεβείας ὁ μάρτυς τῆς εὐσεβείας[1]. Comparez le texte de l'hagiographe : Τούτῳ πατρὶς μὲν ἡ Καππαδοκῶν, πατέρες δὲ τῶν ἐπιφανῶν, τροφὸς ἡ Παλαιστίνη, τὸ σέβας ἐκ προγόνων αὐτοῦ εὐσεβέστατος ἦν καὶ ἄτεχνος, τὴν μὲν ἡλικίαν νεάζων, τὴν δὲ φρόνησιν πολιός, εὐθὺς τὴν καρδίαν, ζήλου πνέων κατὰ τῆς ἀσεβείας[2]. Les passages relatifs à Athanase sont également à mettre en regard. André de Crète : Τοιγαροῦν ἀμέλει Ἀθανάσιον εἰς μέσον παρῆγον πολλὴν ἐπὶ τῇ μαγικῇ τὴν οἴκησιν ἔχοντα, καὶ μᾶλλον ἢ τοὺς ἐν Αἰγύπτῳ τῷ Μωσεῖ ἀντιπράττειν δόξαντας[3]. Passion de S. Georges : Δι' ἣν αἰτίαν καὶ Ἀθανάσιόν τινα εἰς μέσον παραχθῆναι κελεύει δόξαν ὅτι πλείστην ἐκ γοητείας ἑαυτῷ περιτιθέμενον, ἀνατρέπειν οὕτω ταῖς αὐτοῦ φαντασίαις πειρώμενον τὴν ἀλήθειαν ὃς οὐδὲν ἧττον εὐχερῶς ὑπὸ τοῦ μάρτυρος διελέχθη ἢ οἱ τῷ Μωϋσεῖ πρότερον ἀντιθαυματουργεῖν νομιζόμενοι[4]. A s'en tenir aux attributions traditionnelles, il faut dire que le Métaphraste a eu sous les yeux le discours d'André de Crète. Si le rapport inverse existe entre les deux pièces, l'attribution du panégyrique à André de Crète devient nécessairement caduque. Il y aurait moyen, il est vrai, de sortir de l'alter-

1. *P. G.*, t. XCVII, p. 1177.
2. *Passio*, n. 2.
3. *P. G.*, t. XCVII, p. 1191.
4. *Passio*, n. 19.

native en supposant des intermédiaires ou en échafaudant une série d'hypothèses dont aucune, dans l'état présent de nos connaissances, ne saurait s'imposer. Il faut donc se borner à formuler le problème d'histoire littéraire qui se pose ici.

*
* *

Le sentiment qui a donné naissance à l'histoire de la jeunesse de S. Théodore a créé également des Actes de S. Georges, où les récits du martyre sont précédés d'un tableau des premières années du saint, et complétés par des détails fort précis sur son origine et sa famille. Cette Vie de S. Georges existe sous plusieurs formes. La plus importante semble être celle du manuscrit de Paris 1534, dont Veselovsky a publié des extraits[1]. Il faut faire connaître l'agencement de cette pièce, que le titre résume bien : Γέννησις, ἀνατροφὴ καὶ μαρτύριον τοῦ ἁγίου καὶ ἐνδόξου μεγαλομάρτυρος Γεωργίου. On reconnaît ici les lignes principales du programme tracé par les rhéteurs[2].

Le prologue est celui que nous avons déjà rencontré dans le manuscrit du Vatican 1660 et dans le manuscrit de Vienne.

L'histoire proprement dite débute par cet aperçu chronologique : Κατ' αὐτοὺς καιροὺς Γαληνοῦ τοῦ Ῥωμαίων ἐπὶ ἑξαετίαν βασιλεύσαντος καὶ Κλαυδίου τοῦ μετ' αὐτὸν τῆς αὐτῆς βασιλείας ἐπὶ διετίαν κρατήσαντος καὶ τὸν κοινὸν πᾶσιν ἀνθρώποις θάνατον τελευτήσαντος, Αὐρηλιανοῦ δὲ μετὰ καὶ ἑτέρων τινῶν ὀλιγοχρονίων γεγονότων τῆς Ῥωμαίων βασιλείας καὶ κατάρξαντος ἐπὶ ἓξ καὶ δεκαετῆ κύκλον[3]. A cette époque vivait en Arménie un sénateur du nom de Gérontius, originaire de Cap-

1. *Sbornik*, t. XXI, p. 189-98.
2. Plus haut, p. 32.
3. *Ibid.*, p. 189-90.

padoce, ayant le grade de général. Sa femme s'appelait Polychronia. Elle était chrétienne, tandis que son mari adorait les idoles. Elle met au monde Georges, qu elle élève dans sa religion, à l'insu du père. Invité par lui à l'accompagner au temple, Georges l'exhorte à renoncer aux faux dieux.

Gérontius tombe malade, et se déclare chrétien. Georges va chercher dans un monastère voisin des moines pour l'instruire et lui donner le baptême. Gérontius meurt.

Aussitôt Georges de courir au temple où son père avait dressé des idoles d'or et d'argent. Il les brise, et va dans les autres sanctuaires des dieux accomplir la même œuvre de destruction. Il tue les prêtres et distribue aux pauvres d'abondantes aumônes.

Un nommé Silvanus va dénoncer Georges au duc Vardanius, qui le fait comparaître. Interrogatoire. Le juge le relâche en lui recommandant la prudence et l'obéissance aux ordres impériaux.

Ici se termine l'histoire de la jeunesse de S. Georges. Alors commence toute la longue histoire du martyre que nous connaissons déjà et qui est racontée selon la version de la seconde légende. A remarquer toutefois que l'impératrice ne meurt pas de mort naturelle mais est décapitée.

A la dernière sentence de mort prononcée contre son fils, Polychronia rentre en scène. Elle rend grâces à Dieu et anime son fils à la persévérance. Elle est bientôt arrêtée, interrogée, et torturée jusqu'à ce qu'elle rende l'âme. Les chrétiens l'ensevelissent en secret.

Georges prononce une longue prière ; une voix céleste lui répond, et après de nouvelles oraisons, on lui tranche la tête. Le récit porte la signature de Pasicrate.

Dans le manuscrit de Paris 770, fol. 59-72, se trouve également une vie complète de S. Georges, commençant sans préambule : Ἀνήρ τις συγκλητικὸς ὀνόματι Γερόντιος [1]. La première partie de cette pièce, c est-à-dire l'histoire de la jeunesse, reproduit en substance la version du manuscrit 1534. Il n'en est pas de même de la seconde partie, dans laquelle le récit des tortures de S. Georges et des différents incidents dont elles sont entrecoupées est traité plus librement. La mort de l'impératrice Alexandra notamment est racontée avec des développements particuliers. Celle de S. Georges est signalée par ce dernier miracle : καὶ προσῆλθεν αὐτῷ ὁ σπεκουλάτωρ καὶ ἔτεμεν αὐτοῦ τὸν γενναῖον τράχηλον· καὶ ἐξῆλθεν ὕδωρ καὶ γάλα ἀντὶ τοῦ αἵματος (fol. 71^{v}). Le martyr est enterré à Diospolis à côté de sa mère, martyrisée peu auparavant.

Sous le titre de Μαρτύριον τοῦ ἁγίου μεγαλομάρτυρος Γεωργίου καὶ ἡ πολιτεία αὐτοῦ, le manuscrit de Messine 29, fol. 14-14^{v} contient sur les parents de Georges, Gerontios et Polychronia, une notice [2] qui ne rappelle en rien l'histoire précédente, et dans laquelle Prochoros, disciple de S. Pierre, joue un grand rôle : ἄνθρωπος ὀνόματι Πρόχωρος ἐκ τῆς διδαχῆς τοῦ μακαρίου Πέτρου. Gerontius était Persan ; passant un jour, avec ses compatriotes, par la Cappadoce, il y rencontra la pieuse chrétienne nommée Polychronia, qui devint la mère de Georges.

*
* *

Nous ne pousserons pas plus loin l'examen des légendes concernant S. Georges Sauf quelques récits isolés imparfai-

1. *Catalogus codd. hagiogr graecorum bibliothecae Nationalis Parisiensis*, p. 34.

2. *Catalogus codd. hagiogr. graecorum monasterii S. Salvatoris Messanensi*, ANALECTA BOLLANDIANA, t. XXIII, p. 33.

tement connus ou se dérobant à tout classement, la grande masse des textes relatifs au célèbre martyr — ils sont nombreux et en apparence très variés — rentre sans trop de difficulté dans quelqu une des catégories que nous avons établies plus haut. Or, on a pu constater que les différents groupes ne sont que des transformations graduées d'une même légende primitive que l'on a dépouillée d'une série de traits trop manifestement suspects et où l'on a fait entrer, avec quelques éléments historiques arbitrairement choisis, des incidents et des péripéties dont l'imagination des hagiographes a fait tous les frais. S'ils se sont ingéniés à pallier l'invraisemblance de l'ensemble par le cadre dont ils l'ont entouré, s'ils l'ont allégé d'une foule de détails choquants dont l'origine était trop reconnaissable, les rédacteurs successifs de la légende de S. Georges ne doivent pas être accusés d'avoir voulu faire passer une fable pour de l'histoire. Ayant à s'occuper d'un récit dont ils croyaient pouvoir accepter la substance, ils ont suivi naïvement l'instinct qui leur commandait de ne point le présenter de façon à rebuter le lecteur. Faut-il dire que, s'ils ont rendu le document presque lisible pour leur public, ils n'ont rien ajouté à son autorité, et que la légende de Georges la moins étrange vaut exactement, au point de vue de l'histoire, la première de toutes, qui surpasse en extravagance tout ce que les hagiographes ont imaginé de plus hardi et qui a sa place marquée à à côté des fantastiques récits des Mille et une Nuits ?

On sait que la légende de S. Georges figure dans le premier *index* de l'église romaine. Il est difficile de dire sur quelle forme de la Passion porte la réprobation du décret de Gélase[1]. Nous avons vu qu'au ve siècle déjà la pre-

1. A. Thiel, *Epistulae romanorum pontificum*, t. I, p. 459.

mière légende avait cours ; on ignore si elle avait dès lors été l'objet d'un essai de correction. Mais on sera d'accord pour dire que la première légende, telle qu'elle nous est connue, se signalait comme d'elle-même à la défiance des fidèles. Parmi les canons du patriarche Nicéphore, il en est un qui répète la défense du décret gélasien : τὰ δύο μαρτύρια τοῦ ἁγίου Γεωργίου καὶ τῶν ἁγίων Κηρύκου καὶ Ἰουλίττης... οὐ δεῖ δέχεσθαι [1].

Si nous n'avions donc pour nous renseigner sur S. Georges que les récits des hagiographes, le grand martyr de l'église grecque devrait cesser d'être pour nous un personnage historique. Mais on peut faire valoir, pour établir son existence avec beaucoup de probabilité, la preuve d'un culte traditionnel remontant à une époque où il ne suffisait généralement pas d'une simple légende pour créer un sanctuaire. Bien que les documents ne nous permettent pas de remonter aux premières origines de celui de Lydda, il devint si promptement célèbre que l'on peut croire qu'il s'éleva sur la tombe d'un martyr local dont les Actes n'ont jamais été écrits ou sont rapidement tombés dans l'oubli.

On a tenté maintes fois, cela se comprend, de donner à la figure trop indécise du martyr de Lydda, des contours plus nettement tracés, en l'identifiant avec tel ou tel personnage dont l'existence est attestée par les historiens. Des considérations très ingénieuses ont amené d'abord quelques érudits à reconnaître S. Georges dans le martyr anonyme — on lui a donné plus tard le nom de Jean — dont parle Eusèbe (H. E. VIII, 5), et qui paya de sa vie le crime d'avoir lacéré à Nicomédie l'édit de persécution [2].

1. PITRA, *Iuris ecclesiastici graecorum historia et monumenta*, t. II, p. 382.

2. Sur cette hypothèse, voir *Acta SS.*, april., t. III, p. 106-108, n. 26-33.

Ce qui a fait songer à cette identification, c'est que l'on croyait devoir rattacher le martyre de S. Georges à la persécution de Dioclétien. Nous avons montré comment Dioclétien a été introduit dans la légende et combien il serait peu conséquent d'accepter une pareille donnée. De plus, l'hypothèse ne rend nullement compte des honneurs rendus en Palestine à un martyr de Nicomédie et suppose gratuitement une translation de reliques.

L'étude des éléments primitifs de la légende de S. Georges a conduit quelques critiques à identifier le célèbre martyr avec l'évêque arien d'Alexandrie, Georges de Cappadoce, qui fut massacré sous Julien [1]. En fait, les réminiscences de l'histoire de ce personnage paraissent incontestables, et il est difficile de ne pas reconnaître dans le récit du faux Pasicrate plus d'un acteur et même certaines scènes du drame qui eut pour héros Georges d'Alexandrie. A remarquer le nom même de Georges ; sa patrie, la Cappadoce ; sa qualité de militaire ; le nom d'un de ses adversaires, Athanase, celui de l'impératrice Alexandra, rappelant Alexandrie, celui de Magnentius ; des épisodes comme la destruction des idoles, l'ordre donné de faire disparaître les restes du martyr et ainsi de suite.

Mais cela ne suffit pas pour faire de Georges de Lydda et de Georges d'Alexandrie un seul et même personnage. La plupart des récits légendaires et artificiellement combinés empruntent quelque chose à la réalité, à des monuments écrits quelconques, ou à des traditions courantes, Cette fois, le nom du martyr a été probablement pour l'hagiographe une indication qui l'a amené à s'inspirer des

1. Voir *Acta SS.*, ibid., p. 112-114, n. 47-53 ; Vetter, *Der heilige Georg des Reinbot von Durne*, p. xxxiv-xxxvi ; J. Friedrich, *Der geschichtliche heilige Georg*, dans *Sitzungsberichte der k. b. Akademie der Wissenschaften*, 1889, t. II, p. 159-203.

gestes de Georges d'Alexandrie pour écrire l'histoire d'un homonyme. Le genre littéraire auquel appartiennent les Actes de S. Georges nous défend donc de nous arrêter à l'identification proposée, d'autant plus qu'il serait malaisé de rendre compte, d'une façon satisfaisante, de la localisation en Palestine du culte de Georges d'Alexandrie.

Une dernière tentative a été faite récemment pour reconnaître S. Georges dans un saint dont le culte a des attestations très anciennes. On a affirmé que S. Georges n'était autre que S. Helpidius, dont la fête tombait précisément le 23 avril. jour de S. Georges[1]. On la célébrait à Harrhan, en Mésopotamie, au témoignage de la pieuse femme qui fit le voyage aux lieux saints dans le dernier quart du IVe siècle : « *Nam et ecclesia, quam dixi foras civitatem, dominae sorores venerabiles, ubi fuit primitus domus Abrahae, nunc et martyrium ibi positum est. id est sancti cuiusdam monachi nomine Helpidi. Hoc autem nobis satis gratum evenit, ut pridie martyrium die ibi veniremus, id est sancti ipsius Helpidii, nono k. maias, ad quam diem necesse fuit undique et de omnibus Mesopotamiae finibus omnes monachos in Charra descendere, etiam et illos maiores, qui in solitudine sedebant, quos ascites vocant, per diem ipsum, qui ibi satis granditer attenditur, et propter memoriam, sancti Abrahae, quia domus ipsius fuit. ubi nunc ecclesia est. in qua positum est corpus ipsius sancti martyris*[2]. » Il y a dans la date une curieuse coïncidence. Mais il paraît bien difficile de s'en contenter. On n explique point comment Helpidius a pu finir par s'appeler Georges, ou comment le centre de son culte se serait transporté de Mésopotamie en Palestine.

1. H. THURSTON, *S. George* dans THE MONTH. t. LXXIV (1892). p. 480-82 ; *ibid.*, t. CIX (1907), p. 237-38.
2. GEYER, *Itinera Hierosolymitana,* p. 65.

Nous n'avons point, dans ce qui précède, invoqué le témoignage du martyrologe hiéronymien. Ce n'est pas sans raison. Il nous paraît assez malaisé, en effet, de soutenir que le nom de S. Georges figurait dans le martyrologe oriental qui est la source de l'hiéronymien. Dans les rédactions actuelles, aux 15, 23, 24, 25 avril et au 7 mai, sa mention semble bien se présenter comme une addition postérieure, et les notices du 25 avril : *Et in Persida civitate Diospoli passio sancti Georgii* (Bern.), *et in Persida passio sancti Georgi mar.* (Eptern.), sont formulées de façon à rappeler assez clairement qu'elles dérivent de la légende du faux Pasicrate et nullement d'un martyrologe local. Le silence du martyrologe oriental n'est point, il ne faut pas l'oublier, un argument contre l'existence du culte de S. Georges. Des martyrs très authentiques et très honorés dans l'antiquité chrétienne n'y ont point trouvé place.

*
* *

L'examen qui précède n'a pas épuisé la série des pièces hagiographiques — je parle de celles qui sont à la portée des érudits — concernant le célèbre martyr. Mais celles qui resteraient à considérer, ou dépendent directement des précédentes, ou ne nous apprennent rien sur la Passion du saint. Ainsi l'homélie d'Arcadius, évêque de Chypre, εἰς τὸν ἅγιον μεγαλομάρτυρα Γεώργιον, dont il y a deux exemplaires à la Bibliothèque nationale de Paris[1]. La date du 3 novembre à laquelle elle devait être lue, et le début même, indiquent assez son objet : Συγκαλεῖ πάλιν

1. Mss. Coislin 146, fol. 85-90 v, Coislin, 306, fol. 205 v, 208 v. Voir *Catalogus codd. hagiogr. graecorum bibliothecae Nationalis Parisiensis*, pp. 300, 315. Il a été publié, d'après un manuscrit du mont Athos, dans Dukakis, Μέγας συναξαριστής, avril (Athènes, 1892), p. 375-378.

ἡμᾶς, ὦ φιλόχριστοι, ὁ φιλόστοργος οὗτος τῆς εὐσεβείας καλλίνικος μάρτυς τῆς ἀληθείας Γεώργιος εἰς τὸ μέγα τοῦτο καὶ πνευματικὸν καὶ πανίερον τέμενος, πάλιν δὲ ἐφέλκεται πρὸς ἑαυτὴν ἡ ἐτήσιος καὶ εὔσημος ἑορτὴ τὰ φιλόχριστα πλήθη εὐεργετῆσαι συνήθως ἐθέλουσα · ἐπέστη πάλιν τῶν ἱερῶν ἐγκαινίων ὁ σύλλογος θείων δωρεῶν γινόμενος πρόξενος. C'est, comme on le voit, un sermon pour la fête de la dédicace de S. Georges de Lydda, qui se célébrait dans tout le pays grec [1], prononcé dans une église du saint, probablement en Chypre. On peut citer encore les deux panégyriques de Jean Mauropous, presque entièrement parénétiques [2] et enfin les récits de miracles, qui sont parfois intéressants par les traits de mœurs qu'ils renferment ou par des détails historiques éclairant l'époque où ils furent écrits.

Parmi ces histoires merveilleuses, il en est une que l'on ne peut passer sous silence, tant fut considérable la fortune qui lui était réservée en Occident. A vrai dire, elle se présente plutôt comme un épisode de la vie du saint que comme un de ces faits habituellement classés dans la catégorie des miracles. Il s'agit de la victoire de Georges sur le dragon, dont le récit séparé, qui a été publié [3] d'après une copie du XIVe siècle, se trouve très rarement dans les manuscrits grecs [4]. « En ce temps-là il y avait un roi nommé Selbios, méchant et idolâtre, et près de la ville un lac, et dans le lac un affreux dragon... » Le conte du héros qui délivre la fille du roi et débarrasse le pays du

1. *Synaxarium ecclesiae Constantinopolitanae*, p. 191.

2. P. DE LAGARDE, *Ioannis Euchaitorum metropolitae quae supersunt*, pp. 137-142 ; 142-47.

3. VESELOVSKIJ, dans *Sbornik*, t. XXI, p. 200-208. Une autre rédaction en grec moderne a été publiée par DUKAKIS, Μέγας συναξαριστής, avril, p. 338-345.

4. A. MARTINI ET D. BASSI, *Catalogus codicum graecorum bibliothecae Ambrosianae*, t. I, p. 205-212.

monstre, est répété avec les détails classiques. L'exploit de Georges a pour épilogue la conversion du roi et de toute la ville. Tous reçoivent le baptême de la main de l'évêque Alexandre, appelé par S. Georges. Nous n'avons pas à nous occuper ici de la forme donnée à cette histoire dans les textes occidentaux[1]. Nos recherches se bornent aux légendes grecques, et il importe de constater que l'exploit du dragon n'est entré ni comme épisode, ni comme incident, dans aucune des passions que nous avons analysées[2].

*
* *

La plupart des personnages chrétiens qui figurent dans la Passion de S. Georges ont fini par être l'objet de ce que j'appellerais une canonisation littéraire, c'est-à-dire que, non contents de la mention qui leur est donnée dans ce récit, les rédacteurs des livres liturgiques leur ont assigné une commémoraison distincte, les mettant ainsi sur le même pied que beaucoup de martyrs authentiques. C'est l'origine, dans les ménées du 23 avril, des notices suivantes, dont on n'aura aucune peine à reconnaître la signification : τῇ αὐτῇ ἡμέρᾳ μνήμη τῶν ἁγίων μαρτύρων Ἀνατωλίου καὶ Πρωτολέοντος, στρατηλατῶν — τοῦ ἁγίου μάρτυρος Ἀθανασίου τοῦ ἀπὸ μαγῶν — τοῦ ἁγίου μάρτυρος Γλυκερίου τοῦ γεωργοῦ. Selon l'usage, chaque annonce est suivie d'un distique en l'honneur du saint[3].

1. F. Vetter, *Der heilige Georg des Reinbot von Durne*, p. LXXV-CIX, s'est longuement occupé de cette question.

2. Il serait intéressant de connaître les hagiographes (et ils sont nombreux) qui se sont inspirés de la légende de S. Georges ou qui ont fait des emprunts à quelques-uns des textes que nous avons étudiés. Cette recherche nous conduirait trop loin. Nous citerons seulement, parmi les latins, l'auteur de la *Vita Lupercii* (*Bibl. hag. lat.*, n° 5071.) Cf. Huber, *Zur Georgslegende*, p. 19.

3. Μηναῖον τοῦ Ἀπριλίου (Venise, 1893), p. 100.

L'impératrice Alexandra occupe dans les mêmes livres une place plus distinguée que ces obscurs figurants. Le 21 avril — dans quelques exemplaires le 20 ou le 22 — elle a sa fête séparée et on lui consacre une notice assez importante[1]. Cette courte biographie est, à n'en point douter, le résumé d'une pièce plus longue, dont les traits essentiels étaient évidemment empruntés à la légende de S. Georges, mais qui renfermait également des détails propres et des développements nouveaux. C'est ainsi que l'impératrice meurt en prison et que sa mort est suivie de la conversion et du martyre de trois de ses serviteurs : Apollos, Isaac et Codratos, lesquels, d'après l'usage des ménées, obtiennent encore une commémoraison séparée, avec les distiques propres[2].

5. *Synaxarium ecclesiae Constantinopolitanae,* pp. 617, 619, 621.
6. Μηναῖον τοῦ Ἀπριλίου, p. 86.

CHAPITRE IV

S. PROCOPE

Les légendes de S. Procope sont plus intéressantes à étudier que toutes les autres, parce que nous sommes assez bien renseignés sur ce martyr pour assister en quelque sorte à toutes les phases de leur développement et surprendre même la transition entre l'histoire et la légende. S. Procope est le seul parmi les saints militaires sur lequel nous ayons un document contemporain et dont le culte, à l'origine, ne présente pour nous aucune obscurité. Nous avons ici un exemple typique de ce que l'hagiographie populaire est capable de produire sous prétexte d'honorer un saint de prédilection, et cet exemple n'est pas sans éclairer d'une lumière nouvelle la question des saints militaires [1].

La mort de S. Procope, qui fut le premier des célèbres martyrs de Palestine sous Dioclétien, a été racontée deux fois par Eusèbe, dans les deux rédactions de son livre *De martyribus Palaestinae*. Le récit de la rédaction commune, ou courte recension, est d'une brièveté extrême [2]. Eusèbe ne nous dit pas qui était Procope. On apprend seulement que, sans avoir passé par le cachot, il fut conduit au tribunal, qu'il refusa de sacrifier et confessa le Dieu unique. Invité à faire une libation en l'honneur des quatre em-

1. H. Delehaye, *Les Légendes hagiographiques*, 2e édition, (Bruxelles, 1906), p. 142-67.

2. *De martyribus Palaestinae*, I, 1, Dindorf, p. 383-84; Schwartz, pp. 607-908.

pereurs, il répondit par le fameux vers d'Homère : οὐκ ἀγαθὸν πολυκοιρανίη, εἷς κοίρανος ἔστω, εἷς βασιλεύς [1], et eut aussitôt la tête tranchée. Si nous n'avions sur Procope que ces quelques lignes, il ne nous resterait aucun moyen, on le constatera, de le reconnaître dans les légendes postérieures.

Mais Eusèbe a été moins avare de détails dans la longue recension du *De martyribus*, et si le chapitre concernant S. Procope n'a pas été retrouvé dans son texte original, nous pouvons le lire dans une vieille traduction latine [2] et dans la version syriaque du livre complet [3]. C'est une des plus belles pages de l'historien ; on y sent passer une émotion sincère et une vive admiration pour le saint dont la vie entière consacrée à la pénitence et à la méditation des choses divines avait été une préparation au martyre. Procope était né à Aelia, ou Jérusalem, et avait fixé son domicile à Scythopolis où il remplissait dans l'église les fonctions de lecteur, d'interprète en langue syriaque et d'exorciste. Ces indications sont précieuses, et nous aideront à établir la filiation des légendes.

Sur le tombeau du saint s'éleva, à Césarée, de Palestine, une basilique, qui fut restaurée en 484 par l'empereur Zénon. Antonin la visita : *Deinde veni Caesarea Philippi, quae turris Stratonis quae et Caesarea a Palaestinis vocatur, in qua requiescit sanctus Pamphilus, sanctus Procopius* [4].... On signale aussi, au VIe siècle, un sanctuaire de S. Procope à Scythopolis, la patrie d'adoption du martyr [5]. Nous n'in-

1. *Iliade*, II, 204.
2. *Bibliotheca hagiographica latina*, 6949.
3. CURETON, *Eusebius History of the Martyrs of Palestine*, London, 1861 ; traduction allemande dans B. VIOLET, *Die Palaestinische Märtyrer des Eusebius von Caesarea*, Leipzig, 1896, TEXTE UND UNTERSUCHUNGEN, t. XIV, n° 4.
4. GEYER, *Itinera Hierosolymitana*, p. 190.
5. CYRILLI SCYTHOPOLITANI *Vita S. Sabae*, c. 75, COTELIER, p. 349.

sisterons pas ici sur la mention du martyrologe hiéronymien : *VIII idus iulii in Caesarea Cappadociae Procopi*, parce qu'elle est empruntée, non sans une grosse erreur, au livre d'Eusèbe [1].

En suivant le développement de la légende de S. Procope depuis sa forme la plus ancienne jusqu'au dernier remaniement qu'elle subit sous la plume du métaphraste, nous comptons trois groupes de textes.

Le plus ancien de ces groupes comprend la Passion grecque de S. Procope qui se lit dans un manuscrit du IXe siècle, le 1470 de Paris [2] et la passion latine du Mont-Cassin [3], traduction de la pièce grecque mais d'après une recension un peu différente de celle que nous possédons. La passion grecque débute par un prologue emprunté en grande partie littéralement à celui de la *Passio Perpetuae et Felicitatis* [4]. En tête du récit l'auteur a mis le texte d'un prétendu édit de Dioclétien dans lequel l'empereur esquisse à grands traits la doctrine chrétienne, menace du dernier supplice ceux qui persisteront à la confesser et promet en récompense aux apostats πέντε μυριάδας ἀργυρίου. Peu après, le préfet Flavianus arrive à Césarée.

Procope était né à Aelia. Sa vertu l'avait fait élever au rang des lecteurs et des exorcistes. Les succès de son ministère et de l'apostolat qu'il exerçait autour de lui le désignèrent à l'attention de Flavianus, qui se le fit amener.

Le juge est assis sur son tribunal, et le bienheureux Procope est introduit. En le voyant paraître, le peuple entre en fureur et pousse des hurlements. « Voilà celui qui méprise le culte des dieux et foule aux pieds le décret

1. *Acta SS.*, novembr., t. II, p. [88].
2. Voir plus haut, p. 18.
3. *Bibliotheca Casinensis*, t. III, florilegium, p. 242-46.
4. I. Armitage Robinson, *Texts and Studies* (Cambridge, 1891), t. I, 2, p. 61.

de l'empereur. » Flavianus, inspiré par le démon, interroge Procope, et essaie, par ses discours, d'ébranler sa fermeté.

La harangue du juge est suivie d'un long discours du martyr, qui l'exhorte à reconnaître le Dieu créateur. Parmi les arguments qu'il fait valoir, il y a l'avis des philosophes, Hermès Trismégiste, Homère, Platon, Aristote, Socrate, Galenus, Scamandrus, qui tous proclament l'unité de Dieu. Après quelques considérations sur la foi chrétienne, il est interrompu par le juge qui reprend ses exhortations entremêlées de menaces.

Alors recommence une longue dissertation, sur un ton parfois sarcastique, où le martyr développe surtout les inconséquences de l'idolâtrie ; il prévient même les objections de l'adversaire et y répond ; l'interrogatoire prend les allures d'une discussion académique.

Lorsqu'elle est terminée, le juge fait commencer le supplice. On suspend le martyr ; on lui racle les côtes, on avive ses blessures en les couvrant de sel et en les frottant d'un dur cilice. Les bourreaux lui déchirent le visage avec des ongles de fer jusqu'à le rendre méconnaissable et lui brisent les os. Ordre est donné au « speculator » Archelaus de décapiter le martyr. Mais les mains lui tombent paralysées et il expire.

Furieux, Flavianus envoie Procope en prison, chargé de chaînes. Le martyr récite une longue prière. Le Christ lui apparaît sous la forme d'un ange, et le guérit de ses blessures.

Trois jours après, nouvel interrogatoire, au cours duquel Flavianus lui reproche d'avoir eu recours à la magie pour tuer Archelaus et faire disparaître la trace de ses propres blessures. Puis il le fait suspendre et fouetter avec des nerfs de bœuf; les bourreaux lui mettent sur le dos des charbons ardents et renouvellent toutes ses blessures en y enfonçant des clous rougis au feu.

Le martyr ne cesse de parler et accable le juge de reproches et d'injures auxquelles Flavianus répond par de nouveaux supplices Le dialogue se poursuit et l'on continue à enfoncer dans les chairs du martyr des pointes rougies au feu.

Enfin, Flavianus invente un nouveau supplice. Il fait apporter un petit autel. Le martyr doit étendre la main remplie de charbons ardents. On y jette de l'encens. « Si vous jetez l'encens allumé sur l'autel, dit Flavianus, vous avez immolé aux dieux. » Procope reste inébranlable et sa main demeure immobile. Il pleure ; mais ce ne sont pas ses souffrances qui lui arrachent des larmes, c'est l'obstination de Flavianus. Celui-ci, confondu, prononce la sentence de mort.

Le bienheureux Procope est conduit hors ville pour être exécuté. Il demande qu'on lui accorde une heure, et prononce encore une longue prière, après laquelle il reçoit enfin le coup fatal Les chrétiens enlèvent le saint corps et le déposent en un lieu convenable.

*
* *

Le rédacteur de cette légende avait évidemment entre les mains le récit d'Eusèbe. Il en a gardé le moins possible, mais on reconnaît encore le premier martyr de Palestine dans ce Procope, né à Aelia, menant une vie austère, exerçant des fonctions ecclésiastiques, et condamné par le juge Flavianus au supplice du glaive. Il est vrai qu'il faut y regarder de près et que la longue histoire du martyre ne ressemble plus en rien à celle que nous connaissons par Eusèbe et qui s'achève en quelque lignes. Elle a été inventée d'un bout à l'autre par l'hagiographe qui en a emprunté les grands traits aux légendes célèbres que nous avons déjà analysées, et qui a eu recours, pour le remplissage, aux procédés ordinaires de la rhétorique. On reconnaît immédiatement les réminiscences suivantes : l'édit de persécution, la prière du martyr, la prison après un premier supplice, l'apparition du Christ, la guérison miraculeuse. le reproche de magie qu'elle provoque de la part du persécuteur. La dernière scène, celle des charbons ardents placés sur la main du martyr, est un nouvel emprunt dont tout le monde connaît la source [1].

Nous venons de voir les libertés qu'un hagiographe n a pas craint de prendre avec le récit d'Eusèbe. Il s'en est trouvé un autre pour traiter avec la même désinvolture son récit à lui et pour achever la transformation commencée.

La seconde légende de S. Procope se trouve dans un grand nombre de manuscrits où on la rencontre plus ou moins complète, suivant le caprice des copistes qui l'ont parfois abrégée. M. Papadopoulos-Kerameus l'a publiée d'après un manuscrit de Vatopedi [2]. Cet exemplaire est écourté. Il y manque notamment un long épisode, que nous publions ci-après (Appendice VIII), d'après le manuscrit de Paris grec 897, celui dont nous nous servons également pour analyser la légende [3]. Elle est composée de deux parties, dont la première se déroule sous le gouvernement

1. *Passio S. Barlaam*, dans Analecta Bollandiana, t. XXII, p. 159-45.

2. Ἀνάλεκτα ἱεροσολυμιτικῆς σταχυολογίας. t. V (Saint-Pétersbourg 1898), p. 1-27.

3. *Catalogus codd. hagiogr. graec. bibliothecae Nationalis Parisiensis*, p. 49. Sur un fragment de cette passion, plusieurs fois publié d'après des feuillets détachés, voir ce que nous avons écrit dans les *Analecta Bollandiana*, t. XXII, p. 408-10.

d'un nommé Οὐλκίων, et dans laquelle le martyr porte d'abord le nom de Néanias. La seconde se passe sous Flavianus, le persécuteur déjà connu ; toutes les scènes dont elle est faite sont empruntées à la légende précédente.

Dioclétien déchaîne une terrible persécution contre les chrétiens. Texte de l'édit. L'empereur se rend en Égypte, où il met en déroute l'usurpateur Achille. De là il va visiter Antioche, où il reçoit du sénat une sorte de profession de foi idolâtrique.

Il y avait alors à Aelia, ou Jérusalem, une femme nommée Théodosie, συγκλητικὴ πρώτη τῆς πόλεως. Son mari, un chrétien nommé Christophe, était mort ; son fils Néanias était païen comme elle. Elle le conduisit à Antioche, en présence de l'empereur, qui le créa duc d'Alexandrie. Il lui recommanda au moment d'aller rejoindre son poste, de rechercher activement les chrétiens et de les punir avec sévérité. Dioclétien lui résume la vie du Christ avec des commentaires à sa façon.

Néanias s'en va avec ses soldats, et passe par Apamée. Durant la nuit, à trente stades de cette ville, un tremblement de terre se fait sentir accompagné d'éclairs. Une voix sort de la nue : « Où vas-tu, Néanias ? » En même temps se montre à lui une croix de cristal, et il entend ces paroles : « Je suis Jésus le crucifié, le fils de Dieu. » La voix reprend : « Tu me seras un vase d'élection » et « Par ce signe tu seras victorieux. »

Néanias subjugué se rend avec ses soldats à Scythopolis, et fait fabriquer par un certain Marc une croix en or et en argent, semblable à celle de la vision. Dès qu'elle fut terminée, on y vit paraître trois images avec les noms, en hébreu, d'Emmanuel, Michael, Gabriel (1). Armé de la croix

1. Il faut rappeler ici la formule XMΓ qui a tant tourmenté les épigraphistes. L'interprétation de DE ROSSI (*Bullettino di archeologia*

miraculeuse, Néanias met en fuite une troupe d'Agaréniens et en tue six mille.

Alors il se rend auprès de sa mère, et brise toutes ses idoles, dont il distribue aux pauvres la matière précieuse. La mère effrayée va dénoncer son fils à Dioclétien ; celui-ci la console en lui permettant de choisir parmi les sénateurs qui elle voudra pour lui tenir lieu de fils. En même temps il envoie une lettre au gouverneur Oulcion, le chargeant d'interroger Néanias et de le faire périr dans les tourments s'il persiste dans son impiété. Néanias prend connaissance de la lettre de l'empereur, la déchire en mille pièces et se déclare chrétien. Le gouverneur ordonne de l'enchaîner et de le conduire à Césarée.

Oulcion prend place sur son tribunal, ordonne de suspendre Néanias et de le tourmenter avec des ongles de fer. Lorsque les bourreaux sont fatigués et que tous les os du martyr sont mis à nu, on le ramène en prison. Il y est visité par les anges, favorisé également d'une apparition du Christ, qui le baptise, change son nom en celui de Procope et guérit toutes ses blessures.

Le lendemain, nouvel interrogatoire. Le gouverneur attribue la guérison du martyr à la puissance des dieux. Aussitôt Procope demande à être conduit au temple. Le juge impie et le peuple s'imaginent que la constance du martyr fléchit et qu'il va sacrifier aux dieux. Procope est donc mené au temple en grande pompe. Mais loin de renier sa foi chrétienne, il met en pièces les idoles par la vertu du signe de la croix.

cristiana, 1870, pp. 25-31), Χ(ριστὸς) Μ(ιχαὴλ Γ(αβριὴλ) a été déclarée récemment encore plus ingénieuse que plausible (Th. Reinach, dans le *Byzantinische Zeitschrift*, 1900, p. 60.) Voici pourtant un texte probablement antérieur au VIIIe siècle qui semble donner raison à l'illustre archéologue.

Suivent deux longs épisodes. Le premier est celui de la conversion des soldats. Ils vont trouver Procope dans sa prison. Procope obtient de son geôlier de les conduire à l'évêque Léontios. L'évêque les baptise et le martyr rentre en prison. Il confirme dans la foi les nouveaux chrétiens qui sont ensuite martyrisés sous ses yeux.

Comme pendant au récit du martyre des soldats l'hagiographe introduit l'histoire de douze dames de rang sénatorial qui, à leur tour, embrassent la foi du Christ et périssent dans d'affreux supplices. Théodosie, la mère de Procope, touchée par le spectacle de leur constance, se convertit également et meurt avec elles.

Peu après, le gouverneur Oulcion contracte une fièvre maligne. Il expire et Flavianus prend sa place à Césarée. Le martyr est cité à son tribunal et alors, comme nous l'avons dit, se déroulent presque toutes les scènes de la première légende.

Il serait sans intérêt de comparer au texte du manuscrit 897 d'autres rédactions de la même Passion, les unes très développées, comme celle[1] du ms. de Paris 1447, fol. 269-288, les autres notablement condensées, comme celle[2] du ms. Coislin 121, fol. 124^v-129^v. Ni les contours ni aucun détail important de la seconde légende n'en seraient modifiés.

L'intérêt de cette seconde légende consiste en ce que la physionomie du martyr s'y trouve essentiellement transformée. Le clerc de l'église de Scythopolis disparaît complètement et un nouveau personnage se substitue à lui. Il s'appelait d'abord Néanias, et Néanias était militaire. On

1. *Catalogus codd. hagiogr. graecorum bibliothecae Nationalis Parisiensis*, p. 110.
2. *Ibid.*, p. 297.

peut se demander si la légende de Néanias n'a pas d'abord circulé à l'état isolé. Ce qui le donnerait à croire, c'est qu'elle se détache de l'ensemble avec la plus grande facilité et forme en elle-même un tout complet, auquel il ne manque qu'un dénouement.

On a pu constater qu elle est conçue dans le même goût que la précédente. Outre les incidents qui rappellent la conversion de S. Paul, la vision de Constantin, certaines réminiscences de la Passion de S. Polycarpe, on y trouve beaucoup de traits communs aux légendes de S. Georges et de S. Théodore, et toute l'allure de la narration est celle de ces récits fameux. Du texte d'Eusèbe il ne reste plus dans la seconde légende que quelques noms propres.

Il y aurait lieu de chercher si la forme primitive de cette légende n'offrait pas une ressemblance de plus avec celles de S. Georges et de S. Théodore, où Pasicrate d'une part, Augarus de l'autre jouent le rôle de rédacteurs témoins oculaires et garantissent solennellement la vérité des faits. Nous n'en avons pas de preuve directe, mais voici un indice important. La Passion de S. Procope a été maladroitement adaptée à un martyr de Sardaigne, S. Ephysius de Cagliari [1]. Or, la Passion de S. Ephysius se termine par cette phrase : *Cuius passionem ego presbyter Marcus dum a principio usque ad finem oculis meis vidissem oratu ipsius beati martyris Ephysi fideliter veraciterque descripsi praesentibus atque posteris profuturam*[2]. Pareille déclaration est si parfaitement dans le style, qu'on ne peut s'empêcher de la croire empruntée, sauf les modifications voulues, à la pièce qui a servi de modèle.

La transformation de S. Procope a été complète et définitive. Au VIIIe siècle S. Procope était déjà connu de tous

1. Voir *Les Légendes hagiographiques*, p. 162.
2. *Analecta Bollandiana*, t. III, p. 377.

sous le type du militaire, et ses actes, tels que nous venons de les analyser, étaient lus, en partie, devant les Pères du second concile de Nicée [1].

*
* *

La troisième légende de S. Procope ne diffère pas essentiellement de la précédente, mais elle la consacre sous une forme littéraire qui la met désormais à l'abri de la fantaisie des hagiographes et des copistes. Elle a été incorporée dans le recueil de Métaphraste, et comme la légende de S. Georges, elle y paraît en deux rédactions. La première, Διοκλητιανοῦ καὶ Μαξιμιανοῦ τὴν αὐτοκράτορα Ῥωμαίοις διεπόντων ἀρχήν, est inédite, mais a été traduite en latin [2]. C'est la rédaction des manuscrits de Paris 1474 et 1516 [3] de la Vaticane 679, 823 [4]. La seconde est le texte des *Acta Sanctorum*, Διοκλητιανοῦ καὶ Μαξιμιανοῦ τὴν βασιλείαν ἰθυνόντων ἀρχήν [5] représenté par un nombre de manuscrits plus considérable. On la trouve dans les manuscrits de Paris 1475, 1527, 1528, 1548, Supplément grec 916 [6], dans les manuscrits de la Vaticane 820, 822, 2043, Ottobon. 87 [7]. Nous avons parlé ailleurs du texte métaphrastique de la légende de S. Procope [8] et une comparaison minutieuse des deux rédactions, tout en offrant un intérêt réel pour

1. Hardouin, *Concilia*, t. IV, p. 229-32.
2. Lipomano, *Vitae SS. Patrum*, t. VI (Romae, 1558), fol. 107-115 v.
3. *Catalogus codd. hagiogr. graecorum bibliothecae Nationalis Parisiensis*, pp. 154, 208.
4. *Catalogus codd. hagiogr. graecorum bibliothecae Vaticanae*, pp. 22, 77.
5. *Acta SS.*, Iul., t. II, p. 556-76.
6. *Catalogus codd. hagiogr. graecorum bibliothecae Nationalis Parisiensis*, pp. 156, 223, 225, 249, 336.
7. *Catalogus codd. hagiogr. graecorum blibliothecae Vaticanae*, pp. 70, 76, 192, 255.
8. *Les Légendes hagiographiques*, p. 157-59.

l'histoire littéraire et notamment pour la constatation des procédés suivis dans les métaphrases, n'a aucune importance au point de vue du développement de la légende.

Les panégyriques de S. Procope qui sont parvenus jusqu'à nous ne présentent qu un intérêt secondaire. Celui de Theophane Kerameus peut être passé sous silence, comme indépendant de la légende ; c est plutôt un sermon dogmatique et moral prononcé le jour de la fête du saint[1]. L'ἐγκώμιον anonyme du manuscrit de Paris 1177, fol. 26-41, et qui commence Ἰδοὺ μὲν θέαμα καὶ τερπνόν[2], raconte librement et oratoirement la seconde légende. Il en existe un aussi parmi les œuvres de Nicétas le Paphlagonien, ms. de Paris 1180, fol. 234ᵛ-244ᵛ, dont la même légende forme également le fond[3]. Comme la plupart des orateurs, Nicétas ne se pique pas d'une exactitude minutieuse, et le début de son récit est en contradiction avec le texte même qu'il a exploité : Οὗτος πατρίδα μὲν ἐπὶ γῆς ἔσχε Καισάρειαν τῆς Παλαιστίνης. De pareilles erreurs sont l'indice de la négligence de l'auteur et nullement la trace d'une version nouvelle.

*
* *

Ce que nous avons pu constater déjà à propos de S. Théodore et de S. Georges, dont les légendes ont laissé des traces notables dans les livres liturgiques des Grecs, se renouvelle ici. Tout d'abord, les synaxaires et les ménées mentionnent deux saints Procope, comme ils avaient distingué deux Théodore, Procope l'officier et Procope l'exor-

1. *P. G.*, t. CXXXII, p. 969-89.
2. *Catalogus codd. hagiogr. graecorum bibliothecae Nationalis Parisiensis*, p. 75.
3. *Ibid.*, p. 82.

ciste, le premier au 8 juillet, le second au 8 juillet et au 22 novembre Il y aurait, à les en croire, un troisième Procope, martyr persan, qui s'y rencontre parfois à la date du 23 novembre, et sur lequel on possède un ἐγκώμιον εἰς τὸν ὅσιον μάρτυρα Προκόπιον τὸν Πέρσην, attribué à Hesychius, prêtre de Jérusalem [1]. C'est un morceau de pure rhétorique, dans lequel on chercherait en vain un détail permettant de fixer la physionomie du martyr. Jusqu'à plus ample informé, nous continuerons à regarder ce prétendu Persan comme n'étant point distinct du martyr de Palestine.

Divers personnages uniquement connus par les épisodes principaux de la légende de S. Procope sont également devenus, dans les synaxaires, l'objet de mentions spéciales. Théodosie, la mère du martyr, les douze matrones condamnées à mort en même temps qu'elle [2], ainsi que les officiers Antiochus et Nicostratus qui commandaient les soldats convertis par Procope [3] sont de cette manière passés au rang des saints.

1. *Analecta Bollandiana,* t, XXIV, p. 473-82.
2. *Synaxarium ecclesiae Constantinopolitanae*, p. 807.
3. *Ibid.*, p. 1054, s. v. Ἀντίοχος.

CHAPITRE V

SAINT MERCURE

Le culte de S. Mercure a laissé, dans son pays d'origine, beaucoup moins de traces que celui des autres saints militaires. Le témoignage le plus ancien que nous ayons à son sujet parle de lui comme d'un martyr local de Césarée en Cappadoce. Théodose dit dans son itinéraire: *Caesarea Cappadociae, ibi est sanctus Mammas... et sanctus Mercurius martyr* [1]. Il existe encore des ruines d'une église dédiée à S. Mercure sur l'emplacement de l'ancienne Césarée [2] ; nous ne saurions dire à quelle époque elle remonte [3].

C'est en Egypte que le culte de saint Mercure semble avoir été le plus largement répandu. Abû Sâliḥ à lui seul énumère près de trente églises et un monastère placé sous son invocation [4]. Naturellement, les coptes en adoptant son patronage, ont également admis sa légende, et

1. Geyer, *Itinera Hierosolymitana*, p. 144.

2. L. Compernass, *Acta S. Carterii Cappadocis*, t. II (Bonn, 1905), p. 84-85.

3. On a relevé à Soghanlii Dere, dans une chapelle, des peintures et des inscriptions parmi lesquelles celles-ci : ἅ[γιος] Σέργιος, ὁ ἅγιος Βάχος, ἁ[γίου] Μερκουρίου. Malheureusement nous n'avons pas de données sur l'âge des unes et des autres. J. R. Sitlington-Sterret, *An epigraphical Journey in Asia minor*, Papers of the American School at Athens, t. II (1883-84), p. 231-32.

4. Evetts, *The churches and monasteries of Egypt attributed to Abû Sâlih*, pp. 48, 368. Sur le sanctuaire principal, Dair Abû's-Saifain, voir A. J. Butler, *The ancient coptic Churches of Egypt*, t. I (Oxford, 1884), p. 75-154.

n'ont pas manqué de l'arranger à leur manière[1]. Nous n'avons pas à nous occuper ici des travestissements qu'a subis chez eux la légende grecque.

On sait qu'à partir du VIIIe siècle, S. Mercure est spécialement honoré à Bénévent, où son corps aurait été transporté en 768[2]. Nous avons essayé de démontrer ailleurs[3] que les reliques de Bénévent ne sont pas celles du martyr de Césarée mais celles d'un homonyme d'Aeclanum en Apulie, mentionné dans le martyrologe hiéronymien au 26 août[4]. Les contemporains de la translation semblent n'avoir pas trop soupçonné la confusion, et sans hésiter, se décidèrent pour le saint Cappadocien ; les récits qui le concernent et qu'ils lisaient dans une traduction latine furent désormais appliqués au patron de Bénévent.

Ces récits se divisent en deux classes. La première comprend les diverses formes de la Passion du saint telle qu'elle se lit dans les ménologes. La seconde est plutôt la relation d'un miracle attribué à S. Mercure.

La Passion se rencontre dans les manuscrits sous trois formes principales. Le texte le plus ancien, à ce qu'il semble, Βασιλεύοντος κατ' ἐκεῖνον τὸν καιρὸν Δεκίου καὶ Οὐαλεριανοῦ. est celui des manuscrits de Paris 1539, fol. 182v-188v[5], de la Vaticane 807, fol. 266-269v, 808, fol. 416-421v[6], Nous le publions plus loin d'après le premier de

1. BUTLER, l. c., p. 357-60 ; AMÉLINEAU, *Les actes des martyrs de l'église Copte*, p. 16-18.

2. *Bibliotheca hagiographica latina*, 5936, 5937. Voir aussi V. GIOVARDI, *Acta passionis et translationis sanctorum martyrum Mercurii ac XII fratrum*, Romae, 1730.

3. *La Translatio S. Mercurii Beneventum* dans MÉLANGES GODEFROID KURTH (Liège, 1908), p. 17-24.

4. *Acta SS.*, nov., t. II, p. [111].

5. *Catalogus codd. hagiogr. graecorum bibl. Nationalis Parisiensis*, p. 239.

6. *Catalogus codd. hagiogr. graecorum bibl. Vaticanae*, pp. 53, 56.

ces manuscrits (Appendice IX). Le manuscrit 866 de la Vaticane [1], fol. 104-106, contient une autre rédaction de la même pièce ; malheureusement le titre et le commencement manquent à cet exemplaire unique. Le récit suit pas à pas la rédaction précédente. Il y a enfin le texte métaphrastique Δέκιος ἡνίκα καὶ Βαλεριανὸς ὁ μὲν ἐπὶ τῶν τῆς Ῥώμης σκήπτρων ἦν, dont il existe dans les bibliothèques un nombre considérable de manuscrits. Le texte que nous publions (Appendice X) est celui du manuscrit de Paris 1499 [2]. Voici en quelques mots le contenu de la première pièce.

Dèce et Valérien décrètent que tous les citoyens sacrifieront aux dieux. Ils convoquent le Sénat, lui soumettent le projet ; les sénateurs approuvent complètement, et le décret est rédigé.

Texte de l'édit. Toute la ville est dans l'agitation. Les empereurs cependant réunissent des troupes contre les barbares. Parmi les légions appelées, il y a celle qui porte le nom τῶν Μαρτησίων. Valérien reste à Rome, Dèce part pour la guerre.

Un soldat de la légion des Martenses, nommé Mercure, a une vision. Il voit un homme de grande taille, vêtu de blanc, qui lui remet un glaive et lui promet la victoire, en lui disant : « N'oubliez pas le Seigneur votre Dieu. » Mercure se jette sur les barbares, en fait un grand carnage et tue leur roi. La guerre est finie.

Dèce lui accorde en récompense la dignité de στρατηλάτης, et attribue la victoire aux dieux. Mercure reçoit de nouveau la visite d'un ange qui lui rappelle sa première recommandation. Mercure se souvient alors de la foi de son père Gordien, qui était chrétien.

1. *Catalogus codd. hagiogr. graecorum bibl. Vaticanae*, p. 87.
2. *Catalogus codd. hagiogr. graec. bibl. Nationalis Parisiensis*, p. 187.

L'empereur envoie chercher Mercure par plusieurs de ses officiers. Mercure s'excuse, et la réunion est différée. Le lendemain, nouveau message. Mercure se rend à l'invitation. L'empereur lui propose d'aller ensemble sacrifier à Artémis ; le saint se retire dans son prétoire. Il est accusé par le consulaire Catulus de n'avoir pas assisté au sacrifice.

Mercure est appelé et interrogé, se déclare chrétien et jette son manteau et sa ceinture. Il est conduit en prison, où il reçoit la visite d'un ange.

Le jour suivant l'empereur lui fait subir un nouvel interrogatoire, lui demande quelle est sa patrie, le nom de son père. Il veut savoir aussi s'il a reçu son nom de ses parents. Non, répond le martyr, j'ai été appelé Mercure par le tribun ; mon père m'avait donné le nom de Philopator. Il renouvelle sa profession de foi.

Irrité, l'empereur le fait attacher à quatre poteaux et élever de terre. On le déchire et l'on allume sous lui un feu que les flots de sang parviennent à éteindre. Conduit en prison, le saint reçoit la visite d'un ange, qui le guérit.

Ramené devant l'empereur, qui l'accuse de magie, le martyr continue à confesser le Christ. Alors on lui applique des fers rougis au feu. Une suave odeur se dégage de ses plaies. L'empereur ordonne de le suspendre la tête en bas, une lourde pierre au cou. Le saint restant inébranlable, il le fait flageller cruellement, mais encore sans succès.

Alors l'empereur prononce la sentence : « Nous ordonnons que Mercure, qui a méprisé les dieux et nos décrets, soit conduit en Cappadoce, et qu'il y ait la tête tranchée. »

Le martyr, tout déchiré, fut lié sur une bête de somme, et l'on entreprit le long voyage, avec des haltes pour le laisser reposer. Il arriva enfin à Césarée. Le Seigneur se montra à lui : c'est ici que son martyre devait se consommer. Le bourreau lui trancha la tête.

Le corps du martyr devint blanc comme la neige et répandit une suave odeur. Il fut enseveli au lieu même du supplice, où il opère beaucoup de guérisons.

Le texte métaphrastique suit pour ainsi dire pas à pas celui que nous venons d'analyser. On n'y trouve aucun fait nouveau, mais de longs développements, des discours prolixes et des gloses qui sont de style dans le genre particulier cultivé par Syméon Métaphraste. Pour la connaissance de ses procédés l'étude de cette version peut avoir son importance. Nous renvoyons au texte sans nous y arrêter davantage.

Il nous importe surtout de savoir quel jugement il faut porter sur la valeur historique de la légende de S. Mercure. La mention du *numerus Martensium*, sous prétexte qu'il existait deux légions de ce nom et qu'on a l'épitaphe d'un Eutropius, προτίκτωρ τῶν γενναιοτάτων ἀριθμοῦ Μαρτησίων [1], ne suffit pas à la rattacher à un document contemporain des événements [2]. Malgré la précision de certains détails, nous n'y découvrons rien qui permette de voir dans la pièce autre chose qu'un récit de fantaisie fait de réminiscences et de lieux communs. La passion de S. Mercure est une composition artificielle de la classe des actes de S. Théodore, de S. Georges et de S. Procope. L'hagiographe

1. C. I. G., 9449.

2. Leblant, *Les actes des martyrs. Supplément aux Acta sincera de Dom Ruinart*, p. 209. Le même auteur a cru trouver une autre « confirmation » des actes de S. Mercure dans un texte des Actes de S. Tarachus qu'il juge « presque irréprochables ». Outre que ce jugement est beaucoup trop favorable, la présence d'un trait conforme aux usages du temps ne suffit pas à réhabiliter tout un récit. Sur la méthode de Leblant, voir ce que nous avons dit dans les *Légendes hagiographiques*, p. 138-141.

a eu recours à presque tous les moyens d'amplification que nous avons rencontrés dans ces légendes : l'édit des empereurs, la haute dignité du héros et l'estime particulière que l'empereur a pour lui, l'invitation au sacrifice, les visions, les tourments épouvantables, interrompus par un séjour en prison, durant lequel les blessures du martyr sont miraculeusement guéries ; la fureur du persécuteur ranimée par ce prodige, l'accusation de magie et ainsi de suite. L'invitation adressée à Mercure par l'empereur et déclinée par lui, on ne sait sous quel prétexte, rappelle nettement un trait analogue de la légende de S. Théodore, de même que la convocation du Sénat pour transformer l'édit de persécution en sénatus-consulte est racontée en des termes qui prouvent que le rédacteur s'est inspiré de la légende de S. Georges. Ce qui achève de donner à cette passion le cachet d'une composition factice, c'est l'expédient imaginé pour faire mourir le saint en Cappadoce. Au lieu de lui donner le coup de grâce, sous ses yeux, l'empereur lui fait entreprendre, avec ses bourreaux, un long voyage, jusqu'à Césarée, où il consomme son martyre.

*
* *

Telle est la première classe de documents hagiographiques concernant S. Mercure. Il est surprenant qu'aucune des rédactions de la Passion grecque ne fasse mention, même en guise de conclusion, d'un miracle célèbre, raconté souvent par les chroniqueurs, avec des détails divers mais toujours sous une forme dramatique qui devait tout naturellement le désigner à l'attention des hagiographes.

On sait que la mort soudaine et mystérieuse de Julien

l'apostat frappa vivement l'attention des contemporains et que diverses versions de l'événement furent mises en circulation[1]. La légende s'en empara, et Sozomène déjà connaissait la substance d'un récit dont S. Mercure devint bientôt le principal acteur. Un officier de Julien, raconte l'historien, était en route pour rejoindre l'empereur. Ne trouvant pas d'autre gîte, il alla prendre son repos dans une église, et là il vit, suivant l'expression consacrée, ὕπαρ ἢ ὄναρ[2], les apôtres et les prophètes se communiquant leurs plaintes sur les mauvais procédés de l'empereur envers l'Église, et se consultant sur les mesures à prendre. Après une longue délibération, deux d'entre eux s'avancèrent. rassurèrent l'assemblée en lui disant de compter sur eux et s'éloignèrent avec des allures menaçantes. La nuit suivante, seconde apparition. Les deux messagers viennent annoncer à l'assemblée que Julien a cessé de vivre[3].

Nicéphore Calliste, à cet endroit de son histoire, transcrit Sozomène avec sa liberté coutumière. Il ajoute aux chœurs des apôtres et des prophètes, celui des martyrs, et il prétend connaître le nom des deux mandataires de l'assemblée des saints : Ἀρτέμιον δὲ καὶ Μερκούριον λόγος ἔχει τούτους εἶναι[4].

1. Sur les diverses versions de la mort de Julien, voir le P. V. DE BUCK, dans les *Acta SS.* Oct., t. X, p. 572-73, note *i*; A. GRAF, *Roma nella memoria e nelle immaginazioni del medio evo*, t. II (Torino, 1883), p. 141-152, *Cantigas de Santa Maria de don Alfonso el Sabio*, t. I (Madrid, 1889), pp. XCVII, 23-26 ; A. PONCELET, *Index miraculorum B. V. Mariae*, ANALECTA BOLLANDIANA, t. XXI, p. 265, n. 318. Le travail le plus complet sur la matière est celui du P. R. NOSTITZ-RIENECK, *Vom Tode des Kaisers Julian*, dans *XVI Jahresbericht des öffentlichen Privatgymnasiums an der Stella Matutina zu Feldkirch*, 1906-1907, p. 1-35.

2. Sur cette expression voir L. DEUBNER, *De incubatione*, pp. 5, 86, 99.

3. *Hist eccles.*, VI, 2.

4. *Hist eccles.*, X, 35 ; *P. G.*, t. CXLVI, p. 552.

Ce n'est pas Nicéphore le premier qui prononce le nom de S. Mercure à propos de la mort de Julien. Le roman syriaque de Julien l'apostat, publié par Hoffmann [1] et composé entre 502 et 532, suivant Noeldeke [2], fait déjà mention de lui, et c'est là un des textes plus anciens où S. Mercure soit cité. Jovien se trouvant à Édesse durant la guerre, voit en songe S. Mercure armé d'un arc et de trois flèches. « Avant trois semaines, lui dit le saint, j'aurai tué Julien avec une de ces flèches. » La prédiction se réalisa et une flèche, lancée par une main inconnue, renversa l'empereur.

La version de Malalas présente de notables différences et, pour la première fois, l'histoire est racontée sous la forme d'un épisode de la vie de S. Basile. La nuit de la mort de Julien, S. Basile vit le ciel ouvert. Le Christ était assis sur son trône et disait d'une voix forte : « Mercure, allez, tuez Julien l'empereur, ennemi des chrétiens. » Et S. Mercure, debout en présence du Seigneur, couvert d'une cuirasse étincelante, ayant reçu l'ordre, disparut. Bientôt il se retrouva devant le trône et s'écria : « L'empereur Julien est égorgé, comme vous l'avez ordonné, Seigneur. » A ce cri, S. Basile s'éveilla et le matin il raconta à son clergé ce qu'il avait vu en songe [3]. La Chronique Pascale rapporte le fait dans les mêmes termes [4], de même que la Chronique de Jean de Nikiou [5].

S. Jean Damascène, dans son premier discours sur les images, décrit la scène tout autrement, et il se réclame de

1. *Iulianos der Abtrünnige, Syrische Erzählungen*, Kiel, 1887.
2. *Ueber den Syrischen Roman von Kaiser Julian* dans ZEITSCHRIFT DER DEUTSCHEN MORGENLAENDISCHEN GESELLSCHAFT, t. XXVIII (1874), p. 282-83.
3. *Ioannis Malalae Chronographia*, l. XIII, DINDORF, p. 333-34.
4. *Chronicon Paschale*, DINDORF, t. I, p. 552.
5. H. ZOTENBERG, *Chronique de Jean, évêque de Nikiou*, p. 439.

la Vie de S. Basile, écrite par Helladius, son disciple et son successeur sur le siège de Césarée. Un jour le saint se trouvait à prier devant une image de la Vierge sur laquelle était représenté également le martyr Mercure, et il suppliait le Seigneur de délivrer les chrétiens de la tyrannie de l'Apostat. Soudain, il vit disparaître le martyr, qui revint peu après tenant sa lance ensanglantée[1].

Dans la Vie de S. Basile par le Pseudo-Amphiloque, comme dans celle du faux Helladius[2], ce n'est point le Christ qui donne à Mercure l'ordre d'exécuter la sentence de mort. C'est la Vierge, assise sur le trône qui le lui intime. A son réveil, S. Basile se rend à la basilique de S. Mercure, où reposaient son corps et ses armes. Ces armes, qu'on avait encore vues en place la veille au soir, avaient disparu[3].

Pour louer S. Mercure, un de leurs saints de prédilection, les hagiographes coptes n'ont pas manqué de s'approprier la légende de la merveilleuse apparition[4]. Il n'entre pas dans notre plan d'étudier les diverses trans-

1. *De imaginibus oratio I*, *P. G.*, t. XCIV, p. 1278. Il est également fait mention de la légende dans la Vie de S. Macaire, dit le Romain, *Bibliotheca hagiographica latina*, 5104, dont deux recensions grecques ont été publiées par A. VASSILIEV, *Anecdota graeco-byzantina* (Mosquae, 1893), p. 135-165. Dans la première il est simplement question de l'endroit où périt Julien, εἰς κάμπον ὁμαλὸν καλούμενον Ἀσίαν, ἐν ᾧ τόπῳ τὴν ψυχὴν ἀπέρρηξεν ὁ παραβάτης Ἰουλιανός. Dans l'autre la légende est clairement rappelée, Ἀσία, ὅπου ὁ ἅγιος Μερκούριος ἀνεῖλεν Ἰουλιανὸν τὸν παραβάτην (p. 137).

2. On s'est demandé si la vie de S. Basile attribuée à Helladius, et dont le texte n'a pas été retrouvé, ne serait pas identique à celle du Pseudo-Amphiloque. TILLEMONT, *Mémoires*, t. IX, p. 681. La comparaison des deux versions de la vision ne donne aucun appui à cette hypothèse. NOSTITZ, *op. cit.*, p. 18-19.

3. *Vita S. Basilii*, c. IX. COMBEFIS, *S. Amphilochii Iconiensis... opera* (Parisiis, 1644), p. 181-182. Cf. NOSTITZ, *op. cit.*, p. 34-35.

4. A. J. BUTLER, *The ancient coptic Churches of Egypt*, t. II, p. 357-60.

formations qu'ils lui ont fait subir. Chez les Grecs, elle semble n'avoir inspiré qu'un seul des panégyristes de S. Mercure, Nicéphore Grégoras [1]. Son discours, εἰς τὸν ἅγιον μεγαλομάρτυρα Μερκούριον, qui commence par ces mots : καὶ κυβερνήτης δὲ πρὸς ἀνέμων παραταττόμενος βίαν, et dont il existe des manuscrits à la Vaticane [2], à Munich [3] et à Bruxelles [4], est encore inédit. Grégoras néglige complètement les données de la Passion de S. Mercure pour s'en tenir exclusivement à la légende de l'apparition. Julien et la guerre des Perses lui fournissent l'occasion de faire étalage d'érudition et de développer longuement les circonstances historiques. Dans le récit du miracle, il suit, en substance, la version du Pseudo-Amphiloque : l'ordre de tuer Julien mis dans la bouche de la Vierge, la disparition des armes de S. Mercure constatée après la vision et ainsi du reste. Inutile de nous arrêter plus longuement à ce panégyrique, qui peut offrir quelque intérêt sous le rapport du style, mais dont l'étude, à notre point de vue spécial, ne nous apporterait aucune lumière nouvelle.

*
* *

Il faut conclure de cette revue rapide des légendes de S. Mercure que, sans les textes attestant l'antiquité de son

1. Sur Nicéphore Grégoras hagiographe, voir Ed. Kurtz, *Zwei griechische Texte über die hl. Theophano*, Mémoires de l'Académie impériale des sciences de Saint-Pétersbourg, VIIIe série, t. III, n° 2, (1898), p. vi-ix.

2. *Catalogus codd. hagiogr. graecorum bibliothecae Vaticanae*, p. 97.

3. Ign. Hardt, *Catalogus codd. manuscriptorum graecorum bibliothecae Regiae Bavaricae*, t. I, p. 50.

4. Ms. 3345 (18906-18912), fol. 6-17 ; *Nicephori Gregorae ex codice Domus Professae Viennensis, descripto ex alio antiquiore Electoralis bibliothecae Bavaricae Monachii*. La copie est du P. Reinhold Dehnius, d'après une note marginale de la main de Papebroch. Cf. J. Van den Gheyn. *Catalogue des manuscrits de la bibliothèque Royale de Bruxelles*, t. V, p. 331.

culte, nous n'aurions sur ce martyr aucune donnée historique[1].

1. On a essayé de tirer parti, contre l'existence de S. Mercure, de son nom même. Nous avons fait remarquer ailleurs (*Les Légendes hagiographiques*, p. 235) que des noms mythologiques ont été ceux de saints très authentiques. Le nom de Mercure n'est pas spécialement suspect. Il fut porté par des chrétiens (voir De Rossi, *Roma Sotterranea*, t. II, tav. XLIX), par des clercs (*haec curavit Mercurius levita fidelis* dans une inscription Damasienne, Ihm, *Damasi carmina*, 4), et même par des martyrs. Un martyr d'Apulie s'appelait Mercorius, *Acta SS.*, nov., t. II, p. [111], et Denys d'Alexandrie fait mention d'une martyre qu'il nomme ἡ σεμνοτάτη πρεσβῦτις Μερκουρία. Eusèbe, *Hist. eccl.*, VI, 41, 18.

CHAPITRE VI

S. DÉMÉTRIUS

S. Démétrius, patron de Thessalonique, a conquis dans le monde grec une popularité qui ne le cède à aucune autre[1] et la littérature que son culte a fait éclore, occupe une place à part dans l'hagiographie. Les copieux recueils de ses miracles, en particulier, sont des sources très importantes pour l'histoire du temps et pour les annales de la cité qui honore S. Démétrius comme son grand protecteur[2]. Les monuments littéraires du culte du célèbre martyr ont été très sérieusement étudiés et parfaitement classés par le P. de Bije, et nous pouvons, presque sur tous les points, adopter en ces matières les conclusions de son excellent travail[3]. L'ordre et la filiation des légendes de S. Démétrius ont été fort bien établis par lui[4].

La première légende est représentée par le résumé de

1. Sur le culte de S. Démétrius, consulter outre les *Acta Sanctorum*, TAFEL, *De Thessalonica eiusque agro* (Berolini, 1839), p. 107-139. L'article de EM. DAVID, Τὰ Δημήτρια dans Ἡμερολόγιον τῶν ἐθνικῶν φιλανθρωπικῶν καταστημάτων, t. II (Constantinople, 1906), p. 399-402, contient des détails intéressants sur la fête du patron de Thessalonique au moyen-âge.

2. A. TOUGARD, *De l'histoire profane dans les actes grecs des Bollandistes* (Paris, 1874), p. 80-182; H. GELZER, *Die Genesis der byzantinischen Themenverfassung*, ABHANDLUNGEN DER PHIL.-HIST. CLASSE DER KÖN. SACHSISCHEN GESELLSCHAFT DER WISSENSCHAFTEN, t. XVIII (Leipzig, 1899), n. V.

3. *Acta Sanctorum*, oct., t. IV, p. 50-209; *P. G.*, t. CXVI, p. 1081-1426.

4. Le classement du P. de Bije a été adopté par H. USENER, dans *Rheinisches Museum*, N. F., LIII (1898), p. 370.

Photius[1], la traduction d'Anastase le bibliothécaire[2], et la Passion grecque que nous éditons d'après deux manuscrits de Paris grec 1485 et Coislin 110 (Appendice XI). Cette dernière rédaction ne diffère des textes de Photius et d'Anastase que par des détails sans importance. Voici en peu de mots le contenu de la légende.

Au temps où Maximien se trouvait à Thessalonique et persécutait les chrétiens, Démétrius y répandait la bonne doctrine. Il fut pris et conduit devant l'empereur, qui se rendait alors au stade pour voir les jeux. Maximien, tout entier à l'idée du spectacle, ordonna de le garder dans le bain voisin.

L'empereur s'intéressait particulièrement à un gladiateur du nom de Lyaeus. Lorsque celui-ci parut, il promit un prix à qui engagerait le combat avec son favori.

Un jeune homme nommé Nestor se présenta. L'empereur essaya de le dissuader de s'attaquer à un adversaire aussi certain de la victoire. Nestor persista dans son dessein et tua Lyaeus. L'empereur, sans tenir sa promesse, partit furieux. Sur le passage, on lui rappela Démétrius. Il ordonna de le tuer à coups de lance. Le corps du saint fut enseveli au lieu même du supplice.

Plus tard, lorsque les miracles manifestèrent la gloire du martyr, Léontius, préfet d'Illyrie, érigea un oratoire en son honneur.

Dans ces Actes fort simples, il est à peine question de Démétrius. L'épisode de Nestor et de Lyaeus en remplit la plus grande partie, et l'on ne conçoit pas la raison de l'importance donnée à cette histoire, alors qu'il n'y a aucune relation entre Démétrius et Nestor. En résumé, Maximien, dans un accès d'humeur provoqué par la mort

1. *Bibliotheca*, cod. 255, *P. G.*, t. CIV, p. 104-105.
2. *Bibliotheca hagiographica latina*, n. 2122.

de son gladiateur favori, fait exécuter Démétrius sans forme de procès.

Le rédacteur de la seconde légende, celle du manuscrit du Vatican 821, explique d'une manière un peu différente le cours des événements et ajoute de nouveaux incidents à ceux que nous savons déjà[1]. Tout d'abord, il fait connaître Démétrius. Il était de famille sénatoriale, avait dans l'armée le grade d'exceptor, était devenu proconsul de l'Hellade, puis consul. Mais sans se laisser éblouir par les honneurs, il s'occupait de convertir les païens. L'hagiographe sait aussi que Lyaeus était un Vandale et qu'il avait déjà tué beaucoup de monde à Sirmium avant d'arriver à Thessalonique.

Démétrius, jeté dans les souterrains du bain, voit sortir de terre un scorpion qui veut l'attaquer ; il le tue par le signe de la croix. Alors un ange descend du ciel, et lui pose une couronne sur la tête.

Pendant que Lyaeus est introduit dans le stade, Nestor, un ami de Démétrius, va le trouver dans sa prison, et lui demande de le soutenir par ses prières durant son combat contre le gladiateur Le saint le bénit et lui prédit la victoire et le martyre.

Nestor invoque le Christ et tue Lyaeus. Maximien l'accuse d'avoir eu recours à la magie et le fait décapiter.

Puis on fait comprendre à l'empereur que Démétrius a été la cause de la mort de Lyaeus. Ordre est donné de le tuer à coups de lance. Lupus, le serviteur du saint, recueille un peu de son sang, au moyen duquel s'opèrent plusieurs miracles. Maximien le fait également mettre à mort avec plusieurs autres chrétiens.

Le corps de S. Démétrius resta longtemps à la place où

1. *Acta Sanctorum*, oct., t. IV, p. 90-95.

on l'avait enseveli. Léontius, atteint d'une maladie incurable, s'y fit transporter et recouvra la santé. En reconnaissance, il éleva une basilique en l'honneur du martyr. Il emporta en Illyrie des reliques, la chlamyde et l'orarium du saint teints de son sang, et après avoir traversé miraculeusement le Danube, il arriva à Sirmium où il bâtit une belle église pour les recevoir.

La troisième légende, εἶχε μὲν τὰ Ῥωμαίων σκῆπτρα, qui fait partie du ménologe de Métaphraste au 26 octobre, suit pas à pas, avec les amplifications d'usage, la légende précédente, et il serait assez inutile de s'y arrêter[1].

*
* *

Les deux dernières Passions, on l'a compris, ne sont pas autre chose que la légende primitive développée suivant les procédés chers aux hagiographes. On a cherché d'abord à donner au récit une allure plus logique. Si Démétrius n'est pas à proprement parler la cause de la mort du gladiateur, il n'y est plus absolument étranger comme dans la première légende. Si Léontius, préfet d'Illyrie, bâtit une basilique en l'honneur du martyr, c'est qu'il avait reçu de lui une faveur miraculeuse. Il y a même une sorte de lien primordial entre Sirmium et S. Démétrius, puisque Lyaeus, dont la mort fut l'occasion de son martyre, y commença ses exploits. Le martyre de Nestor est également une conséquence logique de ses relations avec Démétrius. On peut dire que, dans ce genre de littérature, pareil dénouement est de style.

On rend moins aisément compte de certains traits nouveaux dont l'hagiographe a orné le récit. Impossible de

1. *Acta Sanctorum*, oct., t. IV, p. 96-103.

savoir où il a pris le personnage de Lupus ; c'est très vraisemblablement le « serviteur » classique du martyr, aussi peu historique que celui de S. Théodore, celui de S. Georges, ceux de beaucoup d'autres saints. L'incident du scorpion et la vision sont aussi de purs ornements. Enfin, nous assistons à la métamorphose de Démétrius, un pieux chrétien sans état social bien défini, en militaire et en consul. C'est sous ce type qu'il sera désormais représenté et qu'il se montre à ses dévots dans les apparitions [1].

Si le culte de S. Démétrius à Thessalonique prit de bonne heure une extension considérable, on ne peut nier que les origines en soient fort difficiles à démêler. On devait en être persuadé à Thessalonique, puisque les hagiographes insistent sur l'état d'abandon où étaient demeurés ses précieux restes jusqu'à l'intervention de Léontius, au début du ve siècle. Les commencements obscurs et l'éclosion tardive du culte de ce martyr, l'emplacement de son tombeau en pleine ville et au milieu des édifices profanes, τῶν περιβόλων τοῦ δημοσίου λουτροῦ καὶ τοῦ σταδίου, donnent je ne sais quel aspect anormal à la gloire posthume de S. Démétrius. Ce n'est pas ainsi que les églises particulières avaient coutume de rendre à leurs martyrs propres les honneurs publics.

La mention que font les hagiographes, à partir de la seconde légende, de deux basiliques élevées par Léontius en l'honneur de S. Démétrius, l'une à Thessalonique, l'autre à Sirmium, pourrait nous mettre sur la voie d'une solution. Thessalonique possédait le corps, disent-ils ; Sirmium reçut les vêtements teints de sang [2]. On est tenté de se demander si ce n'est point l'inverse qui eut lieu. En

1. Voir les recueils de miracles de S. Démétrius, passim, *Acta Sanctorum*, oct., t. IV, pp. 104-197.
2. *Acta Sanctorum*, oct., t. c., p. 95, n. 17.

effet, les anciens martyrologes ne connaissent point Démétrius de Thessalonique; mais ils annoncent, au 9 avril, un Démétrius à Sirmium. Le martyrologe syriaque dit simplement, au 9 avril, ἐν Σιρμίῳ Δημήτριος [1], les trois principaux manuscrits de l'hiéronymien sont d'accord sur la leçon *in Sirmia Demetri diaconi*[2]. L'abrégé syriaque est antérieur à la date de la basilique de Léontius[3]. Un S. Démétrius était donc honoré à Sirmium avant l'arrivée des reliques dont parle la légende. N'est-il pas vraisemblable que son culte se répandit au dehors et que Thessalonique, enrichie par la libéralité du préfet d'Illyrie, d'une relique précieuse du saint, lui éleva une basilique qui éclipsa bientôt le premier sanctuaire dédié au martyr dans sa ville natale[4]? Ce ne serait pas l'unique exemple d'un centre de culte dépossédé au profit d'une sorte de succursale, et dans des cas semblables, le corps du saint est presque toujours adjugé par la croyance populaire au sanctuaire le plus fréquenté.

Si l'on admet cette explication et si S. Démétrius n'est point un martyr indigène de Thessalonique mais un saint dont le culte a été importé de Sirmium, on constatera la répétition à peu près identique de la métamorphose qui, du lecteur Procope, a fait un général. Le diacre est ici devenu un consul. Et si l'on préfère s'en tenir plutôt à la tradition de Thessalonique, il faudra dire encore que S. Démétrius n'est devenu un saint militaire que par un caprice de la légende ou l'invention d'un hagiographe.

1. *Acta Sanctorum*, nov., t. II, p. [LV].
2. *Acta Sanctorum*, nov., t. II, p. [41].
3. *Codex Theodos.*. VII, 4, 32 ; XII, 1, 177.
4. Les éléments de cette solution sont indiqués par LUCIUS, *Die Anfänge des Heiligenkults*, p. 227, note 3.

*
* *

Comme la plupart des légendes qui précèdent, celle de S. Démétrius a fait entrer dans la liste des martyrs au moins un nom nouveau. S. Nestor a pris place dans les synaxaires, soit le même jour que S. Démétrius, 26 octobre, soit le lendemain[1]. Un saint Λοῦππος y est inscrit au 23 août, et l'idée était venue à quelques critiques d'y reconnaître le serviteur de S. Démétrius[2]. Le P. de Bije n'a pas été de leur avis, et le choix même de la date semble suffire pour lui donner raison[3]. Le saint Λοῦππος du mois d'août est probablement le martyr honoré à Novae, en Mésie. Le frère de l'empereur Maurice, Pierre, arriva en cette ville la veille de la fête du saint[4].

1. *Synaxarium ecclesiae Constantinopolitanae,* pp. 163, 167.
2. *Acta Sanctorum,* aug., t. IV, p. 594.
3. *Acta Sanctorum,* oct., t. IV, p. 65.
4. Theophylacte Simocatta, *Hist.*, VII, 2, 3, de Boor, p. 249.

CHAPITRE VII

CONCLUSION

Le culte de tous les saints dont nous venons d'étudier les actes peut revendiquer une haute antiquité. Les chroniqueurs et les pèlerins, les inscriptions et les monuments figurés, l'attestent avec une entière certitude. On voudrait, en remontant la série des témoignages, atteindre l'époque même du martyre de chacun d'eux, et le moment où les honneurs publics commencèrent à leur être rendus dans l'église particulière qu'ils illustrèrent par leur sacrifice. Sauf un seul cas, celui de S. Procope, sur l'histoire duquel nous sommes renseignés par un document contemporain, les plus anciennes attestations concernant les saints militaires sont séparées des événements par l'intervalle de plusieurs générations.

Mais si l'on veut bien réfléchir aux circonstances toutes fortuites qui nous ont conservé, non pas même le texte original mais une version d'un récit d'Eusèbe, pour nous permettre de retrouver sous la cuirasse de Procope le stratélate l'humble clerc de Scythopolis et le premier des martyrs de Palestine, on évitera d'énoncer des conclusions trop absolues. S'empresser de tirer d'un défaut d'information ultérieure des indices qui tendraient à jeter la suspicion sur le culte des autres saints militaires serait peu logique. Ajoutons qu'il faut s'en garder d'autant plus que, dans leur ensemble, nos documents ne nous reportent nullement à quelqu'une de ces périodes de l'histoire de l'Église où l'obscurité des origines d'un culte suffit à autoriser les plus graves défiances.

Si Eusèbe nous faisait défaut, nous en serions réduits à juger de S. Procope sur son histoire fabuleuse, et nous comprendrions moins aisément à quel point l'intempérance et la hardiesse de certains hagiographes parviennent à défigurer la physionomie des saints. On reconnaîtra sans difficulté que les légendes étudiées plus haut appartiennent toutes à une même catégorie, et que à part quelques traces à peine perceptibles, on n'y découvre aucun vestige de tradition historique. Toutes ces compositions sont purement artificielles, agencées au moyen des clichés conventionnels que se passent les hagiographes : interrogatoires, descriptions de tourments épouvantables, visions et miracles, avec quelques traits particuliers pouvant servir à caractériser une classe de Passions, tels que la guérison miraculeuse du martyr comme moyen d'introduire de nouvelles scènes de torture, la présence d'un serviteur du saint qui est censé avoir écrit la relation ou l'avoir inspirée, et ainsi de suite.

Ce n'est point dans de pareils documents que l'on peut se flatter de trouver le moindre renseignement sur la personne ou l'histoire des saints. Parmi les saints militaires, deux au moins, Procope et Démétrius n'ont eu rien de commun avec l'armée. Nous ne voyons aucune raison qui nous oblige à admettre que S. Georges et S. Mercure, — on serait presque tenté d'ajouter S. Théodore — aient des titres plus sérieux à figurer parmi les guerriers. Il en est de même de beaucoup d'autres saints qui ont une légende militaire, et qui n'ont vraisemblablement été enrôlés que par une fantaisie de l'hagiographe. Les métamorphoses de cette espèce sont loin d'être rares. Dans les cycles romains, par exemple, S. Hippolyte prêtre ou évêque est également transformé en soldat[1], et c'est en qualité de gardien de S. Laurent qu'il figure dans la Passion de ce martyr. Dans le cas des saints Nérée et Achillée, le travestissement s'opère en sens inverse[2]. D'après la tradition la plus ancienne, ils étaient soldats : *militiae nomen dederant*[3]; dans la légende postérieure, ce sont deux eunuques. Il y a une transformation analogue dans la légende des saints Cyr et Jean[4].

Reste à savoir comment on a été amené à se représenter, sous l'habit militaire, les martyrs les plus populaires de l'Église grecque.

On a proposé récemment une solution assez spécieuse de ce problème intéressant. Lucius définit les saints militaires ceux dont la principale fonction est de protéger une ville ou un pays. Cette définition un peu arbitraire l'entraîne d'abord à dresser une liste bien étrange des saints militaires. Outre S. Démétrius, S. Georges, S. Théodore, S. Serge, on y voit figurer Ste Thècle et les apôtres Jean, Philippe et Thomas. Mais ce qui est capital, c'est que ces grands saints ne sont autre chose pour lui, que les héritiers des divinités païennes, honorées, avant eux, au lieu même où se dressait leur principal sanctuaire[5]

Il serait inutile de suivre cette théorie dans le détail. Elle n'explique rien. Évidemment, par le fait que la religion chrétienne s'est établie dans le monde romain sur les ruines du paganisme, n'importe quel sanctuaire chrétien s'est élevé dans une ville donnée, à côté d'un temple

1. *Bibliotheca hagiographica latina*, 4753.
2. *Bibliotheca hagiographica latina*, 6063.
3. Ihm, *Damasi Carmina*, 8.
4. Jean était soldat : στρατιώτης ἐτύγχανεν, *Laudatio SS. Cyri et Ioannis auct. Sophronio, P. G.*, t. LXXXVII, p. 3392. On sait que les deux saints forment un groupe de saints guérisseurs « anargyres » comme les SS. Cosme et Damien.
5. E. Lucius, *Die Anfänge des Heiligenkults*, p. 205-251.

dédié à quelque dieu de l'Olympe ; le nouveau culte a supplanté l'ancien, et le temple a été déserté au profit de la basilique. La foule des pèlerins qui se portait au tombeau d'un martyr, peut avoir été précédée, dans la même ville, par d'autres foules qui fréquentaient alors un temple d'Artémis ou d'Apollon. Dans ce sens restreint, un martyr célèbre est toujours l'héritier d'un dieu ; mais il n'en est pas nécessairement la transformation, et son culte n'est pas pour cela la continuation d'un culte idolâtrique.

L'application du système aux cas concrets en fera aussitôt comprendre l'inanité.

A Thessalonique, un des dieux les plus honorés était le Cabire. Sur le caractère guerrier de cette divinité, dit-on, on ne peut élever aucun doute. S. Démétrius ne fait que continuer le Cabire[1]. On oublie que, primitivement, S. Démétrius n'était point un saint militaire. Sa plus ancienne légende, dont les suivantes ne sont que des développements, ne contient pas un mot qui puisse le donner à soupçonner. Ne faut-il pas en conclure que, si l'attirail guerrier dont on l'a entouré a pu créer une vague ressemblance avec le Cabire, si sa popularité a fini par éclipser celle même des anciens dieux, aucune continuité de tradition ne rattache le culte de S. Démétrius à la religion antique ?

S. Procope et S. Mercure furent spécialement honorés l'un à Césarée de Palestine, l'autre à Césarée de Cappadoce.

1. LUCIUS, p. 222. H. USENER, *Göttliche Synonyme*, dans RHEINISCHES MUSEUM, N. F., t. LIII (1898), p. 370-75, a suivi une autre voie pour rattacher S. Démétrius et surtout S. Nestor à la mythologie. Ses déductions sont beaucoup plus ingénieuses que celles de Lucius, sans être plus solides, et on trouverait difficilement un exemple où l'impuissance de cette méthode, dont la vogue n'est point passée, soient plus sensibles. H. GELZER, *Die Genesis der byzantinischen Themenverfassung* (plus haut, p. 99), s'est mis à un point de vue spécial, mais sans éviter les errements des mythologues.

On n'a point tenté, jusqu'à présent, de désigner la divinité à laquelle ils auraient succédé. Ce ne serait guère plus difficile, moyennant la même méthode, que pour les autres saints guerriers, mais ce serait juste aussi concluant.

L'insuffisance de l'hypothèse mythologique éclate mieux encore dans le cas de S. Théodore et dans celui de S. Georges. Pour montrer que la célébrité de S. Théodore tient à un héritage suspect, on suppose que le dieu Men — pourquoi le dieu Men plutôt que tout autre? — était l'objet d'une vénération spéciale à Euchaïta[1], ce qui n'est attesté par aucun document, et on rappelle l'épisode du dragon symbolisant la victoire de Théodore sur l'idole. On a trop abusé du dragon, vieux motif de folklore qui est entré dans la composition d'un si grand nombre de légendes et qui n'a, la plupart du temps, aucune portée symbolique[2]. Il ressort assez clairement de l'examen des textes relatifs à S. Théodore, que la scène du dragon n'appartient pas originairement à son histoire : elle est d'introduction relativement récente.

On a vu que dans celle de S. Georges elle est entrée plus tardivement encore, et l'on peut dire que toutes les entreprises mythologiques tentées de ce côté par les érudits contre le grand martyr échouent devant cette simple constatation. On ne saurait trop le répéter, ne fut-ce que pour prévenir des erreurs dans l'interprétation des monuments figurés. Aucune des légendes grecques qui ont joui d'une large diffusion et qui ont par conséquent le plus contribué à fixer le type traditionnel de S. Georges, y compris celles du ménologe de Métaphraste et celles, plus répandues encore, des synaxaires, n'attribue à ce saint la vic-

1. *Ibid.*, p. 229-33.
2. *Les Légendes hagiographiques*, p. 32.

toire sur le dragon. Ainsi s'explique qu'après sa vaste enquête sur les effigies des sceaux byzantins, M. G. Schlumberger[1], ait pu écrire que « très rarement saint Georges est représenté à cheval combattant le dragon », et c'est là une précieuse indication tant au point de vue de la chronologie que de l'authenticité de certains monuments.

Le bas-relief du Louvre représentant Horus transperçant le crocodile n'offre donc pas, comme on l'a pensé, une extrême ressemblance avec les plus anciennes représentations de S. Georges[2], et il faut renoncer à y voir Horus fait à l'image de S. Georges, de même qu'à trouver un S. Georges fait à l'image de Horus[3]. Par le fait toutes les ingénieuses combinaisons au moyen desquelles on a voulu faire de S. Georges l'héritier direct de Jupiter dans sa ville de Lydda-Diospolis[4] se dissipent, et il ne reste qu'à constater les coïncidences purement extérieures nées de la répétition d'un motif d'iconographie[5].

1. *Sigillographie de l'empire byzantin*, p. 20.

2. Ch. Clermont-Ganneau, *Horus et S. Georges*, dans Revue archéologique, N. S., t. XXXII (1876), p. 196-204, 372-399 ; Id., *Le Mythe d'Horus et de S. Georges*, dans Études d'archéologie orientale, t. I, p. 78-82 ; Id., *Dioclétien et S. Georges*, *ibid.*, P. 187-191 ; Id., dans *Recueil d'archéologie orientale*, t. VII, p. 370-71.

3. *Revue archéologique*, t. c, p. 399.

4. *Études d'archéologie orientale*, t. I, 188-191.

5. On a proposé d'autres explications mythologiques de la légende de S. Georges. Celle de von Gutschmid, qui identifiant S. Georges avec Mithra (*Ueber die Sage vom h. Georg*, dans Kleine Schriften, t. III, p. 173-204), après avoir joui d'un moment de faveur, est généralement abandonnée aujourd'hui et nous n'avons pas besoin de nous y arrêter (F. Cumont, *Textes et monuments figurés relatifs aux mystères de Mithra*, t. II, Bruxelles, 1890, pp. 73, 461). Mais si nous ne goûtons nullement, en général, l'exégèse mythologique des légendes hagiographiques, nous croyons à peine nécessaire de faire remarquer que la légende de S. Georges et plusieurs autres renferme un grand nombre d'éléments empruntés au folklore et plus d'une réminiscence païenne. Aux auteurs souvent cités qui ont fait de S. Georges un personnage mythologique, il faut encore ajouter

Si l'on veut donc se rappeler que dans certaines régions les figures équestres des saints sont particulièrement fréquentes, qu'en Égypte, par exemple, non seulement tous les saints militaires, mais les anges eux-mêmes vont à cheval[1], que certains monuments, dans le genre des médailles talismaniques, où l'on voit Salomon à cheval, perçant de sa lance une figure vaguement humaine étendue sur le sol[2], offrent à première vue une étonnante ressemblance avec les images des saints vainqueurs du dragon, on ne s'empressera pas de reconnaître aucun de nos cinq guerriers dans les représentations de cavaliers nimbés ou dans l'acte de transpercer un monstre. Et lorsqu'on voudra se décider pour l'un d'entre eux, il sera plus logique de choisir S. Théodore[3]; c'est dans sa légende que le dragon apparaît le plus tôt, et avec le plus de persistance.

La place considérable occupée par les légendes militaires dans l'hagiographie grecque — on se rappellera que nous n'avons étudié que les plus célèbres — s'explique,

E. Krause, *Die Trojaburgen Nordeuropas* (Glogau, 1893), p. 203-218; Frazer, *The Golden Bough*, 3e édition; cf. *Analecta Bollandiana*, t. XXVII, pp. 4, 37-41; Ramsay, dans *Expositor*, VIIth series, vol. IV (1907), p. 313.

1. Voir plus haut, p. 6.

2. G. Schlumberger, *Amulettes byzantines*, dans Mélanges d'archéologie byzantine, 1re série. p. 117-140; P. Perdrizet, ΣΦΡΑΓΙΣ ΣΟΛΟΜΩΝΟΣ, dans Revue des Études grecques, t. XVI (1903), p. 42-61.

3. C'est ce qu'a compris M. A. Stegensek, *Ueber angebliche Georgsbilder auf den aegyptischen Textilien im Museum des Campo Santo*, dans Oriens christianus, t. II (1902), p. 170-178. M. O. M. Dalton, *Catalogue of early Christian Antiquities... of the British Museum*, n. 549, 556, 904, 914, 919, 990, 991 est plus porté à voir dans les cavaliers anonymes l'image de S. Georges. Parmi les représentations dont l'inscription ne permet point d'hésiter, nous signalerons les nos 561, 997, S. Georges debout, 557, S. Georges debout perçant le dragon; 548, 692, 693, S. Théodore à cheval, perçant le dragon, 544, S. Théodore debout.

ce nous semble, par une raison assez simple, nous dirions volontiers assez vulgaire. Il s'agissait de répondre aux vœux du public qui se pressait en foule aux sanctuaires des martyrs, et qui voulait apprendre, non point sous une forme sèche et sommaire, mais par un récit parlant à l'imagination, quels étaient les puissants protecteurs dont il allait réclamer l'intercession et dont le nom, rapporté par les pèlerins, était dans toutes les bouches.

La plupart du temps, l'histoire authentique n avait conservé que le nom du héros et le souvenir de son martyre, ou, si l'on avait gardé quelqu'une de ces relations simples et vivantes dans leur brièveté que les hommes de notre temps estiment plus éloquentes que tous les panégyriques, elles ne suffisaient pas à contenter la naïve curiosité du populaire. On les remplaça, lorsqu'il en existait, par des histoires plus circonstanciées, plus intéressantes par leur variété et surtout plus merveilleuses ; l'on prit même le moyen de suppléer, le cas échéant, au silence complet de la tradition historique. On le fit, en développant le type populaire du martyr.

Nous constatons que ce type se représente le plus souvent aux imaginations sous une forme guerrière.

Fut-elle l'expression du symbole de la lutte spirituelle qui a fait comparer la vie chrétienne à la milice du Christ et a consacré de bonne heure le terme de στρατιώτης τοῦ Χριστοῦ pour désigner les plus héroïques d'entre les chrétiens et notamment les martyrs ? Le symbolisme est une explication commode et peut suffire, dans certains cas, à calmer l'imagination. Malheureusement, elle est bien superficielle, et, le plus souvent, ne répond nullement à la réalité. A moins d'en saisir l'application dans un cas concret, l'hypothèse mérite toutes les défiances.

Il semble plus naturel d'attribuer à la vogue d'un

modèle la fréquente répétition du type militaire. On aura remarqué que, dans nos légendes, ce type ne s'est point développé d'une manière indépendante ; dans toutes on reconnaît un même patron et un dessin identique. Supprimez les noms, et ces récits uniformes de teinte et d'allures vous feront l'impression d'être des versions libres d'une même histoire. Le succès d'un récit primitif ou d'un groupe de récits a dû fixer de bonne heure l'idéal des hagiographes, et comme ils sont généralement gens de peu d'imagination, ils ont pris l'habitude de regarder un même prototype saillant lorsqu'il s'agissait de tracer le portrait de quelque vague personnalité.

L'étude des monuments figurés des meilleures époques de l'art nous fait assister à un phénomène analogue. Voyez, par exemple, comment dans nos églises, les peintres d'autrefois représentaient les saints évêques de tout temps et de tout pays. Tous ces illustres prélats portent le même costume ; leurs physionomies sont à peu près identiques et il y a entre tous un air de famille qui frappe au premier abord. Les martyrs et les solitaires sont également représentés suivant un type conventionnel qui se reproduit partout à la même époque, et qui ne se modifie qu'insensiblement. Créé par quelque grand artiste, il s'est pour ainsi dire imposé aux imaginations moins fécondes dont l'impuissance même a consacré sa popularité.

Dans la création du « saint militaire » tel qu'il nous est apparu dans les pages qui précèdent, rien, évidemment, ne rappelle même de loin, le génie des grands maîtres. Mais on y retrouve largement, à côté de l'élément édifiant, tout ce qui a le privilège d'attirer les regards de la foule, les couleurs vives et le mouvement. Il n'en fallait pas davantage pour assurer le succès.

APPENDICES

Le lecteur aura compris, par ce qui précède, que nous eussions voulu lui mettre sous les yeux toutes les pièces inédites concernant les saints militaires. Notre rêve eût été d'en donner des éditions critiques et, autant que possible, définitives. Les premières recherches en vue de l'exécution du programme ainsi conçu, ont suffi à nous ramener à la réalité. Sous peine d'ajourner indéfiniment cette publication et, pratiquement, d'y renoncer, il a fallu se borner à un choix de pièces, et, pour la plupart d'entre elles, à un choix de manuscrits.

Les textes que nous avons exclus sont ceux que l'on peut croire suffisamment connus, soit par des traductions, soit par des analyses ou des adaptations. Parmi ceux que nous publions, il en est dont la tradition manuscrite est restreinte ; d'autres nous sont parvenus dans un nombre d'exemplaires relativement considérable.

Abondance stérile, en bien des cas, il faut le reconnaître ; et il n'est guère à craindre qu'en éliminant un certain nombre de manuscrits nous ayons sacrifié des résultats importants.

Voici les manuscrits dont nous avons fait usage :

A. = *Codex Parisinus 1470*. Volume en parchemin, 248 feuillets, 0m,32 × 23. Écriture sur deux colonnes, de l'an 890. Recueil de Vies de saints, souvent décrit[1]. Nous en avons tiré les deux pièces suivantes :

1° (Fol. 53-55ᵛ) Μαρτύριον τοῦ ἁγίου Θεοδώρου τοῦ τήρωνος (= app. I). M. R. Sturel a bien voulu collationner ce texte.

2° (Fol. 120-126) Μαρτύριον τοῦ ἁγίου Παγκρατίου (= app. VII).

B. = *Codex Parisinus 1450*. Volume en parchemin, 310 feuillets, $0^m,32 \times 0,24$. Écriture sur deux colonnes du xiᵉ siècle. Ménologe de février[2]. Les variantes de ce manuscrit ont été relevées pour les deux pièces suivantes :

1° (Fol. 81-93ᵛ) Μαρτύριον τοῦ ἁγίου καὶ ἐνδόξου μαγαλομάρτυρος τοῦ Χριστοῦ Θεοδώρου τοῦ στρατηλάτου (= app. IV).

2° (Fol. 168ᵛ-179ᵛ) Μαρτύριον τοῦ ἁγίου καὶ ἐνδόξου μεγαλομάρτυρος Θεοδώρου τοῦ τήρωνος (= app. II).

L'épisode du dragon fait partie, dans ce manuscrit, de la Passion de Théodore le stratélate ; dans le manuscrit du Vatican (**V**), que nous avons pris pour base, il se trouve dans la Passion de l'autre Théodore (voir plus haut, p. 25). **Ba** désignera le texte de l'histoire du dragon dans le manuscrit 1450.

C. = *Codex Parisinus 1529*. Volume en parchemin, 220 feuillets, $0^m,315 \times 0,345$. Écriture sur deux colonnes du xiiᵉ siècle. Ménologe de février à avril[3]. Nous n'avons noté qu'un petit nombre de variantes utiles, pour la pièce ci-après :

(Fol. 107-115) Μαρτύριον τοῦ ἁγίου καὶ ἐνδόξου μεγαλομάρτυρος Θεοδώρου τοῦ τήρωνος (= app. II).

1. *Catalogus codicum hagiographicorum graecorum bibliothecae Nationalis Parisiensis*, p. 147-51.
2. *Ibid.*, p. 114-16.
3. *Ibid.*, p. 225-27.

D. = *Codex Parisinus 789.* Volume en parchemin, 504 pages, o^{m},30 × 0,24. Écriture sur deux colonnes du xie siècle. Recueil varié contenant quelques Vies de saints[1] parmi lesquelles la suivante, où nous n'avons noté qu'un petit nombre de leçons :

(Fol. 327-349) Μαρτύριον τοῦ ἁγίου καὶ ἐνδόξου μεγαλομάρτυρος Θεοδώρου τοῦ τήρωνος (= app. II).

E. = *Codex Parisinus 897.* Volume en parchemin, 328 feuillets, o^{m},24 × 0,18. Écriture à longues lignes du xiie siècle. Il contient, avec plusieurs autres Vies de saints[2] :

(Fol. 157^{v}-194^{v}) Βίος καὶ μαρτύριον τοῦ ἁγίου μεγαλομάρτυρος Προκοπίου καὶ τῶν σὺν αὐτῷ (= app. VIII).

Nous ne donnons qu'un fragment de cette pièce (fol. 177-183), correspondant à une lacune de la version de la *Passio Procopii* publiée par M. A. Papadopoulos-Kerameus, Ἀνάλεκτα Ἱεροσολυμιτικῆς σταχυολογίας, t. V, p. 1-27. Il doit prendre place au chapitre XI, après les mots : μηνὶ μαΐῳ εἰκάδι πρώτῃ βασιλεύοντος Διοκλητιανοῦ τοῦ τυράννου.

F. = *Codex Parisinus 1539.* Volume en parchemin, 306 feuillets, o^{m},295 × 0,22. Écriture à longues lignes du xie siècle. Ménologe du 17 au 30 novembre[3]. Nous imprimons, d'après ce manuscrit, la pièce suivante :

(Fol. 182^{v}-188^{v}) Μαρτύριον τοῦ ἁγίου μάρτυρος Μερκουρίου (= app. IX).

G. = *Codex Parisinus 1499.* Volume en parchemin, 168 feuillets (paginés 253-421), o^{m},335 × 0,25, écrit par le moine Euthyme en 1055-1056. Ménologe de la seconde

1. *Ibid.*, p. 42-43.
2. *Ibid.*, p. 49-50.
3. *Ibid.*, p. 238-39.

moitié de novembre[1]. Ce manuscrit nous a fourni la pièce suivante :

(Fol. 285v-201v) Μαρτύριον τοῦ ἁγίου καὶ ἐνδόξου μεγαλομάρτυρος Μερκουρίου (= app. X).

H. = *Codex Parisinus 579.* Volume en parchemin, 206 feuillets, 0m,36 × 0,26. Écriture sur deux colonnes du XIe siècle. Ménologe du 17 au 30 novembre[2]. Nous donnons les variantes de ce manuscrit pour la pièce :

(Fol. 131v-140) Μαρτύριον τοῦ ἁγίου μάρτυρος Μερκουρίου (= app. X).

K. = *Codex Parisinus Coislinianus 110.* Volume en parchemin, 223 feuillets, 0m,29 × 0,23. Écriture à deux colonnes du XIe siècle. Ménologe d'octobre[3], qui nous a fourni :

(Fol. 156v-158) Μαρτύριον τοῦ ἁγίου μεγαλομάρτυρος Δημητρίου (= app. XI).

L. = *Codex Parisinus 1485.* Volume en parchemin, 183 feuillets, 0m,33 × 0,23. Écriture à deux colonnes du XIe siècle, Recueil de Vies de Saints de septembre à novembre[4]. Nous avons collationné le texte précédent sur ce manuscrit :

(Fol. 72-73v) Μαρτύριον τοῦ ἁγίου μεγαλομάρτυρος Δημητρίου (= app. XI).

M. = *Codex Messanensis bibl. Univ. 30.* Volume en parchemin, 263 feuillets, 0m,43 × 0,34. Écriture à deux colonnes, de l'année 1308. Ménologe du moine

1. *Ibid.*, p. 187. Cf. H. Omont, *Fac-similés des manuscrits datés* etc., pl. XXIII.
2. *Catalogus*, etc., p. 20-21.
3. *Ibid.*, p., 291-93.
4. *Ibid.*, p. 166-68.

Daniel, dont nous avons donné une description détaillée[1], et d'après lequel nous publions :

(Fol. 239-242v) Μαρτύριον τοῦ ἁγίου μάρτυρος Εὐτροπίου, Κλεονίκου καὶ Βασιλίκου (= app. VI).

N. = *Codex Monacensis gr. 179.* Volume en parchemin, 210 feuillets, 0m,30 × 0,23. Écriture à longues lignes du XIe-XIIe siècle. Ménologe de la seconde moitié de novembre[2]. De la collation de ce manuscrit, dont le texte se rapproche beaucoup de **H**, nous n'avons gardé qu'un petit nombre de variantes, pour la pièce :

(Fol. 131v-140) Μαρτύριον τοῦ ἁγίου μεγαλομάρτυρος Μερκουρίου (= app. X).

R. = *Codex Parisinus 520.* Volume en parchemin, 440 pages, 0m,33 × 0,25. Écriture à deux colonnes du XIe siècle. Recueil de Vies de Saints[3]. Nous donnons au bas des pages les nombreuses variantes de la pièce :

(Fol. 161-169) Μαρτύριον τοῦ ἁγίου καὶ ἐνδόξου μεγαλομάρτυρος Θεοδώρου (= app. I).

S. = *Codex Vaticanus 1993.* Volume en parchemin, 304 feuillets, 0m,28 × 0,23. Écriture sur deux colonnes, du XIIe siècle. Ménologe de février et mars[4], auquel nous avons emprunté :

(Fol. 144-56) Μαρτύριον τοῦ ἁγίου μεγαλομάρτυρος Θεοδώρου τοῦ στρατηλάτου (= app. III).

V. = *Codex Vaticanus 1245.* Volume en parchemin, 187 feuillets, 0m,30 × 0,23. Écriture à deux colonnes du

1. *Catalogus codicum hagiographicorum graecorum Monasterii S. Salvatoris, nunc bibliothecae universitatis Messanensis,* dans *Analecta Bollandiana,* t. XXIII (1904), p. 33-47.
2. Hardt, *Catalogus codicum manuscriptorum bibliothecae Regiae Bavaricae,* t. II, p. 213-17.
3. *Catalogus codd. hag. graec. Paris.*, p. 12-14.
4. *Catalogus codicum hagiographicorum graecorum bibliothecae Vaticanae* (Bruxelles, 1899), p. 179-80.

XIIe siècle. Ménologe de février à avril[1]. Nous donnons, d'après ce manuscrit, les deux textes suivants sur S. Théodore :

1° (Fol. 22-32) Μαρτύριον τοῦ ἁγίου καὶ ἐνδόξου μεγαλομάρτυρος Θεοδώρου τοῦ στρατηλάτου (= app. IV).

2° (Fol. 116-125v) Μαρτύριον τοῦ ἁγίου μεγαλομάρτυρος Θεοδώρου τοῦ τήρωνος (= app. II).

W. = *Codex Vindobonensis Theol. gr. 60.* Volume en parchemin, 312 feuillets, 0m,41 × 0,27. Diverses écritures du XIIe siècle ; quelques feuillets (par exemple 267-269) pourraient être d'une main un peu plus ancienne. Les Homélies de S. Jean Chrysostome sur la Genèse y sont suivies de deux pièces sur S. Théodore[2]. Nous publions la première :

(Fol. 259-270) Βίος πρὸ τοῦ μαρτυρίου καὶ ἡ ἐκ παιδὸς ἀναγωγή τε καὶ αὔξησις καὶ θαύματα ἐξαίσια τοῦ ἁγίου καὶ πανενδόξου μεγαλομάρτυρος Θεοδώρου (= app. V).

L'orthographe est détestable. On rencontre à chaque ligne des formes comme αἰ αὐτῆς pour ἑαυτῆς, ἀφερησθε pour ἀφαιρεῖσθαι, etc. Ces anomalies n'ont point été relevées dans l'appareil critique, pas plus que les variantes orthographiques, se rattachant principalement à l'itacisme, qui se rencontrent dans presque tous les manuscrits.

M. Éd. Kurtz a eu la patience de relire, après moi, les épreuves des pages qui vont suivre. Qu'il me permette de lui en exprimer toute ma reconnaissance.

1. *Ibid.*, p. 118-20.
2. Lambecius-Kollar, *Commentariorum de augustissima bibliotheca Caesarea Vindobonensi*, l. IV, p. 141-150 ; D. de Nessel, *Catalogus codd. mss. graec. bibl. Caesareae*, p. 141-42.

1

ΜΑΡΤΥΡΙΟΝ ΤΟΥ ΑΓΙΟΥ[1] ΘΕΟΔΩΡΟΥ ΤΟΥ ΤΗΡΩΝΟΣ[2]

1. Μαξιμιανὸς καὶ Μαξιμῖνος βασιλεῖς[3] ὑπὸ τοῦ διαβόλου κρατούμενοι[4] ἐξαπέστειλαν εἰς πᾶσαν τὴν ὑπ' αὐτῶν βασιλείαν[5] πάντας[6] τοὺς θρησκεύοντας[7] τὴν εὐσεβῆ τοῦ Θεοῦ θρησκείαν μιαρῶν ἐδεσμάτων ἀπογευομένους[8] σῴζεσθαι, τοὺς δὲ ἀντιλέγοντας τοῖς δικαστηρίοις παραδίδοσθαι. Καθ' ὃν καιρὸν κρατηθεὶς ὁ[9] ἅγιος[9] Θεόδωρος εἰς τήρωνα ἐν τῇ ἀνατολικῇ χώρᾳ μετὰ καὶ ἄλλων πολλῶν ἤχθη εἰς λεγεῶνα καλουμένην[10] Μαρμαριτῶν ὑπὸ πρεπόσιτον Βρίγκαν[11]· ἥτις[12] λεγεὼν ἐκαθέζετο ἐν[13] πόλει Ἀμασίᾳ τῆς Ἑλενοπόντου[14]. Ἦν δὲ σύνεγγυς τῆς πόλεως Εὐχαΐτων ὡς ἀπὸ μιλίων τεσσάρων ἄλσος πολύ· ἦν δὲ καὶ ὄφις παλαιότατος γενόμενος δράκων κοιταζόμενος ἐν τῷ αὐτῷ ἄλσει, καὶ πολλοὺς τῶν διερχομένων διὰ τῆς ὁδοῦ ἐκείνης ἐθανάτωσεν. Συνέβη δὲ καὶ τὸν ἅγιον Θεόδωρον πρὸ τῆς μαρτυρίας αὐτοῦ δι' ἐκείνης τῆς ὁδοῦ διέρχεσθαι· καὶ ἰδὼν αὐτὸν ὁ δράκων, συρίζων ἔδραμεν ἐπ' αὐτόν. Ο δὲ γενναῖος στρατιώτης τοῦ Χριστοῦ κατασφραγισάμενος καὶ ῥίψας τὴν λόγχην αὐτοῦ ἔπηξεν εἰς τὴν κεφαλὴν αὐτοῦ καὶ ἐφόνευσεν αὐτὸν καὶ ἠλευθερώθη πᾶσα ἡ ὁδὸς ἀπὸ τῆς ἡμέρας ἐκείνης[15].

1. καὶ ἐνδόξου μεγαλομάρτυρος *add.* R. — 2. (τ. τ.) *om.* R. — 3. Πρὸ δέκα καλανδῶν μαρτίων Μ. κ. Μ. οἱ β. R. — 4. (ὑπὸ — κρατ.) *om.* R. — 5. (αὐτ. βασ.) οὐρανόν R. — 6. ὥστε πάντα R. — 7. τὸν θρησκεύοντα R. — 8. ἀπογευόμενον R. — 9. *om.* R. — 10. καλούμενον R. — 11. Βρίγγαν πρεπ. R. — 12. ἥτις Kurtz, καί τις A. — 13. τῇ *add.* R. — 14. τοῦ Ἑλισπόντου R. — 15. (ἦν δὲ — ἐκείνης) *om.* R.

2. Ἀχθεὶς δὲ[1] ὑπὸ τὸν πρεπόσιτον Βρίγκαν[2] ὁ μακάριος Θεόδωρος, ἠναγκάζετο θύειν τοῖς θεοῖς[3]. Ὁ δὲ ἀληθινὸς στρατιώτης τοῦ Χριστοῦ[4] πιστὸς ὢν τῷ Θεῷ πλησθεὶς πνεύματος ἁγίου, ἐν μέσῳ τῆς[5] λεγεῶνος εἶπεν[6]· « Ἐγὼ Χριστιανός εἰμι καὶ θῦσαι[7] κιβδήλοις οὐ προστέταγμαι. » Βρίγκας[8] πρεπόσιτος εἶπεν· « Θέλησον οὖν ἀκοῦσαί μου, Θεόδωρε, καὶ[9] λάβε πᾶσαν τὴν πανοπλίαν σου[10] καὶ στρατευσάμενος θῦσον τοῖς θεοῖς καὶ[11] εἶξον τοῖς[12] ἀηττήτοις βασιλεῦσιν. » Θεόδωρος εἶπεν « Ἐγὼ στρατεύομαι τῷ ἐμῷ βασιλεῖ καὶ ἄλλῳ στρατευθῆναι οὐ δύναμαι. » Βρίγκας πρεπόσιτος εἶπεν· « Καὶ οὗτοι πάντες[13] χριστιανοί εἰσι καὶ στρατεύονται. » Ἀποκριθεὶς δὲ ὁ ἅγιος[14] Θεόδωρος εἶπεν· « Ἕκαστος οἶδεν πῶς στρατεύεται· ἐγὼ μέντοι[15] στρατεύομαι τῷ ἐμῷ βασιλεῖ καὶ δεσπότῃ[16] τῷ ἐπουρανίῳ Θεῷ καὶ τῷ μονογενεῖ αὐτοῦ υἱῷ[17]. » Ποσειδώνιος[18] δουκινάριος παρεστὼς εἶπεν· « Ὁ Θεός σου καὶ[19] υἱὸν ἔχει; » Ἀποκριθεὶς ὁ ἅγιος[20] Θεόδωρος εἶπεν· « Ναὶ ἔχει υἱὸν τὸν λόγον τῆς ἀληθείας, δι' οὗ τὰ πάντα ἐποίησεν. » Εἶπεν δὲ αὐτῷ[21]· « Δυνάμεθα αὐτὸν γνῶναι; » Θεόδωρος εἶπεν· « Ὡς ὄφελον[22] ἔδωκεν ὑμῖν τοιαύτην σύνεσιν ὁ Θεὸς[23] ἵνα γνῶτε[24] αὐτόν. » Ποσειδώνιος εἶπεν· « Ἐὰν[25] γνῶμεν αὐτόν, μὴ δυνάμεθα καταλιπεῖν τὸν βασιλέα ἡμῶν καὶ τούτῳ προσελθεῖν; » Θεόδωρος εἶπεν· « Οὐδέν ἐστι τὸ ἐμποδίζον ὑμῖν ὥστε ἀπολιπεῖν τὸ σκότος καὶ ἣν πρὸς ὀλίγον ἔχετε παρρησίαν πρὸς τὸν πρόσκαιρον καὶ θνητὸν βασιλέα ὑμῶν καὶ προσελθεῖν Θεῷ ζῶντι βασιλεῖ καὶ δεσπότῃ[26] αἰωνίῳ καὶ στρατευθῆναι αὐτῷ καθάπερ κἀγώ. » Βρίγκας πρεπόσιτος εἶπεν· « Ἐνδῶμεν αὐτῷ ἕως ὀλίγων ἡμερῶν, ὅπως[27] ἑαυτὸν νουθετήσας ἔλθῃ ἐπὶ τὸ συμφέρον. »

1. οὖν R. — 2. (ὑπὸ — Β.) *om.* R. — 3. (τ. θ.) *om.* R. — 4. (ἀληθινὸς — Χριστοῦ) *om.* R. — 5. τοῦ R. — 6. ἔφη R. — 7. θύειν R. — 8. Βρίγγας R *et ita porro*. — 9. (θέλησον — καὶ) *om.* R. — 10. *om.* R. — 11. R, *om.* A. — 12. R, εἰ||||| τοῖς A. — 13. οἱ παρεστῶτες *add.* R. — 14. (ἀποκριθεὶς — ἅγιος) *om.* R. — 15. μὲν R. — 16. (κ. δ.) *om.* R. — 17. (θεῷ — υἱῷ) καὶ τ. υἱῷ αὐτοῦ R. — 18. Ποσιδόνιος R *et ita deinceps*. — 19. *om.* R. — 20. (ἀπ. ὁ. ἅγ.) *om.* R. — 21. (εἶπεν δ. α.) Ποσιδόνιος εἶπεν R. — 22. (ὡς ὄφ.) ἤθε R. — 23. ὁ Θ. τ. σ. R. — 24. ἔγνωτε R. — 25. καὶ εἰ R. — 26. (κ. δ.) *om.* R. — 27. ἂν *add.* R.

3. Λαβόντος[1] δὲ αὐτοῦ τὸ ἐνδόσιμον, ἦσαν λοιπὸν βρέμοντες[2] καὶ περὶ ἄλλους τινὰς τῶν[3] τῆς πόλεως, οὓς καὶ συλλαβόντες[4] ἤγαγον ἐπὶ τοῦτο[5]. Ὁ δὲ ἅγιος[6] Θεόδωρος[6] παρακολουθῶν ὑπεφώνει[7] αὐτοῖς διδάσκων τὴν ὁδὸν τῆς σωτηρίας καὶ τῆς ὑπομονῆς, ὅπως ἂν[6] μὴ ἀρνήσωνται τὸν βασιλέα Χριστόν· κἀκείνων[8] ἐγκατακλείστων γενομένων, αὐτὸς λαβόμενος εὐκαίρου ὥρας[9], τὸν ναὸν τῆς μητρὸς τῶν θεῶν ἐνεπύρισε[10] νυκτός· καὶ ὤφθη παρά τινων. Κατηγορηθέντος δὲ αὐτοῦ, Κρονίδης[11] ὁ λογιστὴς[12] φόβῳ ἀγόμενος περὶ τοῦ γεγονότος, συλλαβόμενος αὐτὸν[13] προσήγαγε[14] τῷ δικαστῇ Πουπλίῳ Στράτωνι[15], ἀναδιδάξας αὐτὸν[16] οὕτω λέγων· « Οὗτος ὁ λυμεὼν ὁ νῦν ἥκων[17] τήρων[18] ἐν τῇ πόλει ταύτῃ, τὸν ναὸν τῆς μητρὸς τῶν θεῶν ἐνεπύρισεν· καὶ ἐνύβρισε τοὺς θεοὺς ἡμῶν[19]. Συλλαβόμενος οὖν αὐτὸν ἤγαγον ἐπὶ τὸ σὸν μέγεθος, ὥστε κατὰ τὸ θεῖον θέσπισμα[20] τῶν δεσποτῶν τῆς ὑπ' οὐρανὸν δίκην τίσει[21] τῶν τετολμημένων. » Καὶ ὁ δικαστὴς μεταστειλάμενος τὸν πρεπόσιτον Βρίγκαν[22] εἶπεν αὐτῷ· « Σὺ ἄδειαν αὐτῷ δέδωκας, ὅπως[23] πυρὶ καταναλώσῃ τὸν ναὸν τῆς μητρὸς τῶν θεῶν[24] ἡμῶν; » Ὁ δὲ ἀπεκρίνατο λέγων[25]· « Ἐγὼ πολλὰ προετρεψάμην αὐτόν[26], δεδωκὼς αὐτῷ ἐνδόσιμον, ὥστε σκεψάμενον ἐπιθῦσαι· Εἰ δὲ[27] ἧκεν καὶ ἐπὶ τοῦτο, πάντως[28] κατεφρόνησε τῶν προσταγμάτων· δικαστὴς οὖν εἶ[29]. » Καὶ ὁ δικαστὴς καθίσας ἐπὶ τοῦ βήματος, ἐκέλευσε προσαχθῆναι[30] αὐτόν.

4. Ἀχθέντος δὲ[31] αὐτοῦ, εἶπεν αὐτῷ· « Διὰ τί ἀντὶ τοῦ σπεῖσαι τῇ θεᾷ[32] καὶ λίβανον προσενέγκαι πῦρ προσήνεγκας; » Θεόδωρος εἶπεν· « Ὃ ἐποίησα, οὐκ ἀρνοῦμαι· ξύλα προσανῆψα[33], ὥστε λίθον καυθῆναι[33]. Τοιαύτη δὲ ὑμῶν ἦν ἡ θεὰ[34] ἵνα τὸ[35]

1. λαβόντες R. — 2. ἀσχολούμενοι R. — 3. *om.* R. — 4. συλλαβόμενοι R. — 5. τὸ αὐτὸ R. — 6. *om.* R. — 7. ἐπεφώνει R. — 8. τούτων δὲ R. — 9. εὔκαιρον ὥραν R. — 10. διὰ τῆς *add.* R. — 11. Κρονίδιος R. — 12. κρίτης *in marg.* A. — 13. τοῦτον R. — 14. ἤγαγεν παρὰ R. — 15. (Π. Σ.) *om.* R. — 16. *om.* R. — 17. ὁ νεόλεκτος R. — 18. ὁ κακῶς ἐλθὼν *add.* R. — 19. κ. τ. θ. ἠνυβ. R. — 20. πρόσταγμα R. — 21. δόσει δίκην R. — 22. *om.* R. — 23 ἐν *add.* R. — 24. (τῆς — θεῶν) *om.* R. — 25. *om.* R. — 26. αὐτῷ R. — 27. οὖν R. — 28. ὅτι *add.* R. — 29. (δ. οὖν εἶ) δικαστά R. — 30. ἀχθῆναι R. — 31. προσαχθέντος οὖν R. — 32. ἡμῶν *add.* R. — 33. ἀνῆψα R. — 33. καῆναι R. — 34. ὑμῶν *add.* R. — 35. *om.* R.

πῦρ αὐτῆς ἥψατο [1]. » Καὶ ὁ δικαστὴς ἐκέλευσεν αὐτὸν τύπτεσθαι λέγων · « Τὰ ἁπαλώτερα τῶν ῥημάτων θρασύτερόν [2] σε πρὸς τὴν παρρησίαν εἰργάσαντο · στρέβλαις δὲ λοιπὸν βασάνων [3] ἀλγυνόμενος, δουλεύειν βασιλικοῖς προστάγμασιν ἀναγκασθήσῃ. » Θεόδωρος εἶπεν · « Οὔτε [4] σοι [5] πιθανὸς ὁ λόγος τῆς ἀληθείας οὔτε ἐμοὶ τοσοῦτον ἰσχύσει [6] τὰ βασανιστήρια [7], κἂν [8] φοβερώτερα παρασκευάσῃς [9], ὡς μὴ τῇ ἐλπίδι [10] τῶν μελλόντων ἀγαθῶν προσκαρτερεῖν ἡμᾶς. » Καὶ ὁ δικαστής · « Θῦσον καὶ ἀπαλλάσσου τῶν βασάνων. » Θεόδωρος εἶπεν · « Οὐκ εἰσί μοι βάσανοι αὗται αἱ παρὰ σοῦ προσαγόμεναι [11] · ὁ γὰρ κύριός [12] μου καὶ ὁ Θεός [13] μου πρὸ προσώπου μού ἐστι λυτρούμενός [14] με [15] τῶν βασάνων τούτων · ὃν σὺ οὐχ ὁρᾷς, ἐπεὶ [16] οὐ βλέπεις τοῖς τῆς ψυχῆς [17] ὀφθαλμοῖς. » Καὶ [18] θυμωθεὶς [19] ὁ δικαστὴς [20] καὶ βρύξας ὡς λέων ἐκέλευσεν αὐτὸν βληθῆναι ἐν τῷ δεσμωτηρίῳ καὶ ἐσφράγισεν [21] τὴν θύραν τῆς φυλακῆς καὶ εἴασεν αὐτὸν ἵνα λιμῷ ἀποθάνῃ [22].

5. Ὁ δὲ [23] μακάριος Θεόδωρος ὑπὸ τοῦ ἁγίου πνεύματος ἐτρέφετο. Ἐν ἐκείνῃ δὲ τῇ νυκτὶ [24] ὤφθη αὐτῷ ὁ Κύριος καὶ εἶπεν [25] · « Θεόδωρε, θάρσει [26], ἐγὼ γάρ εἰμι μετὰ σοῦ · καὶ μὴ [27] λάβῃς βρωτὸν [28] ἢ ποτὸν [29] παρὰ τῶν ἀνθρώπων τούτων · ἔστι [30] γάρ σοι ζωὴ ἄφθαρτος μετ' ἐμοῦ [31] ἐν τοῖς οὐρανοῖς. » Καὶ ταῦτα εἰπὼν ἀνεχώρησεν [32]. Ἀναχωρήσαντος δὲ τοῦ Κυρίου, ὁ [33] μακάριος Θεόδωρος ἤρξατο ψάλλειν καὶ ἀγαλλιᾶσθαι. Ἦν δὲ αὐτῷ ὑπακούων ὄχλος πολὺς ἀγγέλων [34]. Οἱ δὲ [35] δεσμοφύλακες

1. ἅψηται R. — 2. R, θρασύτερα A. — 3. βασάνοις R. — 4. οὐκ ἔστιν R. — 5. σου R. — 6. (τῆς — ἰσχύσει) οὐδὲ R. — 7. σου πτοοῦμαι *add.* R. — 8. γὰρ *add.* R. — 9. κατασκευάσεις R. — 10. ὥστε τὴν ἐλπίδα R. — 11. (προσκαρτερεῖν — προσαγόμεναι) τῶν ἀποκειμένων μοι πρὸς τὴν καρτερίαν τῶν παρὰ σοῦ μοι προσαγομένων βασάνων παρασαλεῦσαι, ἀλλ' ὁ στέφανος ὁ παρὰ τοῦ Θεοῦ μοι πλεκόμενος προτρέπεταί μοι θαρρεῖν R. — 12. καὶ βασιλεὺς *add.* R. — 13. (καὶ ὁ Θ. μου) Χριστὸς R. — 14. ῥυόμενος R. — 15. ἐκ *add.* R. — 16. ἐπειδὴ R. — 17. σου *add.* R. — 18. *om.* R. — 19. δὲ *add.* R. — 20. ἡγεμὼν R. — 21. (αὐτὸν — ἐσφράγισεν) βλ. αὐτὸν ἐν τῇ φυλακῇ καὶ σφραγισθῆναι R. — 22. (τῆς — ἀποθάνῃ) κακεῖ αὐτὸν ἐαθῆναι λιμῷ ἀποθανεῖν R. — 23. οὖν R. — 24. καὶ ἐν τῇ ν. ἐκείνῃ R. — 25. αὐτῷ *add.* R. — 26. (Θ. θ.) θ. Θ. R. — 27. (κ. μ.) μὴ οὖν R. — 28. βρῶμα R. — 29. πόμα R. — 30. ἔσται R. — 31. (μ. ἐ.) *om.* R. — 32. ἀφανὴς ἐγένετο R. — 33. (ἀναχ. — ὁ) ὁ δὲ R. — 34. *om.* R. — 35. οὖν R.

ἀνέστησαν καὶ ἔδραμον ἐπὶ[1] τὴν θύραν τῆς φυλακῆς · καὶ εἶδον τὴν μὲν[2] θύραν κεκλεισμένην καὶ τὴν σφραγῖδα σῶαν · καὶ[2] παρετηρήσαντο[3] διὰ τῆς θυρίδος καὶ εἶδον ὄχλον πολὺν λευχειμονούντων καὶ ψαλλόντων[4] ἅμα τῷ μακαρίῳ Θεοδώρῳ. Καὶ φοβηθέντες ἀπήγγειλαν τῷ ἡγεμόνι[5] καὶ ἀνέστη καὶ ἦλθεν τρέχων[6] ἐπὶ τὴν θύραν τῆς φυλακῆς[7] καὶ εὗρε τὴν μὲν κατίναν[8] κεκλεισμένην καὶ τὴν φωνὴν τῶν ψαλλόντων ἤκουεν ἅμα Θεοδώρῳ[9] · καὶ ἐποίησε κύκλῳ στρατιώτας μετὰ ἀσπίδων, νομίζοντες ὅτι χριστιανοί εἰσιν[10] ἅμα τῷ μακαρίῳ Θεοδώρῳ. Εἰσελθὼν δὲ ἔσω[11], εὗρεν οὐδένα[12] εἰ μὴ[13] τὸν δοῦλον τοῦ Θεοῦ μόνον ὄντα[14] ἐν τῷ ξύλῳ ἠσφαλισμένον. Καὶ ἔλαβεν αὐτὸν τρόμος μέγας[15] καὶ[16] τοὺς συμπαρόντας αὐτῷ · καὶ κλείσαντες τὰς θύρας[17] ἀνεχώρησαν[18]. Ἐκέλευσεν δὲ ὁ δικαστὴς[19] οὐγκίαν ἄρτου καὶ ποτήριον[20] ὕδατος λαμβάνειν τὸν μακάριον[21]. Ὁ δὲ πιστὸς μάρτυς κατὰ τὸ γεγραμμένον, ὅτι ὁ δίκαιος ἐκ πίστεως ζήσεται, οὐκ ἠθέλησε παρ' ἐκείνων λαβεῖν ἄρτον[22], εἰπὼν ὅτι « ἐμὲ τρέφει ὁ ἐμὸς δεσπότης[23]. »

6. Καὶ[24] ἐκέλευσεν ὁ δικαστὴς ἀχθῆναι αὐτόν, καὶ λέγει αὐτῷ · « Πείσθητί μοι[25] ἄνευ βασάνων, καὶ μὰ τοὺς θεοὺς διὰ[26] τάχους[27] γράψω τοῖς δεσπόταις τῆς οἰκουμένης ὥστε ἀρχιερέα σε γενέσθαι[28] καὶ τιμὰς οὐ τὰς τυχούσας λήψῃ[29] καὶ σύνθρονος ἡμῶν ἔσῃ. » Ὁ δὲ μακάριος Θεόδωρος ἀναβλέψας εἰς τὸν οὐρανὸν καὶ σφραγισάμενος εἶπεν τῷ τυράννῳ · « Εἰ καὶ τὰς σάρκας μου τήξεις ἐν πυρὶ καὶ βασάνοις πολυπλόκοις ἀφανίσεις[30] καὶ ξίφεσι καὶ θηρίοις[31] παραδώσεις με[32], ἕως ἐστὶ πνοὴ ἐν ῥισί μου[33], οὐ μὴ ἀρνήσομαι τὸ

1. πρὸς R. — 2. *om.* R. — 3. παρετήρησαν δὲ R. — 4. λευσχημονοῦντα καὶ ψάλλοντα R — 5. δικαστῇ R. — 6. *om.* R. — 7. δρομαῖος *add.* R. — 8. (εὗρεν — κατίναν) ἴδεν τὴν θύραν τῆς φυλακῆς R. — 9. τῷ μακαρίῳ R. — 10. (μετὰ — εἰσίν) στῆναι καθοπλισμένους νομίσας τινας Χριστιανοὺς εἶναι R. — 11. *om.* R. — 12. οὐδ. εὗρεν R. — 13. μόνον *add.* R. — 14. (μ. ὄ.) Θεόδωρον R. — 15. *om.* R. — 16. πάντας *add.* R. — 17. κλείσας τὴν θύραν R. — 18. ἀνεχώρησεν R. — 19. δοῦναι αὐτῷ *add.* R. — 20. κρασὶν R. — 21. (λ. τ. μ.) *om.* R. — 22. (ἠθέλησε — ἄρτον) ἐλάμβανεν παρ' ἐκείνοις τροφὴν R. — 23. καὶ βασιλεὺς Χριστὸς *add.* R. — 24. πρωίας δὲ γενομένης R. — 25. Θεόδωρε *add.* R. — 26. (μὰ — διὰ) θῦσον τοῖς θεοῖς ἵνα R. — 27. τάχος R. — 28. σε ἀρχ. γ. τῶν θεῶν R. — 29. λ. οὐ τὰς τ. R. — 30. ἀναλώσεις με R. — 31. θ. καὶ ξ. R. — 32. *om.* R. — 33. ἐν ῥ. μ. π. R.

ὄνομα τοῦ Χριστοῦ[1] μου. » Ὁ δὲ συμβούλιον ποιησάμενος[2] μετὰ τοῦ πρεποσίτου, ἐκέλευσεν αὐτὸν κρεμασθῆναι προστάξας τοῖς δημίοις ξέειν αὐτοῦ τὰς πλευράς. Οἱ οὖν σπεκουλάτορες ἐπὶ τοσοῦτον ἐβασάνιζον ξέοντες αὐτὸν[3] ὥστε τὰς πλευρὰς αὐτοῦ γυμνωθῆναι. Καὶ ὁ μακάριος[4] Θεόδωρος οὐδὲν ἀπεκρίνατο τῷ ἡγεμόνι, ἀλλὰ ψάλλων ἔλεγεν[5]· « Εὐλογήσω τὸν Κύριον ἐν παντὶ καιρῷ· διὰ παντὸς ἡ αἴνεσις αὐτοῦ ἐν τῷ στόματί μου. » Ὁ δὲ[6] τύραννος ἐκπλαγεὶς ἐπὶ τῇ τοσαύτῃ ὑπομονῇ τοῦ ἀνδρὸς[7] ἔφη πρὸς τὸν ἅγιον μάρτυρα[8]· « Οὐκ αἰσχύνῃ, ἀθλιώτατε πάντων ἀνθρώπων, ὅτι εἰς[9] ἄνθρωπον τὰς ἐλπίδας σου ἔχων, καὶ τοῦτον[10] βιοθανῆ; οὕτως ἑαυτὸν ἀλογίστως αἰκισμοῖς παρέδωκας; » Ὁ δὲ μακάριος μάρτυς ἔφη[11]· « Αὕτη ἡ αἰσχύνη ἐμοὶ καὶ πᾶσι τοῖς ἐπικαλουμένοις τὸ ὄνομα τοῦ κυρίου Ἰησοῦ Χριστοῦ. » Καὶ τοῦ δήμου ἐπιβοῶντος ἤδη αὐτὸν ἀφανίζεσθαι διὰ τοῦ κήρυκος ἐπηρώτα αὐτὸν ἢ θῦσαι ἢ ἀπαχθῆναι. Ὁ δὲ ἅγιος μάρτυς παρρησιασάμενος ἐν τῷ Χριστῷ, ἔφη πρὸς τὸν τύραννον[11*]· « Ἀσεβέστατε καὶ πάσης ἀνομίας[12] πεπληρωμένε, υἱὲ[13] διαβόλου[14], ἀληθῶς ἄξιε τῆς τοῦ ἀντικειμένου ἐνεργείας[15], οὐ φοβῇ τὸν Θεὸν τὸν ταύτην σοι τὴν ἀρχὴν παρασχόμενον[16]; δι' αὐτοῦ γὰρ βασιλεῖς βασιλεύουσι καὶ τύραννοι κρατοῦσι γῆς· ἀλλ' ἀναγκάζεις με ἐγκαταλεῖψαι[17] Θεὸν ζῶντα καὶ λίθοις ἀψύχοις[18] προσκυνεῖν[19]. » Καὶ ὁ δικαστὴς μετὰ πολλῆς σκέψεως ἔφη πρὸς τὸν μάρτυρα· « Τί θέλεις; εἶναι μεθ' ἡμῶν ἢ μετὰ τοῦ Χριστοῦ σου; » Ὁ[20] ἅγιος μάρτυς[21] μετὰ πολλῆς χαρᾶς[22] ἀπεκρίνατο[23]· « Μετὰ τοῦ Χριστοῦ μου καὶ ἤμην καὶ εἰμὶ καὶ ἔσομαι. »

1. Θεοῦ R. — 2. ποιήσας οὖν συμβούλιον ὁ ἡγεμὼν R. — 3. (αὐτὸν — αὐτὸν) τοῖς δημίοις ἐπὶ τοσοῦτον αὐτὸν βασανίζειν τοῖς ὄνυξι R. — 4. ὁ δὲ ἅγιος R. — 5. ἔψαλλεν λέγων R. — 6. καὶ ὁ R. — 7. μακαρίου Θεοδώρου R. — 8. (ἔφη — μάρτυρα) εἶπεν R. — 9. ἐπ' R. — 10. (τὰς — τοῦτον) ἐλπίζεις τῷ λεγομένῳ Χριστῷ καὶ τούτῳ R. — 11. (ὁ — ἔφη) Θεόδωρος εἶπεν R. — 11*. (καὶ — τύραννον) ὁ ἡγεμὼν εἶπεν βούλῃ θῦσαι ἢ πλέον παρ' ἐμοῦ τιμωρεῖσθαι Θεόδωρος εἶπεν R. — 12. R, ἀνοίας A. — 13. τοῦ *add.* R. — 14. καὶ *add.* R. — 15. (τῆς — ἐνεργείας) τοῦ σκότους καὶ πάσης ἀπωλείας R. — 16. δωρησάμενον R. — 17. καταλεῖψαι R. — 18. *om.* R. — 19. ἵνα σὺν σοὶ ἀπώλωμαι *add.* R. — 20. δὲ *add.* R. — 21. Θεόδωρος R. — 22. παρρησίας R. — 23. λέγων *add.* R.

7. Εἰδὼς[1] οὖν ὁ τύραννος ὅτι ἀδυνατεῖ[2] ταῖς βασάνοις πρὸς τὴν ὑπομονὴν τοῦ ἀνδρός, δίδωσι κατ' αὐτοῦ ἀπόφασιν τοιαύτην[3]· « Θεόδωρος ἀπειθήσας[4] τῷ κράτει τῶν καλλινίκων βασιλέων καὶ τῶν θεῶν[5], πεισθεὶς[6] δὲ Ἰησοῦ Χριστῷ τῷ σταυρωθέντι ἐπὶ Ποντίου Πιλάτου, ὥσπερ[7] ἀκούω, παρὰ Ἰουδαίων, καὶ αὐτὸς πυρὶ παραδοθήσεται[8]. » Μετὰ τοσούτου οὖν[9] τάχους ταῦτα[10] ἐγένετο, θᾶττον ἢ ἐλέγετο[11]. Τῶν γὰρ δημίων συναγαγόντων ἐκ τῶν ἐργαστηρίων καὶ βαλανείων ξύλα[12], ἤγαγον αὐτὸν ἐπὶ τὸν προκείμενον τόπον. Ὅτε δὲ ἡ πυρὰ ἡτοιμάσθη, ἀποθέμενος ἑαυτῷ[13] τὰ ἱμάτια καὶ λύσας τὴν ζώνην ἐπειρᾶτο καὶ ὑπολύειν ἑαυτόν, μὴ[14] πρότερον τοῦτο ποιῶν διὰ τὸ ἕκαστον τῶν πιστῶν σπουδάζειν, τίς[15] τάχιον τοῦ χρωτὸς αὐτοῦ ἅψεται[16]. Καὶ γὰρ καὶ πρὸ τῆς μαρτυρίας πάντες[17] προσῄεσαν ἁπτόμενοι αὐτοῦ. Εὐθέως οὖν περιετίθεσαν[18] αὐτῷ τὰ πρὸς τὴν πυρὰν ἡρμοσμένα ὄργανα. Μελλόντων[19] δὲ[20] αὐτῶν προσηλοῦν εἶπεν· « Ἄφετέ με οὕτως· ὁ γὰρ δεδωκὼς ὑπομεῖναι τὸ πῦρ[21], αὐτὸς δώσει καὶ χωρὶς τῆς ὑμετέρας ἐκ τῶν ἥλων ἀσφαλείας[22] ἄσκυλτον ὑπομεῖναι τὴν πυράν. » Οἱ δὲ οὐ καθήλωσαν μέν, προσέδησαν δὲ αὐτόν. Ὁ δὲ τὴν σφραγῖδα ποιήσας ἐπὶ τοῦ μετώπου καὶ[23] τὰς χεῖρας εἰς τὰ ὀπίσω προσδεθεὶς ὡς κριὸς ἐπίσημος ἐκ[24] μεγάλου ποιμνίου ἦν[24] προσφορὰ καὶ ὁλοκαύτωμα Θεῷ ἡτοιμασμένον[25].

8. Ἀναβλέψας δὲ[26] εἰς τὸν οὐρανὸν εἶπεν· « Κύριε ὁ Θεός, ὁ παντοκράτωρ, ὁ τοῦ ἀγαπητοῦ καὶ εὐλογημένου παιδός[27] σου Ἰησοῦ Χριστοῦ πατήρ, δι' οὗ τὴν περὶ σοῦ ἐπίγνωσιν εἰλήφαμεν[28], ὁ Θεὸς τῶν δυνάμεων καὶ πάσης κτίσεως παντός τε ἔθνους[29] τῶν

1. ἰδὼν R. — 2. ἐν *add.* R. — 3. γράψας οὕτως R. — 4. Θεόδωρον ἀπειθήσαντα R. — 5. τοὺς θεοὺς ἀτιμήσαντα καὶ μηδὲν αὐτοὺς ἡγησάμενον R. — 6. πιστεύσαντα R. — 7. ὡς R. — 8. (καὶ — παραδ.) κελεύω τοῦτον πυρὶ παραδοθῆναι ὡς ἀτιμάσαντα τοὺς εὐμενεῖς θεοὺς καὶ τοὺς ἀηττήτους βασιλεῖς ἀθετήσαντα R. — 9. μ. πολλοῦ δὲ τοῦ R. — 10. *om.* R. — 11. (θᾶττον — ἐλεγ.) ἃ προσέταττεν R. — 12. βασάνων φρύγανα R. — 13. αὐτοῦ R. — 14. οὐ R. — 15. *om.* R. — 16. ἅπτεσθαι R. — 17. οὖν *add.* R. — 18. περιέστησαν R. — 19. καὶ μέλλοντες R. — 20. *om.* R. — 21. (ὑπ. — πῦρ) τὴν ὑπομονὴν R. — 22. χ. τῆ τῶν ἥλων ἀσφαλεία R. — 23. ὁ δὲ μακάριος Θεόδωρος ποιήσας τὴν ἐν Χριστῷ σφραγῖδα ἐπὶ τὸ μέτοπον καὶ προσδεθεὶς R. — 24. *om.* R. — 25. (προσφ. — ἡτ.) εἰς προσφορὰν ὁλοκαυτώσεως δεκτὴν τῷ Θεῷ ἡτοιμάσθη R. — 26. καὶ ἀν. R. — 27. *om.* R. — 28. ἐσχήκαμεν R. — 29. (παντὸς — ἔθνους) καὶ παντὸς γένους R

δικαίων, οἳ ζῶσιν ἐνώπιόν σου, εὐλογήσω[1] σε, ὅτι κατηξίωσάς με τῆς ἡμέρας καὶ ὥρας ταύτης τοῦ λαβεῖν μέρος ἐν[2] ἀριθμῷ τῶν μαρτύρων[3] ἐν τῷ ποτηρίῳ τοῦ Χριστοῦ σου[4] εἰς ἀνάστασιν ζωῆς αἰωνίου ψυχῆς τε καὶ σώματος ἐν ἀφθαρσίᾳ πνεύματος ἁγίου, ἐν οἷς προσδεχθείην[5] ἐνώπιόν σου σήμερον ἐν θυσίᾳ πίονι καὶ[6] προσδεκτῇ[6], καθὼς προητοίμασας[6] καὶ[6] προεφανέρωσας· καὶ[6] ἐπλήρωσας[6] ὁ ἀψευδὴς καὶ ἀληθινὸς Θεός. Διὰ τοῦτο αἰνῶ[7] σε[7], εὐλογῶ σε διὰ τοῦ ἐπουρανίου ἀρχιερέως ἡμῶν Ἰησοῦ Χριστοῦ τοῦ ἀγαπητοῦ σου παιδός[8]· δὸς δὲ[9] καὶ τοὺς σὺν ἐμοὶ κρατηθέντας τήρωνας, · ὄντας[10] χριστιανούς, εἰς τοῦτο φθάσαι[11] τὸ βραβεῖον.» Καὶ ἀτενίσας τοῖς ὀφθαλμοῖς εἶδεν εἰς τὸν ὄχλον[12] ἑστῶτα καὶ[13] δακρύοντα Κλεόνικον[14] τὸν σὺν αὐτῷ ἀχθέντα τήρωνα καὶ βοήσας εἶπεν· «Κλεόνικε, περιμένω σε, σπούδασον ἐπακολουθῆσαί[15] μοι· ἐν τῇ ζωῇ γὰρ τῇ φθαρτῇ οὐκ ἐνεκατελίπομεν[16] ἀλλήλους καὶ ἐν τῇ ζωῇ τῇ ἐπουρανίῳ[17] μὴ ἀποστῶμεν ἀπ' ἀλλήλων[18].» Καὶ πληρώσας τὸν λόγον[19], πάλιν προσηύξατο λέγων· «Κύριε Ἰησοῦ Χριστέ, ὁ μεσίτης[20] Θεοῦ καὶ ἀνθρώπων, εὐχαριστῶ σοι ὅτι κατηξίωσάς με νικῆσαι τὸν ἀγῶνα τοῦτον· διὸ σοὶ καὶ μετά σου δόξα, κράτος τῷ σῷ[21] πατρὶ καὶ τῷ[22] ζωοποιῷ πνεύματι νῦν[23] καὶ[23] εἰς τοὺς αἰῶνας τῶν αἰώνων, ἀμήν.» Καὶ πληρώσαντος αὐτοῦ τὴν εὐχήν, οἱ τοῦ πυρὸς ἄνθρωποι ἐξῆψαν τὸ πῦρ[24]. Μεγάλης δὲ ἐκλαμψάσης φλογός, θαῦμα εἴδομεν[25], οἷς ἐδόθη ἰδεῖν, οἳ καὶ ἐτηρήθημεν εἰς τὸ[26] ἀναγγεῖλαι[27] τοῖς λοιποῖς τὰ γινόμενα[28]. Τὸ γὰρ πῦρ καμάρας εἶδος ἐποίησεν[29] ὥσπερ[30] ὀθόνην[31] πλοίου ὑπὸ πνεύματος πληρουμένην[32] καὶ[33]

1. εὐλογῶ R. — 2. τῷ *add.* R. — 3. σου *add.* R. — 4. (ἐν — σου) *om.* R. — 5. προσδεχθείημεν R. — 6. *om.* R. — 7. *om.* R. — 8. (τοῦ — παιδὸς) *om.* R. — 9. δὴ κύριε R. — 10. *om.* R. — 11. φ. εἰς τ. R. — 12. ἐν τῷ ὄχλῳ R. — 13. *om.* R. — 14. Κ. δ. R. — 15. ἀκολουθῆσαι R. — 16. ἐν τῇ φ. καὶ προσκαίρῳ ζ. οὐκ ἐγκατελίπομεν R. — 17. *rescriptum in* A; αἰωνίῳ R. — 18. ἀποσπασθῶμεν ἀλλήλοις R. — 19. καὶ ταῦτα εἰπὼν R. — 20. μεσίτα R. — 21. (διὸ — σῷ) εὐχαριστῶ σοι κύριε ὁ Θεὸς ἡμῶν τῷ ἀθανάτῳ σου R. — 22. παναγίῳ καὶ *add.* R. — 23. *om.* R. — 24. (καὶ — πῦρ) καὶ ἀναπέμψαντος αὐτοῦ τὸ ἀμὴν οἱ τοῦ διαβόλου ὑπηρέται ἀνῆψαν τὴν πυράν R. — 25. μέγα *add.* R. — 26. (οἳ — τὸ) τοῖς πιστοῖς καὶ ἠβουλήθημεν R. — 27. ἀνιγγεῖλαι A. — 28. γενόμενα R. — 29. ποιῆσαν R. — 30. ὡς R. — 31. ὀθόνη R. — 32. πληρουμένη R. — 33. κύκλῳ R.

περιετείχισεν τὸ σῶμα τοῦ ἁγίου[1] · καὶ ἦν μὲν[2] οὐχ ὡς σὰρξ καιόμενον[3], ἀλλ' ὡς ἄρτος ὀπτώμενος · καὶ[4] γὰρ εὐωδίας ἀντελαβόμεθα[5] καὶ τέλος εἶπεν[6] τὸ ἀμήν, καὶ ὡς ἐρευγόμενος ἀφῆκεν[7] τὴν ψυχήν[8], καὶ ὡς ἀστραπὴν εἴδομεν ἀναλαμβανομένην[9] ἐν τοῖς οὐρανοῖς[10].

9. Εὐσεβία δέ τις[11] φερωνύμως εὐσεβῶς ζῶσα ᾐτήσατο τὸ σῶμα τοῦ[12] μάρτυρος[13] καὶ οἴνῳ καὶ μύροις[14] διακοσμήσασα τὸ ἅγιον αὐτοῦ σῶμα[15] καὶ ἐν σινδόνι καθαρᾷ εἰλήσασα[16] ἀπέθετο ἐν γλωσσοκόμῳ εἰς οἰκίσκον ἑαυτῆς[17], μνήμην ἐπιτελοῦσα εἰς δόξαν Θεοῦ παντοκράτορος καὶ τοῦ κυρίου ἡμῶν Ἰησοῦ Χριστοῦ καὶ τοῦ ἁγίου πνεύματος.

Ἐτελειώθη δὲ ὁ ἅγιος μάρτυς τοῦ Χριστοῦ Θεόδωρος μηνὶ ἰουνίῳ η', ἐπὶ βασιλέων Μαξιμιανοῦ καὶ Μαξιμίνου, βασιλεύοντος δὲ καθ'ἡμᾶς τοῦ κυρ ου ἡμῶν Ἰησοῦ Χριστοῦ, μεθ' οὗ τῷ πατρὶ καὶ τῷ ἁγίῳ πνεύματι δόξα, κράτος[18] εἰς τοὺς αἰῶνας τῶν αἰώνων, ἀμήν.

1. μάρτυρος R. — 2. μέσον R. — 3. κεομένη R. — 4. τοῦ R. — 5. (εὐ. ἀντ.) ἁγίου πνεύματος παραγεναμένου ἄνετος ἦν ὁ ἅγιος μάρτυς αἰνῶν τὸν θεὸν καὶ δοξάζων τῇ ἐξόδω τοῦ ἁγίου πνεύματος R. — 6. εἰπὼν R. — 7. (καὶ — ἀφῆκεν) οὕτως παρέδωκε R. — 8. τῷ κυρίῳ *add.* R. — 9. ἀναβαίνουσαν τὴν ψυχὴν αὐτοῦ R. — 10. καὶ εὐωδίας πάντες ἐπληρώθημεν *add.* R. — 11. γυνὴ *add.* R. — 12. ἁγίου *add.* R. — 13. Θεοδώρου *add.* R. — 14. ἐν ὀθόνῃ καὶ σμύρνῃ R. — 15. (τὸ — σῶμα) *om.* R. — 16. περιειλήσασα R. — 17. ἐν τῷ οἴκῳ αὐτῆς R. — 18. (μνήμην — κράτος) οἰκοδομήσασα τὸ μαρτύριον αὐτοῦ ἐν Εὐχαίτοις ἔνθα καὶ νῦν ἡ μνήμη τοῦ ἁγίου μάρτυρος ἐπιτελεῖται ἐν Χριστῷ Ἰησοῦ τῷ κυρίῳ ἡμῶν μεθ' οὗ τῷ πατρὶ ἡ δόξα σὺν τῷ ἁγίῳ πνεύματι νῦν καὶ ἀεὶ καὶ R.

II

Cod. V. B, C, D.

ΜΑΡΤΥΡΙΟΝ ΤΟΥ ΑΓΙΟΥ[1] ΜΕΓΑΛΟΜΑΡΤΥΡΟΣ ΘΕΟΔΩΡΟΥ ΤΟΥ ΤΗΡΩΝΟΣ.

1. Μαξιμιανῷ καὶ Μαξιμίνῳ τοῖς βασιλεῦσι πολλή τις καὶ ἄσχετος ἡ ὁρμὴ κατὰ τῆς τῶν χριστιανῶν κεκίνητο πίστεως, ἅτε βαθεῖ σκότῳ τῆς ἀσεβείας κατεχομένοις καὶ πλείστην ὅσην περὶ τὴν τῶν εἰδώλων πλάνην ποιουμένοις τὴν ἐπιμέλειαν· τίς οὖν παραστήσειε λόγος τὴν τότε κατέχουσαν ζάλην τοὺς φοβουμένους τὸν Κύριον; ἠρευνῶντο πόλεις, ἠρευνῶντο κῶμαι, χῶραι, ἀγροί, σπήλαια καὶ πᾶς, ὅστις τὰ χριστιανῶν σεβόμενος ἦν, ἐχειροῦτό τε παραχρῆμα καὶ πρὸς αὐτοὺς ἤγετο· ὧν τοῖς μὲν πειθομένοις τὴν ἱερὰν ἐξόμνυσθαι πίστιν καὶ τὸ ψεῦδος ἀντὶ τῆς ἀληθείας τιμᾶν εὐθηνία βίου, τιμαὶ καὶ ἀγαθῶν ἄλλων μυρίων ἀντίδοσις ἦν· τοὺς δὲ τὴν ἀγαθὴν ὄντως μερίδα προελομένους καὶ πάντα παθεῖν μᾶλλον ἢ ζημιωθῆναι Χριστὸν καὶ τὴν εὐσεβῆ καὶ φίλην ἀπώσασθαι θεοσέβειαν στέρησις τῶν ὄντων, βάσανοι, θάνατοι καὶ εἴ τι ἄλλο τῶν χαλεπῶν ἐξεδέχοντο.

2. Κατ' ἐκεῖνο τοίνυν καὶ ὁ τοῦ Χριστοῦ μάρτυς Θεόδωρος ἐπόθει μὲν παρρησιάσασθαι τὴν εὐσέβειαν, οἷάπερ ἐκ προγόνων χριστιανὸς ὤν, οὐκ ἠγάπα δὲ λανθάνουσαν τὴν εἰς Χριστὸν πίστιν κεκτῆσθαι οὐδ' ἐβούλετο οὕτως ἁπλῶς χωρῆσαι πρὸς τὴν ὁμολογίαν, εἰ μὴ καὶ τὸ θεῖον ἕξει πρὸς τοῦτο συνευδοκοῦν θέλημα. Ἀποδειχθεὶς γὰρ εἰς τήρωνα μεθ' ἑτέρων περὶ τὴν ἕω καὶ ἤδη εἰς λεγεῶνα ἄγεσθαι μέλλων τῶν Μαρμαριτῶν καλου-

1. καὶ ἐνδόξου *add.* B.

μένην, ἥτις ὑπὸ πραιποσίτῳ μὲν Βρίγγᾳ καλουμένῳ ἐτύγχανεν οὖσα, ἐν πόλει δὲ Ἀμασείᾳ[1] τῇ κατὰ τὸν Πόντον διάγουσα ἦν, δοκιμὴν ποιεῖται τοῦ προκειμένου σκοποῦ· καὶ ἡ δοκιμὴ αὕτη.

3. Δράκων[2] ἦν ἐμφωλεύων κατά τινα τόπον, ᾧ Εὐχάϊτα τοὔνομα[3], δεινὸς μὲν ἰδεῖν, δεινότερος δὲ[4] προσβαλεῖν, ὅτῳ ἂν ἐκεῖνον ἐντυχεῖν ἐγένετο[5], πῦρ μὲν γὰρ ἠφίει τῶν ὀφθαλμῶν, ἰὸν δὲ τῶν χειλέων, καὶ[6] ἄμαχόν τι κακὸν καὶ ὀλέθριον, ἐν δὲ τῷ ἕρπειν πᾶσαν ὡς εἰπεῖν τὴν παρακειμένην ὕλην[7] διασαλεύων· ὅθεν οὐδὲν ἄλλο τοῖς πλησιάζουσιν ὑπελείπετο[8] ἢ τὸ φυγεῖν ἐκεῖθεν καὶ μετανάστας γενέσθαι καὶ τὸ φίλον ἔδαφος μισητὸν γενέσθαι[9] διὰ κακὸν οὕτω[10] ἄμαχον καὶ ἀγχίθυρον. Τοῦτον οὖν τὸν τόπον ὁ τοῦ Χριστοῦ μάρτυς ὄψει παραλαβὼν καὶ τῷ τῶν ἐγχωρίων οἴκτῳ κατακαμφθεὶς[11] τὴν ψυχήν, σύμβολον παρ' ἑαυτῷ ποιεῖται πρὸς τὴν τοῦ νοητοῦ δράκοντος πάλην τὴν τοῦ προκειμένου θηρὸς ἀναίρεσιν. Αὐτίκα γοῦν τῷ ὅπλῳ τοῦ τιμίου σταυροῦ φραξάμενος περιῄει τὸν θῆρα διερευνώμενος. Κεκοπιακὼς δὲ τῷ λασίῳ καὶ δασεῖ τῆς ὕλης καὶ μικρόν τι ἐκβάς, ἔπειτα δὲ καὶ ἀποβὰς τοῦ ἵππου, ὕπνῳ ἑαυτὸν δέδωκέ τε καὶ διανέπαυε. Καί τις γυνὴ τῶν κατὰ τὴν χώραν ἐπισήμων τε[12] καὶ περιφανῶν περιδεὴς καὶ ὑπότρομος ἐπιστᾶσα ἀφύπνιζέ τε τὸν ἅγιον καὶ « ἀνάστα τὸ τάχος » ἐβόα· « εἰ μέλει σοι ζωῆς καὶ μὴ θανατᾷς ἄντικρυς· τὸ γὰρ ἐνταῦθα κακὸν ὁ δράκων συριγμῷ ἔξεισι διὰ τῆσδε καὶ πολλοὺς ὅπως[13] ἀνεῖλεν ἄχρι καὶ νῦν καὶ βορὰν[14] ἑαυτῷ ἐποιήσατο. » Ταῦτα ἔλεγε τὸ φιλόχριστον γύναιον οἰκτιζόμενον, εἶτα καὶ φανερὸν ὁρῶσα τὸν κίνδυνον εἰς τὸ[15] δεῖγμα τῆς συμπαθείας δάκρυα κατέρρει τῶν ὀφθαλμῶν. Ὁ δὲ ὡς εἶδεν, ὡς ἤκουσε, παραχρῆμα τό τε σέβας τῆς γυναικὸς καὶ ἥτις εἴη παρ' αὐτῆς ἐπυνθάνετο· κἀκείνη Εὐσεβία[16] μὲν εἶπε[17] κεκλῆσθαι, τὸ δὲ σέβας εἶναι χριστιανή, τὸν δὲ τόπον κεκτῆσθαι μὲν ἐκ

1. *corr. prius* Ἀμασία B. — 2. *narratio de trucidato dracone in* B, Ba *cf. supra* p. 25. — 3. (ᾧ — τοὔνομα) *om.* Ba. — 4. καὶ *add.* Ba. — 5. γένοιτο Ba. — 6. *om.* Ba. — 7. *om.* Ba. — 8. B, Ba, ὑπελίπετο V. — 9. νομῆσαι B, Ba. — 10. οὕτως B. Ba. — 11. κατακλασθεὶς Ba. — 12. *om.* Ba. — 13. ὅσους B, Ba. — 14. βορρὰν V, B. — 15. *om.* B. Ba. — 16. Εὐσεβεία B. — 17. εἶπεν Ba.

πατρῴου κλήρου, ἀηδῶς δὲ πρὸς αὐτὸν ἔχειν καὶ σπεύδειν ὅσον οὔπω πανοικεσίᾳ τοῦτον καταλιπεῖν[1] « εἶδον γάρ », ἔφη, « πολλάκις καὶ τῶν γνωρίμων πολλοὺς ἐνταῦθα παραβάλλοντας καὶ τῷ θηρίῳ βορὰν γενομένους, ὧν ἡ μνήμη στρέφει μου τὴν καρδίαν· διὰ τοῦτο καί σε μὴ θᾶττον ἐκχωροῦντα ὁρῶσα περιαλγὴς γίνομαι καὶ ἐπίδακρυς. » Ταῦτα ἐπιτραγῳδήσασα φιλανθρώπως καὶ ἅμα τὰς χεῖρας εἰς οὐρανὸν ἄρασα· « Θεέ, εἶπεν, ὁ σαρκωθεὶς ἐκ τῆς ἁγίας παρθένου ἐπὶ σωτηρίᾳ τοῦ κόσμου παντός, ἐξελοῦ ἡμᾶς τῆς προκειμένης[2] τοῦδε τοῦ θηρίου κακότητος, κλῆρον σὸν γενομένους καὶ κλήσει τῇ σῇ δικαιωθέντας κατονομάζεσθαι. » Ὡς δὲ τοῦτο[3] ῥηθὲν ἐν ἐπηκόῳ ὁ ἀθλητὴς ἤκουσεν, εὔθυμος ὅλος γενόμενος « ἀπαλλαγήσῃ σήμερον » πρὸς τὸ γύναιον εἶπεν « ἀπαλλαγήσῃ γείτονος πονηροῦ, Θεοῦ ἡμῖν ἄνωθεν ἐπορέγοντος δεξιάν. Ἔγνων γὰρ δύναμιν ἐμπνευσθεῖσάν μοι παρὰ τοῦ ἐμοῦ Χριστοῦ καὶ δεσπότου, ὅς σε καὶ τοῦ ὑπὲρ ἡμῶν οἴκτου ἀμείψαιτο παραστᾶσαν οὕτως[4] καὶ ἡμᾶς ἀφυπνίσασαν[5]. » Εἶπε καὶ οἷον ἔνθους γενόμενος καὶ τῷ τοῦ σταυροῦ σημείῳ ἑαυτὸν περιφράξας ἐπέβη τοῦ ἵππου καὶ ψόφου τινὸς αἰσθόμενος ἐκ μέσης τῆς ὕλης, ὅθεν τάχα καὶ τὸ θηρίον ἐξέρπειν ᾔσθετο[6], αὐτὸς τῇ ἄνωθεν πεποιθὼς συμμαχίᾳ ἔπεισιν ἀνδρικῶς· καὶ ἤδη τὸν[7] φερόμενον ἰταμῶς καὶ ὁρμῆς πλήρη καταλαβὼν φθάνει τὴν λόγχην ἀκοντίσας καὶ βάλλει τὴν κεφαλὴν αὐτοῦ καιρίᾳ μάλιστα καὶ χαλεπῇ τῇ πληγῇ. Ὁ δὲ ἦν παραχρῆμα νεκρός, ὀλίγα τὸν ὁλκὸν περιστρέψας καὶ ἀδεὲς δέος τοῖς πεπλησιακόσι γενόμενος.

4. Τοῦτο σύμβολον ἐναργὲς κατέστη τῷ μακαρίῳ, ὅτι τε καλῶς ὁ τοῦ μαρτυρίου δρόμος αὐτῷ καὶ δεξιὸν ἀπαντήσοι[8] τὸ πέρας καὶ ὅτι παραπλησίως τῷ αἰσθητῷ καὶ τὸν νοητὸν θῆρα καταγωνίσεται[9] ἀμέλει καὶ χαίρων ἀπῄει πρὸς τὴν τοῦ Πόντου Ἀμάσειαν[10], ἐν ᾗ ὁ μάρτυς γενόμενος καὶ ὅπως ἔχει περὶ τὸ σέβας διαγνωσθείς, θύειν εἰδώλοις παρὰ τῶν ἐπίσης αὐτοῖς

1. ἀπολιπεῖν Ba. — 2. παρακειμένης Ba. — 3. τὸ Ba. — 4. οὕτω B. — 5. ἀφυπνίσασα Ba. — 6. εἴθιστο Ba. — 7. θῆρα *add.* Ba. — 8. ἀπαντήσει Ba. — 9. (καὶ ὅτι — καταγωνίσεται) *om.* Ba. — 10. Ἡράκλειαν Ba.

ἀναισθήτων διεκελεύετο. Ὁ δὲ πιστὸς ὢν τῷ Θεῷ καὶ ὑπὸ τῆς αὐτοῦ χάριτος ἐμπνευσθεὶς παρρησίας τε καὶ θάρσους ὑποβληθείς[1], στὰς ἐν μέσῳ τῆς λεγεῶνος· « Ἐγὼ χριστιανός εἰμι, ἔφη, καὶ θῦσαι θεοῖς κιβδήλοις οὐκ ἐπιτέταγμαι· ἔστι γάρ μου Χριστὸς ἐν οὐρανοῖς ἀθάνατος βασιλεύς, ᾧ καὶ στρατεύομαι καὶ οὗ τοῖς προστάγμασιν ἀκριβῶς πείθομαι. » Πρὸς ταῦτα τοῦ πραιποσίτου « τὴν προσήκουσάν σοι στρατείαν » εἰπόντος, « Θεόδωρε, μὴ ἀποποιοῦ, θῦέ τε τοῖς θεοῖς καὶ πείθου βασιλεῦσι τοῖς ἀηττήτοις », ὁ μάρτυς πάλιν ἐπὶ τῆς καλῆς ταύτης ὁμολογίας ἑστώς· « Λέλεκταί μοι ἤδη, φησί[2], ὅτι τῷ ἐμῷ στρατεύομαι βασιλεῖ, καὶ αὐτῷ πείθομαι καὶ ἄλλῳ παρὰ τοῦτον στρατευθῆναι οὐ δύναμαι· » καὶ τὸν πραιπόσιτον σκολιᾷ χρησάμενον διανοίᾳ « ἀλλὰ καὶ τούτους » εἰπεῖν ἀποβλέψαντα πρὸς τοὺς παρεστῶτας « χριστιανοὺς ὄντας οὐδὲν τοῦτο διεκώλυσε τοῦ στρατεύεσθαι. » Εἶτα, τοῦ μάρτυρος ἐπίτομον δόντος ἀπολογίαν, « ἑκάστῳ » γὰρ εἰπεῖν « ὅπως ἔχοι στρατείας μελέτω· ἐγὼ μέντοι εἴρηκα καὶ αὖθις ἐρῶ, ὅτι τῷ ἐμῷ στρατεύομαι βασιλεῖ[3], τῷ ζῶντί φημι Θεῷ, καὶ τῷ μονογενεῖ υἱῷ αὐτοῦ, » Ποσειδώνιός τις δουκηνάριος παρεστὼς καὶ οἷον ἐγγελῶν τῷ μάρτυρι τῆς ἀπολογίας καὶ σκώπτειν ὥσπερ ἐξ ἀγχινοίας βουλόμενος, « ὁ γὰρ Θεός σου, ἔφη, Θεόδωρε, καὶ υἱὸν ἔχει ; »

5. Ὁ δὲ μάρτυς ἦν οὐχ ὑφειμένος τῆς ἀληθείας, ἀλλὰ προθύμῳ γλώττῃ καὶ θαρραλέᾳ φωνῇ· « Ναί, εἶπεν, ἔχει, τὸν Λόγον τῆς ἀληθείας, δι' οὗ τὰ πάντα παρήγαγε· διδάσκει γάρ με Δαβὶδ ὁ θεῖος καὶ προφήτης καὶ βασιλεὺς οὕτως εἰπών· τῷ λόγῳ κυρίου οἱ οὐρανοὶ ἐστερεώθησαν καὶ τῷ πνεύματι τοῦ στόματος αὐτοῦ πᾶσα ἡ δύναμις αὐτῶν. » Εἶτα τὸν πραιπόσιτον πάλιν ἐπίσης διαχλευάζειν βουλόμενον· « τί δέ ; τὸν υἱὸν » φάναι « τοῦτον δυνάμεθα καὶ ἡμεῖς ἰδεῖν[4] ; » « εἴθε, εἶπε, τοιαύτην ὑμῖν ἐκεῖνος τὴν σύνεσιν ἐχαρίσατο, ὥστε πολλὰ τῇ πλάνῃ χαίρειν εἰπόντας τὸν ἀψευδῆ Θεὸν ἐπιγνῶναι καὶ τούτῳ λατρεύειν καὶ τὴν λογικὴν

1. *ita* B, D ; ὑποπλησθεὶς *melius* B. C. — 2. φησὶν B. — 3. (καὶ αὐτῷ πείθομαι — βασιλεῖ) ex B. C ; *om.* V. — 4. καὶ ὁ μάρτυς *add.* B.

αὐτῷ προσφέρειν θυσίαν, ἁγνεύοντας[1] ἅμα καὶ χεῖρας καὶ τὴν ψυχήν· » Ἀλλ' οὕτως[2] μὲν τὰ τῆς ἀγαθῆς καὶ φιλανθρώπου ψυχῆς φιλάνθρωπα ῥήματα· ὁ μέντοι ἔκφρων ἐκεῖνος καὶ ἀγχίνους τῷ δοκεῖν Ποσειδώνιος, κόλαξ ὢν καὶ τῷ καιρῷ χαριζόμενος, « ἀλλ' εἴπερ ἐπιγνῶμεν αὐτόν, ἔφη, τί ἔσται πλέον ἡμῖν καὶ ποῖον οὐκ ἔσται καλόν ; » ὁ μάρτυς ἀντέφησε· « Καὶ πῶς δὲ οὐ νοῦν ἔχοντος καὶ φρένας ἀνθρώπου παριδεῖν τὸ σκότος καὶ τῷ φωτὶ προσδραμεῖν καὶ ὑπεριδεῖν μὲν εὐημερίας, ἧς ἐν ὀλίγῳ περὶ τὸν πρόσκαιρον ὄντες ἀπολαύετε[3] βασιλέα, Θεῷ δὲ ζῶντι καὶ βασιλεῖ προσελθεῖν καὶ τὴν ἴσην ἐμοὶ στρατείαν αὐτῷ στρατεύσασθαι ; » καὶ τὸν πραιπόσιτον « ἐνδῶμεν αὐτὸν » φάναι « ἄχρι καί τινων ἡμερῶν, ὡς ἂν ἐπὶ σχολῆς σκεψάμενος γνῷ τε τὸ βέλτιον καὶ τὸ συμφέρον αὐτῷ μεταμάθοι. » Ὁ ἀσύνετος ταῦτα ὑπὲρ τοῦ συνιέντος, ὁ ἄφρων ὑπὲρ τοῦ πολλῇ φρονήσει[4] κεκοσμημένου, ὁ βάθει[5] τῆς πλάνης κατειλημμένος ὑπὲρ τοῦ λαμπρῷ φωτὶ τῆς εὐσεβείας πεφωτισμένου.

6. Ἐκεῖνον τοιγαροῦν εἰς καιρὸν ἀφέντες, ἦσαν οὗτοι μεταξὺ πρὸς χριστιανοὺς ἐνασχολούμενοι· καὶ συλλαβόντες ἦγον εὐθύνας ὑπέχειν, ὅτι μὴ προσέχουσι ψεύδει, ἀλλ' εὐσεβείας ἔχονται καὶ πρὸς ἀλήθειαν ἔβλεψαν· οἷς ὁ μάρτυς ἀκολουθῶν καὶ πάντα αὐτοῖς γενέσθαι φιλονεικῶν, καὶ νοῦς καὶ στόμα καὶ φωνὴ καὶ πρὸς ἀνδρείαν παράκλησις, ὥσπερ ἐν τοῖς ἐκείνων μέλεσι διακινδυνεύειν μέλλων αὐτός, τί μὲν οὐκ ἔλεγε, τί δὲ οὐκ ἐποίει θάρσους αὐτοὺς καὶ τόλμης ἀναπιμπλῶν ; ἐμακάριζε τοὺς ἀγῶνας, ζηλωτοὺς[6] ἔκρινε τὰ αὐτῶν, ἠσπάζετο μέλη, τὰς βασάνους ἐσμικρολόγει, τὰς ἀμοιβὰς ἐμεγάλυνεν· εἶτα ἐκείνων ἐγκατακλείστων ἤδη γενομένων, αὐτὸς εὐκαίρου ὥρας ἐπιτυχὼν ἐπιτίθεται τῇ μητρὶ τῶν ψευδωνύμων θεῶν· καὶ πυρὶ ζήλου τὴν καρδίαν διακαυθείς, πυρὶ τὸν ταύτης ναὸν καταφλέγειν[7] νυκτὸς ἐπελθών, ἔργῳ διδάξαι τοὺς ἀνοήτους βουλόμενος, οἵῳ μὲν αὐτὸς ἐπιθαρρεῖ βοηθῷ,

1. ἁγνεύοντος B, D. — 2. οὕτω B. — 3. V, D ; ἀπελάβετε B. — 4. εὐφρονήσῃ B. — 5. τῷ ζόφῳ *add.* B. — 6. *ita* V, B, D. *exspectes* ζηλωτά. — 7. καταφλέγει B.

οἵοις δὲ αὐτοὶ θεοῖς πεποίθασιν, οἳ τοσοῦτον ἀπέχουσι τοῦ βοηθεῖν ἑτέροις, ὡς μηδὲ ἑαυτοῖς ἀμῦναι δυνατοὶ γενέσθαι τοιαῦτα πάσχουσιν. Ἐπεὶ δὲ ὑπό τινων τὸ πραχθὲν ὡράθη καὶ εἰς πολλοὺς ἤδη διαδοθὲν ἦν, Κρονίδης ὁ λογιστὴς δέει ληφθεὶς συλλαβόμενος αὐτὸν Πουπλίῳ τῷ ἡγεμόνι παρίστησιν· « Οὗτος ὁ λυμεών, λέγων, νεόλεκτος ἡμῶν στρατιώτης, ὁ κακῇ μοίρᾳ τῇ ἡμετέρᾳ πόλει ἐπιδεδημηκώς, τόν τε ναὸν τῆς μητρὸς τῶν θεῶν ἐνέπρησε καὶ εἰς τοὺς θεοὺς ἐξύβρισε καὶ οὐδὲ μίαν ἀπέλιπε θράσους ὑπερβολήν· συλλαβὼν οὖν αὐτὸν τῷ σῷ μεγέθει παρέστησα, ὥστε κατὰ τὸ θεῖον τῶν δεσποτῶν θέσπισμα δίκην αὐτὸν ὑποσχεῖν τῆς τόλμης ἀξίαν. »

7. Ὁ γοῦν δικαστὴς μεταστειλάμενος τὸν πραιπόσιτον πολλά τε ἐκάκισε καὶ εἰς ῥᾳθυμίαν ὠνείδισε καὶ τὴν αἰτίαν αὐτῷ τοῦ καυθῆναι τὸν ναὸν περιῆπτεν· « εἰ μὴ σύ, λέγων, ὑφῆκας τῆς ἀκριβείας, οὐκ ἂν οὗτος ὁ πάντολμος εὗρε χώραν τοιούτοις ἐπιχειρεῖν. » Ὁ δὲ μέμψεως ἑαυτὸν ἀπολύων· « ἐγώ, ἔφη, πολλάκις αὐτὸν ὅτε μὲν ἀγαθῶν ἐπαγγελίαις ὅτε δὲ καὶ ἀπειλαῖς χρώμενος πρὸς τὴν τῶν θεῶν ἐπειγόμην θυσίαν· ὡς δὲ ἑώρων ἐμαυτὸν οὐδὲν ὅλως ἀνύοντα καὶ ὅτι μηδὲν ἔλεγον εἰς ψυχὴν ἀλλὰ τῶν ὤτων ἄκρων τοὺς λόγους κατέχεον, καιρὸν ἔγνων παρασχεῖν διασκέψεως, εἰ καὶ μετάνοιά τις αὐτὸν εἰσέλθοι καὶ μετάθηται πρὸς τὸ βέλτιον· εἰ δὲ καὶ τοιοῦτον προήχθη τολμῆσαι [1], δῆλός ἐστι κατατρυφῶν [2]· ἕπου τοῖς νόμοις καὶ τῇ ἐκείνων ἀποτομίᾳ κατὰ τῶν οὕτως ἰταμῶν κέχρησο. » Καὶ ὁ ἡγεμὼν εὐθὺς τοῦ βήματος προκαθίσας, ἀχθῆναι κελεύει τὸν ἅγιον. Ἀχθέντι δὲ δριμύ τι καὶ ἀπηνὲς ἐμβλέψας· « Τοῦτο, ἔφη, τῆς δοθείσης σοι πρὸς μεταβολὴν ἀδείας ἀπέλαυσας, τὸ ἀντὶ τοῦ θῦσαί σε καὶ λίβανον προσαγαγεῖν τῇ θεᾷ πῦρ ἐκείνῃ προσενεγκεῖν ; » Ὁ δὲ μάρτυς οὐδὲν ὑποδειλιάσας, ἀλλ' ὥσπερ τῷ γενομένῳ μᾶλλον ἐπικαυχώμενος καὶ εἰδώς, ὡς οὐ δεῖται τὸ πρᾶγμα γωνίας καὶ ἐπικρύψεως, ἀλλὰ λυχνίας καὶ περιωπῆς μᾶλλον, ὥστε φανερὸν

1. (π. τ.) τολμ. προήχθη B. — 2. ἡμῶν τῆς χρηστότητος καὶ θεῶν ἅμα καὶ βασιλέων καταφρονῶν· δικαστὴς οὖν ὑπάρχων *add.* B, *om.* D, V.

ἅπασι καταστῆναι, παρρησίας καὶ θάρσους ὑποπλησθεὶς « ὃ μοι πέπρακται, ἔφη, οὐκ ἂν ἀρνηθείην· ξύλοις ἐπήγαγον πῦρ, ὥστε λίθον καυθῆναι. Τοιαύτη δὲ ὑμῶν ἡ θεά, ὡς μηδὲ ἑαυτῇ βοηθῆσαι καὶ τοῦ κακοῦ δυνηθῆναι ῥύσασθαι. » Καὶ ὁ δικαστὴς λόγῳ μὴ δυνηθεὶς ἀμείψασθαι τὴν ἀπόκρισιν, ὀργὴν ἀντιδίδωσιν ἐξ ἀπορίας καὶ τύπτεσθαι κελεύει τὸν ἅγιον, ἐπειπών· « Ἡ τῶν ἐμῶν λόγων ἁπαλότης καὶ τὸ τῆς ὁμιλίας ὑφειμένον καὶ ἥμερον θρασύτερόν σε διέθηκαν πρὸς τὰς ἀποκρίσεις· στρέβλαι δὲ καὶ πολλαὶ βάσανοι πείσουσι βασιλικοῖς προστάγμασιν εἴκειν. » Ὁ δὲ ἅγιος· « Οὔτε σοι πείθομαι, ἔφη, οὔτε τῶν σῶν κολάσεων ἐπιστρέφομαι, κἂν πολλῷ τούτων χαλεπωτέρας μοι[1] ἐπαγάγῃς. Αἱ δὲ σαὶ ἀπειλαὶ ἀγεννεῖς ἑτέρους[2] καὶ παῖδας καταπτοείτωσαν· ἐμοὶ γὰρ ἡ προσδοκία τῶν μενόντων με ἀγαθῶν θάρσος[3] τε ἐμβάλλει καὶ τῶν σῶν βασάνων πείθει καταφρονεῖν· μᾶλλον δὲ οὐδὲ βάσανοί μοι δοκοῦσιν αὗται· ὁ γὰρ κύριός μου καὶ βασιλεὺς παρίσταταί μοι κουφίζων μοι τὰς ὀδύνας· ὃν σὺ οὐχ ὁρᾷς, ἐπεὶ μὴ βλέπεις τοῖς τῆς ψυχῆς ὀφθαλμοῖς. »

8. Τοῦτον ἀκούσαντα θυμὸς λαμβάνει τὸν δικαστὴν καὶ τῷ δεσμωτηρίῳ πάλιν Θεόδωρον ἐγκλεισθῆναι κελεύει, κλεισί τε τὴν θύραν ἀσφαλισθῆναι καὶ σφραγῖσι ταύτην ἀκριβῶς ἐπισημανθῆναι οὕτως τε τὸν ἅγιον ἐαθῆναι προνοίας ἔρημον πάσης· ἀλλὰ πιστὸς ἦν πάντως ὁ εἰρηκὼς μὴ ἰδεῖν δίκαιον ἐγκαταλελειμμένον. Οὔκουν οὐδὲ ὁ μάρτυς ἐγκαταλέλειπται· ὁ γὰρ Χριστός, δι' ὃν ἐκεῖνος τὰ χαλεπὰ ταῦτα φέρειν ἠνέσχετο, οὐ μόνον αὐτὸν χάριτι τρέφων ἦν, ἀλλὰ καὶ προσελθὼν ἐπεσκέψατο καὶ λόγων ἠξίωσε καὶ θάρσους ἐνέπλησε καὶ χρηστοτάτης ἐπαγγελίας· καὶ πῶς γὰρ οὐκ ἔμελλε τοῦτο ποιεῖν καὶ τὸν ὑπὲρ αὐτοῦ φυλακῇ δεδομένον ἐπισκοπῆς ἀξιοῦν, ὅπου γε καὶ ἡμῖν ἐνετείλατο πρὸς τοὺς ἁπλῶς τοῦτο πάσχοντας καὶ φυλακὴν οἰκῆσαι κατακριθέντας τὰ ὅμοια δρᾶν; Ἦλθεν οὖν καί· « Θεόδωρε, θάρσει, λέγει· ἐγὼ γάρ εἰμι μετὰ σοῦ· λήψῃ δὲ οὐδὲν βρῶμα ἢ πόμα παρὰ τῶν

1. *om.* B. — 2. *ita* B, D, V; *an legendum* ἑταίρους? — 3. θάρσους B.

ἀθετούντων με τούτων, ἀλλὰ τρυφῆς ἀφθάρτου σοι καὶ ζωῆς ἐγὼ κοινωνήσω. » Ταῦτα πολλὴν ἐνέσταξε τῷ ἁγίῳ τὴν ἡδονὴν καὶ ψάλλειν[1] ἤρξατο καὶ τῷ Θεῷ μάλα θεοφιλῶς ἐναγάλλεσθαι· ψάλλοντι δὲ πολὺς ἠκούετο συνᾴδων αὐτῷ ὄχλος, ὡς καὶ τοὺς δεσμοφύλακας ἀναστάντας πρὸς τὴν θύραν δραμεῖν ὀψομένους, τίνες οὗτοι εἰσίν. Ἰδόντες δὲ αὐτήν τε κεκλεισμένην καὶ οὐδὲν ἐπικακουργηθὲν τῇ σφραγῖδι, οὐδὲ οὕτως ἠμέλουν, ἀλλὰ καὶ αὖθις παρεθεῶντο διὰ τῆς θυρίδος· καὶ ὁρῶσι πολύ τι πλῆθος λευχειμονούντων καὶ συμψαλλόντων τῷ μάρτυρι· ὃ μὴ δυνηθέντες σιωπῇ κατασχεῖν, ἀπέρχονται καὶ τῷ δικαστῇ ἀπαγγέλλουσι· καὶ ὃς ἀκούσας δρομαῖος τῇ θύρᾳ[2] ἐπιφοιτᾷ. Ἰδὼν δὲ καὶ αὐτὸς τὴν σφραγῖδα μὲν καὶ τὰς κλεῖς ἀπαθῶς ἐχούσας, φωνὴν δὲ πλήθους ᾀδόντων ἀκουομένην, κύκλῳ περιίστησι τῆς φρουρᾶς στρατιώτας ἐνόπλους, χριστιανοὺς εἶναι τοὺς ἔνδον ὑπολαβών. Ἐπεὶ δὲ εἰσέλθοι καὶ μηδένα εὕροι ὅτι μὴ μόνον τὸν Χριστοῦ δοῦλον Θεόδωρον, καὶ αὐτὸν τῷ ξύλῳ ἀσφαλῶς ἐμπεπεδημένον, ἔκπληξις αὐτόν τε καὶ τοὺς σὺν αὐτῷ εἰσῄει. Κλείσαντες οὖν τὰς θύρας τῆς φυλακῆς, ἐπανῄεσαν, οὐδὲν ἕτερον αὐτῷ δίδοσθαι τοῦ δικάστου ἐπιτρέψαντος, ὅτι μὴ οὐγκίαν ἄρτου τῆς ἡμέρας καὶ βραχύτατον ὕδατος· ὢ τῆς ἀφροσύνης, εἰ ψυχὴν τοιαύτην ἑλεῖν ᾠήθησαν ἐνδείᾳ τῶν ἀναγκαίων, ᾧ μηδὲ τούτων ἦν χρεία τροφῇ κρείττονι τρεφομένῳ ἢ κατὰ ἄνθρωπον· ὅθεν οὐδὲ ἐδέξατό τι παρὰ τῶν ἀναιρεῖν οὐ σῴζειν μεμαθηκότων.

9. Ἕωθεν δὲ ὁ δικαστὴς κελεύσας[3] ἀχθῆναι τὸν ἅγιον, λόγοις αὐτὸν ἡμέροις καὶ ἀγαθῶν ἐπαγγελίαις ἑλεῖν ἐπειρᾶτο, « πείσθητί μοι πρὸ τῶν βασάνων, Θεόδωρε, » λέγων· « καὶ εὐθὺς γράφω τοῖς βασιλεῦσιν, ἀρχιερέα τε τῶν θεῶν χειροτονῆσαί σε καὶ τιμῶν ἀξιῶσαι μεγάλων καὶ σύνθρονον ἡμῖν καταστῆσαι. » Τούτων ἀκούσαντι τῷ ἁγίῳ πρῶτον μὲν περὶ τῆς ἀρχιερωσύνης καὶ γελάσαι φαιδρὸν ἐπῆλθε καὶ τῆς δωρεᾶς μυκτηρίσαι τοὺς ἀνοήτους, ἔπειτα δὲ καὶ πρὸς τὸν δικαστὴν μετὰ πολλῆς φάναι

1. ψάλιν V. — 2. τὴν θύρα B. — 3. (ὁ δ. κ.) κ. ὁ δ. B.

τῆς παρρησίας « εἰ καὶ πυρὶ τὰς σάρκας μου τήξεις, εἰ βασάνων πλήθει καταναλώσεις, εἰ καὶ τὸν διὰ ξίφους θάνατον εὐθὺς ἐπαγάγῃς, ἕως ἂν ἐν ἐμοὶ πνεῦμα ζωῆς ᾖ, οὐκ ἂν ἔξαρνος ὀφθείην τοῦ ἐμοῦ Θεοῦ τε καὶ βασιλέως· » Ἐπεὶ ταῦτα ἀκοῦσαι τὸν τύραννον, πολλὰ τῷ πραιποσίτῳ διαλεχθέντα κελεῦσαι τοῖς δημίοις ἐπὶ ξύλου τὸν ἅγιον αἰωρήσαντας ὄνυξι τὰς πλευρὰς αὐτοῦ καταξέειν· οὗπερ εἰς ἔργον ἐκβάντος, θέαμα ἦν χαλεπὸν ἡμέροις ὀφθαλμοῖς τὸ γινόμενον· εἰς τοῦτο γὰρ ὠμότητος οἱ ξέοντες παρηνέχθησαν, ὡς μηδένα οἶκτον αὐτοὺς τῆς κοινῆς λαβεῖν φύσεως, ἀλλ' οἷον ἀψύχῳ τινὶ προσφέρεσθαι καὶ δι' ὅλου[1] γυμνὰ σαρκῶν τὰ ὀστᾶ ἐκείνου καταλιπεῖν. Ὁ μέντοι μάρτυς οὐδὲν ἔλαττον ἢ οἱ ξέοντες τοῦ οἰκείου σώματος ἀμελῶν καὶ νικῆσαι φιλονεικῶν τῇ αὐτοῦ ἀνδρείᾳ τὴν ἐκείνων θηριωδίαν, πρὸς μὲν τὸν τύραννον οὐδὲ βραχύ τι ἐφθέγγετο, ὑπέψαλλε δὲ ἡσύχως· « Εὐλογήσω τὸν κύριον ἐν παντὶ καιρῷ, διὰ παντὸς ἡ αἴνεσις αὐτοῦ ἐν τῷ στόματί μου. » Ἐκπλαγεὶς οὖν ὁ τύραννος τῆς καρτερίας τὸν ἅγιον, « εἶτα οὐκ αἰσχύνῃ, ἔφη, πάντων ἀνθρώπων ἀθλιώτατε σύ, ἐπ' ἀνθρώπῳ τὰς ἐλπίδας ἔχων, καὶ τούτῳ βιαίῳ τέλει καταλύσαντι τὴν ζωήν, ἀλλ' οὕτως σεαυτὸν ἀλογίστως παραδίδως τοῖς αἰκισμοῖς »; Ὁ δὲ λίαν πεποιθότως καὶ ἀνδρικῶς καὶ ὥσπερ ἐπ' αὐτῷ μᾶλλον ἢ ὁ δικάζων ἐπὶ τῷ βήματι σεμνυνόμενος· « Αὕτη μοι αἰσχύνη, ἔφη, καὶ πᾶσι τοῖς ἐπικαλουμένοις τὸ τοῦ Χριστοῦ ὄνομα. »

10. Τοῦ δήμου τοίνυν ἐπιβοῶντος ὅσον οὔπω τὸν ἅγιον παραπόλλυσθαι, ὁ ἡγεμὼν ἐπηρώτα διὰ τοῦ κήρυκος· « Τί βούλει; θῦσαι μᾶλλον ἢ καὶ ἔτι σοι τὰς κολάσεις παραταθῆναι »; Πρὸς ταῦτα ὁ μάρτυς δεῖξαι βουλόμενος, ὡς οὐ μόνον οὐχ ἥττηται τῶν δεινῶν, ἀλλὰ καὶ φαιδρύνεται πάσχων καὶ τρυφὴν ἡγεῖται τὰ ἐπαγόμενα, ζήλου πληρωθεὶς τὴν καρδίαν, ὅλῃ γλώττῃ καὶ παρρησίας ἔμπλεῳ ψυχῇ· « Ἀσεβέστατε, ἔφη, καὶ ἀνομίας πάσης πεπληρωμένε υἱὲ διαβόλου, ἀληθῶς ἄξιε τῆς τοῦ ἀντικειμένου δαίμονος ἐνεργείας, οὐδὲ φοβῇ σὺ τὸν Θεόν, ὃς τοσαύτην[2] σοι

1. διολίγου B. — 2. ταύτην B.

τὴν ἀρχὴν ἐχαρίσατο· δι' αὐτοῦ γὰρ βασιλεῖς βασιλεύουσι καὶ τύραννοι κρατοῦσι γῆς· ἀναγκάζεις δέ με[1] ζῶντα Θεὸν ἐγκαταλιπεῖν καὶ λίθοις προσκυνεῖν ἀψύχοις. » Ὁ οὖν δικαστὴς πολλῇ διασκέψει πρότερον ἐκδοὺς ἑαυτὸν ἔπειτα· « Τί θέλεις; φησίν, εἶναι μεθ' ἡμῶν ἢ μετὰ τοῦ Χριστοῦ σου; » Τούτῳ ἐκεῖνος οὐδὲ βραχὺν ἀναμείνας χρόνον οὐδὲ τὸ πρᾶγμα σκέψεως εἶναι νομίσας ἄξιον, ἀλλ' οἷα δὴ καὶ μεμφόμενος τὸν ἡγεμόνα τῆς ἐρωτήσεως θαρραλέᾳ καὶ ψυχῇ καὶ φωνῇ « μετὰ τοῦ Χριστοῦ μου » ἔφη « καὶ ἤμην καί εἰμι καὶ ἔσομαι. » Εἰδὼς οὖν ὁ δικάζων, ὅτι μηδὲν ἀνύει, ἀλλ' ἀπαγορεύει μᾶλλον αὐτὸς τὰς κολάσεις ἐπάγων ἢ ὁ ἅγιος πρὸς τὴν τῶν ἐπαγομένων ὑπομονήν, τὸν διὰ πυρὸς αὐτοῦ καταψηφίζεται θάνατον, οὕτως εἰπών· « Θεόδωρον ἀπειθήσαντα μὲν τῷ κράτει τῶν καλλινίκων βασιλέων καὶ τῶν θεῶν, πιστεύσαντα δὲ τῷ ἐσταυρωμένῳ, πυρὶ παραδοθῆναι κελεύω. » Ὡς οὖν ἀπεφήνατο μόνον, θᾶττον ἢ ἐλέχθη τὸ ἔργον ἠνύετο· τῶν γὰρ δημίων ξύλα παραχρῆμα συνενεγκόντων, συλλαβόντες τὸν μακάριον οἱ πρὸς ταῦτα κελευσθέντες ὑπηρετεῖν, ἐπὶ τὸν τεταγμένον ἤγαγον τόπον.

11. Ἐπεὶ δὲ ἤδη καὶ τὸ πῦρ ἀνήφθη, εὐθὺς περιτιθέασιν αὐτῷ καὶ ὄργανα τὰ πρὸς τὴν πυρὰν ἐπιτήδεια. Μελλόντων δὲ καὶ προσηλοῦν, οὐκ ἀνίει· « Ἄφετέ με, λέγων· ὁ γὰρ δοὺς οὐδὲν ἀγεννὲς πρὸς τὴν τοῦ πυρὸς ὑπομεῖναι θέαν, αὐτὸς δώσει πάντως καὶ τῆς τῶν ἥλων ἐκτὸς[2] ἀσφαλείας τὴν τοῦ πυρὸς ὑποστῆναι καῦσιν. » Ταύτῃ τοι καὶ οὐ καθήλωσαν μέν, προσέδησαν δέ· καὶ ὃς τὴν σφραγῖδα τῷ μετώπῳ ἐπιβαλὼν ἡδύ τε ἰδὼν εἰς τὸν οὐρανόν· « Κύριε ὁ Θεός, εἶπεν, ὁ παντοκράτωρ, ὁ τοῦ υἱοῦ τοῦ ἀγαπητοῦ σου πατήρ, δι' οὗ τὴν ἐπίγνωσίν τε καὶ ἐπαγωγὴν τὴν εἰς σὲ ἐσχήκαμεν, θεὲ τῶν δυνάμεων, θεὲ πάσης κτίσεως καὶ παντὸς ἔθνους, οἳ ζῶσιν ἐνώπιόν σου, εὐλογῶ σε, ὅτι με κατηξίωσας μερίδα[3] σχεῖν μετὰ τῶν ἁγίων σου μαρτύρων[4] ἐν τῷ ποτηρίῳ τοῦ Χριστοῦ σου εἰς ἀνάστασιν ζωῆς

1. μοι B. — 2. ἐκτῆς B. — 3. μερίδα B, *om.* V. — 4. (σ. μ.) μ. σ. B.

αἰωνίου ψυχῆς τε καὶ σώματος· διὸ προσδεχθείην ἐνώπιόν σου σήμερον ἐν θυσίᾳ πίονι, καθὼς προητοίμασας καὶ ἐπλήρωσας ὁ ἀψευδὴς καὶ ἀληθινὸς Θεὸς ἡμῶν· δὸς δέ, Κύριε, καὶ τοὺς συγκατασχεθέντας μοι τήρωνας τῶν ἴσων ἐμοὶ κοινωνῆσαι βραβείων. » Οὕτως εὐξάμενος εἰς τὸ πλῆθος ἀπεῖδε· καὶ εὐθὺς Κλεόνικον τὸν συλληφθέντα αὐτῷ τήρωνα ἐπίλυπόν τε καὶ δεδακρυμένον ἰδών, μέγα ἐμβοήσας· « Κλεόνικε, περιμένω σε, φησίν, ἀκολούθει μοι, ἵν' ὥσπερ ἐπὶ ταύτης τῆς προσκαίρου ζωῆς οὐ διέστημεν, οὕτως δὴ καὶ τὴν αἰώνιον ζήσομεν ἀλλήλοις συνόντες. » Οὕτως εἰπὼν τῇ εὐχῇ πάλιν δίδωσι· « Κύριε, λέγων, καὶ θεὲ παντοκράτορ, ὁ τὸν ἀγῶνα τόνδε διὰ τοῦ μονογενοῦς σου υἱοῦ, κυρίου δὲ ἡμῶν Ἰησοῦ Χριστοῦ τῇ δυνάμει τῇ σῇ νικῆσαί με καταξιώσας, πρόσδεξαί μου τὴν ψυχὴν ἐν εἰρήνῃ, ὅτι σοι πρέπει δόξα σὺν τῷ υἱῷ καὶ τῷ παναγίῳ σου πνεύματι. » Διατελέσας δὲ τὴν εὐχὴν ἐφάλλεται τῇ πυρᾷ καὶ ὥσπερ οὐδενὸς αὐτὸν πιέζοντος λυπηροῦ, οὐ μόνον ἄνετός τε καὶ ἀτάραχος ἦν, ἀλλὰ καὶ ὕμνον ἐῴκει τινὰ ὑπᾴδειν τοῖς χείλεσι· καὶ οὕτως ἡσυχῇ τὸ πνεῦμα παρατίθησι τῷ Θεῷ.

12. Εὐσεβία δέ τις, ἡ φερωνύμως[1] ζῶσα, αἰτησαμένη τὸ σῶμα τοῦ μάρτυρος καὶ λαβοῦσα, οἴνῳ τε καὶ μύροις ὑπαλείψασα καὶ κοσμήσασα, θήκῃ φιλοτίμῳ αὐτὸ κατατίθησι καὶ εἰς τὸν οἶκον αὐτῆς, ὃς ἐν χωρίῳ Εὐχαΐτᾳ λεγομένῳ ἵδρυτο ὑπὸ τὴν τῶν Ἀμασέων μητρόπολιν, ὡς χρῆμά τι πολυτελὲς θησαυρίζει, μνήμην ἐτήσιον τῷ μάρτυρι ἐκτελοῦσα καὶ τὸ ἱερὸν λόγιον ὡς δυνατὸν αὐτῇ ἐκπληροῦν σπουδάζουσα· εἰς γὰρ μνημόσυνον αἰώνιον, φησίν[2], ἔσται δίκαιος. Εἶχε μὲν οὖν οὕτως ἡ φιλόχριστος Εὐσεβία τὸ σῶμα τοῦ μάρτυρος θησαυρὸν ἄσυλον, πλοῦτον ἀδάπανον, αὐτῇ τε καὶ τοῖς μετ' αὐτῆς ἄγρυπνον φύλακα· πλὴν ἀλλὰ τὴν ἐπισκιάζουσαν τῷ σώματι δύναμιν οὐχ εἶχεν αὐτὴ μόνη, ἀλλὰ καὶ πᾶς ὅστις βοηθὸν ἐκεῖνον ἐπιβοώμενος ἦν· ἴσον γὰρ ἑαυτὸν οἶδε νέμειν ὁ ἅγιος τοῖς πλησίον ὁμοῦ καὶ τοῖς πόρρω

1. φερώνυμος B. — 2. (α. φ.) φ, α. B.

καὶ ὁμοίας[1] ἁπανταχοῦ τὰς τῶν θαυμάτων αὐγὰς ἐπιλάμπειν.

13. Ἀμέλει καὶ τὴν ἐν καλῷ τῆς Εὐρώπης κειμένην πόλιν πασῶν τε προκαθημένην καὶ βασιλεύουσαν, τὴν Κωνσταντίνου φημί, ἐμπεσεῖν ταῖς πάγαις τοῦ πονηροῦ κινδυνεύουσαν, βοηθὸς αὐτόκλητος ἐπιφθάσας ἀπαθῆ κακῶν διετήρησεν. Ἐπεὶ μὲν γὰρ τῷ φθονερῷ δαίμονι τοῦτο ἔργον ἦν βασκαίνοντι τῆς σωτηρίας χριστιανοῖς, ὁ κατ' αὐτῶν διωγμὸς καὶ οἱ πρὸς τοῦτο δὲ σπουδαίως ὑπηρετοῦντες αὐτῷ βασιλεῖς· πολλὴν γὰρ εἶχεν εὐκολίαν ἐφ' οἷς ἐπεχείρει, τῇ δυνάμει τῆς ἀρχῆς καὶ τῷ κατ' αὐτῶν[2] φθόνῳ συνεργοῖς χρώμενος· ἀλλὰ καὶ οὕτω τὰ χριστιανῶν ἤνθει καὶ παρ' ἐλπίδα πᾶσαν ἐκράτει καὶ τὰς αὐτοῦ κατῄσχυνε προσβολὰς ἥ τε θεία πίστις ὥσπερ γῆ ἀγαθὴ τοῖς αἵμασι τῶν μαρτύρων ὑπαρδομένη πολύχουν ἐκαρποφόρει πανταχοῦ τὴν εὐσέβειαν· ἔπειτα δὲ καὶ βασιλεὺς ἀνίσταται τὰ χριστιανῶν πρεσβεύων, ὁ περιώνυμος δηλαδὴ Κωνσταντῖνος· ὃ καὶ καιριωτάτη γίνεται πληγὴ τῷ βασκάνῳ καὶ παρρησιάζεται μὲν ἡ ἀλήθεια, ἡ δὲ τῶν ψευδωνύμων θεῶν θρησκεία αἰσχύνῃ καλυψαμένη πόρρω που τῶν ῥωμαϊκῶν ὁρίων ἀπεπλανᾶτο· ἐπεὶ ταῦτα οὕτως ἀνθοῦντα ὁ πονηρὸς δαίμων ἑώρα, ἤσχαλλεν, ἠνιᾶτο, ἐδυσφόρει, τοῖς ὅλοις διαπορῶν ἦν, εἰς ἀνάρρουν αὐτῷ τὰ πράγματα χωροῦντα ὁρῶν· ἐπεζήτει τὸν ἐν δυνάμει πάλιν ὑπηρετήσοντα τοῖς θελήμασιν αὐτοῦ τοῖς πονηροτάτοις· καὶ ζητῶν, ὢ τῶν ἐμῶν κακῶν καὶ τῶν ἀδήλων τοῦ Θεοῦ κριμάτων, εὑρίσκει.

14. Κωνσταντίνου γάρ, οὗπερ ἄρτι μνήμην ἐθέμεθα, καὶ τῶν ἄλλων τῶν ἐπ' εὐσεβείᾳ γνωριζομένων τὸν βίον μεταθεμένων, οὐ πολὺ τὸ ἐν μέσῳ καὶ βασιλεὺς ἀναδείκνυται, εἴ γε δεῖ βασιλέα καλεῖν ἐκεῖνον τὸν δραπέτην οἴμοι τῆς εὐσεβείας γενόμενον καὶ κακίας ὑπηρέτην πάσης καὶ ἀσεβείας παρ' ὀντιναοῦν ἄλλον ἀναφανέντα καὶ τοῦ ἰδίου δεσπότου καὶ Θεοῦ καταφρυαξάμενον, τὸν θεομισῆ λέγω καὶ πάντολμον Ἰουλιανόν· ὃς τὴν ἀληθῆ χριστιανῶν πίστιν ἐξαρνησάμενος, ὥσπερ οὐδὲν κοινὸν πρὸς τοιαύτην

1. ὁμοίως B. — 2. κατὰ τῶν εὐσεβούντων B.

ψυχὴν καὶ γνώμην ἔχουσαν, τῇ ματαίᾳ τῶν εἰδώλων προστίθεται πλάνῃ· ἣν εὖ κειμένην ἐκεῖνος κακῶς ἀνιστᾷ καὶ καλῶς παυθεῖσαν ἀνανεοῖ πάλιν μετὰ πολλοῦ τοῦ πόνου καὶ τῆς ἐπιμελείας, ὥσπερ ἀναπληρῶν αὐτῇ τὸ μεταξὺ τῶν χρόνων ὑστέρημα καὶ μαρᾶνα. φιλονεικῶν τὰ θεῖα τῆς εὐσεβείας νεόφυτα καὶ τὴν ὀρτιθαλῆ πίστιν τό γε εἰς αὐτὸν ἧκον ῥίζαις αὐταῖς ἐξελεῖν βουλόμενος· ταύτῃ τοι καὶ διωγμὸν ἐγείρει τῶν πώποτε μνημονευομένων ἀγριώτερον καὶ κακοτεχνότερον· Ἐπεὶ δὲ πολλοὺς πολλαῖς τιμωρίαις ὑποβαλὼν ἥκιστα πειθομένους ἑώρα καὶ τοῖς αὐτοῦ θελήμασιν εἴκοντας, ἐπὶ τὸν δόλον καὶ τὰς τέχνας ἐχώρει καὶ τῆς λεοντῆς, ὃ λέγεται, μὴ ἐξικνουμένης, καὶ τὴν ἀλωπεκῆν προσετίθει· πολλὰ μὲν οὖν καὶ ἄλλα ἐπιτηδεύει, γονιμώτατός τε καὶ φιλοτιμότατος ὢν τοῖς τεχνάσμασιν, ἔπειτα δὲ καὶ τοιοῦτόν τι ἐπινοεῖ, ὃ καὶ μόνον πραχθὲν ἱκανὸν ἦν αὐτοῦ τὴν πανουργίαν ἀποδεῖξαι ἀμίμητον καὶ οἷόν τι γεῦμα γενέσθαι ψυχῆς οὐδὲν ἐλεύθερον ἐχούσης οὐδὲ γενναῖον· εἰδὼς γὰρ ὁ βδελυρὸς ἐκεῖνος, ἃς ἀφιεροῦσι Θεῷ οἱ χριστιανοὶ τῶν νηστειῶν ἡμέρας ὅπως[1] οἷόν τε καθαρὰς αὐτὰς διαφυλάττειν σπουδάζουσιν, οὐδενὸς τῶν περιττῶν ὅτι μὴ μόνον τῶν ἀναγκαίων ἀπογευόμενοι καὶ μάλιστα κατὰ τὴν πρώτην τῶν νηστειῶν τούτων ἑβδομάδα, καθ' ἣν οἱ πλείους τῶν φιλαρέτων καὶ ἄσιτοι τὸ παράπαν διατελοῦσιν, ἐπεὶ καὶ πᾶς ἁπτόμενος πράγματος θερμότερον αὐτῷ τὴν ἀρχὴν προσβάλλει, — τοῦτο ἐκεῖνος εἰδὼς τὸν τῆς πόλεως ἔπαρχον μετακαλεσάμενος, τῆς αὐτῆς αὐτῷ κοινωνοῦντα θρησκείας· « Ἐπεί, φησίν, τά τε ἄλλα κακοδαιμονοῦντας Βυζαντίους καὶ εἰς τοὺς θεοὺς ἐξυβρίζοντας οὐδένα τρόπον αὐτοὺς μεταπείσειν οἷοί τε γεγόναμεν, οὔτε γὰρ ἀπειλαῖς ἐφοβήσαμεν, οὐ βασάνοις ἐνδοῦναι παρεσκευάσαμεν, οὐ τιμαῖς τε καὶ δωρεαῖς ἀποστῆσαι τῶν δεδογμένων ἰσχύσαμεν, οὐκ ἄλλο τι πρὸς θεραπείαν τῆς νόσου ταύτης ἐφευρεῖν ἠδυνήθημεν, εἰς νοῦν ἐπῆλθέ μοι νῦν, ὃ καὶ μὴ βουλομένους πείσει τῶν θυσιῶν ἀπογεύσασθαι· ἐπεὶ γὰρ αἱ ἀποτεταγμέναι

1. ὡς *add.* B *melius.*

τούτοις εἰς νηστείαν ἡμέραι πάρεισι, νῦν γενέσθω[1] σοι σφόδρα ἐπιμελὲς μηδ' ὁτιοῦν ἐφεῖναι μηδενὶ βρωτὸν ἢ ποτὸν ὤνιον εἰς τὴν ἀγορὰν προθεῖναι, ἀλλ' ἐκεῖνα μὲν πάντα περιελεῖν, ἐκ δὲ τῶν εἰς θυσίαν ἡμῖν προσφερομένων ἐκθεῖναι καὶ εὐώνως ταῦτα λαμβάνειν τοὺς βουλομένους παρασκευάσαι· ὅπερ ὡς ἔφημεν γεγονός, ἀνάγκη πάντας ἢ τῶν θυσιῶν αὐτοὺς ἀπογεύσασθαι ἢ ἐπιγνόντας καὶ μὴ χρήσασθαι βουλομένους θήραμα τοῦ λιμοῦ γενέσθαι, μηδαμόθεν ἄλλοθεν ἐπισιτίσασθαι δυναμένους. » Ταῦτα τὸν τοῦ παρανόμου βασιλέως παρανομώτερον ὑπηρέτην ἀκηκοότα φάναι λέγεται· « Θεόθεν σοι, βασιλεῦ, καὶ οὐκ ἄλλοθεν ἀτεχνῶς τὸ ἐνθύμημα. »

15. Οὕτως οὖν κοινολογησάμενοι καὶ τὰ τῆς βουλῆς ὥσπερ εἶχον δεινότατα σκαιωρήσαντες, εὐέλπιδες ἦσαν αἱρήσειν χριστιανοὺς οἰόμενοι· ἀλλ' οὐκ ἦν τοῦτο τῆς Χριστοῦ ἄκρας χρηστότητος οὐδὲ κηδεμονίας ἐκείνου τῆς πρὸς ἡμᾶς, τὸ παριδεῖν οὕτω τὴν ἀνομίαν ὑψῶσαι κεφαλὴν καθ' ἡμῶν καὶ τῆς εὐσεβείας καταχαυχήσασθαι· διὰ ταῦτα κινδύνῳ περιπίπτουσιν ἡμῖν ἀφανεῖ τὸν λαμπρὸν ἐν μάρτυσιν ἐπιπέμπει, τὴν ἄμαχον προστασίαν, τὴν ὀξεῖαν βοήθειαν, τὸ Θεοῦ δῶρον, τὸν μέγαν Θεόδωρον· ὃς ἐπιστὰς τῷ τηνικαῦτα τῆς ἐκκλησίας ἀρχιερεῖ καὶ ἐπισκόπῳ, οὐκ ὄναρ ἀλλ' ὕπαρ ἐπιφαινόμενος, « Ἰουλιανὸς ὁ μιαρὸς » ἔφη « διετάξατο βασιλεὺς κατὰ τὴν πρώτην ἑβδομάδα τῶν νηστειῶν περιαιρεθῆναι μὲν τὴν κατὰ τὴν ἀγορὰν προβεβλημένην καθαρὰν βρῶσιν, προτεθῆναι δὲ μεμιασμένην αἵματι καὶ λύθρῳ τῶν ἐναγῶν θυσιῶν· ἀλλὰ σὺ τοῦτο εἰς νοῦν βαλόμενος[2] διαμάρτυραι τῷ λαῷ μηδένα τῶν τῇ ἀγορᾷ προτεθέντων βρωμάτων ἢ πομάτων μηδ' ὁτιοῦν ὠνήσασθαι. » Τοῦ δὲ « καὶ πῶς ἔσται δυνατὸν » ἐρομένου « τοῖς ἐνδεέσι καὶ μηδεμιᾶς ἡμέρας προαποτεθειμένην ἔχουσι τὴν τροφήν; » ὁ μάρτυς ἅμα μὲν τὴν ἀπορίαν ἰώμενος, ἅμα δὲ καὶ γνωρίσαι βουλόμενος, ὅστις εἴη « κόλυβα, φησίν, αὐτοῖς παρασχόμενος, ταύτῃ τὴν ἔνδειαν παραμυθήσασθαι

1. *ita* B, γενέσθαι V. — 2. βαλλόμενος V, B.

σπούδασον. » Εἶτα τοῦ πατριάρχου πάλιν[1] πυθομένου, τί δ' ἂν εἴη τὰ κόλλυβα ταῦτα, « οὐδὲ γὰρ ἔγνωσταί μοι, φησίν, τὸ ὄνομα. » ὁ ἅγιος· « Σῖτον ἑψήσας » ἔφη « διάνειμαι τοῦτον εἰς βρῶσιν· — οὕτω γὰρ ἐγχωρίως τὸν ἑφθὸν σῖτον ἐν Εὐχαΐτοις καλεῖν σύνηθες — ἐμὲ δὲ εἶναι Θεόδωρον ἴσθι τὸν κατὰ τὴν Ἀμάσειαν τὴν πρὸς Πόντον ὑπὲρ Χριστοῦ μαρτυρήσαντα· ὑφ' οὗ καὶ ἀπέσταλμαι νῦν σωτὴρ ὑμέτερος, τῆς τοῦ πονηροῦ ἐνέδρας καὶ μηχανῆς ῥυσόμενος. ».

16. Ταῦτα τὸν ἀρχιερέα μαθόντα ἡδονῆς ἅμα καὶ θαύματος ἔμπλεω γενέσθαι καὶ τοὺς τὴν βασιλίδα ταύτην πόλιν οἰκοῦντας χριστιανοὺς μετακαλεσάμενον, τὰ τοῦ ἁγίου αὐτοῖς, ὡς ἤκουσεν, ἐπισκῆψαι· κἀκείνους ἀκριβῶς φυλάξαι τὰ κελευσθέντα. Πέρας οὖν ἤδη τῆς ἑβδομάδος ἐχούσης, ἐπεὶ ὁ τύραννος ἔγνω εἰς οὐδὲν τὰ τῆς ἐπινοίας χωρήσαντα, ἐξαιρεθῆναι μὲν τῆς ἀγορᾶς τὰ μεμιασμένα βρώματα, προτεθῆναι δὲ τὰ συνήθη πάλιν προστάττει, πολὺν ἐκεῖνος γέλωτα τῆς ἀποτυχίας ὀφλήσας, ὥσπερ ἄρα καὶ ἦν ἄξιον. Ἐκ τούτου τί συνέβαινεν; ἐκεῖνον μὲν ἀθυμίας πάσης πληρωθῆναι καὶ σκυθρωπότητος, τοὺς δὲ τῆς αὐτοῦ ἐνέδρας αἰσθομένους χριστιανοὺς καὶ κρείττους ὀφθέντας αὐτοὺς τῇ βοηθείᾳ τοῦ μάρτυρος, ὡς κηδεμόνι τὴν σωτηρίαν λογιζομένους πάνδημον αὐτῷ συστήσασθαι τὴν πανήγυριν· καὶ οὕτως ἐπικρατῆσαι ἄχρι καὶ τήμερον δι' ἔτους ἡμᾶς τὴν καλὴν ταύτην ἑορτὴν ἐκτελεῖν οἷα σωτῆρι τῷ μάρτυρι κατὰ τὴν ἕκτην ἡμέραν τῆς πρώτης ἑβδομάδος τῶν νηστειῶν, εὐχαριστήρια ἑορτάζοντας εἰς δόξαν τοῦ τοῖς αὐτοῦ μέλεσιν ἐνδοξασθέντος Χριστοῦ τοῦ Θεοῦ ἡμῶν, ᾧ πρέπει πᾶσα δόξα, τιμὴ καὶ προσκύνησις νῦν καὶ ἀεὶ καὶ εἰς τοὺς αἰῶνας τῶν αἰώνων· ἀμήν.

1. *om.* B.

III

Cod. S.

ΜΑΡΤΥΡΙΟΝ ΤΟΥ ΑΓΙΟΥ ΜΕΓΑΛΟΜΑΡΤΥΡΟΣ ΘΕΟΔΩΡΟΥ ΤΟΥ ΣΤΡΑΤΗΛΑΤΟΥ

1. Λικιννίου τοῦ δυσσεβοῦς ἄρτι παρὰ Μαξιμιανοῦ καὶ τὸ σκῆπτρον ὁμοῦ τῆς Ῥωμαίων ἀρχῆς καὶ τὴν περὶ τοὺς δαίμονας θεραπείαν τε καὶ σπουδὴν καὶ τὴν κατὰ χριστιανῶν διαδεξαμένου μανίαν, δεινὸς αὖθις κατὰ τῶν εὐσεβῶν δεινὸς καὶ τῶν προλαβόντων βαρύτερος συνεκροτεῖτο πόλεμος· γράμματα δὲ καὶ προθέματα κατὰ πᾶσαν τὴν ὑποτελῆ Ῥωμαίοις ἐφοίτα φόβου καὶ ἀπειλῆς τιμῆς τε ἅμα καὶ δωρεῶν καὶ τῶν ἄλλων ἀγαθῶν καὶ ἐπαγγελιῶν μεστά· ἔλεγε γοῦν τὰ προθέματα ὡς, ὅσοι τὸν βασιλέως μὲν αἰδοῦνται νόμον καὶ τοῖς ἑλληνικοῖς τελοῦνται θεοῖς, τοσούτῳ τιμῇ καὶ πλούτῳ καὶ τῇ διὰ πάντων εὐτυχίᾳ τῶν ἄλλων προέξουσιν, ὅσῳ καὶ τῇ περὶ ταῦτα σπουδῇ τε καὶ θεραπείᾳ διαφέρειν ἀλλήλων σπουδάζουσιν· ὅσοι δὲ τούτου μὲν καὶ τῶν τούτου νόμων τε καὶ θεῶν κατερρᾳθυμήκασι, τὰ δὲ τῶν Γαλιλαίων ἀσπάζοιντο, τούτοις μεταμανθάνουσι μὲν τὴν δόξαν καὶ μετατιθεμένοις τὴν θεοσέβειαν ἀρχαί τε καὶ ἀξιωμάτων ὑπεροχαὶ καὶ πλούτου τι χρῆμα πρὸς βασιλέως ἔσται. πολὺ καὶ τὰ πρῶτα τῶν αὐτοῦ φίλων εἶναι· ἔστι δὲ οἷς καὶ ἔθνος ἐπιτραπῆναι ὅλον καὶ τὸ λοιπὸν εὐδαίμονα ζῆσαι τὴν παρ' αὐτοῖς καὶ πανολβίαν ζωήν· οἷς δὲ ὅ τε λογισμὸς ἔρρωται καὶ οὐδὲν ἧττον καὶ τούτων προτεινομένων ἐγκαρτεροῖεν τοῖς δόγμασι, πάντων ἠπείλει τὰ φρικωδέστατα, βάσανοι πολλαί τε καὶ χαλεπαὶ καὶ μελῶν ἐκκοπαὶ καὶ τὸ τελευταῖον θάνατος, μᾶλλον δὲ κέρδος μὲν οὐ σμικρὸν

ὁ θάνατος. Ἐπεὶ οὖν Λικιννίῳ τοὐναντίον ἢ κατὰ νοῦν ἐχώρει τὰ πράγματα καὶ καταγέλαστος ὡρᾶτο καὶ κολακεύων καὶ βιαζόμενος, ἑτέραν ὁ πονηρὸς ἐτράπετο. Τοῦ μὲν γὰρ πολλοῦ πλήθους τὸν τούτου πρόθυμον ὑπουργὸν βασιλέα πέπεικε < φείδεσθαι [1] > τοὺς δ' ἕκαστα πανταχοῦ προέχοντας ἔν τε στρατιωτικοῖς καὶ πολιτικοῖς καταλόγοις ὥσπερ τινὰς τῶν ἀσταχύων προεστηκότας ἐκτέμνειν ἤγουν μεταπείθειν κατὰ πᾶσαν ὑποτίθησι μηχανήν· ὡς λίαν τοῦτο δεινῶς ὁ δόλιος· ἢ γὰρ μεγάλους νικᾶν ἢ ὑπὸ μεγάλων [2] ἡττᾶσθαι, ἄλλως τε καὶ τούτων ἐκ μέσου καθ' ὀντιναοῦν τρόπον καθισταμένων, οὕτω πάντως ῥᾳδίως καὶ τὸ λοιπὸν εὐχείρωτον ἔσεσθαι. Οὕτως ὁ γενναῖος χορὸς ἐν Σεβαστείᾳ ἀνήρπαστο τῶν τεσσαράκοντα, οὕτως οἱ ἑβδομήκοντα, καὶ πάλιν οἱ τριακόσιοι ἐν Μακεδονίᾳ.

2. Διὰ σπουδῆς οὖν οὔ τι [3] μικρᾶς ἀεὶ τιθεμένων τῶν αὐτῷ ταῦτα προθύμως ὑπηρετουμένων — βασιλέως οὗτοι κέκληντο ὀφθαλμοὶ τῷ [4] τι τῶν τοιούτων ἰδεῖν ἢ καὶ ἰδόντας μαθεῖν, — δῆλος τῷ βασιλεῖ καὶ ὁ ἐμὸς αὐτίκα Θεόδωρος ὁ περικαλλὴς τῶν μαρτύρων ἀστὴρ καθίστατο Θεόδωρος, οὗ δὴ καὶ μόνη κλῆσις ἡδονῆς τε ἅμα καὶ θαύματος τὰς ψυχὰς ἀναμιμνήσκει καὶ ἀναπίμπλησι. Οὗτος ἦν τὰ μὲν ἐκ φύσεως τὴν ὥραν τε κάλλιστος, τὴν γλῶτταν δὲ ἄμαχος, τὸ γένος ἐπιφανέστατος, τὴν ἡλικίαν νεώτατος, καὶ ταῖς χερσὶν ἀήττητος· ἃ δὴ τὸ μὲν αὐτὸν ἡ ῥώμη τῶν λόγων ἐν τοῖς βασιλικοῖς σχολαστικοῖς ἐνέγραφε, τὸ δ' ἡ ἀνδρία τῶν ἔργων στρατηλάτην ἐν ταῖς μεγίσταις τῶν ῥωμαϊκῶν ἐδείκνυ δυνάμεσι· καὶ τὰ μὲν ἐς ὄψιν τε καὶ τέχνην καὶ γένος καὶ ῥώμην τοιοῦτος, ψυχὴ δὲ σωφρονεστάτη καὶ παμφορωτάτη τὴν ἀρετήν· ὑπὲρ ὧν δὴ καὶ τοῖς καλλίστοις τῶν πλεονεκτημάτων ὑπὲρ τῶν καλλίστων ἐφαίνετο χρώμενος. Καὶ τί δεῖ [5] τὰ πολλὰ λέγειν, ἐξ ὧν ἕν τι τῶν ἐκείνου παραλαβόντας, ὃ καὶ τῆς ἀνδρίας οὐκ ἀφανὲς αὐτῷ γνώρισμα καὶ τῆς ὁμολογίας ἀφορμὴ γέγονε καὶ ὑπόθεσις, ἐκ τούτου < ἔστι [6] > καὶ περὶ τῶν ἄλλων εἰκάζειν.

1. *supplet* Kurtz, *om.* S. — 2. *corr. prius* γάλων S. — 3. οὔ τι Kurtz, οὕτω S. — 4. τὸ S. — 5. δὴ S. — 6. *om.* S.

3. Δράκων ἦν ἐν Εὐχαΐταις, θηρίον μεγέθει μέγιστον καὶ τὴν ἀλκὴν[1] ἀνυπόστατον· φλὸξ μὲν τὰ ὄμματα, ἰὸς δὲ τὸ στόμα καὶ ἰὸς ἄμαχος· θρέμμα τῆς γῆς παράλογον καὶ τέρας τοῖς θεωμένοις ἀλλόκοτον. Οὗτός τε διεκινεῖτο τοῦ φωλεοῦ, συνεκινεῖτο μὲν καὶ ἡ πέριξ αὐτῷ γῆ, συνεδονεῖτο δὲ πᾶσα ἡ ὕλη, συνεθλᾶτο δὲ δένδρα καὶ θάμνοι καὶ λίθοι καὶ δι' ὅσων ἐκεῖνος εἷρπε. Τοῖς οὖν προσοίκοις οὔ τι καλὸς ἔμελλε γείτων οὗτος ὁ δράκων εἶναι, ποίμνια μὲν ὅλα διαλαφύσσων, λήια δὲ κατασύρων καὶ αὐτοὺς δὲ τοὺς συναντήσαντας. Τί οὖν πρὸς ταῦτα τοὺς ἀθλίους οἰκήτορας πάσχειν εἰκὸς ἢ πάντως τῶν αἰχμαλώτων τρόπον τῶν ἐνθένδε μεταναστῆναι καὶ τὴν φύσιν ἐκβιασθῆναι καὶ τὸ φίλον καὶ ἡδὺ τῆς πατρίδος ἔδαφος ἐχθράν τε καὶ πολεμίαν ἐπιβλαβῆ νομίσαντας; Ταῦτα οὖν τὰ οὕτω φρικτὰ καὶ Θεοδώρῳ φανερὰ γενόμενα οὐκ ἀποθέσθαι μᾶλλον ἀλλά καί τι προσθέσθαι πείθει τῆς εὐψυχίας· ᾤετο γὰρ τοσούτῳ μὲν μᾶλλον δικαιότερον παρατάττεσθαι, ὅσῳ καὶ παντὸς χαλεπώτερον πολεμίου τοῖς περιοίκοις ἐκεῖνο καθίστατο· τοσούτῳ δὲ καὶ θαρραλεώτερον, ὅσῳ τῷ περιόντι τῶν φοβερῶν τὸ περιὸν εἶχε καὶ αὐτὸς τῆς ἀνδρίας καὶ ἀρετῆς ἐνδείξασθαι· τὸ δέ γε πλέον, καὶ τεκμήριον αὐτῷ τῆς ὁμολογίας τῆς ὑπὲρ Χριστοῦ καὶ σύμβολον οὐ μικρὸν τῆς κατὰ τοῦ νοητοῦ θηρὸς συμπλοκῆς τὴν κατὰ τοῦ αἰσθητοῦ ποιήσασθαι. Οὕτως οὖν ἔχων καὶ τούτοις τοῖς λογισμοῖς τὸν νοῦν ἐπιρρώσας ἐκ μέσου τοῦ στρατοπέδου μηδενὶ τὸ βούλημα κοινωσάμενος ἐχώρει θαρρῶν, ὥσπερ πρὸς ἤδη τεθνηκὸς τὸ θηρίον ὁρμῶν· ὅπλα δὲ αὐτῷ τὸ μὲν κράτιστον ὁ σταυρός — οὗτος γὰρ ἦν ὁ καὶ τοῖς ἔξω τὸ κρατεῖν παρέχων — καὶ τἄλλα δὲ ὅσα ἂν στρατιώτης ἀγαθὸς κατά τε ψυχὴν καὶ χεῖρα κατὰ τοιούτου πολεμίου φέρει.

4. Ἐπεὶ δὲ καὶ πλησίον τοῦ τόπου ἐγεγόνει καὶ τὸ πολὺ τῆς ὕλης διῄει τὸν θῆρα διερευνώμενος, κατάκοπος ἤδη τῷ τε βάρει τῶν ὅπλων τῷ τε μήκει τοῦ πόνου καὶ τῷ λασίῳ τῆς ὕλης γενόμενος, ὀλίγον τι παρεκκλίνας καὶ μαλακὴν αὐτόθι που

1. ὁλκήν S.

πόαν ἰδὼν καὶ οἵαν οὐκ ἀτερπῆ παρασχεῖν αὐτῷ κλίσιν, τοῦ ἵππου τε ἀποβαίνει καὶ κατακλιθεὶς ἀναπαύεται· τυχὸν δὲ οὕτω, καίτοι τοῦ ζεφύρου προσπίπτοντος, μετρία τις αὔρα τήν τε πόαν ἐκίνει καὶ εἰς ὕπνον αὐτὸν ἡδὺν ἤπειγε· καὶ ὁ μὲν ἀφύπνωττε. Γυνὴ δέ τις, τοὔνομα μὲν Εὐσεβία καὶ τὸν τρόπον δὲ ἄλλως εὐσεβὴς καὶ κοσμία, τῶν βορειοτέρων ἄρτι τοῦ τόπου μερῶν ὑπεράρασα καὶ πόρρωθεν ἀφ' ὑψηλοῦ τοῦτον ἰδοῦσα πρὸς αὐτῷ μὲν ἤδη τῷ δεινῷ γεγονότα, ἀφροντίστως δὲ οὕτω βαθὺν ὑπνώττοντα, τῆς συμφορᾶς αὐτὸν κατοικτείρασα καὶ τῷ περὶ αὐτὸν οἴκτῳ τὸν περὶ τοῦ θηρὸς φόβον λύσασα, περιδεής τε καὶ ὑπότρομος παραγίνεται· καὶ παραστᾶσα τῆς τε δεξιᾶς αὐτὸν ἐκτινάσσει καὶ ἀφυπνίζει λέγουσα· « Θᾶττον, ὦ ἄνερ, θᾶττον ἀνάστα καὶ τὴν σεαυτοῦ πορεύου σῳζόμενος· οὐδὲ γάρ μοι δοκεῖς εἰδέναι, ποῖος ὁ ἐνταῦθα κρυπτόμενος ὄλεθρος, ὃν μηδ' ἴδοι τις, σῶτερ Χριστέ· ἀλλ' ἀναστὰς σπουδῇ πάσῃ σῷζε σαυτόν. » Ὁ δὲ καὶ ἤδη συνεὶς ὅμως ἐκὼν ἠρώτα, τίς τε ὁ φόβος καὶ δι' ἃ μετ' ἐκπλήξεως αὐτὸν τῶν ὕπνων ἐγείρει· κἀκείνη τόν τε θῆρα λέγει καὶ τὴν ἀλκὴν καὶ τὸ μέγεθος. Ἐπεὶ δὲ καὶ περὶ τοῦ τόπου ἐπύθετο, δείκνυσιν αὐτῷ καὶ τὸν τόπον καὶ ὅθεν ἑρπύζειν εἴθιστο· καὶ οἷόν ἐστι, προστίθησι, τοῖς ὁδοιπόροις συνάντημα καὶ γειτόνημα τοῖς προσοίκοις. « Ἀλλὰ σύ μοι, φησίν, θανάτου ἐρᾶν δοκεῖς, ἄνθρωπε, μένων τε αὐτὸς ἔτι κἀμὲ ταῖς ἐρωτήσεσιν ἀναγκάζων. » Ὁ δέ· « Πορεύου, φησίν, ὦ γύναι, καὶ μακρόθεν τοῦ τόπου ἐν ἀκινδύνῳ στᾶσα μένε, καὶ εἴσῃ τὴν τοῦ ἐμοῦ Χριστοῦ δύναμιν. » Ἡ μὲν οὖν περιαλγὴς γενομένη λίαν, φιλοίκτιστος γὰρ γυνή, ἡ δὲ καὶ ἄλλως πρὸς ἔλεόν τε καὶ φόβον ὁμοίως ἐπιρρεπῶς ἔχουσα, δεδακρυμένη καὶ πολλὰ τοῦτον προμαρτυρομένη τῆς τόλμης ἀπέστη· ἔστη δὲ πόρρωθεν καὶ ὥσπερ ἤδη τεθνηκότα κατολοφυρομένη τοῦ μόνου δυνατοῦ καὶ νεκροὺς ζωοποιεῖν Θεοῦ ἐξελεῖν καὶ αὐτὸν τοῦ παρακειμένου δεινοῦ ἐδέετο.

5. Ὁ δὲ τῇ ἐκείνης εὐχῇ τὴν ψυχὴν ἔτι μᾶλλον ῥωσθείς, ἤδη δὲ καὶ τῆς ἄνωθεν ἐμπνευσθείσης αὐτῷ δυνάμεως τοῖς μέλεσιν

ἐπαισθόμενος, τὸ πρῶτον ὅπλον πρῶτον δὴ καὶ προβαλλόμενος, τὸν σταυρὸν λέγω, καὶ τούτῳ σφραγισάμενος ἢ μᾶλλον εἰπεῖν φραξάμενος, τὸ δεύτερον μετὰ τοῦτον τὴν εὐχὴν λαμβάνει· καὶ ἄρας εἰς οὐρανὸν καὶ αὐτὸς χεῖράς τε ἅμα καὶ ὄμματα καὶ ψυχήν, τύψας τε τὸ στῆθος καὶ δάκρυσι διαβρόχους δείξας τὰς παρειάς, τὴν νίκην ἄνωθεν ᾔτει « Ὁ ἐν πολέμοις, λέγων, καὶ πολλοῖς ἄλλοις πολέμων χαλεπωτέροις κινδύνοις ἀεί μοι [1] παριστάμενος καὶ μὴ μόνον ἄτρωτον ἀλλὰ καὶ καλλίνικόν με ἀπεργαζόμενος καὶ νῦν αὐτὸς εἶ, κύριε· σὺ οὖν μοι καὶ κατὰ τοῦ θηρὸς τούτου πρόστηθι, τὰς μὲν γὰρ χεῖρας ὁ κινῶν ἐγώ, σὺ δὲ ὁ διὰ τούτων μὲν ἐνεργῶν, τὴν δὲ νίκην καὶ τὴν ἀπὸ τῆς νίκης δόξαν ἐμοὶ τῷ δούλῳ σου χαριζόμενος. » Ταῦτα εἶπε, καὶ τῷ ἵππῳ φωνῆς ἀνθρωπίνης οἷα συνιέντι ἐγκελευσάμενος· « Σπεῦδε καὶ σύ, φησίν, τοῦ κυρίου ἐνδυναμοῦντός σε. » Ὁ μὲν οὖν ἀκούσας οὐκ ἔψευσε τὸν δεσπότην· καὶ οὕτω δυναμωθεὶς ἀλλὰ [2] θυμοῦ πλησθείς, δεδόσθω γὰρ καί τι μικρὸν ἐντρυφῆσαι τῷ διηγήματι, ἵστατο εὐτρεπής, ἔκοπτε τοὔδαφος ταῖς ὁπλαῖς, ἐβέβλητο τοὺς ὀδόντας ἀφρῷ διήσθιέ τε τὰ χαλινὰ καὶ τὸ οὖς διανίστη, ἔπνει θυμόν, ἔβλεπε φονικόν, δῆλος ἦν ὅλως τὸν ἀνταγωνιστὴν μένων καὶ ὅλῃ τῇ ἀλκῇ μαχούμενος.

6. Οὕτώς οὖν τοῦ τε ἵππου πολλῷ μᾶλλον καὶ τοῦ ἱππέως εὐθαρσῶς ἔχοντος, ἤδη δὲ καὶ τοῦ θηρὸς διακεκινημένου [3] καὶ τῷ ψόφῳ φανεροῦ γινομένου, ὁ μὲν αὐτῷ καθὰ καὶ θεράποντι ἐπιτάττει καὶ τὸ δεσποτικὸν εἰπὼν ὄνομα τῆς ὕλης αὐτὸν εἰς τοὐμφανὲς ἕλκει· τοῦ δὲ καὶ δὴ πλησιέστερον γενομένου, καινά τινα, μᾶλλον δὲ καινὸν μὲν οὐδέν, τὰ εἰωθότα δὲ καὶ τότε ὡρᾶτό τε καὶ ἠκούετο, τῆς μὲν γῆς διαδονουμένης, τῶν δὲ λίθων συντριβομένων δεινόν τε ἐκείνου συρίττοντος καὶ ἀνυπόστατον παριστῶντος καὶ ὅραμά τε καὶ ἄκουσμα. Ταῦτα δ᾽ ὅμως οὐκ ἔσβεσε τὴν ὁρμὴν οὔτε τῷ ἵππῳ οὔτε τῷ τούτου δεσπότῃ, ἀλλ᾽ εἰς ἀφορμὴν ἔτι μᾶλλον τοῦ θάρσους τῇ θέᾳ καταχρησάμενοι, ὁ μὲν πάνυ γενναῖόν τι

1. *add. altera manu* S. — 2. *ita* S, *melius* καὶ? — 3. διακινημένου S.

καὶ μανικὸν ἅλλεται καὶ τοῖς τέσσαρσιν ὅλοις ἐπιβὰς ποσὶ τὸν δράκοντα συναράττει, ὁ δὲ γενναιότατος Θεόδωρος καὶ ἀήττητος ἀνδρείᾳ καὶ ψυχῇ καὶ χειρί, δόρατι τὴν κεφαλὴν τοῦ θηρὸς διαπερονήσας — τῆς σῆς ἔργον τοῦτο, Χριστὲ βασιλεῦ, δυνάμεως — μιᾷ πληγῇ νεκρὸν δεικνύει τὸν θῆρα, ὃν οὐδ᾽ ἂν μυρίανδρος φάλαγξ[1] ἀδεεὶ καὶ μόνον ἂν προσιδεῖν ἐθάρρησεν. Ἀλλ᾽ οὗτος μὲν οὕτως οὐκ ἄνευ φόβου καὶ τεθνηκὼς ἔκειτο τοῖς ὁρῶσι θέαμα. Καὶ ταύτην δὲ τὴν νίκην ταῖς ἄλλαις ὁ καλλίνικος οὗτος συνάψας καὶ ὡσπερεὶ σφραγῖδα τινὰ ἐπιθεὶς τρόπαιόν τε στήσας ἀκίνητον, χώρας ὅλης ἐλευθερίαν, ἅμα δὲ καὶ σύμβολον ὥσπερ ἔφην ἱκανὸν λαβὼν τὸ κατὰ τοῦ αἰσθητοῦ κράτος τῆς κατὰ τοῦ νοητοῦ πάλης καὶ νίκης, ἐπὶ τὴν Ἡρακλέους χαίρων ἐχώρει, ἐξ ἧς δὴ καὶ ὥρμητο καὶ ἧς τὴν ἀρχὴν ἐπεπίστευτο. Τοῦτο τῶν ἐκείνου τροπαίων ἓν ἐκ πολλῶν καὶ ἀντὶ πολλῶν· τοῦτο τῶν ἔξωθεν ἀνδραγαθημάτων ἐκείνου τὸ τέλος καὶ αὕτη τῶν μεγίστων ἀγώνων ὁμοῦ ἡ ἀρχή· πῶς καὶ τίνα τρόπον, ὁ λόγος ἔνθεν ἐρεῖ· τὸ μὲν ἐντεῦθεν οὐκέτι τῶν νύκτωρ κεκρυμμένων οὐδὲ τῶν νυκτερινῶν μαθητῶν τοῦ Χριστοῦ Θεόδωρος, ἀλλ᾽ ὅλως ζήλου τε καὶ φρονήματος τοῦ κατὰ Θεὸν ἀνάπλεως ἀναφανδόν τε τὴν εὐσέβειαν παρρησιαζόμενος· καὶ χαλεπὸς πανταχόθεν τῷ πονηρῷ πόλεμος· πολλοὶ γὰρ ὁσημέραι[2] τῶν αὐτοῦ λόγων οἱ μὲν τοῖς λόγοις οἱ δὲ καὶ τοῖς ἔργοις πειθόμενοι — ἐπαγωγὸν γὰρ εἰς πειθὼ λόγος, ὅταν καὶ ὁ τρόπος αὐτῷ σύμφωνος ᾖ — τὴν μὲν ἑλληνικὴν λατρείαν ἐξώμνυντο, τῷ Θεοδώρῳ δὲ καὶ διὰ Θεοδώρου τῷ Χριστῷ προσετίθεντο.

7. Λικιννίῳ τοίνυν καὶ αὐτῷ ταῦτα πολλὰ καὶ παρὰ πολλῶν ἀκούοντι τὰ μὲν τῶν ἀνδραγαθημάτων οὐκ ἀηδὲς ἀλλὰ καὶ λίαν ἐπιτερπὲς διήγημα καὶ γλώττης ἐντρύφημα ἦν, τὰ δὲ τῆς ὁμολογίας τε καὶ παρρησίας καὶ πάνυ φόβου μεστὸν καὶ μερίμνης ὅτι πλεῖστον ἄξιον ἄκουσμα· δι᾽ ἄμφω δὲ ταῦτα καὶ μέγα τούτῳ λοιπὸν ἐδόκει θήραμα τὸ τὸν ἄνδρα ἑλεῖν· καὶ πέμπονται παραυτίκα τῆς Νικομήδους, ἔνθα δὴ καὶ τότε διατρίβων ὁ βασιλεὺς ἐτύγχανε, κατὰ τὴν

1. φάλαξ S. — 2. ὡς ἡμέραι S.

Ἡράκλειαν ἄνδρες δύο μήτε τὴν γνώμην μήτε τὴν τύχην τὸ δοκεῖν καταφρονητέοι, ἀλλ' οὓς καὶ αὐτὸς ᾔδει Θεόδωρος ἐν τοῖς μάλιστα τιμωμένους, τῶν προτικτόρων οἱ περιφανέστεροι· προείρητο[1] δὲ αὐτοὺς καὶ πολλοὺς ἐπάγεσθαι δορυφόρους καὶ πρὸς τὸ μηδὲν ἀηδὲς πράττοντας καὶ προπεμπόμενόν τε διὰ τῆς ὁδοῦ καὶ τιμώμενον ἄγειν. Οὗτοι μὲν δὴ τὴν Ἡρακλέους καταλαβόντες ἐποίουν τὰ προσταττόμενα πάνυ φιλίως αὐτῷ προσφερόμενοι καὶ μακαρίζοντες τοῦ τε κάλλους καὶ τῆς ἰσχύος καὶ τῆς ἐν λόγοις δεινότητος, τὸ δὲ πλέον οἰκειότητος τῆς πρὸς βασιλέα, τά τε ἄλλα διεξιόντες καὶ οἷον αὐτοῦ ἐκεῖνος ἐρᾷ τὸν ἔρωτα. Ὁ δὲ πολλὰ βασιλέως καὶ τῶν αὐτοῦ θεραπόντων καταμωκώμενος καὶ τοῦ μὲν μαρτυρίου λογισμοῖς ἤδη γλιχόμενος, τὴν δὲ πατρίδα τῷ αἵματι πρὸ τῶν ἄλλων κοσμεῖν βουλόμενος, πρῶτα μὲν αὐτοὺς παράγων ἐδεξιοῦτο μεγαλοψύχως· ἔπειτα δὲ ὡς ἠνόχλουν ἔχεσθαι τῆς ὁδοῦ, ὀλίγους μὲν αὐτόθι παρακατέχει, τοὺς δὲ λοιποὺς ἐκπέμπει καὶ γράμμασιν ὅπως εἶχεν εὐσυνετώτατα τὴν ἐς Νικομήδειαν ἄφιξιν διακρούεται· σημαίνει γὰρ βασιλεῖ, καὶ αὐτὸν μὲν δριμύν τινα ἐρᾶν ἔρωτα κατ' ὄψιν[2] αὐτῷ παραστῆναι καὶ τῆς βασιλικῆς ἀπολαῦσαι μορφῆς καὶ φωνῆς, ἑτοίμως δὲ ἔχειν καὶ τὴν εὐσέβειαν μεταθέσθαι καὶ τὸν ὑπὲρ Χριστοῦ ζῆλον εἰς τὸ δοκοῦν ἐκείνῳ μετενεγκεῖν, δημοσίων δὲ πραγμάτων ἕνεκα κἀκείνῳ αὐτῷ συμφερόντων μὴ δεῖν εἶναι κρῖναι τὴν Ἡρακλέους καταλιπεῖν, ἀλλ' εἰ μὴ καὶ τολμηρὸν εἰπεῖν, ὡς ἐκεῖνος γράφων φησίν, εἴπερ ἡ βασιλικὴ δοκιμάζει κρίσις, αὐτὸν μᾶλλον ἐκεῖνον ἐπὶ τὴν Ἡρακλέους ἐλθεῖν, τοῦτο μὲν τὰ ἐκεῖσε καλῶς ἐποψόμενον, δεῖσθαι γὰρ βασιλέως ὀφθαλμῶν τὰ πράγματα, τοῦτο δὲ καὶ τὴν πόλιν τῇ παρόδῳ κοσμήσοντα, πρὸς δὲ καὶ ἄλλως καλῶς ἔχον ὡσπερεὶ τροφεῖα ταῦτα τὰς εἰς θεοὺς αὐτὸν θυσίας τῇ πατρίδι χαρίσασθαι· καὶ ἅμα τοῖς πολλοῖς οὕτω, φησίν, ἔσται κατάδηλον, εἰ ἐνταῦθα τὸν ἑλληνισμὸν ἀνομολογῶν ὀφθείη[3], ἔνθα δὴ καὶ τὸν χριστιανισμὸν ἀνακηρύττων πολὺς ἦν. Ἐγέγραπτο ταῦτα, πρὸς δὲ

1. προσείρητο S. — 2. καὶ ὄψιν S. — 3. ὀφθεῖεν S.

καὶ τὸ τοὺς ἐπιστημοτέρους ἄγειν αὐτῷ τῶν θεῶν, ἵν' οὕτω τοῖς μεγάλοις, φησί, μεγάλως ἐπὶ σοῦ θύσω · ταύτην ὡς ἐπῆλθε τὴν ἐπιστολὴν ὁ Λικίννιος, οὐκέτι κατέχειν οἷός τε ἦν, ἀλλὰ χαρά τε αὐτὸν ἄλογος ᾖρει καὶ ὥσπερ ὑφ' ἡδονῆς ἐκβεβάκχευτο· δεῖγμα τοῦ πρὸς Θεόδωρον πόθου αὐτίκα τὸν ὄγκον τῆς βασιλείας καὶ τὴν φίλην ἀλαζονείαν παρ' οὐδὲν θέμενος, πλῆθος στρατιᾶς συλλεξάμενος καὶ τοὺς δορυφόρους ὅτι μάλιστα φιλοτίμους ἐνσκευασάμενος, ἐπὶ τὸν ἐρώμενον τρέχων εὐθὺ τῆς Ἡρακλείας ἤλαυνε · κατ' αὐτὴν δὲ τὴν νύκτα καὶ θεία τις ὄψις ἐφειστήκει τῷ Θεοδώρῳ · τὴν οἰκίαν, ἐν ᾗπερ ἐτύγχανεν, ἐδόκει τὴν μὲν στέγην διαρραγῆναι, φωτὸς δὲ θείου πλήρη φανῆναι, βολίδας τε ἐξ οὐρανοῦ πυρὸς φέρεσθαι καὶ φωνὴν πρὸς αὐτὸν ἅμα λέγουσαν· « Θάρσει, Θεόδωρε · μετὰ σοῦ γάρ εἰμι. » Οὗτος, ὡς τὰ μὲν εἶδε τὰ δὲ ἤκουσε, χαρᾷ τε καὶ ἐκπλήξει συμμιγεῖς[1] ἀνίστατο εὐχῇ τε καὶ εὐχαριστίᾳ σπουδαίως ἐκέχρητο καὶ ὅλως ἐστομοῦτο πρὸς τὴν εὐσέβειαν.

8. Μαθὼν δὲ καὶ δὴ προάγοντα τὸν Λικίννιον, οἷον ἐποιεῖτό τῆς ὁμολογίας καὶ τὸ προοίμιον, εὐχαὶ μὲν αὖθις αὐτῷ καὶ δάκρυα πρῶτα τὴν ψυχὴν ἐρρώννυον[2], ἔπειτα δὲ καὶ τὸ πρόσωπον λαμπρὸν ὅτι μάλιστα δείξας καὶ τὴν ὅρασιν ἀγαθύνας στολάς[3] τε χρυσοϋφάντους καὶ χιτῶνας ἐνδὺς βυσσίνους ἵππου τε ἐπιβὰς εὐφυεστάτου καὶ τὴν ὄψιν εὐγενεστάτου καὶ ἁπλῶς ἑαυτὸν εἴπερ ποτὲ πᾶσι καταλαμπρύνας, ἐξῄει τῷ βασιλεῖ πρὸς ὑπάντησιν καὶ τῆς στολῆς καὶ τῆς μορφῆς ἥδιστον ἀποστίλβων καὶ ὡραιότατον. Ὡς δ' ἀλλήλοις ἐς ὄψιν ἤρχοντο, περιπλοκαί τε συνήρχοντο καὶ ἀσπασμοὶ μεθ' ὅσης ἂν εἴποις ἡδονῆς ἐγίνοντο, θαῦμα δὲ πάντας τοὺς θεωμένους ἐλάμβανε καὶ αὐτὸν δὲ τὸν Λικίννιον, τῷ τε κάλλει καταστραπτόμενον, ἄλλως τε καὶ τὸ ἦθος αὐτῷ θεῖόν τι καὶ τὸ λίαν εὐγενές τε καὶ ἐλευθέριον φρόνημα καὶ παράστημα ψυχῆς ἐδόκει μεστῆς ἀρετῆς · καὶ ὡς ὑπὲρ ἄνθρωπον αὐτὸν ὁρῶν δῆλος ἦν. Ἐπεὶ δὲ καὶ εἴσω τῆς πόλεως ὁ βασιλεὺς

1. S, συμμιγὴς *corr. supra lin.* — 2. ἐρώνυον S. — 3. Στολάς S.

γένοιτο, κρότος μὲν εὐθὺς τῶν πολιτῶν ἤρετο καὶ χορεῖαι καὶ σκιρτήματα πανταχοῦ παιζόντων καὶ ἡδομένων καὶ ἑορτὴν ποιουμένων τὴν βασιλέως εἴσοδον· οἷς ἡσυχάζειν σημήνας ὁ βασιλεὺς αὐτὸς λόγων τῶν πρὸς αὐτοὺς καὶ ὁμιλίας ἤρχετο· « Πολλὰ μὲν ὑμῖν, λέγων, ὦ ἄνδρες πολῖται, καὶ πάντα χαρίεντα, κάλλος τῆς πόλεως τουτὶ καὶ μέγεθος εὐσέβειά τε πρὸς τοὺς θεοὺς καὶ πρὸς ἡμᾶς εὐπείθεια ἀνδρία τε ἐν πολέμοις νόμων τε φυλακὴ καὶ λόγων ἰσχὺς καὶ παιδείας τῆς ἄλλης ἅμιλλα· ἀλλ' ἐπ' οὐδενὶ τούτων τὴν ψυχὴν ἥδομαι ἢ Θεόδωρον τουτονὶ τῆς ὑμετέρας βλέπων ἀνθήσαντα γῆς, ἐφ' ᾧ καὶ τὴν ὄψιν ἐπιβάλλων τέρπομαι καὶ τὴν ἡμέραν ταύτην πασῶν ἡδίστην ὑπολαμβάνω καὶ τὸν φίλον ἐμοὶ ἐπιλάμψαι Ἀπόλλωνα, καθ' ἣν Θεόδωρον ἴδοιμι. » Καὶ ταῦτα λέγων, ἅμα τε τὸν ἅγιον περιέβαλλε καὶ κοινωνὸν τοῦ θρόνου ποιούμενος· « Ἀλλά γε, φησίν, φίλτατέ μου Θεόδωρε, λέγε καὶ τὴν Κυρίαν, ἐν ᾗ τοὺς θεοὺς τὰ εἰκότα τιμήσεις· ὃ καὶ καλῶς ἔχον πρότερον ἀποδόντας, εἶθ' οὕτω καὶ περὶ τῶν κοινῇ συμφερόντων εὐθύμως ὡς ὁμοδόξοις συνδιασκέπτεσθαι. » Καὶ ὁ Θεόδωρος· « Ἀλλ' εἴ μοι, βασιλεῦ, ἔφη, πρότερον δοίης κατ' ἐμαυτὸν προσεύξασθαι καὶ θυσίαις ἰδιαζούσαις ἐξιλεώσασθαι, εἶθ' οὕτως φιλοτίμως καὶ ἐπὶ σοῦ καὶ ἐπὶ τοῦ πλήθους παντὸς θύσω. » Ἤρεσκε ταῦτα τῷ βασιλεῖ· καὶ παραλαβὼν Θεόδωρος τοὺς ἀργύρου τε καὶ χρυσοῦ πεποιημένους θεοὺς οὐκ ἄλλην τινὰ τούτοις ἀλλὰ τούτους αὐτοὺς ἐποιεῖτο θυσίαν τρόπον τινὰ τοὺς ἐναγεῖς ἁγνοτάτην· περὶ γὰρ μέσας που νύκτας εἰς λεπτὰ διελὼν τῷ οὐρανίῳ καὶ ἁγίῳ Θεῷ καθηγίασε διανείμας πένησι.

9. Δύο παρῆλθον ἡμέραι καὶ μετάκλητον αὐτὸν ὁ Λικίννιος ποιησάμενος· « Δεῦρό μοι, φησίν, ἄριστε φίλων Θεόδωρε, καὶ ἡμεῖς κοινῇ σὺν σοὶ τοῖς φίλοις θεοῖς σπείσωμεν. » Ὑπολαβὼν δὲ ὁ Θεόδωρος· « Εἰ γάρ, ἔφη, κράτιστε βασιλέων, οὕτω καὶ σὺ λαμπρῶς. » Καὶ ὃς μὴ συνεὶς τὸ λεγόμενον· « Ἀλλ' οὐ καὶ ταῦτά γε κρατήσεις ἡμῶν, Θεόδωρε, ἔφη, μηδὲ γὰρ ἐλάττους τινὸς ὀφθῆναι μηδ' ἡμᾶς πάντα τὸν χρόνον· χαίρω δ' ὅμως ὁρῶν ταύτην

σε τὴν νίκην φιλοτιμούμενον. » Σιωπὴ πρὸς ταῦτα τῷ μάρτυρι καὶ ἠρέμα μειδίαμα τὴν τοῦ τυράννου ἄνοιαν διαπαίζοντι. Καὶ ὁ βασιλεύς « Τί μέλλεις; ἔφη, τί τὸν χρόνον παρέλκεις, Θεόδωρε; τί μὴ τάχος καὶ ἡμῶν τὴν πεῖραν λαμβάνεις; » Τοῦ δὲ καὶ πρὸς ταῦτα τῆς μὲν γλώττης ὁμοίως διακρατοῦντος, τὰ δὲ χείλη πρὸς γέλωτα μᾶλλον ὑποκινοῦντος, τῶν τις τῷ τυράννῳ παρεστηκότων, Μαξέντιος τοὔνομα, κεντυρίων δὲ τὸ ἀξίωμα, τὰ τῷ μάρτυρι πρὸς[1] τοὺς θεοὺς πραχθέντα φωράσας, παρελθὼν εἰς μέσους· « Ἀλλ' ἔγωγε, φησίν, ὦ βασιλεῦ, ὃ τεθέαμαι, σιγῇ καλύπτειν οὐ δύναμαι. » Καὶ ὁ Λικίννιος κινήματι κεφαλῆς τὴν ἀπορίαν ὑποσημήνας, τί δὲ καὶ ὅλως δέδρακεν, ἤρετο· πάντων οὖν πρὸς αὐτόν, ὅτι καὶ λέξει, ἀτενεῖ βλέμματι θεωμένων, ὁ κεντυρίων· « Τί μὴ φανερῶς, ἔφη, λέγω τὸ πεπραγμένον ἐγώ; τῆς μεγίστης θεᾶς Ἀρτέμιδος τὴν κεφαλὴν χθὲς ἑώρακα εἰς μέρη τε συχνὰ κεκομμένην καὶ προκειμένην εἰς τὸ πρατήριον· ὁ συγκόψας δὲ οὗτος καὶ ἡ πάντολμος δεξιά. » Εἶπε ταῦτα Μαξέντιος, συνεῖπε καὶ ὁ Θεόδωρος θᾶττον ἢ ἐκεῖνος ἐβούλετο.

10. Καὶ ὁ Λικίννιος ἅμα τὴν γνώμην καὶ τὴν χροιὰν αὐτίκα μεταβαλών[2], ἀφόρητον γὰρ εἰς ὀργὴν ἀποτραπεῖσα πρὸς τοὐναντίον ἐλπίς, ὅταν καὶ βεβαία καὶ περὶ τῶν μεγάλων καὶ δι' ἀπάτης ἀποσφαλεῖσα μάλιστα ᾖ. Ὁ δὲ μὴ μόνον ὀργῆς ἀλλὰ καὶ λύπης ὑποπλησθείς, οὐκ ἔφερε γὰρ καὶ τοὺς θεοὺς αὐτοῦ περιυβρισμένους καὶ ζημιούμενον[3] τὸν Θεόδωρον καθορᾶν, ἄγαν δριμύ τι καὶ περιπαθὲς τῷ μάρτυρι ἐνιδὼν τῇ χειρί τε τὸν μηρὸν πατάξας καὶ θυμοῦ τι πλῆρες καὶ ἀθυμίας ἀναστενάξας· « Ὢ τῆς συμφορᾶς, ἔφη, ἢ μᾶλλον εἰπεῖν, ὢ τῆς παραφορᾶς, οἵῳ προσέχων καὶ οἷα παρέχων οἵων ἐτύγχανον. » Εἶτα τοῖς προτέροις ἐξ ἐναντίας παλινῳδίαν ᾖδεν ἑαυτόν τε καὶ τοὺς ἑαυτοῦ θεοὺς ἀπωδύρετο· « Οἴμοι, λέγων, ἠσεβήκαμεν, ἐξυβρίκαμεν, οἵαις μιαραῖς χερσὶν οἵους τῶν καθαρῶν θεῶν πεπιστεύκαμεν. » Ταῦτα μὲν ἐν τῷ φανερῷ· εἶτα καὶ πρὸς ἑαυτόν· « Οἴμοι τίς γένωμαι; ποῖ

1. πρὸς *add.* Kurtz, *om.* S. — 2. *in marg.* Γνώ[μη] S. — 3. ζημιούμενος S.

τράπωμαι; ἠτίμωμαι, καταβέβλημαι, ὁ νεύματι μόνῳ πλήθη φοβῶν καὶ τοσαῦτα τῶν πολεμίων ἐγείρας τρόπαια νῦν ὑφ' ἑνὸς τούτου μιαροῦ καταπέπαιγμαι· ἀλλ' οὐχ οὕτως, ὡς οἴει, οὐ μὰ τοὺς ἀηττήτους θεοὺς χαιρήσεις, Θεόδωρε, οὐχ οὕτω προῖκα καὶ θεῶν καὶ ἡμῶν καταπαίξεις. » Ἔφη καὶ πρὸς τοὺς παρεστῶτας δημίους ἐπιστραφείς· « Τί μέλλετε, κάκιστοι στρατιωτῶν; εἶπε, τί μὴ τὰς κολάσεις κομίζετε; παρίτω βάσανος[1], παρίτω πῦρ, ξίφη, στρέβλαι, σφαῖραι, πάσαις ποιναῖς ὑποκείσθω, πᾶσι τοῖς μέλεσι ξεέσθω ὁ ἀλιτήριος. » Καὶ ταῦτα ἔλεγε πῦρ ἅμα βλέπων καὶ τοὺς ὀφθαλμοὺς διαστρέφων καὶ τετριγὼς τοὺς ὀδόντας καὶ ὥσπερ αὐτῶν τῶν σαρκῶν ἁπτόμενος.

11. Ἀλλὰ ταῦτα μὲν εἰς τάχος ἐπράττετο καὶ διεμερίζετο τὸ σῶμα τῷ μάρτυρι· τοῦτο μὲν ἐκ τεσσάρων ἐτανύετο καὶ τὸν νῶτον μὲν τοῖς βουνεύροις τὴν δὲ κοιλίαν μάστιξι κατεξαίνετο, τοῦτο δὲ καὶ τὸν τένοντα σφαίραις κατηκίζετο μολυβδίναις. Ταῦτα δὲ τοῦ ἁγίου πάσχοντος, ὠμῶς τε καὶ ἐπιπολὺ διεσπῶντο μέλη, διελύετο νεῦρα, ἐξηρθροῦντο χεῖρες, συνεθλῶντο ὀστᾶ ταῖς τῶν σφαιρῶν βαρείαις καταφοραῖς. Ἐπεὶ δὲ κεκμήκει καὶ μικρὸν ὑπέπνει καὶ ἡ ψυχὴ ἠπείλει τὴν ἔξοδον, ἐμφορηθεὶς ὅσον ἐβούλετο μόλις ἵστατο καὶ ὁ ῥέων θυμὸς τῷ τυράννῳ· ἀλλὰ καὶ οὕτω μικρόν τι τῆς μανίας ὑφείς, ἐπεὶ καὶ αὖθις ἀνενεγκόντα τὸν ἅγιον εἶδε καὶ τὴν πνοὴν ὥσπερ παλινδρομήσασαν, ἔπνει καὶ αὐτὸς αὖθις τῷ φίλῳ θυμῷ καὶ βασάνων οὔτε λόγῳ ῥητῶν οὔτε ἔργῳ φορητῶν αὐτῷ πλῆθος ἐπῆγε καὶ τούτοις ἀγρίου θηρὸς δίκην τοῦ ἀθλητοῦ τὴν σάρκα πάντοθεν καὶ κατὰ ταὐτὸ σχεδὸν ὥσπερ ὀδοῦσι κατεμασᾶτο, πυρὶ φλέγων, ὄνυξι ξέων τὰ τῶν μελῶν ἔτι περιλειπόμενα. Ἀλλ' οἱ μὲν ὄνυχες ὅσα[2] περὶ τὰς πλευρὰς ἀπέξεον, αἱ δὲ τοῦ πυρὸς λαμπάδες τὰ τῶν τραυμάτων ἕλκη κατέφλεγον· πρὸς δὲ τούτοις καὶ λίθων ὀξύτητες· ὢ ἀνήμερος φύσις καὶ θηρίων ὠμότεροι ἄνθρωποι· τὰ ξεσθέντα τε καὶ φλεχθέντα κατέτεμνόν τε καὶ προσεπέξαινον. Ὁ δὲ

1. βάσανα S. — 2. ὅσω S.

καὶ οὕτω διασπαρασσόμενος καὶ κατακρεουργούμενος ἵστατο ἀτρεμής, οὐκ ἐφθέγξατό τι τῶν ἀγεννῶν, οὐ προσέβλεψε μαλακόν, οὐκ ἀφῆκε δάκρυον, οὐκ ἔπεμψε στεναγμόν, οὐκ ἠλλοίωσέ τι τοῦ χρώματος, οὐδὲν ἀγεννές, οὐδὲν περιπαθὲς τοῦ σχήματος ἐνεδείξατο· πῶς δὲ καὶ ἄλλως, ἐφ' οἷς καὶ τῶν μὴ πασχόντων οἱ πολλοὶ κατεκλῶντο καὶ ἠλλοιοῦντο καὶ πάντοθεν τῶν φιλανθρωποτέρων ὀφθαλμῶν ἔρρει δάκρυα, εἰ μήτι γε πολλῆς ἦν ἀπολαύων τῆς ἄνωθεν συμμαχίας τὰς ἀλγηδόνας αὐτῷ ἐπελαφρυνούσης;

12. Ὡς οὖν πάντα μὲν ὁμοῦ κεκίνητο, πάντα δὲ τῆς ἐκείνου ψυχῆς ἥττητο, θυμὸς τυράννου, πυρὸς ἰσχύς, πληγαὶ βασάνων, ἀκμαὶ σιδήρων, λίθων ὀξύτητες, οὐδ' οὕτω κόρον λαβὼν ὁ παμμίαρος, τότε μὲν αὐτὸν τῇ εἱρκτῇ δίδωσιν· ἵνα δὲ μηδ' οὕτως ἄνετος αὐτὸν διαφύγῃ, καὶ τοὺς πόδας κεντήμασι παραδίδωσι καὶ φύλακας δὲ αὐτῷ τοὺς πολλὴν ἐκ πολλῶν πεῖράν τε καὶ τέχνην τῶν λόγων ἀθροίσαντας ἐπιστήσας, παντοίᾳ τὸν μάρτυρα λόγων ὁμιλίᾳ περιελεῖν ἐπειρᾶτο. Ὡς δ' αὐτὸ τὸ τοῦ λόγου λέοντα ξυρᾶν ἐπεχείρουν καὶ οὐ μᾶλλον εἶχον ἐκεῖνον τῆς ὁμολογίας διασαλεύειν ἤπερ αὐτοὶ πρὸς τὴν οἰκείαν διεσείοντο πίστιν, ἀκίνητα κινεῖν πειρᾷ μαθὼν καὶ τὸ πείθειν ὅλως ἢ βιάζεσθαι ἀπογνούς, πικρὸν αὐτῷ καὶ μακρὸν ὁμοῦ κατὰ τὸ δοκοῦν ἀποφαίνεται θάνατον. Κελεύει γοῦν ἐν περιόπτῳ τῆς πόλεως σταυρόν τε καταπαγῆναι[1] καὶ ἀχθέντα προσηλωθῆναι· « εἶτα, φησίν, καὶ τῆς πόλεως ἡ νεότης καὶ πᾶν ὅσον ἑλληνικὸν καὶ ἡμέτερον ἕλκειν τε τόξον χερσὶν ἱκανὸν καὶ τὸν κατάρατον καὶ θεοῖς ἐχθρὸν πόρρωθεν βαλλέτωσαν τοῖς τοξεύμασιν· ὃς δ' ἂν καὶ καινότερον εἰς ὀδύνην εἶδος ἐπινοήσειε καὶ μᾶλλόν τι καθικέσθαι τῆς ἀμειλίκτου ταύτης ψυχῆς δυνάμενον, οὗτος ἐμοὶ χαριεῖται τὰ μέγιστα καὶ θυμηρέστατα » εἴρητο καὶ σὺν τάχει ταῦτα τοῖς ἐκείνου θεραπευταῖς μετὰ πολλῆς ἅμα περιουσίας ἐπράττετο.

13. Ἐξήγετο γοῦν τῆς εἱρκτῆς ὁ ἅγιος, τί μὲν οὐ πάσχων καὶ

1. καταπηγῆναι S.

πρὸ τοῦ σταυροῦ τῶν τοῦ Χριστοῦ παθημάτων, τί δὲ οὐ καὶ μετὰ τοῦτον λέγων κατὰ Χριστὸν καὶ τῶν ταῦτα τολμώντων ὑπερευχόμενος; ἐπεὶ δὲ καὶ ὁ σταυρὸς ἐπήγνυτο καὶ ὁ μάρτυς προσήλωτό τε καὶ διετάττετο, ἐνταῦθά μοι σκόπει περιουσίαν ὠμότητος· αὐτοί τε γὰρ καὶ παῖδας[1] δὲ αὐτῷ περιστήσαντες καὶ ὥσπερ εἰς θήραν ἀρτιμαθεῖς τόξων διερεθίζοντες ἐφ' ἕνα τοῦτον σκοπὸν τὸ τοῦ μάρτυρος σῶμα πολλὰ καὶ συχνὰ τὰ βέλη ἀφιέναι παρεκελεύοντο. Καὶ κατεξαίνετο μὲν τὸ σῶμα, κατέρρει δὲ τὸ αἷμα καὶ σάρκες δὲ ὁμοῦ κατετέμνοντο. Καὶ ὅρα μοι τιμωρίας ὑπερβολήν· ἐγγύτερον προσιόντες καὶ ὀφθαλμοῖς ὀφθαλμοὺς εὐστόχως ὅτι μάλιστα ἐπιβάλλοντες τάς τε κόρας ἀπέσπων καὶ σὺν τοῖς βέλεσιν οἱ ὀφθαλμοὶ κατέρρεον. Πῶς ἤνεγκαν ὁρᾶν, πῶς ὑπέμειναν ὁρᾶν οἱ ἀνηλεεῖς, πῶς οὐχὶ καὶ αὐτοὶ τὰς ὄψεις ἀποβαλεῖν ὑπὲρ τοῦ μὴ τοιαῦτα ποτὲ ἰδεῖν εὔξαντο; οἱ δὲ τίνα καὶ προστιθοῦσι, τίνα τολμῶσιν οἱ ὠμότατοι καὶ ἀναισχυντότατοι; λύουσι τὸ ἐπὶ τῆς ὀσφύος περίζωμα τοῦ ἁγίου, τὰ κρύφια κρατοῦσι τοῦ σώματος μέλη καὶ ταῦτα μαχαιρίδας λαβόντες ἀνακαρσίως τέμνουσιν. Οἶδ' ὅτι καθίκετο καὶ τῶν ἀκουόντων ἡ τῆς ὀδύνης δριμύτης· πλὴν ἀλλ' ἔχει γέ τινα ἔτι προσθήκην τὸ πάθος· οἷα γὰρ καὶ πρὸς τούτοις ἐπινοοῦσιν, οἷα δρῶσι τὰ τοῦ πονηροῦ πλάσματα, τὰ τῶν δαιμόνων ὡς ἀληθῶς παιδεύματα; ἧλόν τινα σιδηροῦν λαμβάνουσι, τοῦ τῆς αἰδοῦς ἅπτονται μορίου καὶ ὢ χειρῶν μιαρῶν, ὢ ψυχῆς ἰταμωτάτης καὶ ὠμοτάτης, τὴν ἀκμὴν ὅσηπερ ἦν τοῦ σιδήρου διὰ τοῦ ἐν τῷ μορίῳ διελαύνουσι πόρου καὶ οὕτω διαπερονήσαντες συνεχῶς εἰσεῖλκόν τε καὶ ἐξεῖλκον, ὡς ἐπ' αὐτῷ λίαν οἰκείως ἔχειν τὸ τοῦ Δαβίδ· κίνδυνοι ᾅδου εὕροσάν με, σίδηρος διῆλθέ μου τὴν ψυχήν.

14. Καὶ οὕτω δριμεῖάν τινα τὴν ὀδύνην ὁ μάρτυς δεξάμενος καὶ μηδὲ ζῆν ὅλως ὑπ' αὐτῶν πιστευόμενος, ὅμως ἔτι Θεοῦ τὴν ἰσχὺν ἐνιέντος[2] τὸ πνεῦμά τε συνεῖχε καὶ μόνα τὰ χείλη διασαλεύων ἀκουστὰ τῷ Θεῷ προσηύχετο· « Ἵνα τί, λέγων,

1. παῖδες S. — 2. ἐνιόντος S.

κύριε, ἀφέστηκας ἀπ' ἐμοῦ; ἵνα τί μοι προεῖπας[1], ὡς πάντοτε μετ' ἐμοῦ ἔσῃ καὶ οὐδὲν ἐμοῦ περιέσται; ἴδε, κύριε, ἴδε· διὰ σὲ ἄγριοί με θῆρες διεμερίσαντο, καὶ ὅπερ ἔπλασας σῶμα πικροὶ διενείμαντο λύκοι, ἐξεκόπησαν οἱ ὀφθαλμοί, σάρκες καὶ μάστιξι καὶ πυρὶ. καὶ ξίφεσι διελύθησαν, τρίχες χαμαὶ κατέρρευσαν, ὀδόντες τοῖς βέλεσιν ἐξεκρούσθησαν, τὸ πρόσωπον πᾶν ἀνάλωται, οὐδὲν ἔτι τοῦ σώματος, οὐδὲν τοῦ δέρματος περιλείπεται, ὀστᾶ δὲ μόνα ξηρὰ τῷ πνεύματι συγκροτούμενα τῷ σταυρῷ κυμαίνεται· καθήλωσον ἐν ῥομφαίᾳ μου τὴν ψυχήν, δέξαι μου λοιπὸν εἰς χεῖρας τὸ πνεῦμα.» Ταῦτα εἰπὼν οὐκέτι λοιπὸν ἐφθέγξατο. Κἀκεῖνοι νομίσαντες ἤδη τεθνηκέναι τὸν μάρτυρα, τὸ λείψανον εἰς παράδειγμα τοῖς ὁρῶσι τῶν φιλοχρίστων ἐπὶ τοῦ σταυροῦ λιπόντες ᾤχοντο.

15. Περὶ δὲ πρώτην φυλακὴν τῆς νυκτός, θεία τις οὐρανόθεν αὐτῷ δύναμις ἐπεφοίτα καὶ λύει μὲν αὐτὸν ὁ ἄγγελος τοῦ σταυροῦ, τὸ σῶμα δὲ αὐτοῦ πᾶν ἐπιστρέψας ἀπαθές τε καὶ ἄτρωτον ἀποδείξας, εἶθ' οὕτως καὶ καθὰ φίλος φίλον κατησπάζετο λέγων· «Χαίροις, ὁ γενναῖος τοῦ Χριστοῦ ἀθλητής· ἐδόξασάς σου τοῖς μέλεσι τὸν διὰ σὲ σταυρόν τε καὶ θάνατον ὑπομείναντα· ὃς ἀεὶ καὶ νῦν σοι πάρεστι· καὶ ἵνα τί σὺ λέγεις· ἀφέστηκας ἀπ' ἐμοῦ; σπεῦσον δὲ διὰ τέλους δραμεῖν τὸν σὸν δρόμον καὶ ἐλεύσῃ πρὸς Κύριον τὸν τῆς ἀθανασίας στέφανον κομιζόμενος.» Οὕτως εἶπε καὶ εὐθὺς ἀπέπτη· συναπέπτη δὲ τῇ φωνῇ καὶ εἴ τις οὐλὴ καὶ εἴ τις μώλωψ καὶ εἴ τις ὀδύνη καὶ τῶν λυπηρῶν εἴ τις αἴσθησις, ἀντεισήγετο δὲ χαρά τις ἄληκτος καὶ ἡδονὴ θεϊκὴ καὶ ὅλος εὐθυμίας, ὅλος χάριτος, ὅλος ἵστατο ἀγαλλιάσεως, ὅλος τὴν ψυχὴν εὐφροσύνης καὶ τὸν λογισμὸν μετέωρος καὶ τὴν καρδίαν σκιρτῶν καὶ τὰς χεῖρας ὑψῶν· «Ὑψώσω σε, φησίν, ὁ βασιλεύς μου καὶ ὁ Θεός μου, ὅτι μοι τὸ ἑσπέρας ηὐλίσθη κλαυθμὸς καὶ τὸ πρωῒ ἀγαλλίασις.» Καὶ οὕτως ἦν παρ' ὅλην τὴν νύκτα ὅλῳ νοῒ καὶ στόματι ὁμιλῶν τῷ Θεῷ καὶ τῷ αὐτοῦ κάλλει ἐναγαλλόμενος.

1. προεῖπον S.

16. Λικίννιος δὲ τῶν ὕπνων διαναστὰς ἐπεὶ μὴ κατὰ πάρεργον ἐτίθετο τὰ τοῦ μάρτυρος, ἡμέρας ἐπιφαινούσης, ἄνδρας ἀποστέλλει δύο, τῷ μὲν Ἀντίοχος τῷ δὲ Πατρίκιος τὰ ὀνόματα. Τούτοις ἐνετέλλετο τὸ κακόθνητον, ὡς ὠνόμαζεν ἐκεῖνος, Θεοδώρου σῶμα[1] — ποῦ γὰρ καὶ ὅλως ζῆν αὐτὸν ὑπελάμβανε πλῆρες πληγῶν, πλῆρες ὕβρεων; — ἑλκόμενον πρὸς αὐτὸν ἀγαγεῖν, ἵν' ἐπικερτομήσῃ πάντως καὶ χλευάσῃ καὶ μετὰ θάνατον· εἶθ' οὕτω μολυβδίνῃ τε καταθεῖναι θήκῃ καὶ κατὰ τῆς θαλάσσης ῥιφῆναι, ἐκεῖνόν τε ἅμα τῆς προσηκούσης ὁσίας ἀποστερῶν ταφῆς καὶ τοῖς ζῶσι τῶν εὐσεβῶν τοῦ μεγάλου τούτου θησαυροῦ φθονῶν. Ἐχόμενα τοίνυν τοῦ τόπου γινόμενοι, ἔνθα δὴ καὶ τὸν ἅγιον ἀνασκολοπίσαντες ἦσαν, ἐνταῦθα δὲ ὡς τὸ μὲν ξύλον ἀτενίσαντες εἶδον, αὐτὸν δὲ πανταχόθεν περιαθρήσαντες οὐχ ἑώρων, ἐντεῦθεν καὶ ἀνάμνησίς τις αὐτοῖς ὑπέθραττε τῆς[2] ἐκ νεκρῶν Χριστοῦ ἀναστάσεως, θορύβου τε μεστοὶ τὰς ψυχὰς ἐγίνοντο καὶ ὅλως περὶ τὴν ἑλληνικὴν δόξαν διασέσειστο αὐτοῖς ἡ καρδία. Ἐν ᾧ δὲ ταῦτα πρὸς ἑαυτοὺς ἔλεγόν τε καὶ ἐλογίζοντο, κύκλῳ τοὺς ὀφθαλμοὺς διαδόντες, αὐτοῦ που καθεζόμενον τὸν ἀθλητὴν ὁρῶσι Θεόδωρον. Ὡς οὖν περιόντα τε καὶ ἀπαθῆ κακῶν ὄντα καὶ ἄτρωτον ἐθεάσαντο, θάμβους γεμίζονται τὰς ψυχάς· καὶ μέγα ἀνακραγόντες[3]· « Εἷς Θεὸς ἀληθῶς μόνος, εἷς ὁ τῶν Χριστιανῶν Θεός », ἐξεβόησαν. Ταῦτα εἶπον καὶ ἅμα τοῖς γόνασι τοῦ μάρτυρος προσπεσόντες, τοῦ θείου τῆς πίστεως συμβόλου[4] τυχεῖν ἐδέοντο, καλὸν καὶ τοῖς ἄλλοις γεγονότες παράδειγμα. Τῆς φήμης γοῦν τῆς περὶ αὐτοὺς καὶ τοῦ θαύματος ἁπανταχόσε διαφοιτώντων, καὶ ἕτεροι προσετίθεντο ἄνδρες εὐγενεῖς τὰς ψυχὰς καὶ συνέσει διαπρεπεῖς, οὐκ ὀλίγῳ πλέον ἢ ὀγδοήκοντα.

17. Ταῦτα μαθὼν ὁ Λικίννιος τὴν πολλὴν φέρειν οὐκ εἶχε τοῦ θυμοῦ κάμινον καὶ πέμπει Κέλσον τινὰ τῶν ἀνθυπάτων, συχνὴν αὐτῷ χεῖρα καὶ στρατιώτας παρασχόμενος, πάντας τοὺς τὰ χριστιανῶν τελεσθέντας καὶ αὐτὸν δὲ τὸν τελεστὴν Θεόδωρον τῷ διὰ

1. *corr. prius* σῶμα Θεοδώρου S. — 2. τοῖς S. — 3. ἀνακραγότες S. — 4. συμβούλου S.

ξίφους τελειῶσαι θανάτῳ. Ἀλλὰ ταῦτα μὲν ὁ τὴν ἄνοιαν, μᾶλλον δὲ τὴν ἀπόνοιαν πολὺς Λικίννιος. Ὁ δέ γε Κέλσος ἀπελθών[1] τε καὶ θεασάμενος ἀναθεωρήσεών τε πλησθεὶς τὴν καρδίαν, ἅτε δὴ καὶ θειοτέρας αὐτόν τινος ἀκτῖνος περιλαμψάσης, μαθητὴς καὶ αὐτὸς εἷς τοῦ προλαβόντος θιάσου[2] γίνεται, ἅμα δὲ καὶ ὁ σὺν αὐτῷ στρατιωτῶν χορὸς εἷς τοῦ ἑνὸς ἐχόμενοι καὶ χορείαν ὥσπερ ἑλίττοντες « εἷς, ἐπιβοῶντες, Χριστέ, ὁ Θεός, εἷς· ἀκουσάτω ταῦτα καὶ βασιλεὺς καὶ βουλὴ καὶ δῆμος ὁ σὺν αὐτῷ μαινόμενος. » Τί δὲ καὶ ἐκ τούτων συμβαίνει; τὸ πλῆθος, ὅσον τι ἐνταῦθα συνείλκετο καὶ τὰ τελούμενα ἐθεῶντο, οἱ μὲν κατὰ Λικιννίου καὶ τῶν αὐτοῦ θεῶν ὥρμων καὶ λίθων ἥπτοντο, οἳ δ' ἔτι ματαιόφρονες κατὰ τοῦ μάρτυρος καὶ τῆς τούτου μερίδος ἀνηρεθίζοντο· καί τις ξιφήρης τῶν βασιλέως ὑπασπιστῶν ὡς πλήξων ὅλῳ θυμῷ κατὰ τοῦ μάρτυρος ἐφορμήσας ἐπλήγη παρὰ τοῦ Κέλσου, πράως οὐκ ἐνεγκόντος τὸ κατὰ τοῦ ἁγίου τόλμημα. Τοῦτον δὲ τὸν Κέλσον ἕτερος πλήττει καὶ τῇ πληγῇ θάνατος, μᾶλλον δὲ ἡ ἀληθῶς ζωὴ τῷ διὰ μαρτυρίου τέλει ἐπηκολούθησε. Καὶ ὁ μὲν οὕτως ἔκειτο, καλῶς τε ἀνελὼν καὶ πεσὼν κάλλιον.

18. Τὸ δὲ ξίφος μικροῦ καὶ διὰ πάσης ἐχώρησεν ἂν τῆς πόλεως, εἰ μὴ φθάσας ὁ τοῦ Χριστοῦ μάρτυς Θεόδωρος τὸ μὲν πλῆθος τοῖς λόγοις κατέσχε, πάντα φέρειν πείσας μεγαλοψύχως, μᾶλλον δὲ καὶ ἡδέως ὑπὲρ Χριστοῦ· ᾧ δὴ καὶ πεισθέντες προθύμως ἑαυτοὺς εἰς σφαγὴν ἀνῆκαν, αὐτόθυτα θύματα τῷ ὑπὲρ ἡμῶν ἐθελουσίως τυθέντι Χριστῷ γενόμενοι· αὐτὸς δὲ τὴν ἐπὶ φυλακὴν αὐτόκλητος ᾔει[3] κἀκεῖσε παραγενόμενος λόγῳ μόνῳ τὴν φυλακὴν ἑαυτῷ διανοίγει καὶ τοῖς δεσμώταις τὰς πέδας διασαλεύει καὶ τοὺς μὲν ἀφίησι χωρεῖν οἷ βούλοιντο, ὁ δὲ καὶ διὰ τῆς ἄλλης ἰὼν πόλεως εὐχῇ τε καὶ ἀφῇ τοὺς νοσοῦντας καὶ δαιμονῶντας ἰᾶτο. Εἰσὶ δὲ οἳ καὶ τῶν ἱματίων ἢ τοῦ χρωτὸς απτόμενοι τῆς θεραπείας ἐτύγχανον· ταῦτα πῶς γὰρ ἂν καὶ φέρειν ἠδύνατο ὁ Λικίννιος; κελεύει στρατιώτας ἑτέρους, οἷς γε μάλιστα

1. ἀπεθὼν S. — 2. θεά σου S. — 3. εἴη S.

πεποιθὼς ἦν, ἀφικέσθαι καὶ πᾶν μὲν δρᾶσαι πᾶν δὲ παθεῖν ὑπὲρ τοῦ τὸν ἅγιον ἀνελεῖν· τούτων ἐπὶ τούτῳ πεμφθέντων, εἰς στάσιν καὶ αὖθις τὸ πλῆθος ἑώρα καὶ ἅπαν εἰς σφαγὴν ἕτοιμον ἦν. Τότε οὖν ὁ γενναῖος πολλαῖς τῶν λόγων νιφάσι τὸ πλῆθος ἅπαν συναρμοσάμενος καὶ τῆς ὁρμῆς ἐπισχών, ἰδίᾳ τῶν τινα στρατιωτῶν ἐν τῷ λεληθότι ἀπολαβὼν καὶ τῷ πιστοτάτῳ τῶν οἰκετῶν κατὰ σπουδὴν περὶ τῶν αὐτοῦ πάντων ἐπισκήψας πραγμάτων, τὴν μὲν κτῆσιν πᾶσαν πένησι διανεμηθῆναι, τὸ δὲ σῶμα κατατεθῆναι ἐν Εὐχαΐνοις, φαιδρῷ καὶ χαρίεντι τῷ προσώπῳ ἑαυτὸν ὑποκατακλίνας, τὴν ἱερὰν ἐκείνην καὶ γενναίαν καὶ μυριόστεφον ἀποτέμνεται κεφαλήν· μελῆσαν δὲ τοῖς θερμοτέροις τῶν εὐσεβῶν, τιμώμενον τὸ λείψανον καὶ προπεμπόμενον λαμπάσι τε πολλαῖς καὶ μύρων ὀδμαῖς ἀπὸ τῆς Ἡρακλείας μετάγεται εἰς Εὐχάϊναν, ἔνθα καὶ κατατίθεται, θησαυρὸς ἄσυλος, ἰάσεων χορηγός, ἀγαθῶν σωρός· οὗ δὴ καὶ εἰς ἔτι πολυανθρωποτάτη τῶν ἐπὶ γῆς τελεῖται πανήγυρις, πάντων σχεδὸν τῶν ὑπὸ τὸν Ῥωμαϊκὸν σκῆπτρον ἐφ' ἕνα τοῦτον τόπον κατὰ καιρὸν συρρεόντων, εἰς δόξαν τοῦ μεγάλου Θεοῦ καὶ σωτῆρος ἡμῶν Ἰησοῦ Χριστοῦ, ᾧ ἡ δόξα εἰς τοὺς αἰῶνας τῶν αἰώνων· ἀμήν.

IV

Cod. V. B.

ΜΑΡΤΥΡΙΟΝ ΤΟΥ ΑΓΙΟΥ ΚΑΙ ΕΝΔΟΞΟΥ ΜΕΓΑΛΟΜΑΡΤΥΡΟΣ ΤΟΥ ΧΡΙΣΤΟΥ ΘΕΟΔΩΡΟΥ ΤΟΥ ΣΤΡΑΤΗΛΑΤΟΥ.

1. Λικιννίῳ τῷ βασιλεῖ, πολλῇ κεχρημένῳ τῇ περὶ τὰ εἴδωλα δεισιδαιμονίᾳ, πολλὴ καὶ ἡ κατὰ τῆς εὐσεβοῦς πίστεως ὑπῆρχε μανία. Οὗτος γὰρ οὐκ ὀλίγους τῶν ὑπὸ χεῖρα καὶ διὰ πρώτης πείρας πρὸς τὸ αὐτοῦ βούλημα καὶ τὴν θρησκείαν ἐφελκυσάμενος ἅτε σαθροῖς· αὐτοῖς καὶ[1] εὐεξαπατήτοις περιτυχών, δεινὸν ἐποιεῖτο, εἰ μὴ καὶ[2] πάντας ἔχοι κατὰ τὸ αὐτῷ δοκοῦν διατιθεμένους.

2. Ὅθεν καὶ γράμματα πανταχοῦ διεπέμποντο, ἀρνεῖσθαι μὲν διακελευόμενα τὸν πεποιηκότα Θεόν, δαίμοσι δὲ καὶ εἰδώλοις προσφέρειν θυσίας καὶ ὡς θεοῖς προσέχειν αὐτοῖς, ἔργα χειρῶν οὖσι, τοὺς χειρὶ Θεοῦ δημιουργηθέντας καὶ πλάσμα ἐκείνου τελοῦντας, τὸ τιμιώτατόν τε καὶ οἰκειότατον· τοὺς μὲν οὖν πειθομένους δωρεαὶ καὶ τιμαὶ καὶ ἄλλαι ὅσαι περιέμενον θεραπεῖαι, τοὺς ἀπειθοῦντας δὲ καὶ τὴν εἰς Χριστὸν ὁμολογίαν ἀμετάθετον συντηροῦντας δημεύσεις, ἀπειλαί, βάσανοι καὶ τὸ τελευταῖον κακόν, ὁ θάνατος. Ὡς οὖν καὶ εἰς ὦτα τοῦ μεγάλου μάρτυρος Θεοδώρου[3] τὸ πονηρὸν ἦλθε τοῦτο διάταγμα, ἀνδρὸς κατά τε χεῖρα γενναίου τὸ γένος τε ἐπισήμου καὶ περιφανοῦς τὸ ἀξίωμα, τὴν γὰρ τοῦ στρατηλάτου τότε διεῖπεν ἀρχήν, ἆθλον αὐτὴν πολλῶν τροπαίων ἀπενεγκάμενος· ὃς καὶ ὑπὸ πάντων ἐλέ-

1. *om.* B. — 2. καὶ μὴ B. — 3. *om.* B.

γετό τε καὶ ἐποθεῖτο, καὶ ποθεινὸν ἅπασι λάλημα ἦν ὁ Θεόδωρος.

3. Οὗτος ἀκούσας τουτὶ τὸ πρόσταγμα, χριστιανὸς ὢν ἐκ προγόνων, οὐκ ἠγάπα λανθάνουσαν ἔχειν[1] τὴν εἰς Χριστὸν πίστιν, ἀλλὰ ζήλου πνέων κατὰ τῆς ἀσεβείας, ἐπόθει μὲν παρρησιάσασθαι τὴν εὐσέβειαν, οὐκ ἠβούλετο δὲ οὕτως ἁπλῶς χωρῆσαι πρὸς τὴν ὁμολογίαν, εἰ μὴ καὶ τὸ θεῖον ἕξει πρὸς τοῦτο συνευδοκοῦν θέλημα[2].

4. Ἀμέλει καὶ χαίρων ἀπῄει πρὸς τὴν τοῦ Πόντου Ἡράκλειαν· ἐκεῖσε γὰρ ἦρχε καὶ τὴν αὐτῆς πεπίστευτο προστασίαν· πλὴν ἀλλ' οὐδ' αὐτὸν ἐκεῖνον Λικίννιον ἡ τοῦ ἁγίου φήμη παρῆκεν ἀνήκοον, ἀλλὰ πολλὰ καὶ παρὰ πολλῶν ἀκούων διὰ θαύματος αὐτὸν ἐποιεῖτο. Ἀποστέλλει οὖν καὶ γράμμασι φιλίοις μετακαλεῖται τὸν ἅγιον. Ὁ δὲ τὴν ἐπιστολὴν ἐπελθὼν τοὺς μὲν διακομισαμένους ὑποδέχεται φιλοτίμως καὶ ἐπὶ τρισὶν ἡμέραις φιλοφρονεῖται, καμόντας ἐκ τῆς ὁδοιπορίας ἀνακτώμενος ὡς εἰκός· αὐτὸς δὲ οὐκ ἔκρινε δεῖν ἀπιέναι πρὸς βασιλέα, οὐκ ἄλλην ὥσπερ ἀλλὰ τὴν πατρίδα κοσμῆσαι τῷ μαρτυρίῳ γλιχόμενος, καὶ τὰ ἑαυτοῦ μάλιστα διαθεῖναι καλῶς. Διὰ ταῦτα γοῦν ἐκείνους μὲν ἀποπέμπει, γράμμασι δὲ τὴν ἀναβολὴν τῆς ἀφίξεως ὅπως εἶχεν ἐπιμελέστατα θεραπεύει· εἶχε δὲ τὰ γράμματα οὕτως.

5. « Λικιννίῳ[3] τροπαιοφόρῳ βασιλεῖ Θεόδωρος στρατηλάτης. Ἔδοξε τῷ κράτει σου, βασιλεῦ, ἀφικέσθαι με πρὸς τὴν Νικομήδειαν, ἵν' ἐντύχω περί τινων δημοσίων τε ἢ καὶ ἰδίων τῇ βασιλείᾳ σου καὶ λυσιτελῆ θείης τὴν περὶ τούτων οἰκονομίαν· καὶ τοῦτ' ἄρα βασιλικῆς ἀγχινοίας ἄξιον, τὸ δοκοῦν τοῖς ὑπὸ χεῖρα διασημαίνειν, ὡς ἂν μὴ τἀναντία δρῶντες, ὧν ἡ βασιλικὴ δοκιμάζει κρίσις, πλημμελεῖν δοκοῖεν, οὓς τῇ ἐξουσίᾳ πείθεσθαι καὶ νόμοι βούλονται καὶ τὸ φύσει καλόν· ὅθεν τολμηρᾷ γλώσσῃ

1. ἔχων B. — 2. *hic quarta circiter pars paginae del.* V ; *narratio de dracone, de qua supra* p. 25, *hic legitur in B.* inc. (fol. 82) : δοκιμὴν οὖν ποιεῖται τοῦ προκειμένου σκοποῦ, καὶ ἡ δοκιμὴ αὕτη — des. (fol. 83v) : καὶ δεξιὸν ἀπαντήσει τὸ πέρας· ἀμέλει καὶ κτλ. — 3. *in marg.* ἐπιστολή B.

τε καὶ χειρὶ ἅ μοι ἔδοξε πρότερον οὐ χεῖρον εἶναι γνωρίσας τῷ κράτει σου τότε πάλιν εἰ δοκεῖ πράξω. τὸ προσταττόμενον· τέως δὲ νῦν οὔτε σοὶ τῷ κελεύσαντι συμφέρειν οἶμαι τὴν ἐμὴν ἄφιξιν, ἑτέρων ἐνταῦθα πραγμάτων ἑλκόντων καὶ οὐκ ἐώντων ἀλλαχόσε χωρεῖν, κἀμοὶ δὲ τοῦτο καὶ ταῖς κοιναῖς διοικήσεσιν ἐμποδὼν ἔσται· εἴπερ οὖν μᾶλλον τὸ σὸν κράτος θελήσειεν οἰκετῶν εὐγνωμόνων ἱκετείαν μὴ παριδεῖν, κοσμήσων ἧκε τὰ τῇδε πρὸς τὴν Ἡράκλειαν, ἐπεὶ καὶ δέονται πολλὰ τῶν ἐνταῦθα τῆς σῆς ἐπισκοπῆς καὶ προνοίας, ἄριστε βασιλέων, ἃ πάντα καλῶς ἕξει τῇ τοῦ σοῦ κράτους ἐπιδημίᾳ. » Ταύτην ἀναγνοὺς ὁ βασιλεὺς τὴν ἐπιστολὴν καὶ τὸν ἄνδρα δι' αἰδοῦς ἔχων καὶ θαύματος, οὐκ ἀνένευσε πρὸς τὴν αἴτησιν, ἀλλὰ πείθεται μᾶλλον αὐτὸς ἀφικέσθαι πρὸς τὴν Ἡράκλειαν, ἅμα μὲν τὸν ἅγιον ἅμα δὲ καὶ τὴν χώραν ἐπισκεψόμενος· καὶ δὴ τὸ στράτευμα συναθροίσας ὁδοῦ τῆς πρὸς αὐτὸν εἴχετο.

6. Κατ' ἐκείνην δὲ τὴν νύκτα τῇ προσευχῇ σχολάζων ὁ ἅγιος ἐδεῖτο σὺν δάκρυσι τοῦ Θεοῦ κατὰ νοῦν αὐτῷ χωρῆσαι τὸ μελετώμενον· εἶτα βραχὺ πρὸς ὕπνον ἑαυτὸν ὑπανεὶς ὁρᾷ τὴν τοῦ δωματίου στέγην, ἔνθα δὴ καὶ διανεπαύετο, μέσον διαιρεθεῖσαν φῶς τε ἄνωθεν κατιὸν καὶ περιλάμψαν ἅπαν τὸ οἴκημα· ἔνθεν καὶ φωνῆς ἀκούει λεγούσης· « Θάρσει, Θεόδωρε, μετὰ σοῦ γάρ εἰμι, ὁ σοὶ Θεὸς προαιώνιος γινωσκόμενός τε καὶ μαρτυρούμενος. » Ταύτῃ τῇ φωνῇ σύντρομος καὶ χαρᾶς πλήρης διαναστάς, εἶτα τῇ προσευχῇ πάλιν ἑαυτὸν δεδωκώς, ὅλος ἐστομώθη πρὸς τὴν εὐσέβειαν· ἤδη δὲ τοῦ δυσσεβοῦς Λικιννίου τῇ πόλει προσάγοντος [1], χεῖρας ἅμα καὶ ὄμματα πρὸς Θεὸν ὁ δίκαιος ἀνατείνας, ἐκτενέστέραν [2] αὖθις ἐποιεῖτο τὴν ἱκετείαν· « Θεέ, λέγων, τῶν ἁπάντων καὶ βασιλεῦ, ἡ γλυκεῖα καταφυγὴ τῶν σοι προσανακειμένων, ἴδε μου τὴν συντριβὴν τῆς καρδίας ἵλεῳ καὶ εὐμενεῖ ὄμματι καὶ μὴ ἐγκαταλίπῃς με πρὸς βασιλέως ἐπικήρου θυμὸν ὅσον οὔπω διαγωνίζεσθαι μέλλοντα, βασιλέως τοῦ μὴ εἰδέναι

1. προ ||| άγοντος B. — 2. ἐκτενεστέρον B.

θελήσαντός σε τὸν ἐπὶ πάντων καὶ ἐν πᾶσι Θεὸν ὄντα καὶ βασιλέα· ἀλλὰ κατὰ τὴν ἀψευδῆ σου ὑπόσχεσιν γενοῦ μεθ' ἡμῶν τῶν γινωσκόντων σε καὶ ὁμολογούντων ποιητήν τε καὶ προνοητὴν πάσης κτίσεως· πηγασάτω ἐν ἐμοὶ τὸ σὸν ἀλλόμενον ὕδωρ καὶ δοθήτω μοι λόγος ἐν ἀνοίξει τοῦ στόματος καὶ νοῦς καλῶς ἡδρασμένος ἐν σοὶ τῷ ἀκρογωνιαίῳ λίθῳ διατηρηθείην ἐν τῇ ὁμολογίᾳ σου, δέσποτα, μέχρι καὶ αὐτῆς μου τῆς τελευταίας ἀναπνοῆς καὶ φωτεινὸς τῆς σῆς δόξης ἄγγελος τὴν ἐμὴν παραλάβοι ψυχὴν[1] καθαρθεῖσαν ὅλως καὶ παντὸς σπίλου τῆς ἁμαρτίας ἀπορρυφθεῖσαν τῷ τοῦ μαρτυρίου σου αἵματι. »

7. Οὕτως ηὔξατο καὶ παραθέμενος ἑαυτὸν τῷ Θεῷ, εἶτα καὶ καθαρὰν ἐσθῆτα περιβαλόμενος[2] ἵππῳ τε ἐπιβὰς ἐξῄει ὑπαντήσων τῷ βασιλεῖ. Ἑκατέρων δὲ εἰς θέαν ἀλλήλοις ἐλθόντων, εὐθὺς ἀσπασμοὶ συνήρχοντο καὶ περιπλοκαί. Θαῦμα δὲ πάντας εἰσῄει, καὶ αὐτόν φημι τὸν Λικίννιον, οἷος αὐτοῖς ὡρᾶτο Θεόδωρος, θεῖος μὲν τὴν ὄψιν, εὔκοσμος δὲ τὸ ἦθος μετὰ φρονήματος ἐλευθέρου καὶ λίαν εὐγενοῦς παραστήματος· ὡς δὲ καὶ τῆς πόλεως ἔνδον εἰσῄει, θροῦς τε καὶ κρότος ἦρτο σκιρτώντων, εὐφημούντων, δι' ἡδονῆς ποιουμένων τὴν βασίλειον εἴσοδον. Ὁ δὲ βασιλεὺς ἡσυχίαν πᾶσιν ἐγκελευσάμενος, ὁμιλίας ἦρχε πρὸς αὐτοὺς καὶ λόγων οὕτως ἐχόντων· « Καλὰ μὲν ὑμῶν, ἄνδρες πολῖται, καὶ τἄλλα πάντα· πόλις μὲν γὰρ ἐπιφανὴς[3] καὶ λαμπρὰ δῆμός τε θεοῖς εὐπειθὴς καὶ νόμοις ὑπήκοος, πατρῷον δὴ τοῦτο καὶ παιδείας τῆς παρ' ὑμῖν· ἀλλ' ἔτι πλέον ἀξιεπαινετώτεροι, ὅτι ἄνδρα τοῦτον — ἐπιδείξας αὐτοῖς τὸν θεῖον Θεόδωρον — ἐλάχετε παρ' ὑμῖν ἔχειν· οὗπερ ἡ φήμη μὲν καὶ πρὸς ἡμᾶς διαβαίνουσα καλὸν αὐτὸν ἀνεκήρυττεν, ὑπὲρ τὴν φήμην δὲ ὁ ἀνήρ. » Καὶ ἅμα περιβολαις τὸν ἅγιον καὶ ἀσπασμοῖς ἤγαλλεν, εἶτα καὶ τῆς χειρὸς λαβόμενος· « Δεῦρό μοι, ὁ[4] φίλτατος, ἔλεγε, τὴν πρὸς θεοὺς εὐσέβειαν κοινῇ πρότερον ἀποδῶμεν· εἶθ' οὕτως ἕψεται πάντως καὶ ἡ περὶ τῶν ἀνηκόντων διάσκεψις. » Καὶ ὁ ἅγιος· « Δεόντως

1. καὶ *add.* B. — 2. περιβαλλόμενος V, B. — 3. περιφανὴς B. — 4. *corr. supra lin.* B.

εἶπας, ὦ βασιλεῦ, πλὴν ἀλλ' εἰ καὶ ἡμῶν ἀκούσειας, ἴσως ἔσται σοι καὶ ἀποδεκτὸν τὸ ῥηθέν » καὶ « τί ; » φησὶν ὁ βασιλεύς, « οὔπω τὴν ἐμὴν πρὸς σὲ διάθεσιν ἔγνως ; » καὶ ὅς· « ἔγνων » εἶπεν « οὔπω δὲ καὶ πεπείραμαι, ἀλλ' εἴ μοι καὶ κατὰ μόνας παρασκευάσειας προσελθεῖν τοῖς θεοῖς, τότε δὴ καὶ εἰς πεῖραν ἐλεύσομαι. » « Τί δὲ κωλύει καὶ μεθ' ἡμῶν ; » ὁ Λικίννιος. Καὶ ὁ μάρτυς· « Πρότερον, εἶπεν, ὦ βασιλεῦ, βούλομαι τούτους οἴκοι λαβεῖν καὶ ὅσα δὴ προσῆκον ἐστί, πρὸς αὐτοὺς ποιῆσαι καὶ προσευχαῖς ἱλεώσασθαι καὶ θυσίαις ἰδιαζούσαις, εἶτα καὶ μετὰ σοῦ καὶ τοῦ πλήθους αὐτοῖς προσελθεῖν. » Καὶ ὁ βασιλεὺς ἐξενεγκὼν οἵπερ αὐτῷ ἦσαν χρυσοῦ τε καὶ ἀργύρου πεποιημένοι θεοί, ἐδίδου τῷ μάρτυρι, προσθείς· « ἀλλὰ καὶ ὑπὲρ ἡμῶν δεήθητι. » Παραλαβὼν οὖν ὁ μέγας τούτους τοὺς ψευδεῖς καὶ γελοίους θεοὺς καὶ εἰς λεπτὰ διελών, θυσίαν αὐτοὺς τρόπον ἕτερον τῷ ἀληθεῖ προσῆγε Θεῷ, τοῖς ἐνδεῶς ἔχουσι διανείμας.

8. Δύο παρῆλθον ἡμέραι καὶ ὁ βασιλεὺς μετακαλεῖται τὸν ἅγιον. Καὶ ὃς ἀφίκετο. Ὁ βασιλεὺς δέ· « Ἠκέτωσαν οἱ θεοί, ἔφη, Θεόδωρε, καὶ τὰς μεθ' ἡμῶν καὶ τοῦ πλήθους παρὰ σοῦ θυσίας λαβεῖν. » Καὶ ὁ ἅγιος· « Εἴπερ ἄρα καὶ θεοὶ εἰσίν, ἔφη, παρ' ἑαυτῶν ἡκέτωσαν, ἀλλ' οὐ παρ' ἑαυτῶν. » Εἶπεν Λικίννιος· « Θεοὺς ὑπηρετεῖσθαι δεῖ. » Ὁ δὲ ἅγιος· « Ἀλλ' οὗτοι οὔτε καλούμενοι προσίασιν οὔθ' ὑπὸ ἄλλων ὑπηρετούμενοι ἐπαΐουσι. » Καὶ ὁ βασιλεύς· « Οὐχ ἡμῖν περὶ τούτων σκεπτέον, ἔφη, Θεόδωρε, κρείττων γὰρ ἡ καθ' ἡμᾶς ἡ κατάληψις· σέβειν δὲ δεῖ τοὺς θεοὺς μόνον καὶ θυσίαις αὐτοὺς θεραπεύειν, ὡς νόμος ἡμῖν[1] καὶ παράδοσις. » Σιωπὴ πρὸς ταῦτα τῷ ἁγίῳ μετά τινος μειδιάματος. Καὶ ὁ βασιλεύς· « Τί μέλλεις ; ἔφη, τί τὸν χρόνον παρέλκεις, Θεόδωρε ; » Καὶ στραφεὶς ἤρετο τοὺς παρεστηκότας· « Τί γέγονε ; τί σεσιώπηκε ; »

9. Πάντων οὖν τὸ πρᾶγμα τιθεμένων εἰς ἔκπληξιν καὶ ἀτενεῖ βλέμματι τὸν ἅγιον καθορώντων, Μαξέντιός τις, τὴν τοῦ κεντυ-

1. ἡμῶν B.

ρίωνος ἀρχὴν μετιών, τὰ τῷ μάρτυρι πρὸς τοὺς θεοὺς πραχθέντα φωράσας· « Ἀλλ' ἔγωγε, εἶπεν, ὃ τεθέαμαι, βασιλεῦ, οὐκ ἂν σιωπήσαιμι. Χαλεπὸν γάρ τι πέπρακται τῷ ἀνδρὶ περὶ τοὺς θεοὺς καὶ οὐδὲ ὠσὶν ἀκοῦσαι[1] ἀνεκτόν ». Καὶ ὁ βασιλεύς· « Καὶ τί τοῦτο; φησίν, πρὸς αὐτῆς ἀληθείας ἀπόκριναι ». Εἶτα ὁ κεντυρίων· « Ὁ ἄνθρωπος οὗτος, ἔφη, οὐκ εὔνους οἶμαι οὔτε πρὸς σὲ οὔτε πρὸς θεούς, ὦ βασιλεῦ, ἀλλὰ καὶ αὐτῶν καὶ σοῦ κατορχεῖται· τί μὴ φανερῶς λέγω τὸ πεπραγμένον; αὐτὸς ἐγὼ τὴν τῆς μεγάλης θεᾶς Ἀρτέμιδος κεφαλὴν συγκεκομμένην εἶδον εἰς μέρη τε συχνὰ γενομένην εἰς τὸ πρατήριον· ὁ συγκόψας δὲ οὗτος καὶ ἡ πάντολμος αὐτοῦ δεξιά. » Ταῦτα ὡς ἤκουσε, μεστὸς ὀργῆς καὶ ἀθυμίας ὁ βασιλεὺς γεγονὼς καὶ κατώδυνόν τι καὶ περιπαθὲς τῷ μάρτυρι ἐνιδών· « Τί τοῦτο, φησίν, ὦ Θεόδωρε; τί τὰ λεγόμενα; ποῦ δὲ εἰσὶν οὓς πεπιστεύκαμέν σοι θεούς; ἆρα τέθυκας αὐτοῖς ὡς ἐπηγγείλω καὶ ὅσα πρὸς θεραπείαν προσήνεγκας; »

10. Τότε τὴν σκηνὴν πετάσας ὁ ἅγιος καὶ καιρὸν κρίνας οὐ σιωπῆς οὐδέ τινος ἐπικρύψεως οὐδὲ τοῦ τὸν λύχνον ὑπὸ τὸν μόδιον ἀλλ' ἐπὶ τὴν λυχνίαν τεθῆναι μᾶλλον καὶ φανερὰν αὐτοῦ γενέσθαι τὴν εἰς τὸν δεσπότην ὁμολογίαν « οὐ μὰ τὴν ἀλήθειαν » εἶπεν « οὐ μόνον οὐκ ἔθυσα, ἀλλὰ καὶ ἡδέως κατέπτυσα καὶ τὰ κενὰ καὶ μάταια χρήσιμα γενέσθαι τρόπον ἕτερον παρεσκεύασα, πένησιν αὐτὰ διανείμας· τὸ δοκοῦν σοι πράττειν ἐξουσία· πάλαι γὰρ ἐγὼ τὴν αὐτῶν[2] ἀσθένειαν ἐγίνωσκόν τε καὶ κατεγίνωσκον καὶ τοὺς προσκειμένους αὐτοῖς ᾤκτειρον τῆς ἀναισθησίας· σὲ δὲ καὶ μᾶλλον, ὦ βασιλεῦ, ὅσῳ καὶ ἀρχηγὸν οἶδα τῆς περὶ αὐτὰ ματαιότητος· ἀνάσχου οὖν μικρὸν τῶν πρὸς ἀλήθειαν κηδομένων σου καὶ τὰ λυσιτελῆ παραινούντων ἀκούσας μηκέτι ἐξαπατῶ, ἀλλὰ τὸν ὄντα Θεὸν ἐπίγνωθι μᾶλλον, παρ' οὗ σοι καὶ τὸ ζῆν καὶ τὸ βασιλεύειν οἰκονομίᾳ τινὶ θειοτέρᾳ, ὃν αὐτὸς ἀθετῶν θεοὺς ἀθλίους σέβειν οὐκ εὐλαβῇ, τοὺς μηδὲ ἑαυτῶν κήδεσθαι, μήτι γε τῶν σεβομένων αὐτούς, δυναμένους,

1. ἀκοῦσαι τοῖς ὠσὶν B. — 2. αὐτῶν B, αὐτὴν V.

ὥσπερ οὐδὲ πάλιν τοὺς ἐν οὐδενὶ τιθεμένους καὶ μυκτηρίζοντας ἱκανοὺς ὄντας τιμωρεῖσθαι· καὶ εἰ βούλει, κατὰ πόδας ἡμῖν τὸ δοκίμιον· ἐγὼ μὲν γὰρ αὐτοὺς ἐξύβρισά τε καὶ ἐμυκτήρισα καὶ ὡς προσῆκον ἦν ἐχρησάμην· εἰ οὖν δύνανται, τὸν ὑβριστὴν κολασάτωσαν. » Ἔτι τὸν λόγον παρατεῖναι τοῦ μάρτυρος βουλομένου, ἐγκόψας ὁ βασιλεὺς καὶ τοῦ θυμοῦ πλήρης γενόμενος διὰ τὴν παρ' ἐλπίδα τοῦ φίλου μεταβολήν· « Ὢ τῆς ἡμῶν ἀνοίας, ἔφη, ὢ τῆς παραφορᾶς, οἵῳ προσέχων ἐγὼ οἵας ἐτύγχανον παρ' αὐτοῦ τῆς ἀπάτης. Καὶ ὁ μιαρὸς οὗτος οὐχ ἡμᾶς μόνον ἀλλὰ καὶ θεοὺς διαπαίζων ἐλάνθανεν· ἀλλ' ἔγωγε τῆς ἀγάπης ἧς αὐτὸς κατεφρόνησας δικαίαν εἰσπράξομαι παρὰ σοῦ τὴν δίκην, τοιαύτας ἐπιθείς σοι τὰς τιμωρίας, αἵτινες ἱκανῶς ἕξουσι καὶ ἡμῶν δήπου καὶ τῶν θεῶν ἀποτῖσαι τὴν ὕβριν. » Καὶ αὐτίκα πρὸς τοὺς παρεστῶτας δημίους ἐπιστραφείς· « Παρίτωσαν μάστιγες » εἶπεν· « ἀποδυέσθω ὁ ἀλιτήριος, ξαινέσθω πικρῶς, μηδενὸς οἴκτου μηδὲ φειδοῦς ἀξιούσθω· ἔπειτα καὶ σφαίραις μολυβδίναις τὸν αὐχένα θλαττέσθω[1] ».

11. Ταῦτα ὁ δυσσεβὴς λέγων καὶ ὀφθαλμοῖς αὐτοῖς καὶ ὀδοῦσι τὸ τῆς ὀργῆς ἔκτοπον ὑπεδήλου κραυγαῖς τε καὶ ἀπειλαῖς τοὺς παίοντας ἀνηρέθιζε. Τοῦ δὲ ἁγίου περιδυθέντος καὶ χεῖρας ὁμοῦ καὶ πόδας διελκυσθέντος ἰσχυρῶς τε ἤδη μαστιζομένου[2], διεσπῶντο μέλη, ἐξηρθροῦντο χεῖρες, αἱμάτων ὀχετοὶ κατέρρεον, σπονδύλων ἁρμογαὶ διελύοντο ταῖς τῶν σφαιρῶν βαρείαις καταφοραῖς. Ὡς οὖν οὕτω πάσχων ὁ ἅγιος ἔκαμεν ἤδη καὶ βραχύ τι καὶ ἀδρανὲς ὑπέπνει καὶ ἔμελλεν ὅσον οὔπω διαφεῖναι καὶ τὴν ψυχήν, μόλις οὕτω καὶ Λικιννίῳ ἔληγον οἱ θυμοὶ μεθεῖναί τε τὸν ἅγιον ἐκέλευε τοὺς μαστίζοντας. Ἐπεὶ δὲ μικρὸν ἀνεθεὶς τῶν πληγῶν, ἀνέλαβεν ἑαυτὸν καὶ εἵλκυσε πνεῦμα καὶ ζῆν ἐπιστεύετο, ὀργὴ πάλιν εἶχε τὸν βασιλέα καὶ « ὅλως » ἔλεγε « ζῇ, ὅλως ἔτι περιέστω ὁ ἐναγής, ὁ μιαρός, ὁ κατάρατος, ὁ κατ' αὐτῶν μανεὶς τῶν θεῶν· ξεέσθω σιδηροῖς ὄνυξι, φλεγέσθω λαβροτάτῳ[3] πυρὶ

1. (ἔπειτα — θλαττέσθω) *om.* B. — 2. (ἰσχυρῶς — μαστιζομένου) *om.* B. — 3. λαυροτάτω B.

τὰ τῶν μελῶν ἔτι περιλειπόμενα. » Ἔλεγε ταῦτα καὶ παρῆσαν οἱ ὄνυχες, παρῆν καὶ τὸ πῦρ. Καὶ οἱ μὲν ἔξεον, οἱ δὲ ἐπῆγον τὴν φλόγα. Ὁ δὲ μάρτυς τῷ τοῦ θείου πνεύματος δροσισμῷ νοερῶς ἀνεψύχετο. Ὁ τύραννος οὖν ὥσπερ κατειρωνευόμενος τοῦ ἁγίου· « Καὶ λίθοι, ἔφη, ὀξεῖς προσαγέσθωσαν εἰς θεραπείαν μείζονα τῷ ἀνδριζομένῳ· ὁρῶμεν γὰρ αὐτὸν ἡδονῇ πάσῃ πρὸς τὰ ἐπαγόμενα διακείμενον. » Καὶ ἅμα τῷ μάρτυρι κομψὸν ἐνιδών· « Οἶδ' ὅτι, φησίν, Θεόδωρε, καὶ λίαν ἡ προκειμένη σου καθίκετο βάσανος, κἂν προσποιῇ τὸ ἀνάλγητον, τῇ τοῦ Θεοῦ σου δυνάμει γράφειν τοῦτο βουλόμενος καὶ τοὺς ἄφρονας ἀπατᾶν· πλὴν καὶ ἡ προσαχθεῖσα νῦν σοι τῶν λίθων ὀξύτης σφοδρότερον ἁπτομένη τὸ προσποίητον ἅπαν σοι διελέγξει. »

12. Ἀλλὰ Λικίννιος μὲν οὕτως, ἡ πονηρὰ καρδία καὶ πόρρω πάνυ Θεοῦ. Ὁ δὲ τοῦ Χριστοῦ μάρτυς τῆς μεγάλης ἄνωθεν ἀπολαύων ῥοπῆς οὐδὲ φωνὴν προΐετο σπαρασσόμενος οὐδ' ἐπιστενάζων ὤφθη οὐδὲ στυγνὴν ὄψιν ἢ ὑφειμένον τι καὶ ἐνδόσιμον ὅλως ἐπιδειξάμενος· ἀμέλει καί τινα φιλανθρωπίαν ὑποκριθεὶς ὁ Λικίννιος ἀνεθῆναι κελεύει τὸν ἅγιον· καὶ προσσχὼν αὐτῷ· « Ἔτι, φησίν, τοῖς προλαβοῦσιν ἐμμένεις, Θεόδωρε, ἢ μετάνοιά σε καὶ λογισμὸς ὑπῆλθε βελτίων; » Καὶ ὁ μάρτυς· « Οἴει δὲ ὅλως, ἔφη, μεταπεῖσαί με ἢ μετακινῆσαι τοῦ θεμελίου τῆς ἐν Χριστῷ πίστεως; τῆς ἀλογίας· τί γάρ[1] με παρέβλαψαν αἱ πληγαί, εἰ μὴ καὶ στερροτέρους μᾶλλον ἡμᾶς ἀπειργάσαντο; » καί τινος[2] τῶν παρεστηκότων « ἀλλ' ἀπόθου τὴν πολλὴν » εἰπόντος, « ἀπόνοιαν καὶ τὸ πρὸς βασιλέα οὕτως ἰταμῶς διαλέγεσθαι, » — « ἀπάλλαξόν με τοῦ ζῆν πρότερον, » εἶπεν ὁ μάρτυς· « εἴγε βούλει με σιωπᾶν, ἐπεὶ ἕως ἡ ψυχὴ παρ' ἐμοί, οὐδεὶς ἂν ἐπίσχῃ φόβος μὴ τὴν ἀλήθειαν ἐμὲ[3] λέγειν τὸν τῆς ἀληθείας προσκυνητήν. » Καὶ ὁ βασιλεύς· « Τὸ παρὰ ψυχῆς τοιαύτης ἀνοσίας, ἔφη, χρηστόν τι καὶ ὅσιον προσδοκᾶν μωρία σαφής· ἐν ἀσφαλεῖ[4] οὖν τῇ φυλακῇ τόγε νῦν ἔχον δοθῆναι τοῦτον κελεύω. »

1. *corr. in marg.* B. — 2. καὶ τινος καὶ B. — 3. ἐμοὶ B. — 4. ἐν ἀλεῖ B.

Καὶ εἶπε μὲν καὶ ἐδίδοτο· πλὴν οὐδὲ οὕτως ἀνῆκεν αὐτὸν ἠρεμεῖν, ἀλλ' ἐπιτρέπει[1] τινὰς τὴν φυλακὴν εἰσιόντας ὑπιέναι τοῦτον κομψείᾳ λόγων καὶ περινοίᾳ καὶ πάσῃ τέχνῃ καὶ σπουδῇ χρήσασθαι τὴν ἔνστασιν ἐκείνου διασαλεῦσαι. Ἐπεὶ οὖν τὸν ἅγιον εἶχεν ἡ φυλακή, ἔκειτο ἡσυχῇ οὕτως ὑπὲρ τῶν κολαζόντων ὁ Χριστοῦ μιμητὴς ἱλεούμενος[2], ἐπιστάξαι τε ῥανίδα θεογνωσίας αὐτοῖς δεόμενος, πρὸς δὲ τοὺς πειρωμένους αὐτὸν μεταπείθειν καὶ τοὺς μακροὺς ἐκείνους λήρους ἐπάγοντας, τὸ τοῦ Δαυῒδ ἐποίει· γέγονε γὰρ ὡσεὶ ἄνθρωπος οὐκ ἀκούων καὶ οὐκ ἔχων ἐν τῷ στόματι αὐτοῦ ἐλεγμούς.

13. Πέντε παρῆλθον ἡμέραι καὶ ὁ βασιλεὺς οὕτω μαθὼν αὐτὸν ἔχειν ἀμεταθέτως, κελεύει ἐν μέσῳ τοῦ τόπου, ᾧ Βασιλικὴ ὄνομα, ξύλινον καταπαγῆναι σταυρόν, ἐν αὐτῷ τε διαταθῆναι καὶ προσηλωθῆναι τὸν ἅγιον· « Εἶτα καὶ ὅσοιπερ ἂν εἶεν προσκυνηταί » φησιν « τῶν θεῶν καὶ τόξα ἱκανοὶ ἕλκειν, πεμπέτωσαν ἐπ' αὐτὸν βέλη· καὶ τούτων δὲ χωρὶς ὃς ἂν ἑτέραν ἐπινοήσειε δεινὴν τιμωρίαν καὶ τῆς αὐτοῦ δυ αμένην καθικέσθαι ψυχῆς, φίλος οὗτος ἐμοὶ καὶ τὰ μεγάλα μοι χαριζόμενος· μὴ μέντοι τοῖς ὀφθαλμοῖς ὀφθήτω τοῖς ἐμοῖς ἔτι ζῶν ὁ κακῶς ἀπολούμενος· ἄχθος γάρ μοι καὶ μόνον ὁρώμενος καὶ μάστιξ ἁπτομένη μου τῆς καρδίας. » Ταῦτα ὁ μὲν εἶπεν, ὁ δὲ ἐξήγετο τῆς εἱρκτῆς νυττόμενός τε καὶ προπηλακιζόμενος καὶ τί τῶν λυπεῖν δυναμένων οὐχ' ὑφιστάμενος[3], ἕως οἱ κολασταὶ τὸν τόπον καταλαβόντες ἱστῶσι μὲν τὸν σταυρόν, τὸν ἀθλητὴν δὲ διατείνουσί τε καὶ προσηλοῦσιν· ἔπειτα γυμνῇ τῇ σαρκὶ πολλὰ τὰ βέλη παρὰ πολλῶν ἀφιέμενα ὅλον κατάστικτον εὐθὺς ποιοῦσι καὶ τραυμάτων μεστόν. Καὶ ὅρα περιουσίαν ὠμότητος καὶ μανίας. Τὰ γὰρ βέλη πάλιν ἐκ τῶν σαρκῶν ἀναιρούμενοι, δὶς καὶ τρὶς ἠφίεσαν κατὰ τοῦ ἁγίου· οὐδὲ ταῦτα ἤρκει τοῖς υἱοῖς τοῦ σκότους, τοῖς ἐργάταις τῆς ἀνομίας, ἀλλ' ἔδει πάντως καί τι καινότερον ἐπινοηθῆναι κατὰ τὴν πονηρὰν εἰσήγησιν Λικιννίου· ὑποβάλλει

1. *ita* B. ἐπι V. — 2. (ὁ — ἱλεούμενος) *om.* B. — 3. (καὶ τί — ὑφιστάμενος) *om.* B.

τοίνυν ὁ ἐξ ἀρχῆς ἀνθρωποκτόνος καὶ τοῦ κοινοῦ γένους τῶν ἀνθρώπων ἐχθρὸς κόλασιν βιαίαν, κόλασιν οὐδὲ ἀκοῦσαι μόνοις τοῖς ὠσὶν ἀνεκτήν· οἷα γὰρ ἐννοοῦσιν, οἷα δρῶσιν οἱ τῶν δαιμόνων ἀληθῶς φίλοι καὶ ὑπ' ἐκείνων ταῦτα μυσταγωγούμενοι· λύουσι τὸ ἐπὶ τῆς ὀσφύος περίζωμα τῷ ἁγίῳ, τοῦ τῆς αἰδοῦς ἅπτονται μορίου καὶ — ὢ χειρῶν μιαρῶν, ὢ ψυχῆς ὠμοτάτης καὶ ἀναισχύντου — ἧλόν τινα σιδηροῦν λαβόντες ἄγαν ὀξύτατον ἐνιᾶσι διὰ τοῦ ἐν τῷ μορίῳ πόρου· καὶ τὸ λοιπὸν ἦσαν οὕτω τὸν ἧλον ἐξέλκοντές τε καὶ εἰσέλκοντες συνεχῶς καὶ οὐκ ἐνάρκουν, οὐκ ἤλγουν, οὐκ ἐμυσάττοντο. Ταύτῃ τῇ ἀφορήτῳ τῆς ὀδύνης ὑπερβολῇ αἴσθησιν ὁ μάρτυς δριμυτέραν δεξάμενος· « Χριστέ, βοήθει μοι » μέγα ἐβόησεν· « ὁρᾷς, οἷα πάσχω καὶ ὅπως ὠδῖνες ὀξεῖαι πιέζουσί μου καὶ συνέχουσι τὴν ψυχήν· κίνδυνοι ᾅδου εὕροσάν με, σίδηρος διῆλθέ μου τὴν ψυχήν· ἀλλὰ γένοιτό μοι ἀναψυχή τε καὶ ἄνεσις τῇ ἐπιφανείᾳ τῆς σῆς ἐπιλάμψεως· τὸ ἀγαλλίαμά μου, λύτρωσαί με ἀπὸ τῶν κυκλωσάντων με· πότε ἥξω καὶ ὀφθήσομαι τῷ προσώπῳ σου ; »

14. Ταῦτα τοῦ μάρτυρος εὐξαμένου καὶ τῶν ἐπιγελώντων καὶ τὰ δεινὰ ἐπαγόντων, ὡς τοῦ ἁγίου ἤδη ἐκπεπνευκότος[1], ἐπανελθόντων, θεία τις αὐτῷ δύναμις οὐρανόθεν ἐφοίτα καὶ φωνὴ πλήρης χαρᾶς ἠκούετο λέγουσα· « Χαίροις, ὁ γενναῖος τοῦ Χριστοῦ ἀθλητής· ἐδόξασας ἐν τοῖς μέλεσί σου τὸν διὰ σὲ σταυρὸν ὑπομείναντα· τὸν δρόμον τετέλεκας, τὴν πίστιν τετήρηκας· ἀπόκειταί σοι λοιπὸν ὁ τῆς δικαιοσύνης στέφανος αἰωνία τε ἀγαλλίασις περιμένει σε καὶ ζωή. » Οὕτως εἶπε[2] καὶ εὐθὺς ἀπέπτη, συναπέπτη δὲ τῇ φωνῇ πᾶς μώλωψ καὶ οὐλὴ πᾶσα καὶ ὀδύνη καὶ λυπηρῶν εἴτι[3] αἴσθησις καὶ ὅλος ἦν ὑγιής, ὅλος εὔθυμος, πλήρης χαρᾶς, πλήρης χάριτος· ἔνθεν τοι καὶ χείλη ἀγαλλιάσεως ἐκίνει πρὸς ὑμνῳδίαν· « ὑψώσω σε, λέγων, ὁ βασιλεύς μου καὶ ὁ Θεός μου, καὶ εὐλογήσω τὸ ὄνομά σου εἰς τὸν αἰῶνα, ὅτι μοι τὸ ἑσπέρας ηὐλίσθη κλαυθμὸς καὶ εἰς τὸ

1. ἐμπεπνευκότος B. — 2. εἶπεν B. — 3. *melius* εἴ τις B.

πρωῒ ἀγαλλίασις· μέγας ὁ κύριος καὶ αἰνετὸς σφόδρα καὶ τῆς μεγαλωσύνης αὐτοῦ οὐκ ἔστι πέρας. » Καὶ οὕτως ἦν παρ' ὅλην τὴν νύκτα ὅλῳ τῷ[1] νοῒ καὶ στόματι ὁμιλῶν Θεῷ καὶ τῷ αὐτοῦ κάλλει ἐναγαλλόμενος.

15. Λικίννιος δὲ ἐξαναστὰς ἤδη τῆς ἡμέρας διαλαμψάσης, δύο τινὰς ἐκπέμπει τὴν τοῦ κεντυρίωνος ἀρχὴν μετιόντας, Ἀντίοχος αὐτοῖς καὶ Πατρίκιος τὰ ὀνόματα, κελεύσας τὸ σῶμα τοῦ μάρτυρος — ποῦ γὰρ καὶ ζῆν αὐτὸν ὑπελάμβανε, πλῆρες πληγῶν, πλῆρες ὕβρεως; — ἑλκόμενον ἀτίμως ἀγαγεῖν πρὸς αὐτόν, ἵν' ἐπιχαρῇ πάντως καὶ διαχλευάσῃ καὶ μετὰ θάνατον, εἶτα καὶ τῇ θαλάσσῃ ἀφεθῆναι προστάξῃ, ὥστε μηδὲ ὁσίας ἐκεῖνο τῆς προσηκούσης τυχεῖν. Ἐχόμενα τοίνυν τοῦ τόπου γενόμενοι, ἔνθα δὴ καὶ τὸν ἅγιον ἀνασκολοπίσαντες ἦσαν, τὸ μὲν ξύλον ἀτενίσαντες εἶδον, αὐτὸν δὲ καίτοι πανταχόσε περιαθρήσαντες οὐχ ἑώρων· ἐντεῦθεν ἀνάμνησις αὐτοὺς ὑπέθραττε τῆς ἐκ νεκρῶν ἀναστάσεως τοῦ Χριστοῦ. Ὑπολαβὼν οὖν ὁ Ἀντίοχος « μήτι γε, φίλτατε Πατρίκιε, ᾗ φησι[2] τὰ χριστιανῶν λόγια ἐκ νεκρῶν ἐγηγέρθαι τὸν σταυρωθέντα Χριστόν, οὕτω δὴ καὶ ὁ λατρευτὴς ἐκείνου Θεόδωρος ἀναβιοὺς ἐξανέστη; ἐγὼ γὰρ ἴσθι τῇ προτεραίᾳ κατάστικτον αὐτὸν εἶδον τοῖς βέλεσι καὶ ξύλῳ τῷδε προσηλωμένον καὶ σχεδὸν ἐκπνεύσαντα καὶ οὐδὲν διενηνοχότα νεκροῦ. Νῦν οὖν, εἰ μὴ ὁ νεκρὸς κλέπτεται, τί λείπεται ἄλλο ὑπονοεῖν; » Ἐν ὅσῳ δὲ ταῦτα διελέγοντο πρὸς ἀλλήλους, ἐπιφαίνεται τούτοις ὁ μακαρίτης Θεόδωρος ἔτι τὸν ψαλμὸν ἐν χείλεσιν ἔχων ὀφθαλμῶν τε ἱλαρότητι καὶ προσώπου φαιδρότητι τὸ κατὰ ψυχὴν χάριεν ὑποφαίνων καί φησιν[3] πρὸς αὐτούς· « Τεκνία, ἐγὼ εἰμὶ Θεόδωρος, μὴ φοβεῖσθε· Θεὸς ἐκδικήσεων κύριος, Θεὸς ἐκδικήσεων, ὃς καὶ τῆς ὑμῶν κηδόμενος σωτηρίας, καὶ πρὸς ἑαυτὸν ἐκκαλούμενος περὶ τὰς πύλας ἤδη με γενόμενον τοῦ θανάτου παραδόξως ἀνέστησε καὶ νενεκρωμένον ὄντα σχεδὸν ἐψύχωσεν. Εἰ οὖν πιστεύσητε, καὶ μείζονα τούτων ὑμεῖς

1. *om.* B. — 2. φασι B. — 3. φησι B.

ὄψεσθε. » Οὕτως εἰπὼν τὸν τύπον τοῦ θείου σταυροῦ ἔτι διαπορουμένοις καὶ ἀπιστοῦσιν αὐτοῖς ἐπιβάλλει· ἔνθεν τοι καὶ χάριτος θείας ὑποπλησθέντες καὶ ὡσπερεὶ διανοιγέντων αὐτοῖς τῶν ὀμμάτων, « μέγας ὁ Θεὸς τῶν χριστιανῶν » ἐξεβόησαν. Καὶ προσπεσόντες αὐτίκα, ποδῶν τε αὐτοῦ εἴχοντο καὶ προσαγωγῆς τυχεῖν παρ' αὐτοῦ τῆς πρὸς τὸν[1] Χριστὸν ἐδέοντο. « Οὐκέτι γὰρ ὑποστρέψομεν » ἔλεγον, « οὐ τῇ πλάνῃ δουλεύσομεν, οὐ τῷ σκότει προστεθησόμεθα, ἕνα Θεὸν σέβειν πεπιστευκότες τὸν ὑπὸ σοῦ κηρυττόμενον. » Γνοὺς οὖν ὁ θεῖος Θεόδωρος ἐξ ὅλης αὐτοὺς πεπιστευκέναι τῆς καρδίας, καὶ προσήκατο καὶ ἠσπάσατο καὶ σὺν πολλῇ τῇ περιχαρείᾳ· « ὑμεῖς δὲ ἀλλὰ μὴ ἀπιστήσητε » πρὸς αὐτοὺς εἶπεν, « ὡς ἕνεκα τῆς ὑμῶν σωτηρίας ὃ γέγονεν εἰς ἐμὲ γέγονεν, ἵν' εἰδῆτε καὶ ἐπιγνῶτε καὶ ἀληθῶς εἴπητε· αὕτη ἡ ἀλλοίωσις τῆς δεξιᾶς τοῦ ὑψίστου· ὃς καὶ νῦν μέσος ὑμῶν πάρεστιν ἀοράτως, τὰς ὑμετέρας ὁμολογίας ἀπογραφόμενος· ἔστω οὖν τῆς ψυχῆς ὑμῶν[2] λύχνος διαπαντὸς καιόμενος, ἵνα μὴ ὁ πάντων ἐχθρὸς διάβολος διαστρέψῃ τὰς καρδίας ὑμῶν. καὶ ὀπίσω πάλιν παρασκευάσῃ τῆς εἰδωλομανίας πορεύεσθαι. » Τοιαῦτα καὶ πλείω τούτων εἰπὼν ἐπέρρωσεν αὐτῶν τὰς ψυχὰς καὶ τῷ θεμελίῳ τῆς πίστεως ἐνίδρυσε τὰς καρδίας. Τῆς δὲ φήμης τοῦ θαύματος πανταχόσε διαφοιτώσης, ζῶντά τε καὶ ὑγιᾶ καὶ ἄπληγα πρὸς ἅπαντας αὐτὸν παριστώσης, καὶ ἕτεροι προσῆλθον τὸν ἀριθμὸν πέντε καὶ ὀγδοήκοντα, ἄνδρες λογάδες καὶ συνέσει διαπρεπεῖς· καὶ ἰδόντες ἐπίστευσάν τε καὶ τῷ ἁγίῳ προσέπεσον, δεόμενοι τῷ καταλόγῳ τῶν πιστευσάντων καὶ αὐτοὺς συναριθμηθῆναι· οἳ καὶ κατηχηθέντες τὸν λόγον τῆς σωτηρίας, πάντων ἀφέμενοι τῶν προσκαίρων, ἐντὸς ὀλίγου καιροῦ πολλὴν περὶ τὴν πίστιν ἐπεδείξαντο τὴν ἐπίδοσιν· οὐκέτι γὰρ ἁπλῶς πιστεύοντες ἦσαν, ἀλλὰ καὶ τῆς τῶν διωκομένων μοίρας ὑπὲρ Χριστοῦ γεγόνασι.

16. Μαθὼν δὲ τὰ γεγονότα Λικίννιος, Κέστον τινὰ καλούμενον, ἕνα τῶν πατρικίων, οὐκ ὀλίγην αὐτῷ χεῖρα στρατιωτῶν

1. om. B. — 2. ἡμῶν B.

παρασχόμενος ἐκπέμπει, κελεύσας αὐτῷ πάντας τοὺς εἰς Χριστὸν πεπιστευκότας διὰ τοῦ μάρτυρος τῷ διὰ ξίφους θανάτῳ ὑπαγαγεῖν· Ἀλλὰ Λικίννιος μὲν οἷα πονηρὸς ὢν ἐσχάτως καὶ οὐδὲ βραχὺ τὴν κακίαν ἰάσιμος, τοιαῦτα ἐπιτάττων ἦν, ἀπελθὼν δὲ ὁ Κέστος καὶ θεασάμενος ἀναθεωρήσεών τε πληρωθεὶς τὴν ψυχήν, ἅτε καὶ θειοτέρας τινὸς ἀκτῖνος περιλαμψάσης αὐτόν, εἷς καὶ αὐτὸς τοῦ θιάσου τῶν πιστευσάντων γίνεται καὶ σὺν αὐτῷ πάντες οἱ στρατιῶται, εἷς τοῦ ἑτέρου ἐχόμενος, τὸν τῆς σειρᾶς τρόπον κοινῇ βοῶντες· « Εἷς Θεὸς ὁ Χριστός, σῴζων τοὺς εἰς αὐτὸν πιστεύοντας· ἀκουσάτω ταῦτα καὶ[1] βασιλεὺς καὶ δῆμος ὁ σὺν ἐκείνῳ μαινόμενος. » Ἐκ τούτου γίνεται τοῦ λοιποῦ τῆς πόλεως πλήθους ὁρμὴ καὶ στάσις οὐ καθεκτή. Καί τις ξιφήρης τῶν τοῦ βασιλέως ὑπασπιστῶν ὡς πλήξων ὁρμήσας τὸν μάρτυρα, ἐπλήγη παρὰ τοῦ Κέστου, πρᾴως οὐκ ἐνεγκόντος τὸ κατὰ τοῦ ἁγίου τόλμημα· τοῦτον δὲ τὸν Κέστον καιρίως βαλὼν ἕτερος, Μέρπας ὄνομα[2], διὰ μιᾶς πληγῆς μάρτυρα πρὸς Χριστὸν παραπέμπει· προεχώρησεν ἂν καὶ εἰς πλείονας ἡ σφαγή, εἰ μὴ φθάσας ὁ τοῦ Χριστοῦ στρατιώτης Θεόδωρος καὶ τὸ ἐκείνου πρᾷον πεπαιδευμένος, καὶ τοῦτο μὲν θεραπείᾳ τῶν ἤδη πληγέντων, τοῦτο δὲ καὶ τῷ τοῦ φρονήματος ἠπίῳ καὶ προσηνεῖ τὴν μὲν τοῦ πλήθους ὁρμὴν ἐπέσχε, μή τι καὶ αὔθαδες καταπράξωνται, τοὺς δὲ τῷ Χριστῷ πεπιστευκότας ἐδίδαξε πάντα φέρειν μεγαλοφρόνως τὰ ἐπιόντα, μὴ κακῷ τὸ κακὸν ἀλλ' ἀγαθῷ μᾶλλον ἀμειβομένους· ᾧ καὶ πεισθέντες προθύμως ἀνῆκαν ἑαυτοὺς εἰς σφαγήν, ἀγαπήσαντες ἑκούσια θύματα γενέσθαι τῷ ὑπὲρ ἡμῶν πρώτῳ σφάγιον τῷ πατρὶ προσενηνεγμένῳ.

17. Ἐπεὶ δὲ ἠκηκόει Λικίννιος πολλοὺς τῶν ἐκείνου στρατιωτῶν Χριστῷ καὶ Θεοδώρῳ προστιθεμένους καὶ ὅτι αὐξάνει μὲν τὰ τοῦ μάρτυρος, τὰ ἐκείνου δὲ δεινῶς ἐλαττοῦται, κελεύει στρατιώτας ἑτέρους, οἷς γε δὴ καὶ μάλιστα πεποιθὼς ἦν, ἀφικέσθαι καὶ μὴ ἁπλῶς οὕτω καὶ κατὰ πάρεργον διελθεῖν, ἀλλ' ἦ μὴν[3]

1. ὁ *add.* B. — 2. Μ. ὄνομα *om.* B. — 3. B, μὲν V.

Θεόδωρον κατασχεῖν καὶ μηδ' ὁτιοῦν προφασισαμένους εὐθὺς ἀνελεῖν. Τούτοις οὖν ἤδη τὸν τόπον καταλαβοῦσιν οὐ συνεχώρει τὸ τῶν πιστευσάντων πλῆθος τὸν ἅγιον διαχρήσασθαι, τοὺς ἑαυτῶν αὐχένας ὑπὲρ αὐτοῦ προτείνοντες ἕκαστος· οἷς καὶ ἐπιτιμήσας ὁ ἅγιος ἵστησι τῆς ὁρμῆς· « Τεκνία, εἰπών, οὓς ἐν Χριστῷ κατὰ Παῦλον αὐτὸς ἐγέννησα, μηδέν μοι ἐμποδὼν γένοισθε κατὰ ταύτην δὴ τὴν ἡμέραν, ἧς ἐκ πολλοῦ ἤδη τοῦ χρόνου ἐπεθύμουν ἐγώ, μηδ' ἀγαθόν τι πράττειν δοκοῦντες φθονήσητέ μοι μεγίστου πράγματος, τοῦ διὰ Χριστὸν μαρτυρίου, ὃ πάντως ἀδύνατον ἄλλως εἰ μὴ τῷ ὑπὲρ αὐτοῦ τελειωθῆναι θανάτῳ· ὑμᾶς δὲ ἔχειν τὴν τοῦ Χριστοῦ εἰρήνην καλόν, ἣν ἀνιὼν πρὸς τὸν πατέρα τοῖς οἰκείοις μαθηταῖς πρώτοις καὶ δι' ἐκείνων πᾶσιν ἀφῆκε. » Τοῖς μὲν οὖν ἐκ τῆς πλάνης ἤδη μετατεθεῖσιν ἐπιγνοῦσί τε τὸν δημιουργὸν τῶν ὅλων παρηγγύα μέχρι τέλους[1] ἀμετάθετον αὐτῷ τὴν πίστιν φυλάξαι· « Ὁ γὰρ ὑπομείνας, φησίν, εἰς τέλος, οὗτος σωθήσεται· κἂν ἐπὶ βασιλεῖς καὶ ἡγεμόνας ἀχθῆτε, μηδὲν δείσητε· πιστὸς ὁ ἐπαγγειλάμενος· οὐ μή σε ἀνῶ οὐδ' οὐ μή σε ἐγκαταλίπω. » Τοῖς δὲ μήπω τῆς εἰδωλικῆς πλάνης ἀπηλλαγμένοις « ἀλλ' εἰ καὶ μήπω, ἔφη, τὸ κάλυμμα τῆς ἀσεβείας οὐκ ἀφηρέθη τῶν καρδιῶν ὑμῶν, ἀλλὰ πέποιθα τῷ Χριστῷ πολλοῖς ἐξ ὑμῶν τὴν θείαν ἐπιλάμψαι χάριν καὶ πρὸς ἑαυτὴν ἐπισπάσασθαι, μόνον πρὸς ἑαυτοὺς εἰρηνεύετε καὶ τῆς πρὸς τὸν πλησίον ἀγάπης ἐπιμελῶς ἔχεσθε καὶ κατὰ δύναμιν ἐπαρκεῖτε τοῖς δεομένοις· ἐντολὴ τοῦτο διδάσκει Χριστοῦ καὶ νόμος αὐτὸς ὁ τῆς φύσεως. » Οὕτως εἰπὼν καὶ τὸ πλῆθος ἅπαν συναρμοσάμενος πρὸς ἕνα τὸν κοινῇ συμφέροντα λογισμὸν εὐλογήσας τε ὥσπερ ἔδει καὶ πάντων ὑπερευξάμενος, τῷ ὑπηρέτῃ αὐτοῦ τῷ καὶ πάντα ἀκροωμένῳ ἐπισκήπτει μετὰ τὴν ἐκείνου πρὸς Θεὸν ἐκδημίαν πᾶσαν μὲν τὴν αὐτοῦ κτῆσιν πένησί τε καὶ χήραις καὶ ὀρφανοῖς διανεῖμαι, τὸ δὲ σῶμα καταθεῖναι ἐν Εὐχαΐνοις ἐν τῷ τόπῳ, ὃς ἐκ πατρικῆς αὐτῷ

1. *αὐτῷ hic add.* V.

περιῆλθε κληροδοσίας. Ταῦτα διορισάμενος καὶ εὐσχημόνως ἑαυτὸν ὑποκλίνας, πολλῶν παρεστώτων καὶ τὸ χάριεν αὐτοῦ καὶ πρόθυμον περὶ τὸν θάνατον καθορώντων πίστεις τε βεβαίας ἐντεῦθεν λαμβανόντων περὶ τοῦ μέλλοντος, ξίφει τὴν μακαρίαν ἐκείνην ἀποτέμνεται κεφαλήν.

18. Ἄραντες δὲ τὸ ἱερὸν αὐτοῦ λείψανον, οἷς γε δὴ καὶ προστέτακτο, ἐν Εὐχαΐνοις κατατιθοῦσι θησαυρὸν ἄσυλον, πλοῦτον ἄφατον, σωτήριόν τι χρῆμα τοῖς περιοίκοις, νοσημάτων πάντων φυγαδευτήριον, εἰς δόξαν τοῦ μεγάλου Θεοῦ καὶ σωτῆρος ἡμῶν Ἰησοῦ Χριστοῦ, ᾧ πρέπει τιμὴ πᾶσα δόξα τε[1] καὶ μεγαλοπρέπεια νῦν καὶ εἰς τοὺς αἰῶνας[2]· ἀμήν.

1, (πᾶσα δ. τε) *om.* B. — 2. τῶν αἰώνων *add.* B.

V

Cod. W. ΒΙΟΣ ΠΡΟ ΤΟΥ ΜΑΡΤΥΡΙΟΥ ΚΑΙ Η ΕΚ ΠΑΙΔΟΣ ΑΝΑΓΩΓΗ ΤΕ ΚΑΙ ΑΥΞΗΣΙΣ ΚΑΙ ΘΑΥΜΑΤΑ ΕΞΑΙΣΙΑ ΤΟΥ ΑΓΙΟΥ ΚΑΙ ΠΑΝΕΝΔΟΞΟΥ ΜΕΓΑΛΟΜΑΡΤΥΡΟΣ ΘΕΟΔΩΡΟΥ.

1. Εὐλογητὸς ὁ Θεὸς καὶ πατὴρ τοῦ κυρίου ἡμῶν Ἰησοῦ Χριστοῦ, ὁ εὐλογήσας ἡμᾶς ἐν πάσῃ εὐλογίᾳ πνευματικῇ καὶ συναγαγὼν ἅπαντας τῇ ἐτησίῳ ταύτῃ κυκλικῇ περιόδῳ ἐν τῇ τοῦ ἀθλοφόρου σκηνῇ, ἐν ᾗ τεθησαύρισται τὸ παντὸς κτήματος πολὺ[1] τιμιώτερον αὐτοῦ λείψανον, ὡς ἐν ὄρει ἁγίῳ Σιών, ἀκοῦσαι τῶν ἐντολῶν αὐτοῦ καὶ πορεύεσθαι ἐν αὐταῖς· ὁ καὶ νῦν εὐδοκήσας τοῖς πλουσίοις αὐτοῦ οἰκτιρμοῖς φθάσαι πάλιν ἡμᾶς τὴν γενέθλιον ταύτην τῆς πανηγύρεως ἑορτὴν πρὸς αἶνον καὶ δόξαν τοῦ κράτους τῆς ἰσχύος αὐτοῦ· ὃς καὶ ἱκάνωσεν ἡμᾶς τοὺς ἀναξίους διακόνους θείων μυστηρίων γενέσθαι καὶ τῶν αὐτοῦ θαυμάτων ὑφηγητάς· καὶ εὐλογημένον τὸ ὄνομα τῆς δόξης αὐτοῦ εἰς τὸν αἰῶνα καὶ εἰς τὸν αἰῶνα τοῦ αἰῶνος, ὅτι ἐπλήσθη πᾶσα ἡ γῆ τοῦ γνῶναι τὸν κύριον· διὸ καὶ ἡμεῖς ὥσπερ ἐξ ὕπνου τῆς νωθείας[2] ἡμῶν ἐγερθέντες τῇ τοῦ παναγίου πνεύματος συνεργείᾳ καὶ γνόντες ἐκ τῶν θείων γραφῶν, ὅτι πᾶς ὁ ἀρχόμενος λόγου καὶ πράγματος ἐκ Θεοῦ τε ἄρχεσθαι καὶ εἰς Θεὸν ἀναπαύεσθαι ὤφειλεν, ἔνθεν ποιησώμεθα τὴν ἀρχήν.

2. Χριστός ἐστιν ὁ Θεὸς ἡμῶν, ἡ εἰρήνη ἡμῶν, ἀδελφοί, ὁ δι' οἶκτον τὸν πρὸς ἡμᾶς ἀναστὰς ἐκ τῶν κόλπων τῶν πατρικῶν καὶ κατελθὼν ἐπὶ γῆς σάρκα τε ἀναλαβὼν ἐκ τῆς ἁγίας παρθένου

1. πολλὺ W. — 2. νοθείας W.

καὶ θεοτόκου Μαρίας καὶ προελθὼν ἐξ αὐτῆς Θεὸς τέλειος καὶ ἄνθρωπος τέλειος ὁ αὐτός, ὁ τὸ μεσότοιχον τοῦ φραγμοῦ λύσας τὴν ἔχθραν ἐν τῇ σαρκὶ αὐτοῦ, ὁ πρῶτος μάρτυς ἐπὶ τὸν σταυρὸν ἀνελθὼν καὶ τὸ τοῦ διαβόλου κράτος ἐν αὐτῷ καθελών· ὃς ἐρύσατο ἡμᾶς ἐκ τῆς ἐξουσίας τοῦ σκότους καὶ μετέστησεν εἰς τὴν βασιλείαν αὐτοῦ· αὐτὸς τὰς ἀνομίας ἡμῶν ἦρεν καὶ τὰς νόσους ἐβάστασεν. Αὐτὸν οὖν ἐπικαλεσάμενοι καὶ ἡμεῖς τὸν τὰ ἀσθενῆ τοῦ κόσμου ἐκλεξάμενον, ὀλίγα τινὰ τῶν εἰς ἡμᾶς ἐλθόντων ἐκ τῶν τοῦ ἁγίου καὶ ἐνδόξου τούτου μεγαλομάρτυρος Θεοδώρου θαυμάτων εἰπεῖν τολμήσωμεν, ὅρῳ καὶ κανόνι τῇ ἀληθείᾳ χρώμενοι καὶ μηδὲν πλέω τῷ λόγῳ προσχαριζόμενοι. Οὐδὲ γὰρ θάλασσά ποτε δεῖται τῶν εἰσρεόντων εἰς αὐτὴν ποταμῶν, κἂν εἰσρέωσιν ὅτι πλεῖστοι καὶ μέγιστοι, οὔτε τι τῶν εἰσοισόντων πρὸς ἐγκωμίων ἔπαινον ὁ νῦν εὐφημούμενος ἐπιδέεται, διότι αὐτὸς μὲν τοῖς συνελθοῦσι πρόκειται πᾶσιν ἄϋλος καρυκεία καὶ τροφὴ φθορᾶς πάσης ὑψηλοτέρα, τοῖς δὲ πτωχοτάτοις ἡμῖν τοῦτο σπουδάζειν ἐν παντὶ ἔργῳ καὶ λόγῳ δι' εὐχῆς ἐδωρήσατο, ὥστε καταρτίζειν τὸν λαὸν κυρίου πρὸς μίμησιν καὶ ζῆλον τῆς αὐτοῦ ἐναρέτου πολιτείας καὶ τῆς εἰς Θεὸν θερμῆς αὐτοῦ καὶ ἀνυποκρίτου πίστεως· πρὸς ὃ βλέποντες μόνον καὶ ἄλλο μηδὲν σκοποῦντες οὕτω καὶ διηγησώμεθα καὶ σιωπησώμεθα τὰ λόγου καὶ σιωπῆς ἄξια· γραφέσθω τοιγαροῦν ἡ προλάμπειν τῶν θαυμάτων ὀφείλουσα τοῦ ἁγιωτάτου ἀνδρὸς ἀνατροφή τε καὶ μαρτυρία ὅθεν τε ἔφυ καὶ τίνος τῆς αἰτίας ἐνταῦθα παραγενόμενος τόνδε τὸν τόπον ἠγάπησε καὶ εὐδόκησεν ἐν αὐτῷ, ὅπως ἂν γνῷ γενεὰ ἑτέρα, υἱοὶ τεχθησόμενοι, καὶ ἀναγγελοῦσιν αὐτὰ τοῖς υἱοῖς αὐτῶν, ἵνα θῶνται ἐπὶ τὸν Θεὸν τὴν ἐλπίδα αὐτῶν καὶ τὴν ἴσην τούτῳ μεταδιώκουσιν ἀρετήν. Καθ' ὅσον δὲ ἡμῖν ἐφικτόν, τῷ συντετμημένῳ λόγῳ χρησώμεθα, ἐπειδὴ κόρος λόγου ἐξ ἀτέχνου μάλιστα καὶ ἁπλῆς προϊὼν διανοίας πολέμιος ἀκοαῖς· διὸ καὶ συγγνώμην αἰτῶ νεῖμαι τοὺς ἐντυγχάνοντας.

3. Πατρὶς ὑπῆρχε τοῦ ἁγίου μεγαλομάρτυρος Θεοδώρου

αὕτη ἡ πρὸς ἥλιον ἀνίσχοντα χώρα· εὐγενὴς γὰρ καὶ οὗτος τῶν ἀφ' ἡλίου ἀνατολῶν· καὶ πατὴρ μὲν αὐτῷ τοὔνομα Ἐρύθριος, Πολυξένη δὲ μήτηρ, ἥστινος ἐν τῇ λοχείᾳ θανούσης, χριστιανὴν ὁ πατὴρ οὐχ εὑρίσκων τιθήνην τέχνῃ τὸ παιδίον ἐκθρέψαι ἐσκέψατο· καὶ δὴ πυροὺς καθαίρων καὶ πτίσσων κριθὰς ἄμφω τε ἕψων ἁρμόδιον ὕδατι καὶ μέλιτι μιγνὺς τὸ ἀρκοῦν εἰς ἄγγος ἔβαλλεν ὑελοῦν, τιτθίου ἐκτύπωμα· ὅπερ τὸ βρέφος ἀντὶ μαζοῦ συνέχον τῷ στόματι καθάπερ γάλα τὸν χυλὸν ἡδέως ἐφείλκετο. Τοῦ δὲ χρόνου προϊόντος καὶ ὀδόντων τῷ νέῳ φυέντων, ἄρτον ἐκ σεμιδάλεως ὕδατι καταβρέχων ὀπωρῶν τε ταῖς ἁπαλωτέραις καὶ λαχάνων τοῖς χρηστοτέροις ὁ πατὴρ τοῦτον ἐξέτρεφεν· κρεῶν γὰρ οὐδὲ ἀκμάσας ὁ ἅγιος ἀπογεύσασθαι κατεδέξατο. Ἕκτῳ τοίνυν ἐνιαυτῷ τῷ τῶν χριστιανῶν διδασκάλῳ τὸν νέον συνίστησι καὶ ὀλίγοις ἐκείνῳ φοιτήσαντα χρόνοις στρατιώτην καὶ ἄκων τοῦτον ποιεῖται τοῦ Καίσαρος· τοῦ δὲ πατρὸς λοιπὸν τελευτήσαντος, ληφθεὶς ἐκ τῆς ἐνεγκαμένης πρὸς στρατιωτικοὺς καταλόγους ὁ γεννάδας, οὕτως μετὰ καὶ ἄλλων πολλῶν διέβη πρὸς τὴν Ἀμάσιαν, τῆς χειμερινῆς ἀνέσεως τοῖς στρατιώταις ἐκεῖσε παρὰ τῶν κρατούντων τότε διαταχθείσης. Ὡς δὲ πάντων ἐκράτει τῶν ἑταίρων ἐν πᾶσιν ὁ Θεόδωρος, ῥώμῃ καὶ μεγέθει καὶ τρόπων χρηστότητι καὶ τῇ πρὸς τὸν ταξιάρχην εὐνοίᾳ, τινὲς τῶν ὁμηλίκων βασκήναντες τοῦτον αὐτῷ διαβάλλουσιν ὡς οἷα τοὺς μὲν θεοὺς αὐτοῦ βδελυττόμενον, ξένῳ δὲ κατ' ἰδίαν καὶ ἀγνώστῳ Θεῷ λατρεύοντα· τοῦτο γνοὺς ὁ μακάριος Θεόδωρος, τὸν ἴδιον δεσπότην Χριστὸν μιμησάμενος, μικρὸν ὑπεχώρησεν· παρασκευῆς μὲν γὰρ οὕτως εἶχε καὶ γνώμης, ὡς πάντα ῥᾳδίως οἴσων ἐξ ὧν στεφανοῖ Χριστὸς τοὺς τὴν ἐκείνου ζηλοῦντας ὑπὲρ ἡμῶν ἄθλησιν. Ἀλλ' ἐπείπερ νόμιμον αὐτῷ ἔδει καὶ τὸν ἀγῶνα γενέσθαι, νόμος δὲ μαρτυρίας μήτε ἐθελοντὰς πρὸς τὸν ἀγῶνα χωρεῖν φειδοῖ τῶν διωκόντων καὶ τῶν ἀσθενεστέρων μήτε παρόντος ἀναδύεσθαι, τὸ μὲν γὰρ θράσους, τὸ δὲ ἀνανδρίας ἐστίν, κἂν τούτῳ τιμῶν ἐκεῖνος τὸν νομοθέτην, τί μηχανᾶται; μᾶλλον δὲ πρὸς τί φέρεται παρὰ τῆς πάντα πόρρωθεν προμηθουμένης σοφῶς τὰ ἡμέτερα προνοίας κινούμενος; τῆς Ἀμασέων λαθραίως ὑποσυρεὶς καταλαμβάνει ἀπό τινος μεσαιτάτης πεδιάδος ἐπὶ τῇ τοῦ ἡλίου καταπαύσει λόφον τινὰ ἐπιμήκη· καὶ γενόμενος ἐν τῇ τούτου ἀκρωρείᾳ, στὰς μετέωρος καὶ κατασκοπήσας πάντοθεν καὶ τερφθεὶς τοῖς ὀφθαλμοῖς καὶ εὐφρανθεὶς τῷ πνεύματι ἐπὶ τῇ ἡσύχως προσπαρακειμένῃ τοποθεσίᾳ, θεωρεῖ ὑποκείμενον ἀλσώδη σεμνὸν τόπον· ἐν ᾧ καταβὰς καὶ ἐνδιατρίψας πρὸς βραχὺ, μὴ εὑρηκώς τε ὕδωρ πρὸς παραμυθίαν, ἀτενίσας εἰς τὸ ὕψος τοῦ οὐρανοῦ καὶ καθ' ἑαυτὸν ἐπιμνησθεὶς τῆς πρὸς τὸν θεράποντα τοῦ Θεοῦ Μωϋσῆν θείας φωνῆς τό· « τί βοᾷς πρός με; » λεγούσης, νοερῶς προσηύχετο τῇ διανοίᾳ πρὸς τὸν τῆς δόξης κύριον· « ἐπίβλεψον, δέσποτα, λέγων, παντοκράτορ κύριε, καὶ νῦν καὶ δὸς παραμυθίαν ἀναψύξεως τοῖς ἐπικεκλημένοις τὸ θαυμαστόν σου ὄνομα, ἐπιστάμενος, ὡς διὰ τὴν εἰς σὲ πίστιν καὶ τὸν μονογενῆ σου υἱὸν καὶ κύριον ἡμῶν Ἰησοῦν Χριστὸν τὴν μίαν παντοδύναμον θεότητα προῄρημαι καὶ σπεύδω πόθῳ τῷ πρὸς σὲ ἀξιωθῆναι τοῦ μαρτυρίου. » Αὐτίκα τοίνυν κατὰ τὸν ψαλμῳδόν, ὅτι ἐγγὺς κύριος τοῖς ἐπικαλουμένοις αὐτὸν ἐν ἀληθείᾳ ὡς θέλημα τῶν φοβουμένων αὐτὸν ποιῶν, ἐπεῖδεν καὶ ἐπὶ τούτῳ τῷ μάρτυρι νοερῶς ἐντυγχάνοντι καὶ θαυματουργεῖ κἀκεῖ, δι' αὐτοῦ δωρησάμενος πλουσίαν πηγὴν ὕδατος ζῶντος· ἥτις καὶ μέχρι τοῦ δεῦρο πᾶσαν ἔκπληξιν παρέχει τοῖς παριοῦσι δι' ἐκείνης τῆς λεωφόρου καὶ παρατυγχάνουσιν, ἀφθόνως τῆς δαψιλείας τῆς θεοδωρήτου ἐκείνης ἀενάου πηγῆς καὶ ταύτης ἀπολαύουσιν· διὸ καὶ <γίγν>εται ἅπαντας τὸν θαυματοποιὸν Θεὸν ἀνυμνεῖν. Ὥσπερ γάρ ποτε τῷ μεγάλῳ Ἡσαΐᾳ ἐπήκουσεν ὁ τῶν προφητῶν καὶ ἡμῶν Θεός, πολιορκουμένης τῆς Ἱερουσαλὴμ ὑπὸ τῶν πολεμίων καὶ ξίφει φλεγομένης, καὶ τὴν μεγάλην καὶ θαυμασίαν πηγὴν ἐκείνην τοῦ Σιλωὰμ ἐξώμβρισεν, ἣν καὶ ἀπεσταλμένην ὁ δημιουργὸς ὀνομασθῆναι εὐδόκησεν, περισώσας τὸν ἑαυτοῦ λαόν, οὕτω κἀνταῦθα τῷ καλλινίκῳ μάρτυρι ταύτην παρέσχετο.

4. Τηνικαῦτα μὲν τὴν αὐτοῦ δίψαν παραμυθησάμενος, μέχρι δὲ καὶ νῦν πᾶσιν ἁπλῶς χαριζόμενος, τόν τε τόπον τὸν πρὶν χέρσον καὶ ἀοίκητον δι' ἀνυδρίαν ὑπάρχοντα οἰκισθῆναι εὐδόκησεν· εὐχαριστήσας τοίνυν ἐπὶ τῷ παραδόξῳ τούτῳ θαύματι καὶ τὸν μεγαλόδωρον κύριον ἀνυμνήσας θαρρήσας τε τῇ ψυχῇ καὶ ἀγασθεὶς τῷ πνεύματι ὁ ὑπέρλαμπρος μάρτυς θείᾳ οἰκονομίᾳ ἀτενίσας καὶ ἑωρακὼς ἄντικρυς πρὸς ὕψος ἐπηρμένον ὄρος καὶ περὶ τὸν πρόποδα τούτου παρακείμενον βραχύτατον χωρίον ἀπῳκισμένον πολυοχλίας[1] πόλεων καὶ τερφθεὶς ἐν αὐτῷ, ὅπερ πλήρης ὑπῆρχε θηρίων καὶ ἑρπετῶν τῶν ἑρπόντων ἐπὶ τῆς γῆς, ἐν τούτῳ γενόμενος καὶ εὑρηκὼς ἔνικμον καὶ χλοάζοντα τόπον καὶ ἰδιάζοντα, ὡς ἀληθέστερον δὲ εἰπεῖν δι' ἐπήρειαν καὶ βλάβην φευκτὸν πάντῃ τοῖς παραβάλλουσιν, ἀποβὰς τῆς καθέδρας τοῦ ἵππου ἡσύχως ἐκαθέζετο καὶ ὁρᾷ διειδεστάτην καὶ γλυκεῖαν πηγὴν καὶ φυτὸν μέγιστον ἱστάμενον, ἐν ᾧ ἐφώλευεν θηρίον δράκοντος εἶδος ἔχον· διὸ καὶ ὁ τόπος ἄβατος ὑπῆρχεν, ὡς μηδενὸς τῶν πάντων τολμῶντος προσψαυσαι μήτε ἀνθρώπου μήτε κτήνους· παραχρῆμα γὰρ τὸ πλησιάσαν ἀνηλίσκετο ὑπὸ τοῦ τοιούτου θηρίου· προνοίᾳ δὲ τοῦ τὰ πάντα σοφῶς οἰκονομοῦντος Θεοῦ καὶ προβλεπομένου φιλανθρώπως τὰ κρείττονα καὶ ἐχόμενα σωτηρίας ἐκ τοῦ παραδόξου παρῆν καὶ ἡ δέσποινα τοῦ ῥηθέντος χωρίου· αὕτη δὲ ἦν συγκλητικὴ βασιλικοῦ γένους τῶν τῆς Ῥωμαίων τὰ σκῆπτρα διεπόντων, τῶν ἀμφὶ Μαξιμιανὸν λέγω καὶ Μαξιμῖνον· οἵτινες διεγνωκότες αὐτὴν προσκυνεῖν καὶ σέβειν τὸν Χριστὸν καὶ βδελυσσομένην τὴν αὐτῶν εἰδωλομανίαν, αἰδούμενοι ταύτην ὡς ὑπ' αὐτῆς μητρικῶς παιδαγωγηθέντες καὶ διὰ τοῦτο φυσικὴν στοργὴν φυλάξαι βουλόμενοι μηχανῶνται τῷ κακούργῳ τῆς ἑαυτῶν γνώμης σκοπῷ παραχωρῆσαι αὐτῇ τῆς οἰκείας πατρίδος τὴν μετανάστασιν, αὐτῆς τοῦτο ἐφιεμένης μᾶλλον καὶ ἐρασμίως ἐχούσης τὴν ἀπὸ Ῥώμης ὑποχώρησιν κατ' οἰκονομίαν Θεοῦ πρὸς πολλῶν ψυχῶν

1. πολλυοχλίας W.

σωτηρίαν· ἥτις μετὰ πολλῆς τῆς τε ὑπ' αὐτῶν μεγαλοψύχου προπομπῆς τῆς τε ἰδίας οὐσίας καὶ οἰκετείας καταλαβοῦσα τὴν Ἀμασέων πόλιν ἐν αὐτῇ ᾑρετίσατο κατοικῆσαι· ἣν μετὰ πάσης ἀδείας καὶ ἐξουσίας παραγενομένην ταύτην οἱ πολῖται δεξάμενοι καὶ δωροφορήσαντες, ὡς οἷα βασιλικοῦ γένους τυγχάνουσαν καὶ ἐπιφερομένην πρὸς τοὺς τότε ἡγεμονεύοντας βασιλικὰ προστάγματα ὥστε πᾶσαν προσαγωγὴν τήν τε πρέπουσαν τιμὴν νέμειν αὐτῇ καὶ ὑπείκειν, πρὸς τούτοις τε καὶ οἰκήσεις καὶ κτήματα ποικίλα καὶ εὔφορα ἀτελῆ προσενεχθῆναι αὐτῇ πρὸς ἀστενοχώρητον ὑπηρεσίαν, πάντα τὰ προσταχθέντα παρὰ τῶν τυράννων ἐπλήρωσαν. Οἵ τε πιστοὶ κτήτορες ταύτην ὑποδεξάμενοι καὶ ἑωρακότες κατὰ τὴν εὐσεβῆ αὐτῆς ἐπίκλησιν εὐσεβῶς ζῶσαν καὶ τὸν δεσπότην Χριστὸν σέβουσαν, μετὰ πάσης προθυμίας καὶ εὐθυμίας προσέτρεχον αὐτῇ. Τῆς δὲ εἰδωλολατρείας τότε ἀκμαζούσης καὶ πολλῶν μαρτύρων ληφθέντων διὰ τὴν εἰς Χριστὸν πίστιν, ἡ φιλόχριστος Εὐσέβεια εὐτόνως καὶ ἐπιμελῶς περιφρονοῦσα τῶν φθαρτῶν τὰ τῶν ἁγίων περινοστοῦσα λείψανα καὶ σεβασμίως μυρίζουσα εἰς τὰ ἑαυτῆς κτήματα ἀπετίθετο. Αὕτη οὖν ὡς προείρηται βουλήσει θείᾳ παραγενομένη ἐν τῷ ἰδίῳ τούτῳ κτήματι οὕτω ἐπιλεγομένῳ Εὐχάϊτα, καθύπερθεν ἑστῶσα καὶ τὸν τοῦ ἁγίου ἵππον κατανοήσασα ἐπισταμένη τε τὸν τόπον ἐπιβλαβῆ καὶ ἐπικίνδυνον πρὸς τοὺς παρατυγχάνοντας, παρευθὺ πέμψασα οἰκέτας προσεκαλεῖτο δῆθεν τὸν μάρτυρα.

5. Αὐτοῦ δὲ μὴ βουλομένου ὑπακούειν, διαναστᾶσα τῷ θερμῷ ζήλῳ καὶ προσδραμοῦσα μικρόν τι δι' ἑαυτῆς, οὐ γὰρ ἐθάρρει πλησίον τοῦ τόπου γενέσθαι, ἐπανατείνασα τὴν χεῖρα ἐβόα· « Ὦ ἄνθρωπε, ὑποχώρει, ὑπέξιθι τοῦ τόπου· » προσεκαλεῖτο καὶ παρεκάλει ἅμα ἐπινεύουσα τῇ χειρὶ μὴ ἐγχρονίζειν τῷ τόπῳ, ἀλλὰ παραγενέσθαι πρὸς αὐτήν. Ὁ δὲ ἅγιος τῇ πολλῇ ταύτης ἐνστάσει πεισθεὶς παραγίνεται πρὸς αὐτήν· καὶ ἐγγὺς πλησιάσας καὶ σχῆμα καὶ ἦθος σεμνὸν ἐπ' αὐτῇ θεασάμενος καθ' ἑαυτὸν ἐλογίζετο, εἰ θαρρήσοι ἐν αὐτῇ τὰ περὶ ἑαυτοῦ.

Η δὲ φιλόχριστος ὄντως Εὐσέβεια θείᾳ χάριτι ἐλλαμφθεῖσα[1] καὶ ἐπιγνοῦσα τὸν θεοφιλῆ σκοπὸν τοῦ μάρτυρος ἐπηρώτα, πόθεν καὶ τίνος χάριν ἀφίκοιτο. Ὁ δὲ ἅγιος οὕτω παρρησιασάμενος καὶ πάντα αὐτῇ ἀναθέμενος καὶ ὡς διὰ τὴν εἰς Χριστὸν πίστιν ὑπεχώρησεν, ἐκείνη περιχαρῶς ἀκούσασα καὶ ἅμα τῷ μετώπῳ τὸν σταυρὸν ἐπιγράψασα, λέγει τῷ μάρτυρι « Κύριέ μου, κἀγὼ χριστιανὴ ὑπάρχω καὶ βδελυσσομένη τὴν ὑπὸ τῶν εἰδώλων μιαρὰν κνῖσαν, τὸ εὐτελὲς τοῦτο χωρίον ἐκτησάμην[2] ὡς ἰδιάζον πρὸς ἄνεσιν. » Καὶ παρῄνει καὶ συνεβούλευεν συνεῖναι αὐτῇ, ὡς μηδενὸς τῶν ἑλλήνων τολμῶντος παρενοχλεῖν αὐτῇ πώποτε ἢ βίᾳ ἀφαιρεῖσθαί τινα τῶν πρὸς αὐτὴν καταφευγόντων, ὡς πᾶσαν εὐνομίαν καὶ χάριν κτησαμένην παρὰ τῶν τότε κρατούντων τῆς Ῥωμαίων βασιλείας, Μαξιμιανοῦ καὶ Μαξιμίνου τῶν τυράννων. Ὁ δὲ ἀληθινὸς μάρτυς τοῦ Χριστοῦ ταῦτα ἀκηκοὼς καὶ παρρησιασάμενος ἐν Κυρίῳ, ἔφη πρὸς αὐτήν· « Παρακαλῶ σε, δέσποινα καὶ μῆτερ πνευματική, παραχωρῆσαί μοι ἀπελθεῖν καὶ πληρῶσαι τὸν κατὰ Θεὸν σκοπόν μου· αἱροῦμαι γὰρ ὑπὸ τούτου τοῦ δράκοντος καταποθῆναι ἢ προσκυνῆσαι τὰ ἀφανῆ καὶ κωφὰ εἴδωλα καὶ λατρεῦσαι τῇ κτίσει παρὰ τὸν κτίσαντα· πιστεύω δὲ εἰς τὸν κύριον ἡμῶν Ἰησοῦν Χριστὸν τὸν μονογενῆ υἱὸν τοῦ Θεοῦ τὸν ἀληθινὸν Θεὸν ἡμῶν, ὅτι τῇ αὐτοῦ κραταιᾷ δυνάμει τὸν ἐμφωλεύοντα ἐν τούτῳ τῷ φυτῷ δράκοντα πρότερον ἐκκεντήσω καὶ ἐξαφανίσω· καὶ οὕτως πορεύσομαι πεποιθὼς ὡς νικήσων τὸν ἀντίπαλον ἡμῶν διάβολον τὸν ἐνεργοῦντα ἐν τοῖς υἱοῖς τῆς ἀπειθείας τῶν εἰδωλομανῶν τούτων ἀνθρώπων. » Ταῦτα ἀκούσασα καὶ εἰς ὕψος τὰς χεῖρας διαπετάσασα, ἱκέτευσεν τὸν τὰ πάντα δρακὶ περιέχοντα παντοκράτορα Θεὸν συνεπαμῦναι αὐτῷ καὶ τὸν ὑπὲρ αὐτοῦ ἀγῶνα τελειῶσαι. Τοῦ δὲ ἁγίου σπουδαίως καὶ ἀνδρείως ἐπιστάντος τῷ τόπῳ τοῦ τε φοβεροῦ δράκοντος προσερπύσαντος αὐτῷ, ὁ κραταιὸς μάρτυς τῇ λόγχῃ

1. ἐλαμφθεῖσα W. 2. ἐκτισάμην W.

τοῦτον ἐκκεντήσας καὶ θανατώσας, τῷ τῶν ὅλων δεσπότῃ κυρίῳ ἡμῶν Ἰησοῦ Χριστῷ εὐχαριστηρίους ὕμνους ἀνέπεμψεν τόν τε τόπον τῆς τοῦ τοιούτου θηρὸς ἐπιβουλῆς ἠλευθέρωσε, ὥστε τοῦ λοιποῦ πάντας προσερχομένους ἀφόβως μέχρι τοῦ δεῦρο καὶ ἀπολαύοντες τῆς ἡδίστης ταύτης ἀεννάου πηγῆς δοξάζειν τὸν παντοδύναμον κύριον.

6. Ἐπὶ τούτοις ἡ φερώνυμος καὶ φιλόχριστος Εὐσέβεια θεασαμένη τὸν ἀήττητον μάρτυρα ἐν μηδενὶ τὸ παράπαν βλαβέντα τό τε φοβερὸν θηρίον ἐξηφανισμένον κείμενον πρὸ ποδῶν αὐτοῦ, ἐμεγάλυνεν τὸ θαυμαστὸν ὄνομα τοῦ σωτῆρος ἡμῶν Θεοῦ, εἶθ' οὕτως τε τὴν πρέπουσαν εὐχαριστίαν αὐτῷ προσήγαγεν ἡ ὁσία· πρὸς ἣν ὁ ἅγιος μάρτυς ἔφη· « Ἐπειδή, μῆτερ πνευματική, θείῳ νεύματι ηὐδόκησεν ὁ Χριστὸς παραγενέσθαι με ἐνθάδε καὶ τὸν αἰσθητὸν τοῦτον δράκοντα ἀποκτεῖναι τῷ ὅπλῳ τοῦ τιμίου σταυροῦ, πιστεύω εἰς τὸν μόνον ἀθάνατον καὶ φιλάνθρωπον Θεὸν ἡμῶν, ὡς καὶ τοῦ νοητοῦ δράκοντος τὴν κεφαλὴν καταπατήσω τῇ τοῦ Χριστοῦ μου χάριτι· διὸ ἀξιῶ τὴν σὴν ἁγιότητα μὴ ὑπεριδεῖν τὴν αἴτησίν μου, παραγενέσθαι δὲ ἐν τῇ ὀνομασθείσῃ πόλει καὶ ἡνίκα τῇ αὐτοῦ συνεργείᾳ πληρώσω τὸν δρόμον τῆς εἰς αὐτὸν ὁμολογίας μου, τὸ ταπεινὸν τοῦτο σῶμά μου ἐν τούτῳ τῷ τόπῳ ἀποκομίσαι καὶ καταθέσθαι, ἐν ᾧ τῇ τοῦ Χριστοῦ μου δυνάμει τὸν δράκοντα τοῦτον ἀνεῖλον, διότι ἐνταῦθα ἐπεπόθησεν ἡ ψυχή μου καὶ ἡρετισάμην τὴν κοίμησιν τῆς μεταστάσεώς μου ἐν τῷ σῷ τούτῳ κτήματι γενέσθαι εἰς αἰωνίαν ἀνάπαυσιν καὶ μνήμην τῆς σῆς φιλοχρίστου ψυχῆς· κἀγὼ αἰτήσω τὸν ἀθλοθέτην μου Χριστὸν τῆς ὑπὲρ ἐμοῦ εὐνοίας τὸν ἄξιον μισθὸν παρασχέσθαι σοι ἐν τῇ ἡμέρᾳ τῆς ἐπιφανείας αὐτοῦ ἐν τῷ φωτὶ τῷ ἀϊδίῳ τῆς πατρικῆς αὐτοῦ δόξης. » Τούτοις τοῖς ῥήμασιν ἐπικαμφθεῖσα ἡ ὁσία καὶ τοῖς πολλοῖς ὅρκοις πεισθεῖσα τοῦ καλλινίκου μάρτυρος, συνέθετο αὐτῷ πράττειν ἅπαντα τὰ παρ' αὐτοῦ διαταχθέντα, πιστωσαμένη αὐτῷ τὸν τῆς δόξης κύριον καὶ μάρτυρα προβαλλομένη τοῦτον ὑπὲρ τῆς ἀληθείας· ἐπὶ τούτοις

ὑποδέχεται τὸν καλλίνικον καὶ περιπόθητον μάρτυρα εἰς τὸ ἑαυτῆς οἰκητήριον τρία κατὰ ταὐτὸν ἐργασάμενον θαύματα, τὰ τότε τῷ χωρίῳ ἐνδιαιτώμενα θηρία καὶ ἑρπετὰ μόνῃ τῇ εἰς Θεὸν σὺν δάκρυσιν προσευχῇ ἀποδιώξαντα τόν τε παρὰ τῷ ὕδατι ἐμφωλεύοντα καὶ πάντας τοὺς πλησιάζοντας λυμαινόμενον φονεύσαντα[1] δράκοντα τῇ πανοπλίᾳ τοῦ τιμίου σταυροῦ τοῦ Χριστοῦ καὶ τὴν διειδεστάτην καὶ γλυκεῖαν τοῦδε τοῦ ὕδατος ἀπόλαυσιν τοῖς παραβάλλουσι δωρησάμενον. Ἅπερ ἅπαντα ταῦτα ἡ ὁσία θεασαμένη Εὐσέβεια καὶ γνοῦσα τὴν τοῦ ἀνδρὸς καὶ πρὸ τῆς ἀθλήσεως ἁγιότητα, προσπεσοῦσα τούτου τοῖς γόνασιν παρεκάλει εὔχεσθαι ὑπὲρ αὐτῆς καὶ τοῦ τόπου περιφρονῆσαί τε τῶν γηΐνων τούτων καὶ παρερχομένων ἀφανῶν ἀνθρωπίνων τιμῶν καὶ τῆς προσκαίρου ταύτης ζωῆς, τὴν ὑπὲρ τούτων ἀντάμειψιν κομίζεσθαι μέλλοντα παρὰ τοῦ μεγαλοδώρου Θεοῦ, τὴν αὐτοῦ ἀνεκλάλητον καὶ ἀνείκαστον τῶν οὐρανῶν βασιλείαν καὶ δι' αὐτῆς τὴν τῶν αἰωνίων καὶ ἀτελευτήτων ἀγαθῶν ἀπόλαυσιν.

7. Τούτοις τοῖς παραινετικοῖς ῥήμασι ῥωσθεὶς ψυχῇ καὶ σώματι ὁ ἅγιος μάρτυς ὅλον ἑαυτὸν ἀναθεὶς τῷ Θεῷ καὶ κραταιωθεὶς τῷ πνεύματι τῇ εἰς αὐτὸν πίστει, καταλαβὼν τὴν Ἀμασίαν θαρσαλέῳ τῷ φρονήματι τοῖς ἀθλοῦσιν ἑαυτὸν συγκατέμιξεν, ἀωρίαν τε τῆς νυκτὸς ἐπιτηρήσας τὴν παρὰ τῶν εἰδωλολατρῶν τιμωμένην θεὰν αὐτῶν Ἄρτεμιν ἐνέπρησεν καὶ ἠφάνισεν· ἐπὶ τούτοις κρατηθέντα τὸν μάρτυρα ὑπὸ τῶν μιαρῶν νεωκόρων καὶ προσαχθέντα τῷ ἡγεμόνι, βοῇ μεγάλῃ κατεμαρτύρουν αὐτῷ, ὡς τοῦ τοιούτου δράματος τολμητὴν καὶ τῆς τῶν θεῶν αὐτῶν μητρὸς ὀλετῆρα· τοῦτον οὖν ὁ τύραννος ἐπιγνοὺς χριστιανὸν ἑαυτὸν εἶναι καὶ σταυρὸν ἐπιγραφόμενον καὶ Χριστοῦ δοῦλον ὑπάρχειν ὁμολογοῦντα ὡς καὶ τὸ πρίν, ἀλλ'[2] οὐ τοῦ Καίσαρος, σφόδρα μὲν ἐλυπήθη τὴν πρὸς αὐτὸν ἤδη εὔνοιαν ἐννοῶν, πλεῖστα δὲ

1. φονεύσας W. — 2. ἀλλ ἃ W.

νουθετῶν καὶ αὖθις προκοπὰς καὶ χρήματα ἱκανὰ καὶ τὰς παρὰ Καίσαρος δόξας ἐπαγγελλόμενος, εἴγε θῦσαι τῇ Ῥέᾳ καὶ τῷ Ἄρει προθύμως ἀνάσχοιτο, ὅλως περιτρέψαι τούτου τὸν εὐσεβῆ οὐκ ἴσχυσεν λογισμόν. Ἐπεὶ δὲ πάντῃ μὴ πειθόμενον αὐτῷ διέγνω τὸν ἅγιον, τότε καὶ φρουρὰν οἰκῆσαι παντελῶς ἀσιτοῦντα προσέταττεν[1] καὶ πληγὰς παμπληθεῖς ὑποστῆναι ἐπέτρεψεν, ἔν τε τῷ ξύλῳ προσηλώσας καὶ εἰς ἄκρον τὰς πλευρὰς καταξάνας, τέλος πυρὶ κατακαυθῆναι τοῦτον κατέκρινεν, ὡς οὕτω τὸν ναὸν τῆς μητρὸς τῶν ἀνοσίων Θεῶν αὐτῶν καταφλέξαντα· καὶ ὁ μὲν γενναῖος τοῦ Χριστοῦ στρατιώτης νομίμως ἀθλήσας ἐνίκησεν τὴν ἀσέβειαν, τελειωθεὶς ἐν Ἀμασίᾳ τῇ πόλει πρὸ δεκατριῶν καλανδῶν μαρτίων ἐπὶ Μαξιμιανοῦ καὶ Μαξιμίνου τῶν ἀσεβῶν βασιλέων. Ἡ δὲ μακαρία καὶ βασιλὶς ὄντως Εὐσέβεια πάντα τὰ προστεταγμένα πληρῶσαι σπουδάζουσα, ἐπιστᾶσα τῷ μαρτυρίῳ αὐτοῦ δῶρα ἱκανὰ προσενέγκασα τῷ ἡγεμόνι ᾐτήσατο τὸ τίμιον σῶμα τοῦ ἁγίου καὶ πανενδόξου μάρτυρος· ὃ καὶ λαβοῦσα καὶ ἐντίμως μυρίσασα καὶ διακοσμήσασα ὡς ἅγιον καὶ ἁγιάζον τοὺς τοῦτο τιμῶντας καὶ σὺν ἀνδράσιν εὐλαβέσι βαστάσασα ἐν τῷ ἰδίῳ οἰκίσκῳ τοῦτο ἀπέθετο, καθάπερ αὐτῇ ὁ ἅγιος ἐνετείλατο, ναὸν αὐτῷ ἐξεγείρασα περικαλλῆ καὶ σεπτότατον καὶ ἐν αὐτῷ θησαυρίσασα τὸ πολυτίμητον καὶ σεβάσμιον αὐτοῦ λείψανον· ᾧ προσκαρτεροῦσα ἱκέτευεν λιτανεύουσα δι' αὐτοῦ νύκτωρ καὶ μεθ' ἡμέραν τὸν ἐλεήμονα κύριον μακαρίως αὐτὴν τελειωθεῖσαν πλησίον αὐτοῦ κατατεθῆναι, τὴν εἰς αὐτὸν πίστιν μέχρι τέλους ἀκλινῆ καὶ ἀσάλευτον σῴζουσα, ὡς κηδεμόνα καὶ προστάτην τῶν αὐτῆς πάντων ὑπάρχοντα· ὃ καὶ τετύχηκεν· εὐχαῖς γὰρ δικαίων ὑπακούει ὁ κύριος, διότι ἡ πρὸς τοὺς εὔνους τῶν ὁμοδούλων διάθεσις ἐπὶ τὸν δεσπότην Χριστὸν τὴν ἀναφορὰν ἔχει, ᾧ δεδουλεύκασιν· καὶ ὁ τοὺς διὰ τὴν ἀληθῆ πίστιν ἠθληκότας τιμῶν δῆλός ἐστι τὸν ἴσον ζῆλον

1. προέταττεν W.

ἔχειν τῆς πίστεως· ὅθεν καὶ οἱ τοὺς ἁγίους μάρτυρας τιμᾶν εἰωθότες συμμερισταὶ γίνονται πάντων τῶν τούτοις ἀποκειμένων στεφάνων. Θανοῦσαν μὲν οὖν τὴν μακαρίαν καὶ φιλόχριστον Εὐσέβειαν εὐσεβῶς ἐν Χριστῷ πλησίον τῆς τοῦ ἁγίου κοιμήσεως οἵ τε προσήκοντες καὶ οἱ παρ' αὐτῆς καταστάντες τοῦ μάρτυρος θεράποντες ἀπέθεντο, μνήμην ταύτης ἐπιτελοῦντες, ἣν καὶ νῦν ἐπιτελεῖν ἀκατάληκτον εὐχόμεθα, ἀνθ' ὧν τὸν ἄσυλον τοῦτον θησαυρὸν ἐδωρήσατο ἡμῖν, τῷ σαββάτῳ τῆς μέσης τῶν νηστειῶν ἑβδομάδος, ὡς τῷ σαββάτῳ τῆς πρώτης ἑβδομάδος ἡ τοῦ ἁγίου κατὰ τὸ εἰωθὸς παγκοσμίως ἐπιτελεῖται γενέθλιος ἑορτή.

8. Ἡμεῖς δὲ ἐλάχιστοι δοῦλοι, ὦ δέσποτα ἀθλοφόρε καὶ μάρτυς πιστὲ τοῦ μεγαλοδώρου Χριστοῦ καὶ προνοητὰ ἐξαίρετε ἡμῶν καὶ τῶν ἡμῶν, ὡς προαγωγὴ ὄψιμος καὶ ἀδόκιμος παραφυὰς τῶν σῶν κλάδων, ἡμῶν δὲ πατέρων καὶ καθηγητῶν, ἅμα τῇ σὺν ἡμῖν ταύτῃ εὐτελεῖ λογικῇ σου ποίμνῃ καὶ τῷ πτωχοτάτῳ καὶ οἰκετικῷ σου λαῷ, μακάριε καὶ τρισμακάριε μάρτυς, ὡς θεοδώρητον παρρησίαν κεκτημένον πρὸς τὸν κοινὸν ἡμῶν δεσπότην καὶ σωτῆρα Χριστὸν καὶ τὴν περὶ ἡμῶν φροντίδα ὡς παραθήκην ἀναδεδεγμένον γονυκλιτοῦντες αἰτοῦμεν, καὶ διασκορπισθέντας ἐπισυνάγαγε καὶ αἰχμαλωτισθέντας διὰ τὰς πολλὰς ἡμῶν ἀνομίας ὑπὸ τῶν ἀλιτηρίων τούτων Ἀγαρηνῶν τῶν καὶ ἀποστρεφομένων τὴν ὑπὲρ ἡμῶν τῶν ταπεινῶν καὶ πάσης τῆς φύσεως φιλάνθρωπον συγκατάβασιν τῆς οἰκονομίας τοῦ κοινοῦ ἡμῶν δεσπότου καὶ Θεοῦ ἐπανάγαγε τελείως τε ἐκλείποντας παραμύθησαι καὶ μὴ ἐγκαταλίπῃς τοὺς οἰκέτας, ἀλλὰ πάρεσο καὶ φρούρει καὶ ἐπισκόπει καὶ χειραγώγει πρὸς τὰ κρείττονα καὶ ἐχόμενα σωτηρίας· τῶν τε σπουδῇ καὶ πόθῳ προσδραμόντων καὶ προστρεχόντων ἐν τῇ σῇ ταύτῃ σεπτῇ αὐλῇ τοῦ ἁγίου σου σκηνώματος τὰς κατὰ Θεὸν αἰτήσεισι πρόσδεξαι καὶ προσάγαγε αὐτῷ καὶ τὴν χάριν ἑκάστῳ ἀπονεῖμα καταξίωσον, ὅπως τύχωμεν διὰ σοῦ μετὰ τῶν ἐπιγείων τούτων καὶ προσκαίρων ἐπιτηδείων καὶ προσφόρων καὶ τῶν ἀτελευτή-

των ἀγαθῶν ἐν Χριστῷ Ἰησοῦ τῷ κυρίῳ ἡμῶν, ᾧ ἡ δόξα καὶ τὸ κράτος εἰς τοὺς αἰῶνας τῶν αἰώνων, ἀμήν.

9. Ἐνταῦθα τὰ προηρημένα καλῶς ἔχειν ὑπολαμβάνοντες, φέρε τῷ μετρίῳ ἡμῶν τούτῳ πάλιν λόγῳ τῶν ποικίλων καὶ μεγίστων τοῦ μάρτυρος θαυμάτων συμμέτρως καθὼς ὑπεσχόμεθα εἰς δόξαν Θεοῦ μνημονεύσωμεν. Εἰ γὰρ ὅσα ἠκούσαμεν καὶ θεωρῆσαι κατηξιώθημεν εἰπεῖν βουληθῶμεν, οὐκ ἂν ὁ βραχὺς ἡμῶν χρόνος εἰς τὸ λέγειν ἐπαρκέσειεν.

Θαῦμα α΄[1]. Ἔτι τῷ βίῳ περιοῦσα ἡ φιλόχριστος καὶ φιλομάρτυς Εὐσέβεια καὶ τῷ τοῦ ἁγίου προσκαρτεροῦσα λειψάνῳ, εἰκόνα τούτου γράψαι καὶ κτήσασθαι[2] ἐβουλεύσατο. Ἐλθοῦσα τοίνυν πρός τινα τῶν γραφέων σχῆμά τε καὶ πρόσωπον ἑρμηνεύσασα καὶ τὸν οἰκεῖον πόθον τῇ ἐκείνου χειρὶ πληρῶσαι μὴ δυνηθεῖσα σὺν ἀθυμίᾳ πολλῇ ὑπεχώρησεν οἴκαδε. Οὐ μετ' οὐ πολὺ[3] δὲ φθάσας ὁ ἅγιος ὥσπερ τις ἐκ μακρᾶς ὁδοῦ στρατιώτης, λέγειν ἐκέλευσεν τῷ γραφεῖ τὸ ὑπὸ τῆς γυναικὸς προσταχθὲν αὐτῷ· κἀκείνου φήσαντος, ὁ μάρτυς ἔφη πρὸς αὐτόν· « Ὡς ὁρᾷς, ἐμὲ γράψον ἀκριβῶς καὶ πάντως ἀρέσῃς αὐτῇ. » Τῆς οὖν εἰκόνος γραφείσης κἀκείνου ἀφανοῦς καταστάντος, ἰδοὺ καὶ αὐτὴ παραγίνεται· καὶ μαθοῦσα τὴν τοῦ ἁγίου παράστασιν, ὀφθαλμοὺς καὶ χεῖρας εἰς ὕψος διάρασα τὸν Θεὸν ἐκ καρδίας ἀνύμνησεν, ὡς καὶ ἐν τούτῳ τὴν ἐπιθυμίαν αὐτῆς ἐκπληρώσαντα· τήν τε εἰκόνα λαβοῦσα μετὰ χαρᾶς ἐπὶ τὸν ἴδιον οἶκον ἀνέκαμψε τὴν Εὐχάϊτα· ἥτις καὶ σῴζεται χάριτι Χριστοῦ μέχρι τῆς σήμερον. Οὕτως τοὺς φιλοῦντας αὐτοὺς ἀγαπῶντες οἱ ἅγιοι, τούτοις[4] ὅταν θέλωσι τὰς αἰτήσεις παρέχουσιν.

10. Θαῦμα β΄. Κατὰ τοὺς ἤδη παρῳχηκότας καιρούς, ὅτε τὸ τῶν Περσῶν ἄθεον ἔθνος τὴν χώραν ἡμῶν κατενέμετο, ἐλθόντες ἐν Εὐχαΐτοις οἱ βάρβαροι πᾶσαν ζήτησιν καὶ ἀνερεύνησιν ἐποιοῦντο ἐν τῷ τοῦ ἁγίου σεπτῷ μαρτυρίῳ διὰ τὸ αὐτοῦ

1. Θ(αῦμα) α΄ *in marg. et ita deinceps.* — 2. κτίσασθαι W. — 3. μετοῦ πολλὺ W. — 4. τούτους W.

τίμιον λείψανον, οὐ διὰ πόθον εὐχῆς, πῦρ γὰρ καὶ ὕδωρ ἐσέβοντο τοῖς κτίσμασιν ἀντὶ τοῦ κτίστου λατρεύοντες, ἀλλ' ἐνεργείᾳ δαιμονικῇ τὸν νοῦν κλαπέντες· τῶν δὲ τιμίων τοῦ ἁγίου ὀστῶν γυμνωθέντων, πάσης μὲν τούτους εὐωδίας ἐνέπλησαν, πολλοὺς δὲ τῶν παρόντων καὶ ὑπὸ πνευμάτων ἀκαθάρτων ὀχλουμένους ἠλευθέρωσαν, πλείστους δὲ ποικίλαις νόσοις καὶ πάθεσι σωματικοῖς κατεχομένους ἰάσαντο[1]· οἵτινες ἐπιγνόντες τὴν παρὰ τοῦ κυρίου ἡμῶν Ἰησοῦ Χριστοῦ δι' αὐτῶν θαυματοποιὸν ἐνέργειαν, πίστει ἕκαστος τῶν ἰαθέντων πιστῶν ὥσπερ ἀλεξιτήρια φάρμακα ἑαυτῷ ἐξ αὐτῶν ἐθησαύρισεν, εἰ καὶ ἄκοντες μετ' οὐ πολὺ[2] πάντα ἀπέδωκαν, ἀδιαίρετον καὶ ἄσυλον τοῦ μάρτυρος τὸ ἑαυτοῦ τίμιον σῶμα τῷ ἰδίῳ ᾧ καὶ ἠρετίσατο ἁγιαστικῷ περιβόλῳ διατηρηθῆναι πρεσβεύσαντος· οὐ γὰρ ἐπαύσατο βλέπων ἐπὶ τὴν πόλιν ἡμῶν ὁ Θεός, ὥστε τρέμειν αὐτήν, ἕως καὶ τὸν σὺν τοῖς ὀστέοις ληφθέντα χοῦν πᾶς τις ἐφανέρωσεν· ἐπὶ τούτοις γὰρ ἐκστάντες οἱ βάρβαροι πρὸς φόβον τε καὶ ἔκπληξιν τραπέντες — ἴσασιν γὰρ θαυμάζειν τὰ μεγαλεῖα τοῦ Θεοῦ καὶ πολέμιοι — ἐπέτρεπον τοῖς συνελθοῦσι χριστιανοῖς ἀπαραλείπτως τὰ διαμερισθέντα παρ' αὐτῶν ἀποδοῦναι· καὶ δὴ ταῦτα πάντα ἀνελλιπῶς ἐπισυναγαγόντες καὶ ἐν σινδόνι καθαρᾷ ἐναποθέμενοι ἐάσαντές τε οἱ ἀλιτήριοι ἐπὶ τῇ τούτων φυλακῇ πρεσβύτην τινὰ τῶν ἐκ τῆς αἰχμαλωσίας πρὸς τὸ ταῦτα παραδοῦναι τῷ τηνικαῦτα προεδρεύοντι τῆς πόλεως ἡμῶν ἐπισκόπῳ Ἐλευθερίῳ τῷ μεγάλῳ, τῷ καὶ τὸν ἅγιον τοῦτον μετὰ τοῦτο ναὸν ἀνακαινίσαντι, ὑπεχώρησαν τῆς πόλεως· ὅστις, τούτου τελειωθέντος ἐν αὐτῷ, τὰ σεβάσμια καὶ πολύτιμα[3] ἡμῖν παντὸς χρυσίου καὶ ἀργυρίου τοῦ ἀθλοφόρου λείψανα ἐν ἰδιάζοντι πλησίον τῆς κοιμήσεως τόπῳ ἀπεθησαύρισεν εἰς δόξαν καὶ τιμὴν τῆς τοῦ μάρτυρος μεγαλειότητος. Ἀλλ' ἐπανέλθωμεν εἰς τὸ προκείμενον.

11. Θαῦμα γ'. Ἔτι γὰρ πρὸ τοῦ ἄστεως οἱ Πέρσαι διάγοντες,

1. *corr., prius* ἰάσατο W. — 2. πολλὺ W. — 3. *ita* W; *exspectes* πολυτιμότερα.

ὑπὸ ῥωμαϊκοῦ ἐκστρατεύματος αἴφνης βλαβέντες καὶ θυμῷ πολλῷ ὑπερζέσαντες, πολλοὺς μὲν τῶν αἰχμαλώτων ἐν φόνῳ μαχαίρας ἀπέκτειναν, πᾶσαν δὲ τὴν πόλιν καὶ τὸν τοῦ ἁγίου ναὸν πυρὶ κατέφλεξαν· ἀλλ' οὐ πάντη λαθεῖν ἠδυνήθησαν, καταλαβόντος αὐτοὺς ὁπλοφόρου τοῦ μάρτυρος· πολλὴν γὰρ μήπω πορευθεῖσιν ὁδὸν αὖθις ἕτερον ῥωμαϊκὸν στῖφος στρατιωτῶν ἐπελθὸν ἐπὶ τὸ λεγόμενον Ὀμφαλίμου ὄρος τοὺς πολλοὺς ἐξανάλωσεν, τοὺς ὑπολοίπους δὲ φθάσαντας ἐπὶ τὸν λεγόμενον Λύκον ποταμὸν ὡσεὶ λίθων βολίδες χαλάζης πλῆθος καταπεμφθὲν ἐξ οὐρανοῦ ἡ θεία δίκη ἐθανάτωσεν, ὡς μηδένα τῶν τὰ τοιαῦτα δεδρακότων εἰς τὰ οἰκεῖα ἐπανελθεῖν· ἐν ᾧ τόπῳ ὑπὲρ τῆς εἰς τὸν μάρτυρα εὐχαριστίας τὸ τοιοῦτον ῥωμαϊκὸν ἐκστράτευμα ἐκ νέας ναὸν ἤγειρε τῷ μάρτυρι ὁμώνυμον ὡς τῆς τοιαύτης νίκης αἰτίῳ, ὡς αὐτοὶ διώμνυντο, πρόμαχον εὑρόντες αὐτὸν καὶ συμπροθυμούμενον· ὅστις καὶ μέχρι τῆς σήμερον διαμένει.

12. Θαῦμα δ'. Τῷ τεσσαρεσκαιδεκάτῳ ἔτει τῆς θεοφυλάκτου καὶ φιλοχρίστου βασιλείας Κωνσταντίνου, τῆς μεταξὺ Ῥωμαίων καὶ Σαρακηνῶν περαιωθείσης εἰρήνης, ἐν ἀρχῇ τῆς ἑβδόμης ἰνδικτιῶνος καταστρατεύσαντες οἱ ἀλιτήριοι Ἀγαρηνοί, τὴν γῆν ἡμῶν πᾶσαν ἠρήμωσαν διὰ τὰς ἁμαρτίας ἡμῶν· ἐπ' ἀληθείας γὰρ τὰ ἀκόλουθα τὰ τοῖς πολεμουμένοις κακὰ κρίσει Θεοῦ δικαίᾳ γίνεται τοῖς ἀξίοις κολάσεως· πόλεμος γάρ, φησὶν ὁ προφήτης Ὠσηέ, ἐπὶ τέκνα ἀπειθείας ἦλθεν καὶ συναχθήσονται ἐπ' αὐτοῖς λαοὶ παιδεῦσαι αὐτοὺς ἐν ταῖς ἀδικίαις αὐτῶν· τούτων τοίνυν ἐν τῇ γῇ ἡμῶν γινομένων καὶ τῇ πόλει ἡμῶν λοιπὸν ἐγγιζόντων, γυνή τις σεμνοτάτη ὀπτασίαν ἑωρακυῖα πολλοῖς ταύτην προεξήγγειλεν λέγουσα, ὅτι στῖφος πολὺ[1] βαρβάρων πρὸ τοῦ τείχους τῆς πόλεως ἡμῶν ἐφεστὸς ἐθεώρει· καὶ τὴν πύλην εἰσελθεῖν βουλομένου, κατεῖδεν ἐμφανῶς τὸν μάρτυρα ἔφιππον καὶ ὁπλοφόρον ἐν μέσῳ τῆς πύλης ἑστῶτα

1. πολλὺ W.

καὶ τούτοις γενναίως ἀντιπαρατασσόμενον[1]· τοῦτο δὲ παρ' αὐτῆς ἑωρᾶτο ἐν ᾧ καὶ πάλαι θαυματουργήσας ἱστόρηται τόπῳ ὁ ἅγιος ἐπάνω τῆς πύλης ἐπὶ τῶν ἀγρίων Σκυθῶν τε καὶ Οὔννων· πολλάκις τοίνυν τῶν Ἀγαρηνῶν προσβαλόντων, τοσαυτάκις δὲ ὑπ' αὐτοῦ ἀνατραπέντων — ἀντιστῆναι γὰρ οὐκ ἠδύναντο τῷ σταυρῷ καὶ τῷ μάρτυρι τοῦ Χριστοῦ —, τέλος δύναμίν τινα ἀγγελικὴν ἡ ἄνθρωπος ἄνωθεν ἐθεάσατο, τοιαύτης ἀκούσασα καὶ φωνῆς λεγούσης πρὸς αὐτόν· « Πάρες τούτοις τὴν εἴσοδον· οὐ γὰρ ἄνευ κυρίου ἀνέβησαν ἐκπολεμῆσαι τὴν χώραν. » Τούτων οὖν, ὡς ἡ γυνὴ ἔφη, ὑπακούσας τῶν ῥημάτων ὁ ἅγιος, εὐθὺς ὑπεχώρησεν ἀκώλυτον μὲν τούτοις τὴν εἴσοδον παρασχών, τοιαῦτα δὲ καθ' ἑαυτὸν τὸ θεῖον πάντως ἐκδυσωπῶν· « Μὴ παραδῷς, δέσποτα Χριστὲ ὁ Θεός, τοῖς θηρίοις ψυχὰς ἐξομολογουμένων σοι· ἐπίβλεψον καὶ νῦν εἰς τὴν διαθήκην σου καὶ μνησθεὶς τοῦ διὰ σὲ καυθέντος μου σώματος, ἐλέησον τὸν λαόν σου, ὅν μοι κατηξίωσας παραθέσθαι, καὶ μὴ μιάνωσιν οὗτοι τὸ κατοικητήριον εἰς τέλος τοῦ δούλου σου. » Καὶ τότε τοίνυν καὶ εἰς ἀεὶ τοιαῦτα βοῶντος αὐτοῦ ὁ μόνος φιλάνθρωπος καὶ φυσικὴν κεκτημένος τὴν ἀγαθότητα τὰς τούτου δεήσεις δεξάμενος ᾤκτειρεν ἡμᾶς τοὺς ἁμαρτωλούς· κατὰ γὰρ τὰς ἀνομίας ἡμῶν οὐκ ἐποίησεν ἡμῖν οὐδὲ κατὰ τὰς ἁμαρτίας ἡμῶν ἀνταπέδωκεν ἡμῖν, ἀλλὰ κατὰ τὸ ὕψος τοῦ οὐρανοῦ ἀπὸ τῆς γῆς ἐκραταίωσε κύριος τὸ ἔλεος αὐτοῦ ἐφ' ἡμᾶς, ὅτι οἰκτίρμων ἐστί, μακρόθυμος καὶ πολυέλεος καὶ μετανοῶν ἐπὶ ταῖς κακίαις ἡμῶν· ἀληθῶς γὰρ ἡ τιμωρία φιλανθρωπία γέγονεν ἡμῖν, διότι παιδεύων δικαίως ἐπαίδευσεν, τῷ δὲ θανάτῳ τῆς ἀπογνώσεως ἡμᾶς οὐ παρέδωκεν· ἅπαντες γὰρ πλὴν ὀλίγων τινῶν ἐν τοῖς ὀχυρώμασι διεσώθημεν τῇ τοῦ ἁγίου πνεύματος χάριτι.

Ὁρᾶτε, φιλόχριστοι, οἵαν οἱ ἅγιοι παρρησίαν ἐκτήσαντο πρὸς Θεὸν καὶ ὅπως τὰς ὑπὲρ ἡμῶν πρεσβείας τούτῳ προσάγουσι πάντοτε· τιμήσωμεν τοίνυν τοῦ ἁγίου μεγαλομάρτυ-

1. *corr.*, *prius* ἀντιπαραττατόμενον W.

ρος τὸ τίμιον λείψανον, παρ' ἡμῖν καταξιῶσαν κατασκηνῶσαι, καὶ τῆς οὕτω λαμπρᾶς αὐτοῦ εὐανδρίας καθάπερ γέρας τὴν ἐτήσιον αὐτοῦ μνήμην πανηγυρίζωμεν· ἴσμεν γὰρ καὶ αὐτὸν ἄνθρωπον γεγονότα, ἀλλ' ὡς γενναίως ἀθλήσαντα καὶ τῆς εἰς Χριστὸν εὐσεβείας ἀσμένως προκινδυνεύσαντα ταῖς καθηκούσαις στεφανοῦμεν τιμαῖς, τῇ τῶν ἀνδραγαθημάτων λαμπρότητι τὴν ἀρίστην νέμοντες ψῆφον αὐτῷ πρὸς δόξαν Χριστοῦ τοῦ μόνου ἀγαθοῦ Θεοῦ καὶ σωτῆρος ἡμῶν.

13. Θαῦμα ς'[1]. Ἐπὶ τούτοις τοῦ τοιούτου ἀπεχθοῦς ἔθνους τῶν ἐχθρῶν τὴν πόλιν πληρωσάντων τόν τε χειμέριον χρόνον ἐνταῦθα ποιησάντων, ὁ τούτων ἐξάρχειν λαχὼν φθόνῳ τινὶ δαιμονικῷ κινηθεὶς πρὸς τὸν πάγκαλον καὶ τερπνότατον τοῦ ἁγίου ναὸν ὀρυκτῆρας καὶ μοχλοὺς ἐποίησεν ἱκανούς, κατασκάψαι τοῦτον ἐκ θεμελίων βουλόμενος· ὡς δὲ συναγαγὼν ἅπαντας ἐν τῷ λεχθέντι τιμίῳ ναῷ καὶ τὴν περὶ τούτου πονηρὰν αὐτοῖς ἔννοιαν ἐξελάλησεν, ἔτι τοῦ λόγου ἐν τῷ στόματι αὐτοῦ ὄντος, ἡ ὀργὴ τοῦ Θεοῦ ἀνέβη ἐπ' αὐτὸν καὶ πρηνὴς ἐν τῷ ἐδάφει πεσὼν ἐκυλίετο ἀφρίζων καὶ τὴν γλῶσσαν αὐτοῦ καταμασώμενος[2]· οἱ δὲ βάρβαροι τοῦτον ἁρπάσαντες ἐν τῷ οἰκείῳ ἀπέθεντο καταλύματι, τοῦ μὲν σατανικοῦ κωλυθέντα τολμήματος, τοῦ δὲ ἐναντίου πνεύματος μὴ ἀπαλλαγέντα.

14. Θαῦμα ζ'. Ὡς προειρήκαμεν τοίνυν, ἐνταῦθα χειμασάντων αὐτῶν πολλήν τε αἰχμαλωσίαν ἀνθρώπων τε καὶ κτηνῶν ἐκ διαφόρων ἐπαρχιῶν ἐπισυναγαγόντων καὶ πολλῶν θνησιμαίων εἰς τὰς πλατείας καὶ ῥύμας καὶ ἐν τοῖς οἴκοις κειμένων, τῷ λιμῷ καὶ τῷ κρύει φθαρέντων αὐτῶν, πᾶσα ἡ πόλις ἐπόζεσεν, μικροῦ καὶ ἄβατος τοῖς ἐχθροῖς γενομένη· ὅθεν καὶ ἄκοντες ὡς εἰπεῖν ἀνεχώρησαν τῷ μαρτίῳ μηνί· πολλοὶ γοῦν τῶν ἐνταῦθα μετὰ τὴν ἔξοδον τῶν ἐχθρῶν ἐκ τῶν ὀχυρωμάτων ἐλθόντες τήν τε δυσωδίαν καὶ ἐρημίαν τῆς πόλεως θεωρήσαντες μετανάσται τῶν ἰδίων ἐν ἄλλαις πόλεσι γενέσθαι ἠβούλοντο· ἀλλὰ καὶ τοῦτο Θεὸν δυσωπήσας ὁ μάρτυς γενέσθαι οὐ παρεχώρησεν·

1. *nullum legitur in* W θαῦμα ε'. — 2. καταμασσόμενος W.

ταῖς γὰρ αὐτοῦ ἱκεσίαις αἴφνης ὀμβροτόκων νεφελῶν κινηθέντων, τοσοῦτος ἐν μόνῃ τῇ πόλει καὶ οὕτω λάβρος ὑετὸς τότε ἠνέχθη, οἷος οὐ γέγονεν πώποτε, ὥς φασιν, ἐν ταῖς ἡμέραις ἡμῶν· δι' οὗ καθαρθεῖσα ἡ πόλις τοὺς οἰκήτορας ἐπεσπάσατο χαίροντας.

Ὁρᾶτε, ἀγαπητοί, ὅσα θαύματα ἐδωρήθη τῷ πανενδόξῳ μάρτυρι πρὸς τούτοις καὶ ἀοίκητον πᾶσαν γενέσθαι μέλλουσαν τὴν πόλιν οἰκεῖσθαι πάλιν ἐπρέσβευσε διὰ τῆς οὐρανόθεν τῶν ὑδάτων ἐκπλύσεως. Χρὴ τοίνυν ταῖς ἀτελευτήτοις τοῦτον παρ' ἡμῶν τιμᾶσθαι τιμαῖς τε καὶ πανηγύρεσι, τοιαύτην ἀξιόκτητον καὶ εὐπρόσιτον παρρησίαν πρὸς Θεὸν κεκτημένον, ὡς οὐ μόνον κινδύνων πολλῶν ἀλλὰ καὶ θανάτων πολλάκις ἐλυτρώθημεν δι' αὐτοῦ ταῖς ὑπὲρ ἡμῶν πρὸς τὸν φιλάνθρωπον Θεὸν ἱκεσίαις αὐτοῦ· αὐτοῦ γὰρ πρὸς τὴν αὐτοῦ ἄφατον εὐσπλαγχνίαν τὸ γνήσιον τῆς εἰς αὐτὸν πίστεως τηρήσαντος, ἀξίως τὰς ὑπὲρ ἡμῶν αἰτήσεις κομίζεται καὶ μεταδίδωσιν ἡμῖν τοῖς ἀναξίοις τὰς παρ' αὐτοῦ πλουσίας δωρεάς· διὸ καὶ τὴν οἰκείαν χρεωστοῦμεν τούτῳ ζωήν· αὐτὸς γὰρ ἡμᾶς κατεκτήσατο αἵματι τῷ ἰδίῳ.

15. Θαῦμα θ'[1]. Τὸ ἀκόρεστον ἐπιστάμενος ὑμῶν τῶν πιστῶν πρὸς τὸ ἀκούειν τὰ τῶν ἁγίων θαύματα ὡς πάσης εὐφροσύνης ἐμπιπλῶντα τοὺς ἀκούοντας, καὶ τοῦτο τοῖς προκειμένοις ἐπισυνάπτωμεν. Διὰ τὴν κατ' ἔτος γινομένην ἔφοδον τῶν ἐχθρῶν τοῖς ὀχυρώμασιν προσπελαζόντων ἡμῶν, τῷ καιρῷ εἷς ἱερεὺς μετ' ὀλίγων λειτουργῶν ὑπὸ τοῦ ἀρχιερέως ἐν τῇ πόλει παρεαθεὶς προσεκαρτέρει τῷ τοῦ ἁγίου τιμίῳ ναῷ· τῆς δὲ ἐαρινῆς μνήμης τούτου ἐνδόξου μάρτυρος ἐπιστάσης, ἰδοὺ ὥσπερ τις καταιγὶς ἀπροσδόκητος οἱ Σαρακηνοὶ τούτοις ἐπέστησαν ψάλλουσι τὴν ἐπιλύχνιον τρισαγίαν ᾠδὴν ἐν αὐτῇ τῇ παρασκευῇ τῆς ἐαρινῆς παραμονῆς. Πάντων οὖν ἐκ τῶν χειρῶν αὐτῶν ὡς εἰπεῖν τῇ τοῦ Χριστοῦ χάριτι διαφεθέντων φυγῇ χρησαμένων καὶ διασωθέντων, μόνος συνελήφθη ὁ ἱερεὺς ἔνδον ἑστὼς ἐν

1. *nullum legitur in* W θαῦμα η'.

τῷ βήματι. Τοῦτον οὖν κρατήσαντες καὶ ἀγαγόντες ἔξω τοῦ ἄστεως, ἐβασάνιζον θάνατον ἀπειλοῦντες[1] εἰ μὴ τοὺς διαπεφευγότας παραδῷ, ἅμα δὲ καὶ τὰ ἱερὰ σκεύη. Ἄυπνον γοῦν τὴν νύκτα τούτου διατελέσαντος, γυνή τις τῶν συναιχμαλώτων τὸν πρεσβύτην ἱκέτευεν, ὥστε τὸν ἐν τῷ κάστρῳ ὄντα γόνον αὐτῆς ὡς ἴδιον ἔχειν υἱὸν παραθεμένη· ἔλεγεν γάρ, ὡς οὐ μετὰ πολὺ[2] ἐκεῖσε παραγίνεται διασωθεὶς ὁ πρεσβύτης· καὶ γὰρ διώμνυτο ἡ γυνὴ τὸν ἅγιον μάρτυρα κατὰ τὴν ὥραν ἐκείνην ἑωρακέναι παραγενόμενον καὶ τὸν πρεσβύτην βιαίως τῆς τῶν βαρβάρων ἐξαρπάσαι χειρὸς πάνυ θυμούμενον κατ' αὐτῶν. Καὶ ταῦτα μὲν τὸ γύναιον διαβεβαιούμενον παρεκάλει· πρωΐας δὲ ἤδη γενομένης, ἀναστάντες οἱ βάρβαροι τέσσαρσί τε παραδεδωκότες τοῦτον Σαρακηνοῖς πρὸ τῶν τειχῶν ὄντες ἐν τῇ πόλει ἀπέστειλαν ἐντειλάμενοι ἢ τοὺς λαθόντας καὶ τὰ ἱερὰ παραδοῦναι ἢ μαχαίρᾳ τοῦτον τῆς ζωῆς ὑπεξαγαγεῖν. Ὡς οὖν ἔνδον γεγονότες μέσον ἔχοντες τοῦτον πεπεδημένον ἀμφότεροι καὶ καταλαβόντες πλησίον τοῦ λεγομένου Τετραπύλου, ὅς ἐστιν πρὸς ἀποφυγὴν τόπος ἐπιτήδειος, τῶν δεσμῶν αἴφνης αὐτῷ λυθέντων τούς τε κατέχοντας ὤσας ὥσπερ τινὰς ἠκρωτηριασμένους καὶ μὴ ὑπάρχοντας, δρασμῷ τὴν σωτηρίαν ὠνήσατο· οἱ δὲ βάρβαροι πάμπολλα διερευνησάμενοι καὶ τοῦτον μηδέπω καὶ νῦν θεασάμενοι, οὕτως ἀπῆλθον κατησχυμμένοι καὶ ἄπρακτοι τοῖς ἀποστείλασι τὸ πραχθὲν ἀπαγγείλαντες· καὶ αὐτῶν τῆς πόλεως ἀναχωρησάντων τῆς τε ἐτησίου μνήμης ἐν ἐκείνῳ τῷ σαββάτῳ ἐνισταμένης καὶ τῆς λειτουργίας ἐν τῷ σεπτῷ ναῷ τοῦ μάρτυρος ἐπιτελουμένης ὑπὸ τῶν διασωθέντων τῷ διασώσαντι αὐτοὺς παραδόξως Θεῷ, καὶ τότε καὶ εἰς ἀεὶ τὴν εὐχαριστίαν καὶ ἡμεῖς προσάγειν οὐκ ἀπολήγωμεν, διότι μεγάλη παρ' αὐτῷ καθάπερ ὁρῶμεν τῶν ἁγίων ἡ δύναμις· ἀεὶ γὰρ ζῶσιν πάντες οἱ κατὰ Θεὸν ζήσαντες, κἂν τῶν ἐνθένδε ἀπαλλαγῶσιν, καὶ μεγίστην ἔχοντες πρὸς αὐτὸν παρρησίαν διασῴζουσι πάντοτε τοὺς ἐπ' αὐτοὺς πεποιθότας· καὶ ὅτι τοῦτό ἐστιν ἀληθές, ἀκου-

1. ἀπειλοῦντος W. — 2. πολλὺ W.

σατε καὶ ἄλλο κατ' αὐτὸ γεγονὸς θαῦμα, τοῦ προλαβόντος οὐκ ἔλαττον.

16. Θαῦμα ι'. Τῇ αὐτῇ ἡμέρᾳ τοῦ σαββάτου ἐκείνου οἱ τῆς χειρὸς τῶν ἐχθρῶν διασωθέντες ὡς ἔφαμεν λειτουργοί, ἐν τῷ τοῦ ἁγίου εἰσελθόντες λειτουργῆσαι ναῷ, βοῦν ηὗρον τοῖς τῆς αὐτοῦ κοιμήσεως προσδεδεμένον καγκέλλοις[1]· περὶ οὗ πλεῖστα διαποροῦσιν τῇ ἑξῆς τινες τῶν πλησιαζόντων καὶ ἀπὸ τοῦ προσκειμένου ὄρους κατοπτευόντων διηγήσαντο ταῦτα ὡς· ἄνθρωπός τις ἀπὸ τῆς Παφλαγόνων χώρας τὸν βοῦν ἐκεῖνον φέρων τῷ ἁγίῳ προσαγωγὴν παρ' αὐτοῖς τὴν νύκτα κατέλυσεν τῆς παρασκευῆς· τοῦτόν τε τῷ πρωῒ σὺν τῷ βοῒ ἀποστείλαντες τήν τε ἔφοδον τῶν ἐχθρῶν μετὰ τοῦτο μεμαθηκότες καὶ δρασμῷ χρησάμενοι, ἀπὸ τῆς ἀκρωρείας ἔβλεπον[1] τὸν καρποφόρον ἄνδρα ἐπανερχόμενον· καὶ τοῦτον προσκαλεσάμενοι ἠρώτων, ὅπως περισωθεὶς ἐπανήρχετο. Ὁ δὲ διομνύμενος ἔφασκεν μηδαμῶς ἑωρακέναι τινά, ἀλλ' ἐν τῇ πόλει, φησίν, εἰσελθὼν καί τινα μηδαμοῦ εὑρηκώς, τὸν ὑπ' ἐμοῦ προσκομισθέντα βοῦν τοῖς καγκέλλοις[2] τῆς τοῦ ἁγίου κοιμήσεως προσδεδεκὼς ἀπεχώρησα. Τούτων ἀκηκοότες παρ' αὐτοῦ τῶν ῥημάτων τόν τε ἄνδρα διασεσωσμένον ὁρῶντες, ἀπιστεῖν μὲν παντελῶς οὐκ ἠδύναντο, ἐξίσταντο δὲ ὅμως καὶ διηπόρουν, πῶς τὴν αὐτὴν τοῖς ἐχθροῖς διοδεύσας ὁδὸν τῆς τούτων διεσώθη χειρός. Ὄντως θαυμαστὸς ὁ Θεὸς ἐν τοῖς ἁγίοις αὐτοῦ· οὕτως γὰρ καὶ οἱ τῷ Ἐλισσαίῳ ποτὲ ἐπιστάντες Ἀσσύριοι[3] ἐπατάχθησαν ὁράσεως ἀχλύι[4] παραδοθέντες τούτῳ καὶ παίγνιον[5], ἰδεῖν οὐ δυνάμενοι, καίτοι ἐγγὺς ἔχοντες τὸν ζητούμενον· ὡς καὶ νῦν ὁ μάρτυς τὸν πρὸς αὐτὸν μετὰ πίστεως ἥκοντα σέσωκεν, ῥυσάμενος τοῦτον τῆς φονίας τῶν ἐχθρῶν δεξιᾶς, εἰς δόξαν καὶ εὐχαριστίαν Χριστοῦ τοῦ Θεοῦ ἡμῶν· μεθ' οὗ τῷ πατρὶ καὶ Θεῷ δόξα, κράτος, τιμὴ καὶ προσκύνησις σὺν τῷ παναγίῳ καὶ ἀγαθῷ καὶ ζωοποιῷ πνεύματι, νῦν καὶ ἀεὶ καὶ εἰς τοὺς αἰῶνας τῶν αἰώνων, ἀμήν·

1. καγκέλοις. W. — 2. Kurtz, ἔμπλεον W. — 3. καγκέλοις. W. — 4. Ἀσύριοι W. — 4. Kurtz, ὁρασία χλεύη W. — 5. πέγνιον W.

VI

Cod. M.

ΜΑΡΤΥΡΙΟΝ ΤΟΥ ΑΓΙΟΥ ΜΑΡΤΥΡΟΣ ΕΥΤΡΟΠΙΟΥ[1] ΚΛΕΟΝΙΚΟΥ ΚΑΙ ΒΑΣΙΛΙΣΚΟΥ[2]

1. Μετὰ τὸ ὑπὲρ Χριστοῦ τὸ τῆς μαρτυρίας στάδιον καλῶς διανῦσαι τὸν ἅγιον μάρτυρα Θεόδωρον ὀργὴ μεγάλη ἐπὶ τὸν ἡγεμόνα Πούπλιον κατεπέμφθη καὶ κακῶς διολλύμενος ἐτελεύτησεν. Ἦλθε δὲ διάδοχος τούτῳ, ὀνόματι Ἀσκληπιόδοτος, τῷ γένει Φρύξ, λοιμὸς τῇ γνώμῃ καὶ ἄθεος τὴν προαίρεσιν. Εἰσελθὼν δὲ ἐν Ἀμασίᾳ δεινὰ ἔπραττε κατὰ τῶν τοῦ Θεοῦ δούλων. Εἶχε γὰρ Μαξιμιανοῦ[3] καὶ Μαξιμίνου κωδικέλλους βασιλικοὺς κατὰ τῶν χριστιανῶν, ὅπως ἀναγκάσῃ αὐτοὺς θύειν τοῖς εἰδώλοις, εἰ δέ τινες μὴ ὑπακούσωσι, πονηραῖς στρέβλαις καὶ δειναῖς κολάσεσιν ἀναλωθῶσιν. Καὶ καθίσας ἐπὶ τοῦ βήματος σὺν τῷ βουλευτηρίῳ, εἶπε τὰ ἐξ ἔθους ἐγκώμια τῶν βασιλέων· καὶ καλέσας τὸν κλειδοφύλακα τῶν σκρηνίων, ὀνόματι Εὐηλάσιον, ἐκέλευσεν ἀναγνωσθῆναι τὰ ὑπομνήματα τοῦ ἁγίου Θεοδώρου. Καὶ ἀναγνωσθέντων ἐθαύμασαν τὴν ὑπομονὴν τοῦ ἀνδρός· εἶτα λέγει τῷ Εὐηλασίῳ· « Ποῦ εἰσιν οἱ ἐμφερόμενοι τοῖς ὑπομνήμασι Θεοδώρου ; » Καὶ ὅς· « Μετὰ τῶν ἄλλων δεσμωτῶν δέσμιοι φρουροῦνται. » Θεασάμενος δὲ ὁ ἡγεμὼν τὸν ναὸν τῆς αὐτῶν θεᾶς ἐμπεπυρισμένον, ἔβρυξεν ὡς λέων ἐπὶ τοὺς ἁγίους καὶ ἐκέλευσε παραστῆναι αὐτούς, Εὐτρόπιόν τε καὶ Κλεόνικον καὶ Βασιλίσκον[4]. Ἦν δὲ ὁ Κλεόνικος ἀδελφὸς Εὐτροπίου ὁμομήτριος[5], ὁ δὲ Βασιλίσκος ἀδελφιδὸς Θεοδώρου, διὰ δὲ

1. *Ita recte* M. *qui postea scribit identidem* Εὐτρόπου. Cf. *Synaxarium ecclesiae Constantinopolitanae,* p. 503. — 2. Βασιλίκου M. — 3. Μαξιανοῦ M. — 4. Βασίσκον M. — 5. *in cod. scriptum erat sed postea del. :* ἦν δὲ ὁ Κλεόνικον καὶ Βασιλίσκον ἦν δὲ ὁ Κλεόνικος ἀδελφὸς Εὐτροπίου ὁμομήτριος.

τὴν πρὸς ἀλλήλους ἀγάπην καὶ αὐτοὶ[1] ἀδελφοὺς ἀλλήλους ὠνόμαζον.

2. Ἀπελθόντες δὲ οἱ στρατιῶται τοῦ ἡγεμόνος ἐν τῇ φυλακῇ εἶπον τῷ καπηκλαρίῳ· « Παράδος ἡμῖν τοὺς συνεκδήμους Θεοδώρου. » Εἰσῆλθε δὲ ὁ δεσμοφύλαξ καὶ λέγει αὐτοῖς· « Ἀνάστητε· ἰδοὺ ἧκεν ὁ καιρὸς ὑμῶν, ὃν νυκτὸς καὶ ἡμέρας προσηύχεσθε τῷ Θεῷ ἰδεῖν. Καλεῖ ὑμᾶς ὁ ἡγεμών, ἀλλὰ δέομαι ὑμῶν, μή μου ἐπιλάθεσθε ἐν τῇ καλῇ ὑμῶν ὁμολογίᾳ. » Τούτων γὰρ νυκτὸς καὶ ἡμέρας προσευχομένων, ἔβλεπεν ὁ δεσμοφύλαξ τὰ θαυμάσια τοῦ Θεοῦ καὶ φῶς ἀνεκλάλητον καὶ πλῆθος ἀγγέλων συμψαλλόντων αὐτοῖς, καὶ βλέπων τὰς θύρας ἀνεῳγμένας ἐπίστευσε, ὅτι Κύριος ἦν μετ' αὐτῶν. Ἐξερχομένων δὲ αὐτῶν, πάντες οἱ δεσμῶται ἔκλαιον πικρῶς. Ὁ δὲ μακάριος Εὐτρόπιος εἶπεν αὐτοῖς· « Μὴ κλαίετε, ἀδελφοί μου· πάλιν ὀψόμεθα ἀλλήλους· ἀλλ' εὔξασθε πρὸς Κύριον, ὅπως ἐγώ τε καὶ οἱ συν ἐμοὶ τελειωθῶμεν καὶ πρεσβεύσωμεν πρὸς τὸν Χριστόν, ἵνα παύσηται ἡ τῶν ἑλλήνων μανία καὶ πληρωθῇ ἡ οἰκουμένη τῆς χάριτος αὐτοῦ. » Καὶ παρακαλέσαντες αὐτοὺς ἀπήεισαν σὺν τοῖς στρατιώταις. Ὁ δὲ Εὐτρόπιος ἔψαλλε κατὰ τὴν ὁδόν· « Ἰδοὺ δὴ τί καλὸν ἢ τί τερπνὸν ἀλλ' ἢ τὸ κατοικεῖν ἀδελφοὺς ἐπὶ τὸ αὐτό; » Καὶ φωνὴ ἐγένετο ἐκ τῶν οὐρανῶν λέγουσα· « Ἀληθῶς, Εὐτρόπιε, οἰκειούμενος εἶ πάντας· οὐ μή σε ἀποσπάσω ἐκ τῶν ἀδελφῶν σου, ἕως ἂν ἔλθητε πρὸς Θεόδωρον ἐν φωτὶ ζώντων καὶ ἀναπαύσεσθε εἰς τοὺς κόλπους τῶν πατριαρχῶν. » Ἦν γὰρ ὁ μακάριος Εὐτρόπιος ὡραῖος τῇ ὄψει καὶ σοφὸς τῷ λόγῳ· Κλεόνικος δὲ σοφὸς καὶ αὐτός, οὐχ οὕτως δὲ ὡς Εὐτρόπιος, Καππαδόκης τὸ γένος, Βασιλίσκος δὲ καὶ Θεόδωρος τῆς ἐνορίας Ἀμασίας γεννήματά τε καὶ θρέμματα χωρίου Χουμιαλῶν.

3. Ἀχθέντες οὖν ἔστησαν ἐνώπιον τοῦ ἡγεμόνος φαιδροὶ τοῖς προσώποις· καὶ ὁ ἡγεμών· « Διὰ τί τὰ πρόσωπα ὑμῶν, φησίν,

1. αὐτὸς M.

οὐκ εἰσὶ σκυθρωπὰ ὡς ἀπὸ δεσμωτηρίου, ἀλλ' ὡς καθ' ἡμέραν εὐφραινόμενοι ; » Καὶ ὁ μακάριος Εὐτρόπιος ἀποκριθεὶς εἶπεν « Ἀληθῶς εἴρηκας, ἡγεμών, καθ' ἡμέραν ὁ Χριστὸς ἡμᾶς εὐφραίνει τῇ παρουσίᾳ αὐτοῦ καὶ πληροῦται ἐν ἡμῖν τὸ γεγραμμένον· καρδίας εὐφραινομένης πρόσωπον θάλλει. » Ὁ ἡγεμὼν εἶπε· « Τί τὸ ὄνομά σου ; » Ὁ Εὐτρόπιος· « Χριστιανός εἰμι, καλοῦμαι δὲ Εὐτρόπιος. » Καὶ ὁ ἡγεμών· « Ναὶ ὄντως μὰ τοὺς θεούς, καὶ Εὐτρόπιος εἶ εὐθὺς καὶ ὡς πολλοῖς χρόνοις παιδευθεὶς σοφός. » Ὁ δὲ Εὐτρόπιος· « Θεόπνευστον σοφίαν ἔμαθον παρὰ τοῦ κυρίου Ἰησοῦ Χριστοῦ, εἰς ὃν καὶ τὰς ἐλπίδας ἔχω, τὸν δυνάμενον σοφίσαι με. » Ὁ ἡγεμών· « Ἄκουσόν μου καὶ πεῖσον τοὺς σὺν σοὶ καὶ θύσατε τοῖς θεοῖς καὶ τοῖς βασιλεῦσι, καὶ γράψω αὐτοῖς, ἵνα μετ' ἐμὲ ἡγεμόνα σε καταλείψω καὶ τοὺς κώδικάς σοι ἐάσω, οὓς ἐγὼ ἔχω τῆς ἀρχῆς ταύτης, καὶ τὴν πατρίδα σου πᾶσαν ἐλευθερώσας δώσω ληγάτα καὶ σὲ τιμήσω ἄρχοντα ἐπαρχίας, ἵνα γνῷς τὴν πεῖραν ἀληθῶς, ὅτι καλόν ἐστιν ὑπακούειν ἄρχουσι καὶ βασιλεῦσιν· ἐὰν δὲ τῶν παρακλητικῶν λόγων μου μὴ πεισθῇς, τὰς σάρκας σου μεληδὸν κατακόψας κυσί τε καὶ θηρίοις εἰς βορὰν παραδώσω καὶ τὸν χοῦν σου εἰς ποταμὸν διαρράνω[1]. Μὴ οὖν νομίσῃς, ὅτι < μετὰ[2] > τὸ ἀποθανεῖν σε τὸ σῶμά σου λαβόντες οἱ χριστιανοὶ μυρίσουσιν ὡς ἅγιον· πείσθητι οὖν καὶ θῦσον τοῖς θεοῖς· εἰ δὲ οὐ θέλεις θῦσαι, μόνον εἰπὲ ἐπὶ τοῦ δήμου, ὅτι θύω καὶ ὅτι ἐπείσθην τῷ ἡγεμόνι, διὰ τοὺς ὄχλους· πάντες γὰρ εἰς σὲ ἀφορῶσι καὶ εἰς τὸ σὸν τέλος. Μὴ οὖν ἀποστρέψῃς τοὺς βουλομένους θύειν καὶ μέμψιν ἑαυτῷ ἐπαγάγῃς, ὅταν ἄρχεται κατὰ σοῦ τιμωρία κινεῖσθαι καὶ τῶν σὺν σοί. »

4. Εὐτρόπιος δὲ ἀνοίξας τὸ στόμα καὶ πνεῦμα θεῖον ἑλκύσας πρὸς αὐτὸν ἀπεκρίνατο· « Παῦσαι, υἱὲ διαβόλου καὶ κληρονόμε γεέννης, παῦσαι, πνεῦμα πολύρρημον[3], λοιμὲ τοῖς τρόποις, ἐχθρὲ τοῦ Θεοῦ, ἀπόβλητε τοῦ παραδείσου, ὁδηγὲ κακῶν ἔργων· παῦσαι ὁ τῆς ἀπάτης ἄρχων, καὶ τί ἔτι περὶ σοῦ εἴπω

1. διαράνω M. — 2. *supplet* Kurtz, *om.* M. — 3. πολύρημον M.

ἕνα λόγον[1], ἐπειδή, ἀναίσθητε, πρῶτον ἐπαγγέλλεις μοι τούτων τῶν ὧδε ἀπολειπόντων[2] εἰς τὴν γῆν, ὅθεν ἐλήφθη, καὶ χρυσὸν φόνου ἀρχηγὸν καὶ στολὴν τῆς πορνείας μητέρα καὶ ἡδονῆς ζωὴν τὴν μοιχείας ἐργάτην καὶ οἶνον πολυτελῆ τὸν αἴτιον δουλείας καὶ ἡγεμονίαν, ἣν σὺ[3] κακῶς φορέσας ἐπεδήμησας τῇ πόλει ταύτῃ. Ἀναγνωσθέντων δέ σοι τῶν ὑπομνημάτων Θεοδώρου, μάθε, τί πέπονθεν ὁ πρὸ σοῦ ἄρχων, πῶς ἀναβρασσόμενος[4] — οὐκ ἤκουσας; — ὑπὸ τῆς γῆς ἄταφος ἔμεινεν· καὶ ἐπὶ σὲ οὐ βραδύνει ἡ ὀργὴ τοῦ Θεοῦ ἀποτόμως χρωμένη τὸ δυσσεβὲς καὶ ἄνομόν σου σῶμα. Ἀλλ' ἀπειλεῖς μοι διὰ στρεβλῶν τιμωριῶν διά τε ξίφους καὶ πυρὸς καὶ θηρίων; ποῖον θηρίον ποικίλον καὶ πολύτροπον ἀναισθητότερόν σου τυγχάνει; μὴ οὖν, ἀσύνετε, νομίσῃς δι' ἐπαγγελιῶν πείθειν με ἢ δι' ἀπειλῶν ἐκφοβεῖν με· ἐμοὶ πλοῦτος, οὐσία καὶ δύναμις Ἰησοῦς Χριστός ἐστιν· ἐξ οὗ οὐ μὴ ἀποστῶ μετὰ τῶν ἀδελφῶν μου· ἡ γὰρ ὑπομονὴ[5] ἡμῶν ὁ σωτήρ ἐστιν, ὁ ἀρχηγὸς τῆς ζωῆς, ὁ ἀληθινὸς ἀθλοθέτης καὶ στρατιώτης ἀήττητος· ὁ ἐκ πολλῶν πειρασμῶν ῥυόμενος τοὺς ἐπικαλουμένους αὐτὸν δυνατός ἐστι καὶ ἡμᾶς ῥύσασθαι ἐκ τῶν ἀνόμων σου χειρῶν. » Ταῦτα ἀκούσας ὁ ἡγεμὼν ἐκέλευσεν ἐν ταῖς μολυβίσι τύπτεσθαι αὐτοῦ τὸ στόμα λέγων· « Ἀνόσιε, τοῦ θῦσαι ἐκλήθης ἢ εἰς ὕβρεις τρεπόμενος[6] ῥητορεύειν; » Ὅτε δὲ ἔτυψαν τὸ στόμα αὐτοῦ σφοδρῶς, εὐθέως ἐξηράνθησαν αἱ χεῖρες τῶν τυπτόντων αὐτόν. Ἰδὼν δὲ ὁ ἡγεμὼν τὴν πρώτην πεῖραν τοῦ ἀνδρὸς καὶ ἀκούσας τὰς ὕβρεις, ἐκέλευσε μὴ γράφεσθαι τὰ ὑπὸ Εὐτροπίου λεγόμενα.

5. Τότε ἐκλαμβάνοντες ἐπαύσαντο χωρὶς ἑνὸς μόνου, καὶ τούτου κρυφίως γράφοντος. Καὶ ὁ ἡγεμὼν εἶπε· « Θῦσον τοῖς θεοῖς, ἵνα ζήσῃς καὶ μὴ συντόμῳ θανάτῳ σε παραδώσω. » Ὁ δὲ μάρτυς· « Οὐ θύω τοῖς ἀναισθήτοις, εἶπε, δαίμοσιν, ὡς καὶ σὺ ἀναίσθητος ὢν παραφρονεῖς, ἀλλὰ θύω τῷ Θεῷ μου θυσίαν

1. λογονω *ita* M. — 2. ἀπολειπότων M. — 3. ἣ σοὶ M. — 4. ἀναῤῥοσσόμενος M. — 5. ὑμονὴ M. — 6. τερπόμενος M.

αἰνέσεως, καρπὸν χειλέων. Ὁ γὰρ μακάριος Δαβὶδ λέγει, μᾶλλον δὲ Χριστὸς δι' αὐτοῦ · Τὰ εἴδωλα τῶν ἐθνῶν ἀργύριον καὶ χρυσίον, ἔργα χειρῶν ἀνθρώπων· στόμα ἔχουσι καὶ οὐ λαλήσουσιν· ὀφθαλμοὺς ἔχουσι καὶ οὐχ ὄψονται · ὦτα, χεῖρας καὶ πόδας καὶ πᾶσαν αἰσθητηρίων ἠκεῖ[1] καὶ τοῦ σώματος κέκτηνται · ὅμοιοι αὐτῶν γένοιντο οἱ ποιοῦντες αὐτὰ καὶ πάντες οἱ πεποιθότες ἐπ' αὐτοῖς. Σὺ οὖν τυφλὸς ὤν, μᾶλλον δὲ καὶ κωφός, βούλει καὶ ἐμὲ ἑλκύσαι εἰς τὴν ἀπώλειαν · ἐγὼ οὐκ ἀφίσταμαι ἀπὸ τοῦ κυρίου Ἰησοῦ Χριστοῦ. » Ὁ δὲ ἡγεμὼν φησι τῷ Κλεονίκῳ καὶ Βασιλίσκῳ · « Καὶ ὑμεῖς τί λέγετε ; θύετε[2] ἵνα ζήσητε ἢ καὶ τὰ αὐτὰ τούτῳ καθομολογεῖτε, ἵνα ταῖς αὐταῖς βασάνοις ὑποβληθῆτε. » Κλεόνικος καὶ Βασιλίσκος εἶπον · « Ὡς πιστεύει ὁ ἀδελφὸς ἡμῶν Εὐτρόπιος τεθεμελιωμένος ἐπὶ τὴν πέτραν, οὕτω καὶ ἡμεῖς πιστεύοντες θεμελιωθείημεν εἰς πατέρα καὶ υἱὸν καὶ ἅγιον πνεῦμα, ὡς πάσχει διὰ τὸν κύριον ἡμῶν Ἰησοῦν Χριστόν, ὃ ἡμεῖς πάσχωμεν σὺν αὐτῷ. Οὐ γὰρ δυνήσεται ὁ διάβολος μέσον ἡμῶν χωρῆσαι, οὓς ὁ Χριστὸς ἔζευξεν ἀρρήτῳ πίστει τὸ γὰρ ἔντριτον[3] σχοινίον οὐ ταχέως διαρραγήσεται · ὥσπερ γὰρ ἡ ἁγία Τριὰς ἀμέριστόν ἐστιν, οὕτω καὶ ἡμεῖς τῇ πίστει ἀχώριστοί ἐσμεν. Σπούδασον οὖν τιμωρήσασθαι ἡμᾶς διὰ μειζοτέρων βασάνων · καὶ γὰρ ἐπειγόμεθα εἰς τὴν κλῆσιν, ἣν ἐκάλεσεν ἡμᾶς ὁ κύριος ἡμῶν Ἰησοῦς Χριστός. »

6. Ταῦτα εἰπόντων αὐτῶν, ἐκέλευσεν ὁ ἡγεμὼν τείνεσθαι αὐτοὺς ἐκ τεσσάρων καὶ ὠμοῖς νεύροις τύπτεσθαι. Οἱ δὲ ἅγιοι γενναίως φέροντες προσηύχοντο · καὶ ἦν μὲν πρὸς τοὺς ὁρῶντας δεινὴ ἡ κόλασις, πρὸς δὲ ἀντίληψιν τοῦ Χριστοῦ οὐδὲν ἔπασχον οἱ ἅγιοι καὶ ἀναβλέψας εἰς τὸν οὐρανὸν ὁ μακάριος Εὐτρόπιος εἶπεν · « Ὁ Θεὸς ὁ παντοκράτωρ, ὁ ἀγαθὸς καὶ ἀψευδής, ὁ πατὴρ τοῦ κυρίου ἡμῶν Ἰησοῦ Χριστοῦ, ὁ τοὺς δικαίους διασῴζων καὶ τοὺς ἀσεβεῖς πρὸς ἐπιστροφὴν ὁδηγῶν, ὁ τοὺς πονηροὺς διευθύνων καὶ τοὺς σοφοὺς διασῴζων, τοὺς δὲ ἄφρονας νουθετῶν, ὁ τὸν διάβολον δήσας καὶ τὸν ἄνθρωπον

1. (?) *ita* M. — 2. θύε M. — 3. ἔντριττον M.

λύσας, τὸ δὲ σκότος χωρίσας, ὁ ἐν δεσμοῖς βοηθὸς καὶ ἐν βασάνοις ὑπερασπιστής, ὁ τῶν ψυχῶν σωτὴρ καὶ τῆς μαρτυρίας ἀρχηγός, τῆς ὑπομονῆς δὲ χορηγός, δὸς ἡμῖν τῆς ὑπομονῆς[1] τὸν τέλειον στέφανον καὶ ἐλθὲ εἰς βοήθειαν ἡμῶν, ὡς καὶ ἐπὶ τοῦ δούλου σου Θεοδώρου, καὶ δεῖξον τοῖς τοῦ διαβόλου ἐργάταις, ὅτι καὶ ἡμεῖς ἔχομεν ἀληθῶς βασιλέα τὸν κύριον ἡμῶν· σοὶ γὰρ δόξα εἰς τοὺς αἰῶνας· ἀμήν. » Καὶ εἰπόντων αὐτῶν τὸ ἀμήν, οἱ τύπτοντες αὐτοὺς νάρκῃ περιπεσόντες ἀπέστησαν. Εὐθέως δὲ σεισμὸς μέγας ἐγένετο, ὥστε σαλευθῆναι τὸ πραιτώριον ὅλον· καὶ λυθέντες οἱ ἅγιοι ἔστησαν σῷοι καὶ ἐφάνη αὐτοῖς ὁ κύριος σὺν στρατιᾷ ἀγγέλων μετὰ τοῦ ἁγίου Θεοδώρου. Καὶ εἶπεν Εὐτρόπιος[2] τῷ κυρίῳ· « Εὐχαριστῶ σοι, δέσποτα Χριστέ, ὅτι οὕτως ἐν τάχει ἐπήκουσάς μου· τίς εἰμι ἐγώ, ἵνα ἔλθῃ ὁ κύριός μου πρός με; » Καὶ τοῖς περὶ Κλεόνικον ἔφη καὶ Βασιλίσκον· « Ὁρᾶτε, ἰδοὺ ὁ βασιλεὺς ἡμῶν σὺν Θεοδώρῳ ἑστὼς ἐν πολλῇ δόξῃ. » Θεόδωρος δὲ ὁ μακάριος· « Ἀδελφέ, εἶπεν, Εὐτρόπιε[3], μόνον προσηύξω, εἰσηκούσθη ἡ δέησίς σου καὶ διὰ τοῦτο ἦλθεν ὁ σωτὴρ εἰς βοήθειαν ὑμῶν, ἅμα δὲ καὶ εὐαγγελίσασθαι περὶ τῆς αἰωνίου ζωῆς. » Ταῦτα αὐτοῦ εἰπόντος τοῦ μάκαρος Θεοδώρου, εἶπε Κύριος· « Ὅτε βασάνων πεῖραν ἐλάβετε, ἕστηκα πρὸ προσώπου ὑμῶν, τὴν ὑμετέραν ὑπομονὴν ἐκδεχόμενος. Ἐπειδὴ δὲ ὑπεμείνατε δι' ἐμὲ τὰς βασάνους, ἐγὼ ἔσομαι βοηθὸς ὑμῶν, ἕως ἂν τὴν μαρτυρίαν τελέσητε καὶ γράφωσι τὰ ὀνόματα ὑμῶν ἐν βίβλῳ ζωῆς. »

7. Εὐθέως οὖν ὁ πόνος κατέληξε τῶν πληγῶν καὶ οἱ στρατιῶται· « Δεόμεθά σου, εἶπον, ὦ ἡγεμών, ἡμεῖς αὐτοὺς οὐ δυνάμεθα βασανίζειν. » Καὶ ὅς· « Οἱ γόητες οὗτοι, φησίν, τοὺς στρατιώτας ἀπατοῦντες[4] ταῖς οἰκείαις μαγείαις φαντάζουσι. » Οἱ δὲ ὄχλοι ἔκραξαν· « Οὐκ εἰσὶ φαντασίαι οὔτε γοητεῖαι, ἀλλ' ὁ Θεὸς τῶν χριστιανῶν βοηθεῖ τοῖς ἀνδράσι τούτοις· ἡμεῖς γὰρ καὶ

1. ὑπονῆς M. — 2. Εὔτροπος M. — 3. Εὔτροπε M. — 4. *ita* M.

τὸ εἶδος τούτου εὕρομεν καὶ τὴν φωνὴν τῶν ἀγγέλων ἠκούσαμεν καὶ τὴν πρὸ πολλοῦ τελειωθέντα Θεόδωρον τὸν μακάριον νῦν ἑωράκαμεν, βλέποντες τὸ σημεῖον τῆς ἀναστάσεως. » Καὶ ὁ ἡγεμών· « Ἐγὼ οὔτε εἶδος εἶδον αὐτοῦ οὔτε φωνὴν ἤκουσα. » Εὐτρόπιος[1] εἶπεν· « Ἀληθῶς εἴρηκας, ἡγεμών, ὅτι οὐχ εὗρες· οὐ γὰρ βλέπεις τοῖς τῆς ψυχῆς ὀφθαλμοῖς· ἐτύφλωσε γὰρ ὁ ἄρχων τοῦ αἰῶνος τούτου τὴν καρδίαν σου· καὶ ἐπληρώθη ἐν σοὶ ἡ προφητεία Ἡσαΐου λέγουσα· Τοὺς ὀφθαλμοὺς αὐτῶν ἐκάμμυσαν καὶ τοις ὠσὶν αὐτῶν βαρέως ἤκουσαν. » Ταῦτα ἀκούσας ὁ ἡγεμὼν καὶ λυπηθεὶς διὰ τὰς φωνὰς τῶν ὄχλων, ἐκέλευσε δεσμίους αὐτοὺς ἀπενεχθῆναι ἐν τῇ φυλακῇ. Ἀπενεχθέντες δὲ ἐχάρησαν οἱ δεσμῶται ἰδόντες αὐτούς[2]· ἔψαλλον δὲ οἱ μακάριοι· « Ἡ βοήθεια ἡμῶν ἐν ὀνόματι κυρίου τοῦ ποιήσαντος τὸν οὐρανὸν καὶ τὴν γῆν. » Ἔλεγε δὲ ἐν τῷ ἀρίστῳ ὁ ἡγεμὼν τῷ βουλευτηρίῳ· « Τί ποιῆσαι τοῖς ἀνθρώποις τούτοις ἀπορῶ· πᾶσα γὰρ ἡ πόλις ἐκκρέμαται, ἰδόντες αὐτοὺς ἐκδεχομένους τὴν τούτων τελείωσιν. Τί οὖν δοκεῖ ὑμῖν ; » Ὁ λογιστὴς εἶπε· « Συντόμως ἆρον αὐτούς, δέομαί σου τῆς ἀρετῆς· ἡ γὰρ πόλις πᾶσα ἀπέστη ἀπὸ τῶν θυσιῶν δι' αὐτούς, μάλιστα ὅτι τὸν Εὐτρόπιον[3] εὐσχήμονα ὄντα εἴασεν ἡ ἀρετή σου ταῦτα λαλεῖν. » Καὶ ὁ ἡγεμών· « Ἀναλόγως[4] ἠρώτησα αὐτὸν τοῦ θῦσαι, αὐτὸς δὲ τοὺς θεοὺς ἐβλασφήμησε καὶ τοὺς βασιλεῖς ἐλοιδόρησε, ἐμὲ δὲ ἐνύβρισεν· ἀλλ' ὡς ἂν καλέσω αὐτὸν κατὰ μόνας, παρακαλέσατε αὐτόν, καὶ ἐὰν πεισθεὶς θύσει, χάρις τοῖς εὐμενέσι θεοῖς· εἰ δὲ μή, συντόμως παραδίδωμεν αὐτοὺς θανάτῳ. » Καὶ ἀπέστειλεν στρατιώτας ἀγαγεῖν τὸν Εὐτρόπιον[3].

8. Ἐξαγαγόντες δὲ αὐτὸν ἐκ τοῦ δεσμωτηρίου, εἶπεν αὐτῷ τις τῶν στρατιωτῶν· « Ὁ ἡγεμὼν λέγει, θέλεις παρακαλέσω σε εἴ πως[5] θύσεις τοις θεοῖς; » Εὐτρόπιος[6] εἶπε· « Ζῇ ὁ Θεός μου, ὅτι αἱ ἐπίνοιαι αὐτοῦ οὐ μή με ἀποστήσουσι τῆς

1. Εὔτροπος M. — 2. αὐτοῦ M. — 3. Εὔτροπον M. — 4. ἀνηλόγως M. — 5. οἵ πως M. — 6. Εὔτροπος M.

εἰς Χριστὸν πίστεως· ἡ γὰρ εὐχή μου τεθεμελίωται ἐπὶ τὴν πέτραν. » Ὅτε δὲ ἦλθεν εἰς τὸ πραιτώριον, ὁ ἡγεμὼν εἶπεν αὐτῷ· « Διὰ τί οὐ θύεις, ἀλλὰ σκληραυχενεῖς ἐπιεικῶς σοι φερομένου μου; » Καὶ ἐκέλευσεν ὁ ἡγεμὼν καθεσθῆναι αὐτόν. Ὁ δὲ οὐκ ἠνέσχετο· οἱ δὲ ἀνακείμενοι εἶπον αὐτῷ « Κάθισον, Εὐτρόπιε[1], φάγε καὶ πίε καὶ πείσθητι τῷ ἡγεμόνι. » Καὶ ὁ Εὐτρόπιος[2]· « Μὴ γένοιτο, ἵνα ἐγὼ μετὰ μιαρῶν καθύσω. Λέγει γὰρ προφητεύων ὁ θεῖος Δαβὶδ μακάριος ἀνὴρ ὃς οὐκ ἐπορεύθη ἐν βουλῇ ἀσεβῶν καὶ ἐν ὁδῷ ἁμαρτωλῶν οὐκ ἔστιν καὶ ἐπὶ καθέδραν λοιμῶν οὐκ ἐκάθισε. Καὶ πάλιν· οὐκ ἐκάθισα μετὰ συνεδρίου ματαιότητος καὶ μετὰ παρανομούντων οὐ μὴ εἰσέλθω. Καὶ ἑτέρα προφητεία λέγει· ἐξέλθετε ἐκ μέσου αὐτῶν καὶ ἀφορίσθητε καὶ ἀκαθάρτου μὴ ἅπτεσθε, λέγει Κύριος, κἀγὼ εἰσδέξομαι ὑμᾶς καὶ ὁ συμπορευόμενος ἁγίοις ἁγιασθήσεται, ὁ δὲ μετὰ ἀσεβῶν ἐσθίων συμμέτοχας αὐτῶν ἔσται. Καὶ Ἱερεμίας· οὐκ ἐκάθισα, λέγει, μετὰ συνεδρίου αὐτῶν, ἀλλ' ηὐλαβούμην πρὸ προσώπου[3] σου, Κύριε, κατὰ μόνας ἐκαθεζόμην, ὅτι πικρίας ἐνεπλήσθην. » Ὁ ἡγεμὼν εἶπεν· « Εὐτρόπιος[2] καλούμενος, κακότροπος γέγονας. » Καὶ ὅς· « Ἐγὼ κακότροπος οὔκ εἰμι, ἀλλὰ τὰς ἐντολὰς τοῦ Θεοῦ μου φοβοῦμαι· εἰ γὰρ σὺ θέλεις τὰ προστάγματα τοῦ βασιλέως σου πληρῶσαι, πολλῷ μᾶλλον ἐγὼ τὰ προστάγματα τοῦ ἐπουρανίου καὶ ἀθανάτου βασιλέως σπουδάζω ἐκτελέσαι. » Καὶ ὁ ἡγεμὼν « Ἐὰν μὴ θέλεις θῦσαι, μόνον τὴν αὔριον θῦσον σὺν ἐμοί, ἵνα οἱ ὄχλοι ἰδόντες[4] σε πεισθῶσι καὶ θύσουσι τοῖς θεοῖς. » Εὐτρόπιος[2] ἔφη· « Ὥστε, ἀσεβέστατε, θέλεις ἐν τῇ ποίμνῃ τοῦ Χριστοῦ ἐγὼ γένωμαι ὁδηγὸς τῆς ἀπωλείας; μὴ γένοιτό μοι τοῦτο ποιῆσαι· ὁ γὰρ Κύριος λέγει· εἴ τις σκανδαλίσει ἕνα τῶν μικρῶν τούτων τῶν ἐλαχίστων, συμφέρει αὐτῷ, ἵνα κρεμασθῇ λίθος μυλικὸς περὶ τὸν τράχηλον αὐτοῦ καὶ καταποντισθῇ ἐν

1. Εὔτροπε M. — 2. Εὔτροπος M. — 3. (προ πρ απροσώπου M. — 4. ἰδότες M

τῇ θαλάσσῃ, καὶ οὐ δύνασθε Θεῷ δουλεύειν καὶ Μαμωνᾷ· τίς γὰρ κοινωνία φωτὶ πρὸς σκότος ἢ τίς συγκατάθεσις ναῷ Θεοῦ μετὰ εἰδώλων; »

9. Ταῦτα ἀκούσας ὁ ἡγεμὼν ἐκέλευσεν ἐνεχθῆναι ἔμπροσθεν αὐτοῦ χρυσίον καὶ ἱματισμὸν[1] διάφορον καὶ ἀργύρου λίτρας οὐκ ὀλίγας. Καὶ εἶπε « Νὴ τοὺς ἅπαντας < θεοὺς[2] > καὶ τὴν τύχην τῶν ἀηττήτων βασιλέων. Ταῦτά σοι δώσω καὶ πλείονα τούτων, μόνον εἰπὲ αὔριον τῷ ὄχλῳ, ὅτι ἐπείσθην τῷ ἡγεμόνι. Καὶ μετὰ τοῦτο ἀπελθὼν εὔχου τῷ Θεῷ σου, ὡς θέλεις, ταῦτα πάντα κερδαίνων καλῶς. » Καὶ ὁ Εὐτρόπιος « Σκολιέ, πανοῦργε, πολύτροπε δράκων, οὐκ ἐκπειράσεις με τὸν τοῦ Θεοῦ δοῦλον· γέγραπται γάρ· Ἐὰν πάντα κερδήσῃ τις καὶ τὴν ψυχὴν ζημιωθῇ, τί δώσει ἀντάλλαγμα τῆς ψυχῆς αὐτοῦ τῷ Θεῷ; ὥσπερ γὰρ ὁ ἀδελφός σου Ἰούδας χρυσίον ἀγαπήσας τὴν ψυχὴν ἀπώλεσεν, οὕτω καὶ σύ, ἀνομώτατε· τί οὖν βραδύνεις; ἡμᾶς γὰρ οὐδεὶς μεθιστᾷ ἀπὸ τῆς ἀγάπης τοῦ Χριστοῦ. » Ὁ δὲ ἡγεμὼν ἐκέλευσε βαλεῖν αὐτὸν δέσμιον μετὰ τῶν ὁμοτρόπων αὐτοῦ ἐν τῇ φυλακῇ « κακὴ γάρ, φησί, φύσις οὐ μεθίσταται. » Καὶ ὁ Εὐτρόπιος· « Ἐγὼ οὐ τὴν φύσιν σου αἰτιῶμαι, ἀλλὰ τὴν κακήν σου προαίρεσιν· φυτὸν γὰρ πονηρίας ἐρρίζωσεν ἐν σοὶ μὴ ποιῆσαι καρπὸν δικαιοσύνης· διόπερ ἐκκοπτόμενος εἰς πῦρ βαλεῖν[3] σεαυτόν ἐν σοὶ γὰρ σῖτος οὐ φύει, ἀλλὰ ζιζάνια καὶ ἀκάνθαι, ὅτι κερδήσας τὴν ψυχήν σου ὁ Σατανᾶς τὰ σπέρματα αὐτοῦ ἐν σοὶ ἐνέσπειρε. » Καὶ εἰπὼν ταῦτα ἀπῄει εἰς τὸ δεσμωτήριον· εἰσελθὼν δὲ εὗρε τὸν Κλεόνικον καὶ Βασιλίσκον κεκλικότας τὰ γόνατα καὶ προσευχομένους· ἦσαν γὰρ δι' ὅλης νυκτὸς εὐχόμενοι δι' αὐτόν. Ὁ δὲ ἡγεμών· « Οὗτος ὁ ἄνθρωπος, εἶπεν, οὐ πείθεται θύειν τοῖς θεοῖς καὶ πολλοὺς ἀνατρέπει καὶ ἡμεῖς τιμὴν ὅτι πλείστην ποιοῦντες αὐτῷ, πᾶσα ἡ πόλις ἀπέστη τῶν θυσιῶν· αὔριον οὖν ἐπιτελέσωμεν θυσίας

1. ἱματιμὸν M — 2. *om.* M. — 3. *ita* M.

μετὰ τῶν ἐγκεκλεισμένων χριστιανῶν καὶ εἰ μὲν ἐξ αὐτῶν τινες θύσουσι, χάρις τοῖς εὐμενέσι θεοῖς· εἰ δὲ οὐ βούλονται, συντόμως θανάτῳ παραδίδωμι αὐτούς. »

10. Τῇ ἐπαύριον δὲ συνήχθη πᾶσα ἡ πόλις καὶ πᾶν τὸ βουλευτήριον, καὶ ἐκέλευσεν ὁ ἡγεμὼν τῷ κήρυκι πᾶσιν ἐπιβοᾶν, ὅπως ἔλθωσι πάντες εἰς τὸν ναὸν τῆς Ἀρτέμιδος. Ἀνελθόντων[1] δὲ πάντων τοῦ θῦσαι, ἐκέλευεν ἀχθῆναι καὶ τοὺς ἁγίους. Ἀγόμενοι δὲ ἔψαλλον· « Ὁδὸν δικαιωμάτων σου ᾑρετισάμεθα· δίδαξον ἡμᾶς τὰ δικαιώματά σου. » Τῶν δὲ ὄχλων ἀνελθόντων[1], ἐπέτρεπε τοῦ θύειν τῇ θεᾷ· καὶ ὃς μὲν λίβανον προσέφερεν, οἱ δὲ θυσίας. Καὶ ὁ ἡγεμὼν φησιν τῷ Εὐτροπίῳ· « Προσελθὼν καὶ σὺ μετὰ τῶν ἑταίρων σου θῦσον, ἵνα μὴ κακῶς ἀποθάνῃς. » Προσελθὼν δὲ Εὐτρόπιος ἅμα τοῖς σὺν αὐτῷ ἁγίοις, ἔψαλλε λέγων· « Κύριε ὁ Θεός, παντοκράτορ αἰώνιε, ἄσπιλε, ἀμίαντε καὶ ἀναλλοίωτε, ὁ ἀπ' ἀρχῆς ὢν[2] καὶ ἕως τέλους μὴ ἐκλείπων, ὁ κατοικῶν ἐν οὐρανοῖς καὶ ἐπὶ γῆς ἀνυμνούμενος, ὁ στερεώσας τὸν οὐρανὸν καὶ τὴν γῆν πήξας καὶ στήσας ὄρη σταθμῷ καὶ τὰς νάπας ζυγῷ, ἀριθμῶν δὲ πλῆθος[3] ἄστρων καὶ πᾶσιν αὐτοῖς ὀνόματα καλῶν καὶ φωτίζων ἡμᾶς θαυμαστῶς, ὁ περιπατῶν ἐπὶ θαλάσσης ὡς ἐπ' ἐδάφους καὶ τοὺς τρεῖς παῖδας ἐκ καμίνου πυρὸς ῥυσάμενος, τὸν δὲ Δανιὴλ ἐκ λεόντων διασώσας, ὁ τὴν δούλην σου Σωσάνναν ἐκ θανάτου ἐλευθερώσας, τὴν δὲ Θέκλαν ἐκ πυρὸς καὶ θηρίων διασώσας καὶ τὸν μακάριον Θεόδωρον τῇ καλῇ ὁμολογίᾳ τελειώσας, αὐτὸς καὶ ἡμᾶς τελείωσον καὶ συνέτισον καὶ ἐν τῷ τόπῳ τούτῳ δεῖξον τὴν σὴν βοήθειαν καὶ πᾶσαν μανίαν σβέσον τὴν τῶν ἑλλήνων καὶ δὸς θυσίας ἀναιμάκτους σοὶ[4] τῷ Θεῷ ἀναφέρεσθαι, ὅτι σὺ εἶ Θεὸς ἐν τριάδι ὑμνούμενος εἰς τοὺς αἰῶνας. » Καὶ ταῦτα εὐξαμένων αὐτῶν, βροντὴ ἐγένετο καὶ σεισμὸς μέγας, ὥστε τὸν ναὸν σεισθῆναι καὶ τὴν Ἄρτεμιν πεσεῖν καὶ συντριβῆναι· φωνὴ δὲ ἐξ οὐρανοῦ κατηνέχθη λέγουσα· « Εἰσηκούσθη

1. ἀνελθότων M. — 2. ὢ M. — 3. πλῆ M. — 4. σὺ M.

ἡ δέησις ὑμῶν περὶ πάντων καὶ ἔσται ἐν τῷ τόπῳ τούτῳ ἀπὸ τοῦ νῦν εὐκτήριον χριστιανῶν. » Τοῦ δὲ σεισμοῦ γενομένου ἐπὶ πλεῖον, δεδιὼς[1] ὁ ἡγεμὼν καὶ πάντες οἱ σὺν αὐτῷ κατῆεσαν ἐκ τοῦ ἱεροῦ, μὴ κακῶς ἀπόλωνται καὶ αὐτοί[2]· ἐλθὼν δὲ ὁ ἡγεμὼν ἐκάθισεν ἐπὶ τοῦ βήματος καὶ ἔβρυχεν τοὺς ὀδόντας ἐπὶ τοὺς μάρτυρας· καὶ κελεύσας ἐνεχθῆναι ἄσφαλτον καὶ πίσσαν ἑψηθῆναι ἐν τρισὶ χαλκοῖς λέβησι καὶ ἐπιχυθῆναι αὐτοῖς, κελεύσας καὶ πάλους κρουσθῆναι εἰς τὸ ἔδαφος καὶ ἐκεῖ ἐκταθῆναι αὐτοὺς ἐκ τεσσάρων. Οἱ δὲ λέβητες ἠνέχθησαν κοχλάζοντες.

11. Καὶ ὁ Κλεόνικος τῷ Εὐτροπίῳ[3]· « Εὖξαι, λέγει, ἀδελφέ, ὅτι μέγας ἀγών ἐστι σήμερον. » Καὶ στάντες προσηύξαντο· « Κύριε Ἰησοῦ Χριστέ, μὴ ἐγκαταλίπῃς ἡμᾶς, ἕως οὗ περάσωμεν τὸν χειμῶνα τοῦ λυμεῶνος τούτου ἡγεμόνος καὶ φθάσωμεν εἰς τὸν εὔδιον λιμένα, ἔνθα ἀπέδρα ὀδύνη, λύπη καὶ στεναγμός. » Ταῦτα αὐτῶν προσευξαμένων, ὤφθη αὐτοῖς ὁ σωτὴρ λέγων· « Ἀμὴν λέγω[4] ὑμῖν, ἀνθ' ὧνπερ[5] ἐδώκατε ἑαυτοὺς ὑπὲρ ἐμοῦ εἰς θάνατον, λήψεσθε ἀϊδίως τὴν αἰώνιον ζωὴν μετὰ τῶν ἁγίων. » Καὶ ταῦτα ἀκούσαντες, ἔτι μᾶλλον ἐνεδυναμώθησαν τῇ πίστει. Πρωίας δὲ γενομένης[6] καθίσας ὁ ἡγεμὼν ἐπὶ τοῦ βήματος, ἀγαγεῖν τὸν Εὐτρόπιον καὶ τοὺς σὺν αὐτῷ ἐκέλευσεν. Ων παραστάντων, Εὐτρόπιος εἶπεν· « Πολλάκις ἤκουσας παρ' ἡμῶν, λυμεὼν καὶ σκοτεινὲ καὶ ἀναίσθητε, ὅτι οὐ θύομεν κωφοῖς καὶ ἀλάλοις δαίμοσι. » Ταῦτα ἀκούσας ὁ ἡγεμὼν ἐκέλευσε τούτους σταυρωθῆναι ἀποφηνάμενος κατ' αὐτῶν· « Εὐτρόπιον διδάσκαλον ὄντα τῶν μάγων καὶ τὸν σὺν αὐτῷ γόητα Κλεόνικον μὴ ὑπακούσαντας τῇ κελεύσει τῶν αἰωνίων Αὐγούστων ἀλλὰ καθομολογήσαντας ἑαυτοὺς τῆς τῶν χριστιανῶν θρησκείας, τούτους ἔξω τῆς πόλεως σταυρωθῆναι κελεύω, Βασιλίσκον δὲ τὸν σὺν αὐτοῖς φυλάττεσθαι ἐν τῷ δεσμωτηρίῳ. » Καὶ ὁ Βασιλίσκος ἀναβοήσας· « Οὐ

1. δεδοιὸς M. — 2. αὐτὸς M. — 3. Εὐτρόπω M. — 4. λέγων M. — 5. ὥπερ M. — 6. γενομένοια *ila* M.

πείθῃ, λέγει, γράψαι καὶ περὶ ἐμοῦ τὴν ἀπόφασιν. » Ο δὲ ἡγεμών· « Μὰ τοὺς θεοὺς ἅπαντας, ἐπειδὴ συνθήκας ἐποιήσατε τοῦ μὴ ἐγκαταλεῖψαι ἀλλήλους, οὐ μὴ τῶν τριῶν ὑμῶν ἀπόφασιν δώσω. » Ὁ δὲ Εὐτρόπιος· « Ὄντως, εἶπε, παντὸς θηρίου ἀγριώτερος εἶ καὶ παντὸς ἀλόγου ἀλογώτερος, τοῦ Θεοῦ σε τιμωρῆσαι μέλλοντος ἐν τάχει καὶ λάμψαι τὰ τῆς χάριτος αὐτοῦ ἄνθη καὶ δοῦναι καρπὸν ταῖς τοῦ Χριστοῦ ἐκκλησίαις. »

12. Ταῦτα εἰπὼν Εὐτρόπιος ἐπὶ τὸν ὡρισμένον μετὰ Κλεονίκου περιχαρῶς ἀπῄει τόπον· καὶ στάντες εἰς προσευχήν· « Κύριε ὁ Θεός, εἶπον, πολυμερῶς σοι εὐχαριστοῦμεν, ὅτι κατηξίωσας ἡμᾶς τοῦ στεφάνου τῆς δικαιοσύνης σου καὶ διὰ τοῦ σταυροῦ σου ὁμοίως γενέσθαι κοινωνοὺς τῶν σῶν παθημάτων· καταξίωσον δὲ τοῦ λοιποῦ εἰρηνοποιῆσαι καὶ τὸ τῶν χριστιανῶν γένος. » Ταῦτα αὐτῶν εὐξαμένων[1], καθηλώθησαν ὑπὸ τῶν δημίων τοῖς ξύλοις καὶ οὕτως· « Εἰς χεῖράς σου, Κύριε, τὰ ἡμῶν παρατιθέμεθα πνεύματα », ἐπειπόντες[2] παρέδωκαν[3] τὰς ψυχάς. Φωνὴ δὲ ἐκ τῶν οὐρανῶν ἐγένετο λέγουσα· « Καλῶς τὸν ἀγῶνα τῆς ἀθλήσεως ἠνύσατε καὶ νῦν τοὺς τῆς δικαιοσύνης στεφάνους λήψεσθε. » Κόϊντος δὲ καὶ Βελώνικος, ἄνδρες συγκλητικοὶ καὶ εὐλαβεῖς δώροις τὸν ἡγεμόνα δυσωπήσαντες τὰ σώματα τῶν ἁγίων εἵλοντο· καὶ τὸν μὲν τοῦ μάκαρος Εὐτροπίου λαβὼν Βελώνικος ἐν τῷ ἑαυτοῦ κτήματι καλουμένῳ[4] Θέρμα ἀπὸ μιλίων δέκα ὀκτὼ Ἀμασίας κατέθετο ἐντίμως, Κλεόνικον δὲ καὶ αὐτὸν ἄρας Κόϊντος[5] μυρίσας κατέθετο εἰς χωρίον καλούμενον Κῆμα ἀπὸ μιλίων τριάκοντα Ἀμασίας· ἐν οἷς τόποις τελοῦνται μεγάλαι δυνάμεις καὶ θαύματα, ποταμῶν ἀεννάων μιμούμενα ῥεύματα, εἰς δόξαν πατρός, υἱοῦ καὶ ἁγίου πνεύματος, τῆς μιᾶς θεότητός τε καὶ βασιλείας, ᾗ πρέπει πᾶσα δόξα, τιμὴ καὶ προσκύνησις, νῦν καὶ ἀεὶ καὶ εἰς τοὺς αἰῶνας· ἀμήν.

— 1. ἐξαμένων. M. — 2. ἐπειπόντος. M. — 3. παρέδωκας. M. — 4. καλούμε M. — 5. Κόνιτος. M.

VII

Cod. A.

ΜΑΡΤΥΡΙΟΝ ΤΟΥ ΑΓΙΟΥ ΠΡΟΚΟΠΙΟΥ[1]

1. Εἰ τὰ παλαιὰ τῆς πίστεως δόγματα δόξαν Θεοῦ φανεροῦντα καὶ οἰκοδομὴν ἀνθρώποις ἀποτελοῦντα πεφανέρωται, πολλῷ μᾶλλον τὰ νῦν πραχθέντα διὰ τῶν ἁγίων μαρτύρων· γενήσεται γὰρ τοῖς μεθ' ἡμᾶς καὶ ἀναγκαῖα καὶ τίμια. Ποικίλαι μὲν γὰρ τοῦ διαβόλου μηχαναὶ κατὰ τῶν τοῦ Χριστοῦ δούλων ἐκινοῦντο, ποικιλωτέρα δὲ καὶ μείζων ἡ τοῦ μονογενοῦς υἱοῦ τοῦ Θεοῦ εἰς τοὺς ἰδίους δούλους ῥοπή. Ὁ μὲν γὰρ οὐχ αἷμα καὶ σάρκα τοῖς φύσει χριστιανοῖς ἀνθίστησιν, ἀλλὰ πνευματικὰς πονηρίας, ἡ δὲ τοῦ Θεοῦ βοήθεια ἰσχυροτέρους τοὺς ἑαυτοῦ ἀθλητὰς ἀποδείκνυσιν πιστούς τε καὶ δυνατοὺς ἐκ τῆς τῶν γενναίων μαρτύρων ὑπομονῆς, τοῦ μὲν διαβόλου πλατυτέραν τὴν λύσσαν κατὰ τῆς εὐσεβείας ἐκτείναντος, τοῦ δὲ σωτῆρος Χριστοῦ τοῖς γνησίοις ἀθληταῖς τὰς ἐπηγγελμένας παρ' αὐτοῦ χάριτας ἐφαπλώσαντος· ὅπερ πεποίηκεν ὁ Θεὸς καὶ ἐπὶ τοῦ μακαρίου Προκοπίου· τὰ γὰρ πολύτροπα τῶν δαιμόνων μηχανήματα[2]... ἰσχυροτέρους τοὺς λογισμοὺς ἐποίησεν τῆς τῶν ἀπειλούντων μανίας.

2. Βασιλεύοντος τοίνυν Διοκλητιανοῦ τοῦ τυράννου καὶ τῇ λαγνείᾳ τῶν εἰδώλων ἐκβακχεύοντος καὶ λυμαινομένου τὰς τοῦ Χριστοῦ ἐκκλησίας, δόγμα ἐκτίθεται κατὰ πάσης τῆς οἰκουμένης κατὰ τοῦ γένους τῶν χριστιανῶν. Ἐν εἰρήνῃ γοῦν ἔτι

1. ἀναγνώ<στης> δὲ ἦν κε <ἐφ>ορκιστὴς τῇ <τά>ξει οὗτος <ὁ> <ἅ>γιος Προκό<πιος>· ἦν δὲ... κ... τα ἱεροσόλυ<μα> *in marg.* A. — 2. *nonnulla deesse suspicor.*

τῶν ἐκκλησιῶν διαγουσῶν καὶ τῶν θεσμῶν συνήθως ἐπιτελουμένων ἀρχήν τε λαβόντος τοῦ διωγμοῦ γραμμάτων τε καὶ συνθεμάτων Διοκλητιανοῦ τοῦ βασιλέως φοιτησάντων εἰς τὴν οἰκουμένην, θαρροῦν τῇ[1] τῶν κρατούντων ἀρχόντων δεινότητι φθάνει καὶ ἕως κατὰ τῆς Παλαιστίνης τὸ τοῦ βασιλέως δόγμα, περιέχον τὴν κέλευσιν ταύτην.

3. « Βασιλεὺς μέγας αὐτοκράτωρ Διοκλητιανός, παντὸς λαοῦ καὶ ἔθνους, ἀνθρώπων, φυλῶν καὶ γλωσσῶν δεσπότης, πᾶσι τοῖς εὐνοϊκῶς διακειμένοις περὶ τοὺς ἀηττήτους θεοὺς χαίρειν. Διὰ παντὸς πᾶσαν σπουδὴν χρήσασθε εἰς τὴν τῶν μεγίστων θεῶν θεραπείαν καὶ εἰς εὐεργεσίαν τοῦ ἐμοῦ κράτους ἀνεγείρειν τοὺς τῶν θεῶν ναοὺς καὶ τὰς θυσίας αὐτῶν καὶ τὰς ἑορτὰς μετ' εὐφροσύνης ἐμφανῶς ἐκτελεῖν· ἐμηνύθη γὰρ περί τινων ἀνθρώπων ἑτεροδιδασκαλούντων καὶ ξένα ἤθη εἰσαγόντων εἰς τὰς ἀκοὰς τῶν ἐμῶν οἰκετῶν ἄφνω ἀναφανέντων τῇ οἰκουμένῃ παρὰ τὸν θεσμὸν τῶν μεγίστων θεῶν καὶ τὰ μὲν ἱερὰ διδασκόντων καταλύεσθαι, ἅπερ οἱ πρόγονοι ἤγειραν, τὰς δὲ ἐπιφανεῖς καὶ λαμπρὰς ἑορτὰς ἀπαγορευόντων. Ἐπεὶ οὖν τινες τῶν ἡμετέρων τρόπον[2] ἀθεότητος κεκορεσμένοι καὶ μανίαν εἰς ἑαυτοὺς ἔχοντες ἐν ἀσεβείᾳ τὰς ἑαυτῶν ψυχὰς ἐκδεδώκασιν καὶ κρίσει ἀνεκδιηγήτῳ ἄνθρωπον βιοθανῆ, οὐκ οἶδα πῶς, ἐπιφημίζουσι Θεὸν εἶναι καὶ οὐ μόνον ἑαυτοὺς δελεάζουσιν ἀλλ' ὅλον ἤδη τὸν κόσμον μέλος αὐτοῖς[3] ἐπᾴδοντες καταγοητεύουσι καὶ ἀθρόως πολλοὺς εἰς ἀπώλειαν ἐφέλκονται καὶ τὴν ἐκείνου μοῖραν ἑκάστῳ αὐτῶν ἐπὶ ποθητὸν ἄγουσιν, θρασύνονται δὲ κατὰ τῶν ἡμετέρων καὶ τοὺς θεοὺς βλασφημοῦσιν καὶ τοὺς ἀκεραιοτέρους ἡμῶν ἐξ ἀπατηλῶν λόγων μεταπείθουσιν εἰς τὴν ἰδίαν αὐτῶν δυσσέβειαν καὶ μυθολογίᾳ γαυρούμενοι ἀσυνθετοῦσι τοὺς ἡμετέρους νόμους καὶ τὴν τῶν θεῶν προσκύνησιν ἀποστρέφονται· μυστικὰ γὰρ ἔχουσίν τινα γράμματα, ἅπερ εὐαγγέλια προσαγορεύουσιν· καὶ δι' αὐτῶν ἐκ

1. θαρων τῇ A, *rescriptum*. — 2. τρόπων A. — 3. αὐτους A?

γυναικὸς γεγεννημένον τινὰ κακουργὸν ὡς Θεὸν παρεισφέρουσιν ἀνατρέποντες ἡμῶν τὰς θυσίας καὶ τὰς τελετάς, ὡς ἀδυνατούσης τῆς βασιλείας μου πρὸς ἄμυναν τῶν κακῶν, καὶ κατὰ πάντα δυστροπεύονται πρὸς καθαίρεσιν τῶν θεῶν καὶ τῆς βασιλείας μου καὶ βούλονται δεῖξαι τὴν ἡμετέραν εἰς πάντας ἀνθρώπους πραότητα ὡς ἀδυνατοῦσαν καὶ νωθράν, εἰς ἐκδίκησιν τῶν ἡμετέρων θεῶν ἀσθενεστέρους ἡμᾶς ἐπιδεικνύντες, προδοσίᾳ[1] τινὶ καθ' ἡμῶν ἀγωνιζόμενοι· διὰ ταῦτα ἐκτίθημι δόγμα, ἐν παντὶ τόπῳ τῆς βασιλείας μου μιᾶς θρησκείας ὄντας ἅπαντας ἐξευμενίζειν τὸ θεῖον αὐτοῖς τε καὶ ἡμῖν· εἰ δέ τινες μὴ βούλοιντο ταῦτα φρονεῖν, τῇ ταχίστῃ τιμωρίᾳ ὡς ἀποστατοῦντας ἀφ' ἡμῶν δημοσίῳ ξίφει ἀπαλλάττεσθαι αὐτοὺς τοῦ ζῆν κελεύω, τοὺς δὲ πειθομένους τῷ νεύματι τοῦ κράτους μου πέντε μυριάδας ἀργυρίου προστάττω λαμβάνειν ἐκ τοῦ ἐμοῦ παλατίου τιμῆς τῆς εἰς τοὺς θεοὺς ἕνεκα καὶ εὐσχημονοῦντας ἀζήμιον τὸν πάντα χρόνον διατελεῖν· ἐρρωμένους ὑμᾶς τοῖς θεοῖς εὔχομαι. »

4. Δεξάμενοι οὖν οἱ κατὰ τόπον ἄρχοντες τὸ πρόσταγμα ὥσπερ τινὲς θῆρες συναρπάζοντες τοὺς τῆς εὐσεβείας ἐραστὰς ἔφερον πρὸς τὴν τῆς εἰδωλολατρείας ἀπάτην. Ἐπεδήμησεν δὲ καὶ ἐν τῇ Καισαρέων πόλει δεινός τις ἄρχων τοὔνομα Φλαβιανός, τὴν μὲν ψυχὴν ἀνηλεής, τὸν δὲ τρόπον ἀνήμερος, ὑπερβολῇ δὲ κακίας πολιτευόμενος, πάσῃ ὠμότητι τὴν ἐν ἀνθρώποις πονηρίαν ὑπερβάλλων, ὡς μηδὲ λογίζεσθαι αὐτὸν τῆς αὐτῆς φύσεως πάντας ὑπάρχειν.

5. Ὁ δὲ μακάριος Προκόπιος ἀπὸ τῆς Αἰλίων πόλεως ὡρμᾶτο[2], ἐκ τῶν τόπων τοῦ πανσεβασμιωτάτου σταυροῦ ἀναφυείς, τῇ τῶν ἀναγνωστῶν ἅμα καὶ ἐπορκιστῶν χάριτι τετιμημένος διὰ τὸν ἀγγελικὸν αὐτοῦ βίον, θεοφόρος τὴν γνῶσιν δι' ὧν ἀνεγίνωσκεν τὰς τῶν προφητῶν καὶ ἀποστόλων βίβλους καὶ τὴν τῶν πιστευόντων ἀκοὴν βεβαιοτέραν εἰργάζετο· ἦν

1. προσδοσία A. — 2. ωρμαιτο? A *rescriptum*

γὰρ καὶ τῷ λόγῳ μελίρρυτος[1], ὡς πάντας τοὺς ἀκούοντας αὐτοῦ θέλγεσθαι τῆς ἐκ τῶν λόγων αὐτοῦ ἀποσταζούσης γλυκύτητος· νηστείᾳ τε καὶ προσευχῇ οὕτως ὠχύρωτο, ὡς μηδὲ χρείαν ἐπερωτᾶν, τί τὸ τῆς ψυχῆς ἐπιτήδευμα, ἀλλὰ πάντας γινώσκειν Χριστὸν Θεὸν τὸν ὑπ᾽ αὐτοῦ κηρυττόμενον εἶναι. Οὗτος ὡς ἀληθῶς φερώνυμος πίστει καὶ εὐσεβείᾳ κεκοσμημένος οὐκ ἠρνεῖτο τοῖς ἔργοις τὸ ὄνομα οὐδὲ ἐψεύδετο τῇ προσηγορίᾳ[2] τὰ ἔργα, ἀλλ' ἦν Προκόπιος ἐν προκοπῇ· προέκοπτεν οὖν ζήλῳ καὶ ἀνδρείᾳ, τοῖς οὐρανίοις περιπολῶν, ῥήματι Χριστοῦ τὴν ἑαυτοῦ διάνοιαν καθοπλίσας, ὑπ' οὐδενὸς πονηροῦ διοχλούμενος, ἀεὶ πάθους ἐπικρατεῖν δυνάμενος, πᾶσαν ὥραν ἐν τῷ οἴκῳ τοῦ Θεοῦ διάγων, δεόμενος τοῦ Κυρίου τὴν τῆς δυσσεβείας ἀνομίαν σταλῆναι[3]. Ἦν δὲ ὁ ἅγιος τοιοῦτος, ὡς πολλάκις καὶ δαιμονῶντας ἀνθρώπους ῥήματι γυμνῷ καὶ σφραγῖδι τοῦ σωτῆρος Θεοῦ ἐπορκίζων, ἀναχωρεῖν τοῦ πλάσματος ἐκέλευεν. Οἱ οὖν δαίμονες τοῖς προσταχθεῖσιν ὑπήκουον μετ' ἀνάγκης, ἀναβοῶντες τὸν διὰ τοῦ ἁγίου Προκοπίου τοιαῦτα κατ' αὐτῶν δυνάμενον Θεόν, δεόμενοι ἱλεωθῆναι τῆς κατ' αὐτῶν τιμωρίας· ἐπέταττε γοῦν τοῖς δαίμοσιν ὡς ἀλόγοις ζῴοις· πολλὰ τοίνυν πλήθη προσετίθετο τῇ τοῦ Κυρίου πίστει. Ταῦτα δὲ πάντα οὐκ ἐλάνθανε τὸν Φλαβιανόν, ὥς τινα πηγὴν τῶν χριστιανῶν εἶναι τὸν μακάριον Προκόπιον. Ἐκέλευσε τοίνυν συλληφθῆναι αὐτὸν καὶ προσαναχθῆναι αὐτῷ. Οἱ δὲ συλλαβόμενοι τὸν ἀθλητὴν τοῦ Χριστοῦ ἦλθον πρὸ τῶν πυλῶν Καισαρείας, ἔνθα ἦν ὁ Φλαβιανός, ἐποπτεύων τὴν οἰκοδομὴν τοῦ ναοῦ.

6. Προκαθίσαντος δὲ αὐτοῦ, εἰσήχθη ὁ μακάριος. Θεασάμενον δὲ αὐτὸν τὸ πλῆθος τῆς πόλεως τῇ τῶν εἰδώλων παραπληξίᾳ μεθύον ἐπλανᾶτο. Οἱ μὲν γὰρ τῶν πλουσίων ὄχλοι, παραπλησίως δὲ καὶ ὁ δῆμος ἐμαίνετο· καὶ τῷ μὲν λόγῳ ἦσαν κτηνωδέστεροι τῷ δὲ ἔργῳ ἀσεβέστεροι, θηριώδεις τε

1. μελίρυτος A. — 2. τῆς προσηγορίας A. — 3. *ita* A, *melius forsan* ἀνασταλῆναι.

τῇ ψυχῇ καὶ τῇ θεωρίᾳ μανιώδεις, κράζοντες ἔμπροσθεν τοῦ Φλαβιανοῦ· « Οὗτός ἐστιν ὁ ἀνατρέπων τὰς τῶν θεῶν θυσίας καὶ τῶν ἡμετέρων ἐθῶν καθαιρέτης, ὡς καὶ ἐν χλεύῃ διασῦραι τὸ βασιλικὸν πρόσταγμα. » Ταῦτα ἀκούσας ὁ Φλαβιανὸς ὥσπερ ὑπὸ πνεύματος πονηροῦ τὴν ψυχὴν ἀγριωθεὶς καὶ διατρέψας[1] τὰς ὄψεις λέγει πρὸς τὸν μακάριον· « Τίς λέγῃ; » Ὁ δὲ ἔφη· « Ἐγὼ χριστιανός εἰμι, καλοῦμαι δὲ Προκόπιος. » Καὶ ὁ Φλαβιανὸς ἔφη· « Σὺ μόνος ἠγνόηκας τὰς θείας νομοθεσίας, ὡς κελεύουσιν οἱ ἄχραντοι αὐτῶν νόμοι θύειν ὑμᾶς τοῖς θεοῖς ἢ ἐν δειναῖς τιμωρίαις ἐξεταζομένους τοῦ ζῆν ἀπαλλάττεσθαι; θαυμάζω δέ, πῶς ἐν τοσαύτῃ ἡλικίᾳ ἐληλακὼς παραπαίειν ἀνέχῃ, πῶς δὲ καὶ ἄλλους διδάσκων αὐτὸς τὸ φρονεῖν ἀπεστέρησαι. Ταῦτα δέ σοι παραινῶ ἀποστῆναι τῆς ἀπιθάνου θρησκείας· Θεὸν γὰρ ἐκ γυναικὸς γεγεννῆσθαι[2] καὶ τοῦτον ἐσταυρῶσθαι γελοῖόν μοι εἶναι δοκεῖ. Σπεῖσον οὖν τοῖς θεοῖς καὶ προσκύνησον τῇ εἰκόνι τοῦ βασιλέως, ἢ παρακούσας ἐν ποικίλαις κολάσεσιν ἐξετασθήσῃ, τοῦ βίου κακῶς ἀπαλλάξας. Σωφρονιζέτω δέ σε καὶ τὰ τῶν προλαβόντων πάθη. »

7. Τούτων τῶν ῥημάτων ἐπακούσας ὁ μακάριος, καθαρῷ τῷ λογισμῷ τὴν πίστιν περιζωσάμενος καὶ διπλασιάσας τὴν ἐν Χριστῷ ἐπιθυμίαν, ἔφη· « Εἴθε μοι τοσοῦτον χάριτος ὁ Θεὸς ὁ τὰ πάντα διὰ Χριστὸν δωρούμενος ἐπεμέτρησεν, ὡς ἐξισχῦσαί με ἀποστῆσαί σε καὶ τὸν βασιλέα σου ἀπὸ τῆς ἀλόγου ταύτης καὶ ἀθεμίτου μανίας. Ἐπειδὴ δὲ ἀνιάτως ἔχετε πάλαι τῇ ματαιότητι κακῶς προτετυγμένοι· ἐχρῆν μὲν γάρ σε τὸν δημιουργὸν καὶ βασιλέα οὐρανοῦ καὶ γῆς ἐπιγινώσκειν εὐσεβῶς καὶ εἰς τὸν αἴτιον τῶν ἀγαθῶν πιστεύειν, ὅτι ἀληθὴς Θεὸς φύσει θείᾳ ἀκατάληπτός ἐστιν σωτηρίας ἡμῖν αἰτία καὶ τοῦ παντὸς κόσμου, καὶ τοῦτον εἶναι ἄτρεπτον ἐν ἀμεταλλάκτῳ φύσει ἑαυτὸν εἰδότα μόνον· εἰ δὲ βούλει μαθεῖν ἐκ τῶν τοῦ κόσμου φιλοσόφων, ἐν τούτοις μάλιστα ἡττᾶσθαι ὑμᾶς πέπεισμαι. Εὑρήσεις γὰρ Ἑρμῆν

1. διατρίψας A. — 2. γεγενῆσθαι A.

τὸν παρ' ὑμῖν[1] Τρισμέγιστον, Ὅμηρόν τε, Πλάτωνα, Ἀριστοτέλην καὶ Σωκράτην, Γαληνόν τε καὶ Σκάμανδρον ἕνα ἓν κηρύξαντας· τοὺς δὲ ἐξ ἀνθρώπων γινομένους θεοὺς ἢ ὀνομασθέντας τούτους εἰς τὰ σφαλερὰ καὶ κινδυνώδη φέρεσθαι ἐτραγῴδησαν· ὧν μάλιστα ὁ κορυφαιότατος τῶν ποιητῶν Ὅμηρος αἰσχύνην ἀνηγόρευσεν. Ἐπειδὴ δὲ εἴρηκας τὸν Χριστὸν ἐκ γυναικὸς γεγεννῆσθαι καὶ ἐσταυρῶσθαι, ἔστι τις ἀπόρρητος ἀγαθότης, ἣν πολλοὶ ἀγνοήσαντες οὐκ ἐπέγνωσαν τὸ ἀληθὲς πρὶν ἢ πιστεῦσαι αὐτούς. Θεὸς γὰρ ἀληθῶς ὁ Χριστός, ἐπειδὴ ἐκ τοῦ πατρὸς οὗτος μονογενὴς γνήσιος υἱὸς ὑπάρχει· τὸν υἱὸν τοίνυν τοῦ Θεοῦ ἐπιγνόντες ἐν τῇ τοῦ πατρὸς θεότητι ὁμοούσιον ἀϊδίως συμβασιλεύοντα, θρησκεύομεν ἀπαραλλάκτως· εἰ δὲ βούλει περὶ θεοσεβείας ἀκοῦσαι, δὸς ἡμέραν καὶ ἄκουσον. Ἐγὼ τοίνυν χριστιανός εἰμι, διὰ τῆς ἐπικλήσεως τοῦ σωτῆρος Χριστοῦ δαίμονας, οὓς ὑμεῖς προσκυνεῖτε, φυγαδεύων. »

8. Ὁ δὲ Φλαβιανὸς διασῦραι τὰ ὑπὸ τοῦ ἁγίου ῥηθέντα βουλόμενος ἔφη· « Καλῶς ἡμῖν πεφανέρωκας περὶ θεοσεβείας, ὁ τὰς κλεῖς τῶν οὐρανῶν καὶ τὰς τοῦ Θεοῦ σφραγῖδας ἐπικομιζόμενος· πρὶν οὖν τῶν κατὰ σοῦ βασάνων ἄρξομαι, συμβουλεύω σοι παύσασθαι μὲν τῆς ἀσεβοῦς θρησκείας, ἀρνήσασθαι δὲ ἐπαισχυνθέντα τὴν ἀλογωτάτην φρόνησιν τῶν ἀνόμων χριστιανῶν, φιλοσοφεῖν δὲ τοῦ λοιποῦ τὸν ἑλληνικὸν βίον καὶ ἀπολαύειν τῶν αὐτοῦ ἀρετῶν, καλλίστων οὐσῶν τοῦ παντὸς βίου, πεισθῆναι δὲ καὶ βασιλεῦσι, τὰ ἐξ ἐκείνων μεγάλα δῶρα ἀπεκδεγόμενον. Εἰ δὲ παρακοῦσαι θελήσεις τῆσδε ἡμῶν τῆς παραινέσεως, πᾶσαν στρέβλωσιν ὑπομείνας ἐπὶ τέλει πληρώσεις τὰ προσταττόμενα. »

9. Προκόπιος λέγει· « Οἷς τὸ ἀληθὲς τῆς εὐσεβείας φῶς οὐ κατοπτεύθη, δισταζόντων τῇ διανοίᾳ, τούτων αἱ σύμμαχοι τῆς πλάνης βάσανοι κατεκράτησαν· ὅσοι δὲ ἐν καθαρῷ καρδίας ὄμματι τῇ τοῦ Θεοῦ δυνάμει πεπιστεύκασιν, οὗτοι τὰς βασάνους διὰ τὸν Χριστὸν ὡς ἐν ἀλλοτρίῳ σώματι ἐδέξαντο. Ἐπεὶ

1. ἡμῖν A.

οὖν τὸν ὄντως ὄντα Θεὸν ἠγνόηκας, σὺ μὲν θῦε καὶ μαγείρευε, λυττώντων κυνῶν δίκην τὰ τῶν ἀνθρώπων σώματα καταξαίνων· καὶ οὐκ αἰσθάνῃ θεομαχῶν, λιθοειδεῖ ἀνθρώπῳ μεμορφωμένῳ τράπεζαν καὶ σπονδὴν ἐπιφέρων. Εἰ μὲν γὰρ καλὸς ὁ λίθος καὶ ὡς Θεὸς παρ' ὑμῖν τιμᾶται, μὴ τέμνε τοῦτον καὶ χώριζε εἰς πολλὰς μοίρας ἀπομερίζων πέτραν· καὶ λαβὼν τῷ μὲν ὡς Θεῷ προσεκύνησας καὶ λιβάνῳ καὶ θυσίαις ἐδόξασας, τὸ δὲ ἕτερον οὐκ εἰς οἰκοδομὴν οἰκίας μόνον ἀλλὰ καὶ τὸν ἐκκρινόμενον παρ' ὑμῖν κέχρησαι πολλάκις. Μὴ οὖν τοσαύτῃ ἀννοίᾳ ἐπισκότιζε τὴν σὴν διάνοιαν, ὡς τὸν ποιητὴν τοῦ οὐρανοῦ καὶ τῆς γῆς καταλείψαντα καὶ λίθον εὐτελέστατον χαμαισυρτεῖν.

10. Πρότερον γοῦν λίθον ἐγείρας θεραπεύεις ὡς εὐεργέτην, ἀλλὰ καὶ χρυσῷ πολλάκις θυσίαν καὶ λίβανον προσήνεγκας καὶ ὡς Θεῷ θυμιῶν ἐδόξασας· ἤδη δὲ παρὰ σοὶ καὶ ξύλον ὡς Θεὸς νενόμισται· ποίας οὖν σοφίας ἐστὶν τῷ λίθῳ καὶ τῷ ξύλῳ προσφέρειν θυσίαν καὶ κατακαίειν τὸ σέβασμα καὶ ἀναφέρειν ὡς ἀφθάρτῳ θεῷ τῷ ξύλῳ καὶ φθείρειν πυρὶ τὸν νομιζόμενον Θεὸν καὶ ζωὴν καὶ σωτηρίαν αἰτεῖν παρὰ τοῦ σαθροῦ ξύλου ; Διόπερ ἦν εὐλογώτερον σιδήρῳ προσφέρειν τὴν θυσίαν τῷ καὶ κρατοῦντι ξύλου. Ὁρᾷς δέ, ὅτι καὶ αὐτὸς ὁ σίδηρος τῷ πυρὶ μαλαττόμενος ἐλαττοῦται τῆς οἰκείας δυνάμεως ; οὐκοῦν ἀνάγκη ὑμᾶς τὸ πῦρ ἡγεῖσθαι Θεόν, ὅπερ δίκαιον νενόμισται παρ ὑμῖν μετὰ τῆς λοιπῆς περιττολογίας· ἀναπτούσης δὲ καὶ ξύλων ὕλης τὸ πῦρ, ὕδωρ ἐπικρατεῖ καὶ καταπαύει τὴν φλόγα. Πῶς οὖν τὰς ὕλας θεοὺς νομιστέον, τὰ δι' ἀλλήλων εἰς φθορὰν ὁρῶντα καὶ μείωσιν; οὐ γὰρ οἷόν τε τοὺς αὐτοὺς θεοὺς ὕλης ποιητὰς καὶ θυσίας ὀνομάζεσθαι.

11. Ἀλλ' ἐρεῖς· οὐ τὸν λίθον θεραπεύω τήμερον, ἀλλὰ πρὸς μίμημα τῶν λεγομένων θεῶν. Ταῦτα λέγεις μαχόμενος τῇ ἀληθείᾳ· εἰ γὰρ πᾶσιν ὡμολόγηται τὸν Θεὸν ἀπερινόητον εἶναι, ἀκατάληπτον, ἀσώματον, δημιουργόν τε καὶ κτίστην τῶν ὅλων ὑπάρχειν, πῶς εἶδος ἀνθρώπου καὶ σχήματα καὶ πάθη διάφορα τούτῳ περιτιθέναι σπουδάζετε, δέον ἀφέντας τὸ τῆς

ἐρεσχελίας ἄτονον καὶ τὴν ἄπειρον ταύτην[1] φιλονεικίαν, καθαρᾷ τῇ πράξει καὶ μόνῃ προσευχῇ τὸν ἀεὶ ὄντως ὄντα Θεὸν θεραπεύειν; οὔτε γὰρ πυρὸς χρεία οὔτε ξύλου εἰς καῦσιν οὔτε ζῷον ἄγεσθαι πρὸς βίαν εἰς σφαγήν· ἀπροσδεὴς γὰρ ἡ τοῦ παντοκράτορος δύναμις. Ταῦτα μὲν γὰρ παρ' ὑμῖν σεμνὰ διηγήματα καὶ πράξεις ἀνεπίληπτοι καὶ σοφία εἶναι νενόμισται. Ὁ δὲ Θεὸς τῶν ὅλων ὁ τοσαύτης φιλανθρωπίας θησαυροὺς εἰς ἡμᾶς ἐφαπλώσας μισεῖ τὸν θάνατον καὶ τὰ τούτου κέντρα λέλυκε διὰ τῆς τοῦ Χριστοῦ ἐπιδημίας, ἀνάστασιν δὲ διὰ τῆς ἀναστάσεως αὐτοῦ προεκήρυξεν, ἵνα τοὺς δι' αὐτοῦ πιστεύοντας εἰς τὸν πατρικὸν τῆς ἀθανασίας νοῦν καταστήσῃ τοῦ θανάτου ἡμᾶς[2] ἐλευθερώσας. Διόπερ εἰ φίλον σοί ἐστιν, ἔπαγε τὸ ξίφος, εἴ γε τοῦτό μοι παρὰ σοῦ πρόκειται μὴ θύοντί σου τοῖς θεοῖς οὐ γὰρ τοσοῦτον μετέχω τῆς σῆς ἀτοπίας, τύραννε, ἐπειδὴ τῆς τοῦ Χριστοῦ χάριτος γέγονα μέτοχος. Οὐ βούλομαι οὖν μικρᾶς ἡδονῆς μέρος ἀπολαύσας οὐρανίου δωρεᾶς ἀνταλλάξαι. »

12. Ταῦτα τοῦ μακαρίου δὲ λαμπρᾷ τῇ φωνῇ πρός τε τὸν ἄρχοντα καὶ τοὺς περιεστῶτας εἰπόντος, θάνατον εὐθέως καὶ ξίφος ἠπείλησεν καὶ τῷ ξύλῳ ἀναρτήσας τὸν ἀγωνιστὴν ἅπτεσθαι αὐτοῦ τοὺς δημίους προστάττει καὶ κατὰ τῶν πλευρῶν αὐτοῦ πληγὰς ἀνηκέστους ἐπιφέρειν. Ὡς δὲ ἀπέκαμον οἱ δήμιοι ξέοντες αὐτὸν κατὰ πᾶν μέλος τριχῶν ὑφάσμασιν, ἅλας προσθέντας ἐκέλευσεν αναξαίνειν τὰ τραύματα καὶ χερσὶν σιδηραῖς τὰς ὄψεις αὐτοῦ καθαιρεῖσθαι, ὡς καὶ αἱμάτων ἔκχυσιν γίνεσθαι καὶ λοιπὸν μὴ ὁρᾶσθαι πρόσωπον ἀνθρώπου· καὶ ταῖς μολιβίσι[3] τοὺς αὐτοῦ τένοντας[4] πλήξας τὰ ὀστέα αὐτοῦ συνέτριψεν.

13. Καὶ μετὰ ταῦτα προστάττει τινὶ Ἀρχελάῳ σπεκουλάτορι σπασαμένῳ ξίφος διαχειρίσασθαι τὸν μακάριον. Τοῦ δὲ μακαρίου μετὰ πολλῆς χαρᾶς ἑλκυσθέντος[5] πρὸς τὸ πέρας τοῦ ξίφους, τῆς χειρὸς τοῦ δημίου παραλυθείσης, καταπεσὼν ὁ

1. ταυτη A, — 2. ...]ας A, *membrana disrupta*. — 3. μολίβισι A. — 4. τέναντας A. — ἑ[ ]υσθέντος A; *membrana lacera*.

στρατιώτης ἐπὶ τὴν γῆν μετὰ τοῦ ξίφους εὐθέως διεφώνησεν. Ταῦτα ὁρῶν ὁ Φλαβιανὸς καὶ ὥσπερ ἐν ἐκστάσει γενόμενος ἔφη· « Σιδηρώσαντες τὸν τράχηλον αὐτοῦ καὶ χεῖρας καὶ πόδας, φυλάττετε ἐν τῷ δεσμωτηρίῳ, μὴ ἐῶντες αὐτὸν ἐπιμελείας τινὸς τυχεῖν, ἵνα τῶν πληγῶν συνοζουσῶν[1] τῇ τῶν βασάνων φθορᾷ τραυματίας γενάμενος ὅλος ἐπαλγεστέρων πόνων πειραθεὶς μεταπείσῃ τὴν ἑαυτοῦ ὠμότητα εὐσεβῆσαι τοῖς θεοῖς, μηδενὶ τῶν αὐτοῦ συγχωροῦντες αὐτὸν θεωρεῖν, ἵνα καὶ ταύτης τῆς παραμυθίας στερούμενος ἐκτελέσῃ τῶν θείων διατάξεων τὸ κελευσθέν. »

14. Ὁ δὲ μακάριος Προκόπιος καρτερικῶς ὑπομείνας τὰς ἀφορήτους βασάνους, πεφορτωμένος τοῖς σιδήροις ἐφυλάττετο ἐν τῷ δεσμωτηρίῳ· καὶ κατακείμενος εἰς τὸ ἔδαφος, προσηύξατο λέγων· « Ὁ πατὴρ τοῦ κυρίου ἡμῶν Ἰησοῦ Χριστοῦ, ὁ φωτίσας τὰ ἐσκοτισμένα τὸ πρίν, ὁ τάξας ἐξ ἀστάτου φύσεως τὴν ὁρωμένην σύστασιν, ὁ ἁρμοσάμενος τέχνῃ τῇ σῇ τὴν φαινομένην ἁρμονίαν, ὁ τὴν ἄρυθμον καὶ ἐναντίαν φύσιν ῥυθμῷ βιαίῳ πεδήσας, ὁ λύσας δεσμῷ τῷ σῷ τὰ λυθῆναι ὑφ' ἑτέρου μὴ δυνάμενα, ὁ τὸ κεκρυμμένον μυστήριον τοῦ Χριστοῦ σου πρὸς φιλανθρωπίαν δωρησάμενος καὶ τὰ σὰ πλάσματα πρὸς ἑαυτὸν ἐπιστρέψας, ὁ μὴ ἐάσας ἡμᾶς ἐν τῇ ἀφροσύνῃ καὶ ἀγνωσίᾳ τέλεον ἀποθανεῖν, εὐχαριστοῦμέν σοι καὶ τῇ ἁγίᾳ σου δυνάμει, τῷ κυρίῳ ἡμῶν Ἰησοῦ Χριστῷ, ὅτι ἡμᾶς ἐξ οὐκ ὄντων ἐποίησας δι' αὐτοῦ, πεσόντας ἐξανέστησας, ἁμαρτήσασιν συνέγνως, πλανηθέντας ἐπανήγαγες, αἰχμαλωτισθέντας ἐλυτρώσω, κειμένους ἀνήγειρας, τεθνηκότας ἐζωοποίησας· σοὶ χάρις, δέσποτα, τῷ οὕτως ἡμᾶς ὑπὲρ ἀξίαν ἀγαπήσαντι καὶ τοῦ Χριστοῦ σου τὸ ἔργον τῆς ἀγάπης εἰς ἡμᾶς ἀναπληρώσαντι, τῷ διδόντι τὸ πνεῦμα τὸ ἅγιον εἰς ἀνακαίνισιν τῶν παλαιωθέντων, εἰς μόρφωσιν νέαν τῶν παραφθαρέντων, εἰς σωτηρίαν μὲν ἀνθρώπων, ἐλευθέρωσιν δὲ κτίσεως τῆς δουλωθείσης τῇ φθορᾷ, εἰς κατάλυσιν δὲ διαβολικῆς ἐνεργείας τῆς

1. *ita* A, *forsan* συνιζουσῶν.

ἐν ἀποστασίᾳ ἀνθρώπων καταδυναστευούσης· εὐχαριστοῦμέν σοι, ὅτι καὶ προσάγεις ἡμᾶς καὶ προσκαλεῖ πρὸς ἑαυτόν, στερεῶν ἐν πίστει, βεβαιῶν ἐν ἐλπίδι, προσάγων εἰς ἀγάπην, φωτίζων ἐν γνώσει, παριστάμενος ἐν δυσκολίαις, λόγῳ δηλῶν καὶ ἔργῳ πληρῶν τὰς εὐεργεσίας, οὐ κατὰ ἁμαρτίας κολάζων ἀλλὰ κατὰ χρηστότητα χαριζόμενος, εὐσπλαγχνίᾳ καὶ ἀνοχῇ τὴν κρίσιν ὑπερτιθέμενος καὶ διὰ τῆς μακροθυμίας ἐπὶ τὸ βέλτιον ἡμᾶς ὁδηγῶν. Δέσποτα Χριστέ, ἐπάκουσόν μου καὶ τελείωσόν μου τὸν δρόμον, βεβαιῶν τὴν διαθήκην σου ἐν ἐμοὶ τῷ ἀναξίῳ, ἣν διέθου πρὸς ἀνθρώπους ἐν τῷ ἁγίῳ σου ὀνόματι διὰ τὸ ἐπικληθὲν ἐπ' ἐμοί· ἐξελοῦ με ἐκ τῆς ἐπηρείας τοῦ διαβόλου, διάλυσον αὐτοῦ τὰς καθ' ἡμῶν μηχανὰς καὶ τὰς βίας τῆς ἐπαναστάσεως, τῷ ἁγίῳ σου πνεύματι φυλάττων ἡμᾶς ἀνεξαπατήτους ἀπὸ τοῦ πονηροῦ ἄρχοντος, καὶ δίδαξον ἡμᾶς τὰ σὰ βουλεύματα καὶ τὰς ἁγίας ὁδοὺς τῆς σοφίας σου· καὶ τὰς παραμυθίας σου μὴ ἀφέλῃς ἀφ' ἡμῶν μηδὲ βαρυτέρας τῆς ἡμετέρας δυνάμεως τὰς παιδείας ἐπαγάγῃς· ἡμεῖς γὰρ οὐχ ἱκανοὶ πρὸς τὸ νικᾶν τὰ ἀντιπίπτοντα, σὺ δὲ δυνατὸς πρὸς τὸ σῴζειν ἐκ πάντων τῶν ἐπανισταμένων, διαφυλάσσων ἡμᾶς εἰς τὴν αἰώνιον καὶ μακαρίαν ζωήν, τὴν ἐν πληρώσει πνεύματος ἁγίου καὶ ἀφθαρσίᾳ καὶ βασιλείᾳ τῆς σῆς θεότητος, ἵν' οἰκεῖοι καὶ μέτοχοι καὶ κληρονόμοι εὑρεθῶμεν τῶν ἐπαγγελιῶν σου, ᾧ ἡ δόξα καὶ τὸ κράτος σὺν τῷ ἁγίῳ σου καὶ ζωοποιῷ πνεύματι, νῦν καὶ ἀεὶ καὶ εἰς τοὺς αἰῶνας τῶν αἰώνων, ἀμήν. » Προσευξαμένου δὲ αὐτοῦ, ἐφάνη αὐτῷ ὁ Κύριος ἐν σχήματι ἀγγέλου καὶ ἐπιθεὶς τὰς χεῖρας αὐτοῦ ἐπ' αὐτὸν ἰάσατο αὐτὸν λέγων· « Ἡ χάρις μου ἔστω μετὰ σοῦ. »

15. Τῇ δὲ τρίτῃ ἡμέρᾳ προκαθίσας ὁ Φλαβιανὸς ἐκέλευσε προσαχθῆναι τὸν μακάριον καὶ λέγει πρὸς αὐτόν· « Τὸ τῆς ἀνοίας εὔτονον τοῦ λογισμοῦ σου ἐμάλαξαν αἱ βάσανοι δυσωπήσασαι[1] θῦσαι τοῖς θεοῖς; ἢ ἀνόνητον ἡγῇ μετὰ τὰς βασάνους ἐπιγνῶναι τὸ ἀληθές; οὐκ οἶμαι δὲ σὲ τοῦτο πάσχειν ὄντα

1. δυσωπῆσαίσε A.

σοφὸν ἀμνημονεῖν τῶν ὄπισθεν βασάνων· ὥσπερ γάρ τινες εἰσὶν ὁδηγοὶ πρὸς τὴν σοφίαν ἐπιστρέφοντες τοὺς νηπιάζοντας, τούτοις ἐοίκασιν αἱ τῶν ἀρχόντων βάσανοι· ἀπολογήσομαι δέ σοι περὶ τούτων ὀφειλόντως τῶν ἤδη φθασασῶν ὕβρεων, εἴπερ ἡττήσῃς τὸ τῆς αἰσχύνης πάθος· καὶ σὺ μὲν φανήσῃ βελτίων νῦν ἢ πρότερον ὡς εὔνοιαν φυλάξας πατροπαραδότῳ θρησκείᾳ τῇ καὶ ἀνοήτῳ, ἀμειψάμενος δὲ τῷ κρείττονι τὸ ἔλαττον, λογισμοῖς καλλίστοις μαθητευθεὶς ἐμοὶ χαριῇ τὰ μέγιστα, οὐκ ἀνονήτους μοι τοὺς εἰς σὲ κόπους ποιῶν. »

16. Ὁ δὲ γενναῖος ἀθλητὴς τῆς τοῦ Χριστοῦ χάριτος πεπληρωμένος ἔφη· « Εἰ μὲν ὡς ἐν ὀνείρατι φαίνομαί σοι βασανισθεὶς καὶ οὐχὶ θαύματι περιεχόμενος καὶ ἐν ἀποίῳ λογισμῷ τὴν τοῦ ἐμοῦ σώματος κατανοεῖς ἴασιν, μὴ παύσῃ ἀναγκάζων με βλασφημεῖν· εἰ δὲ σὺ αἰσχύνῃ ἐφ' οἷς ἀγαθοῖς παρ' ἐλπίδας τὰς σὰς ὁρᾷς εἰς ἐμέ, οὐκ ἔδει τὸν ἐν χερσί με τὰ θαύματα ἔχοντα προτρεπομένου σου ὅμοιόν σοι γενέσθαι, τῆς αἰσχίστης ἀνοίας τὸν αὐτὸν λογισμὸν οἰόμενος ἔχειν με, ἢ μὴ καὶ κρεῖττον μετὰ τὰς βασάνους, ὡς πλειόνων θαυμάτων πεῖραν λαβόντα. Ὡς βούλει τὸ σῶμά μου αἴκιζε, ὑπὲρ τῶν ὁμοίων σου δαιμόνων ἀγωνιζόμενος· ἐμοὶ γὰρ εἷς φιλοσοφίας ὅρος, τὸ ἑαυτοῦ προκρίνειν τὴν εὐσέβειαν. » Καὶ ὁ Φλαβιανὸς ἔφη· « Οὐ παροξύνεις με τοῖς λόγοις σου, ἵνα σύντομον τὴν ἐπαξίαν ἀπενέγκοις κόλασιν, ἀλλὰ ἀνεχόμενον ἕξεις τῆς προπετείας σου, τρισκατάρατε, μιμούμενον, ὥς φατε, τὸν ἐλεήμονα ὑμῶν Χριστόν, εἰ καὶ τῇ μαγείᾳ σου τὸ ξίφος ἀπέτρεψας καὶ τὸν σπεκουλάτορα ἐθανάτωσας καὶ ἡμᾶς ἅπαντας ἠμαύρωσας καὶ τὰς ἀπορρήτους βασάνους ἀφανεῖς πεποίηκας· οὐ παύσομαι δὲ κατὰ πᾶν μέλος αἰκιζόμενός σε, ἕως ἂν πράξῃς τὰ κελευόμενα, καὶ παύσω σε τῆς μανιώδους προπετείας. Τείναντες οὖν αὐτὸν ἱμᾶσι λεπτοῖς ἐκ τεσσάρων κρεμαστὸν ἀπὸ τῆς γῆς, νεύροις ὠμοῖς τὰς σάρκας αὐτοῦ καταξάνατε καὶ ἀνθρακιὰν ζῶσαν τὸν νῶτον αὐτοῦ πληρώσατε· ὄνησις γὰρ προπετείας ἀφρόνων μάστιγες ἀν ατοι. »

17. Ταῦτα δὲ πάσχων ὁ γενναῖος ἀθλητὴς τοῦ Χριστοῦ εἶπεν· « Ὦ πάσης ἀδικίας ἐργάτα καὶ πυρὸς αἰωνίου κατάβρωμα, περὶ τὸ ἀληθὲς ἀστοχῶν ὡς ἀφρονοῦντά με τιμωρεῖς· ἐγὼ μὲν ὑπὲρ εὐσεβείας ἀγωνιζόμενος ἡδέως πάντα πόνον γενναίως ὑπομένω διὰ τὰς ἀμοιβὰς τῶν αἰωνίων ἀγαθῶν, ὑπερβαινόντων πάντα νοῦν ἀνθρώπων· καὶ μακάριον ἑαυτὸν ἥγημαι, ἐὰν ἕκαστον τῶν μελῶν μου τοῦ σώματος τοῖς τραύμασι μαρτυρήσῃ ὑπὲρ εὐσεβείας· σὺ δὲ διὰ τὸν ὠμότατόν σου καὶ ἀπάνθρωπον λογισμὸν ἐκδέξῃ τὰς τῆς θείας δίκης ὀργάς. » Καὶ ὁ Φλαβιανὸς ἔφη· « Οὐ φείσομαί σου παρανομοῦντος, μιαρώτατε πάντων ἀνθρώπων. » Ὁ δὲ Προκόπιος ἔφη· « Οὐδὲ ἐγὼ παύσομαι μαρτυρῶν τῇ ἀληθείᾳ, παρανομώτατε καὶ τῆς οὐρανίου δίκης ἐχθρέ, δαιμόνων συνήγορε καὶ δυσσεβῶν βασιλέων ὑπέρμαχε. » Ὁ ἄρχων εἶπεν· « Πυρώσαντες ὀβελίσκους τὰ τραύματα αὐτοῦ καταφλέξατε, ἅμα καὶ διακεντοῦντες αὐτόν, ὅπως ἐκ τῆς τιμωρίας νήψας παύσηται δυσφημῶν τοὺς θεοὺς καὶ τοὺς σεβαστούς. » Ὁ δὲ μακάριος καυτηριαζόμενος ἔλεγεν· « Θηριωδέστατε καὶ πάσης ἀνοίας μεστέ, ἣν νομίζεις τιμωρίαν, ταύτῃ προσέχων ἡττῶ σε, βασανίζω σε τῇ ὑπομονῇ· αὕτη γὰρ μόνη φιλοσοφία τοῦ βίου ὑψηλοτάτη, τὸ ὑπερφρονεῖν τοῦ σώματος διὰ τὸν Θεόν. » Ὁ ἄρχων εἶπεν ὅτι· « Πυρώσαντες τοὺς ὀβελίσκους κατὰ τῶν ἤδη καυτηριασθέντων μελῶν αὐτοῦ πρόσθετε, ἵνα τῶν παθῶν ἐπικινηθέντων καὶ τῆς ψυχῆς τοῖς ἐπαλγεστέροις πόνοις λειποτακτησάσης, παύσηται βλασφημῶν τοὺς θεούς, οὓς οἱ βασιλεῖς ὑπὲρ κοινῆς λυσιτελείας θεραπεύουσιν ἐμμελῶς. »

18. Ὁ δὲ ὅσιος ἀθλητὴς τοῦ Χριστοῦ κατακεντούμενος τους μώλωπας τῶν τραυμάτων, ἔφη· « Λυσιτέλειαν λέγεις τὴν λύμην, ἣν ἐπήγαγον τῇ ἀνθρωπότητι οἱ αἱμοβόροι βασιλεῖς, τὸ κράτος τῶν δαιμόνων αὐξήσαντες, οὓς ὁ Θεὸς διὰ τάχους ἀμείψεται φειδόμενος τῆς ἀνθρωπότητος. » Ὁ δὲ Φλαβιανὸς θυμομαχήσας ἐπενόει ξένην τε καὶ ἀπάνθρωπον τιμωρίαν ἐκέλευσέν τε βωμὸν εἰσαχθῆναι καὶ ἐξαπλώσαντας τὴν δεξιὰν

χεῖρα τοῦ δικαίου, ἄνθρακας ἐκκεκαυμένους πληρῶσαι τὴν χεῖρα τοῦ μάρτυρος καὶ λίβανον ἐπιτεθῆναι ἐπάνω τῶν ἀνθράκων τοῦ πυρός. Καὶ εἶπεν πρὸς αὐτόν· « Μὰ τοὺς θεοὺς ἅπαντας, ἐὰν στρέψας τὴν χεῖρα ῥίψῃς τὸν λίβανον ἐπάνω τοῦ βωμοῦ, συγκατέθου τοῖς θεοῖς καὶ τὴν σπονδὴν ἐτέλεσας. » Καὶ ὁ μὲν βωμὸς ὑπέκειτο, ἡ δὲ χεὶρ ἥπλωτο, ὁ δὲ λίβανος μετὰ πυρὸς ὑπέκειτο καὶ ὁ ἀθλητὴς τοῦ Χριστοῦ γενναίως ἔφερεν ἐπὶ διωρίαν ἱστάμενος. Ἐπελάθετο δὲ ὅτι εἶχε χεῖρα· ἡ γὰρ διάνοια αὐτοῦ ἦν πρὸς τὸν Θεόν, τῇ πίστει στηριζομένη, τῇ ἀγάπῃ Χριστοῦ φαιδρυνομένη, τῇ εὐσεβείᾳ εἰς οὐρανοὺς ἀνιπταμένη· ὁ ἀγωνοθέτης ἔχαιρεν, Θεὸς ἐδοξάζετο, Χριστὸς ἐκηρύττετο, δαίμονες κατησχύνοντο ἔκειτο μάτην βωμός, προσεῖγεν ὁ ἄρχων, ἐξεπλήσσοντο οἱ περιεστῶτες. Ὁ δὲ μακάριος εἰς τὸν ἑαυτοῦ σταδιάρχην ἀπέβλεπεν καὶ στενάζων ἔλεγεν· « Ἡ δεξιά σου, Κύριε, δεδόξασται ἐν ἰσχύϊ, ἡ δεξιά σου χείρ, Κύριε, ἔθραυσεν ἐχθρούς· δεξιὰ Κυρίου ὕψωσέν με. »

19. Ὁ δὲ Φλαβιανὸς ἐκ πάντων ἀστοχήσας εἶπεν· « Ἀνοσιώτατε, εἰ λέγεις ἀπαθῶς διακεῖσθαι ἐπὶ τὰς βασάνους, διὰ τί κλαίων στενάζεις; » Προκόπιος ἔφη· « Μή σοι καλῶς, ἀφρονέστατε, ἵνα ἐγὼ κλαύσω τῇ ψυχῇ· τοῦτο γὰρ τὸ σῶμα πηλός ἐστιν, πηλὸς δὲ πυρὶ προσομιλῶν πάντως τὸ ὑγρὸν ἀποστάζει· ἅμα δὲ κλαίω τὴν σὴν ψυχήν, ὅτι ὑπηρέτης γέγονας δυσσεβῶν βασιλέων, σὺν τοῖς δαίμοσι πίνων αἵματα ἀνθρώπων. » Ὁ δὲ Φλαβιανὸς ἀπεφήνατο κατὰ τοῦ ἁγίου κεφαλικὴν τιμωρίαν, δεδιώς, μὴ χεῖρόν τι φθέγξηται κατὰ τῶν θεῶν καὶ τῶν βασιλέων· ἀπέκαμεν γὰρ καὶ αὐτὸς καὶ οἱ δήμιοι κολάζοντες τὸ ἅγιον σῶμα· καὶ ἐξήγαγον αὐτὸν ἔξω τῆς πόλεως οἱ εἰς τοῦτο τεταγμένοι.

20. Παρεκάλεσέν τε ἐνδοθῆναι αὐτῷ ὥραν μίαν, καὶ προσηύξατο λέγων· « Ὁ δοξαζόμενος ἐν βουλαῖς ἁγίων Θεός, ὁ πρὸ αἰώνων ἐκ κόλπων ἁγίων σου ἀνεκφράστως καὶ ἀνεκδιηγήτως τὸν σωτῆρα Θεὸν γεννήσας καὶ ἐπ' ἐσχάτου τῶν ἡμερῶν

ἐκ παρθένου μητρὸς προελθεῖν καὶ τεχθῆναι ὁρίσας, δίκαιε καὶ ζωοποιὲ καὶ ἀνακαινιστὰ τοῦ κόσμου, δωτὴρ ἀληθινοῦ φωτός, ὁ δοὺς ἡμῖν εἰς τὸν κόσμον τὴν ἐπιφάνειαν τοῦ Χριστοῦ καὶ χαρισάμενος τὴν ἐπιδημίαν τοῦ πνεύματος ἐκ στόματος τοῦ μονογενοῦς σου καὶ ποιήσας ἡμᾶς υἱοὺς ἐν υἱοθεσίᾳ, ὁ μέλλων τὸ μέγα κῆτος χειρώσασθαι καὶ τὸν ποιμένα τῶν λογικῶν προβάτων ἀναστήσας καὶ τὰς κατεχομένας ἁγίας ψυχὰς ἐκεῖθεν ἐλευθερώσας, μνήσθητι ὁ Θεὸς παντὸς τοῦ λαοῦ σου, ἴασαι τοὺς ἀρρώστους, ἐξελοῦ τοὺς καταπονουμένους, χηρείαις γυναικῶν καὶ παίδων ὀρφανίαις ἐπικούρησον, ἐνδείας πενήτων ἀναπλήρωσον, πηρώσεις ἀνιαρὰς παραμύθησαι, τοὺς ἐν φυλακαῖς ἐπίσκεψαι, πλέουσι κυβέρνησον, ὁδοιποροῦσιν ἀκίνδυνον ποίησον τὴν πορείαν, ἐπηρεαζομένοις ἄνεσιν τῆς ἐπηρείας, καταδυναστευομένοις ἀποφυγὴν τῶν βιαζομένων, ἐνοχλουμένους ὑπὸ πονηρῶν πνευμάτων ἐλευθέρωσον, ἑστῶτας στήριξον, κατερραγμένους ἀνάστησον, πεπλανημένους ἐπίστρεψον, θραῦσον ἰσχὺν διαβόλου, σκέδασον αὐτοῦ τὰς πολυτρόπους ἐπιβουλὰς τὰς κατὰ τῆς δικαιοσύνης, εἰρήνην τῷ κόσμῳ σου δώρησαι, ἐπὶ πάντας ἀνθρώπους ἐκχεομένης τῆς σῆς ἀνεξικακίας καὶ ἀγαθότητος, κουφίζων εἴ τις ἁμαρτία καὶ μὴ λογιζόμενος τὰ ἀνθρώπινα παραπτώματα διὰ τὸν ἱλασμὸν τὸν ὑπὲρ ἡμῶν ὄντα παρὰ σοί, καὶ ἐν εἰρήνῃ πρόσδεξαι τὴν ψυχήν μου χάριτι καὶ φιλανθρωπίᾳ τοῦ Χριστοῦ σου, νῦν καὶ ἀεὶ καὶ εἰς τοὺς αἰῶνας τῶν αἰώνων, ἀμήν. »

21. Καὶ σφραγίσας ἑαυτόν, προτείνας τὸν τράχηλον ἀπετμήθη τὴν κεφαλήν, ἔτι τοῦ ὕμνου τῆς πρὸς Θεὸν φωνῆς ἐν τῷ στόματι αὐτοῦ οὔσης. Καὶ ἐλθόντες οἱ χριστιανοὶ ἔλαβον αὐτοῦ τὸ ἅγιον σῶμα καὶ κατέθεντο ἐν τόπῳ σεμνῷ, δοξάζοντες πατέρα καὶ υἱὸν καὶ ἅγιον πνεῦμα, νῦν καὶ ἀεὶ καὶ εἰς τοὺς αἰῶνας τῶν αἰώνων· ἀμήν.

Ἐπλήσθη σὺν Θεῷ τὸ τοῦ ἁγίου Προκοπίου [1] μαρτύριον ἐν Καισαρείᾳ τῇ πρὸ ὀκτὼ εἰδῶν ἰουλίων.

1. τὸ *add.* A.

VIII

Cod. E

ΒΙΟΣ ΚΑΙ ΜΑΡΤΥΡΙΟΝ ΤΟΥ ΑΓΙΟΥ ΜΕΓΑΛΟΜΑΡΤΥΡΟΣ ΠΡΟΚΟΠΙΟΥ ΚΑΙ ΤΩΝ ΣΥΝ ΑΥΤΩ[1].

... Ὁ δὲ ἅγιος Προκόπιος πεφορτωμένος σιδήροις ἀπηνέχθη ἐν τῷ δεσμωτηρίῳ καὶ προσηύχετο λέγων· « Εὐχαριστῶ σοι, κύριε Ἰησοῦ Χριστέ, ὅτι τὸν θησαυρὸν τὸν προσενεχθέντα σοι ὑπ' ἐμοῦ οὐκ ἠδυνήθη συλῆσαι ὁ ἄγριος λύκος. » Καὶ προσευχομένου αὐτοῦ, τινὲς συγκλητικαὶ πισταὶ γυναῖκες τὸν ἀριθμὸν δεκαδύο προσελθοῦσαι λέγουσιν αὐτῷ· « Καθαιρέτα τῶν εἰδώλων, καὶ ἡμεῖς δοῦλαί ἐσμεν τοῦ ἐσταυρωμένου Χριστοῦ. » Καὶ προσευχόμεναι ἔλεγον· « Δέξαι ἡμᾶς, Κύριε, εἰς τὸν νυμφῶνά σου καὶ εἰς τὴν βασιλείαν σου μετὰ τῶν σοι εὐαρεστησάντων. » Ὁ δὲ ἡγεμὼν ἀκούσας ἔθετο αὐτὰς ἐν τῇ φυλακῇ. Ἀπελθοῦσαι δὲ ἐν τῇ φυλακῇ, ἐκάθηντο σκυθρωπαί. Ἰδὼν δὲ αὐτὰς ὁ ἅγιος μάρτυς εὐφράνθη τῷ πνεύματι καὶ λέγει αὐταῖς· « Μητέρες καὶ ἀδελφαί, ἐπισυνάξατε τὰς καρδίας ὑμῶν ἀπὸ τῶν βιωτικῶν πραγμάτων· οἴδατε, ὅτι ὁ Κύριος ἐκάλεσεν ὑμᾶς εἰς τὸν νυμφῶνα αὐτοῦ. Μηδεὶς οὖν ῥαθυμήσῃ· ἔγνωτε γάρ, ὅτι γυμνὸς ἔργων ἀγαθῶν οὐδεὶς εἰσέρχεται ἐκεῖ. Ἐὰν δὲ καὶ προπετῶς εἰσέλθῃ, μὴ ἔχων ἔνδυμα γάμου, οἴδατε, τί πάσχει ὁ τοιοῦτος. Κελεύσαντος γὰρ τοῦ βασιλέως, δεσμεύουσιν αὐτὸν καὶ βάλλουσιν ἔξω· μή τις ὑμῶν ἀμελήσῃ καὶ ζημιωθῇ· ἐπικαλεσώμεθα

1. *Fragmentum Passionis S. Procopii. Cf. supra*, p. 123.

οὖν τὸν Κύριον. καὶ ἐγγὺς Κύριος πᾶσιν τοῖς ἐπικαλουμένοις αὐτὸν ἐν ἀληθείᾳ. » Ἀνεβόησαν δὲ πρὸς αὐτὸν λέγουσαι· « Πρόσευξαι σύ, πνευματικὲ διδάσκαλε, ἵνα ἡ διδασκαλία σου γένηται ἡμῖν σκέπη καὶ καταξιωθῶμεν τῶν μεγάλων ἐπαγγελιῶν. » Ταῦτα δὲ αὐτῶν λαλουσῶν, ἀπέστειλεν ὁ ἡγεμὼν στρατιώτας παραστῆναι αὐτὰς τῷ κριτηρίῳ.

Ἀκούσας δὲ Θεοδοσία ἡ συγκλητικὴ τὰ περὶ αὐτῶν, ἦλθεν ὡς ἐπὶ θεωρίαν ἰδεῖν, τί τὸ ἀποβησόμενον αὐταῖς. Σταθεισῶν δὲ αὐτῶν ἐπὶ τοῦ βήματος, λέγει αὐταῖς ὁ ἡγεμών· « Πείθεστε καὶ θύετε τοῖς θεοῖς, ἵνα πολλῆς τιμῆς ἀξιωθῆτε. » Αἱ δὲ λέγουσιν· « Ἡ τιμή σου, ἣν λέγεις, σὺν σοὶ εἴη εἰς ἀπώλειαν· δοῦλαι γὰρ ἡμεῖς τοῦ ἐσταυρωμένου ἐσμὲν τοῦ ἐξάραντος ἡμᾶς ἐκ τῆς κατάρας τῶν εἰδώλων. » Τότε ἐκέλευσεν ὁ ἡγεμὼν βέργαις ἀνὰ δύο στρατιώτας παραστάντας καταξαίνειν αὐτῶν τὰ σώματα· καὶ μετὰ ταῦτα ἐκέλευσεν αὐτὰς ἀναρτηθείσας τὰς πλευρὰς αὐτῶν παρακαίεσθαι. Καιόμεναι δὲ προσηύχοντο λέγουσαι· « Κύριε Ἰησοῦ Χριστέ, τὸ φῶς τὸ ἀληθινόν, ἡ ἐλπὶς τῶν ἀπηλπισμένων, ἐλθὲ καὶ ἀνακάλεσαι ἡμᾶς καὶ γενοῦ ἡμῖν φῶς, φωτίζων τὰς ψυχὰς ἡμῶν ἐν τῷ ἀληθινῷ σου φωτί. Καὶ γὰρ ἡμεῖς δοῦλαί σου ἐσμὲν. τοῦ σταυρωθέντος δι' ἡμᾶς. » Ταῦτα δὲ αὐτῶν προσευχομένων, ἐκέλευσεν ὁ ἡγεμὼν κοπῆναι τοὺς μασθοὺς αὐτῶν καὶ λέγει αὐταῖς· « Δύναται ὑμῖν ὁ ἐσταυρωμένος βοηθῆσαι, εἰς ὃν ἔχετε τὰς ἐλπίδας ; » λέγουσιν αὐτῷ· « Βοηθεῖ καὶ σκεπάζει ἡμᾶς, τύραννε καὶ μισάνθρωπε. » Ὁ δὲ ἡγεμὼν πλησθεὶς θυμοῦ, κελεύει πάλιν σφαίρας χαλκὰς πυρωθῆναι καὶ παρατεθῆναι εἰς τὰς μασχάλας αὐτῶν· αἱ δὲ γενναίως ὑπέφερον καὶ ταύτην τὴν τιμωρίαν. Καὶ λέγει αὐταῖς ὁ ἡγεμών· « Ἤσθεσθε τοῦ πυρὸς ἢ οὔ ; » Αἱ δὲ λέγουσιν αὐτῷ· « Παρέστηκεν ἡμῖν ὁ Κύριος βοηθῶν ἡμῖν ἐνταῦθα, κἀκεῖ δὲ ἡμᾶς προσδέχεται εἰς τὴν βασιλείαν αὐτοῦ. » Ἡ δὲ Θεοδοσία ἔκλαιεν πικρῶς καὶ διαπτύσασα πᾶσαν τὴν οὐσίαν αὐτῆς καὶ ἀπορρίψασα τὸ συγκλητικὸν σχῆμα ἀφ' ἑαυτῆς, εἰσῆλθεν σὺν αὐταῖς κράζουσα καὶ λέγουσα· « Κἀγὼ δούλη εἰμὶ τοῦ ἐσταυρωμένου Χριστοῦ. »

Ἰδὼν δὲ ὁ ἡγεμὼν λέγει· « Κυρία Θεοδοσία, τίς σε ἐπλάνησεν καταλιπεῖν τοὺς θεούς σου καὶ τοιαῦτα λαλεῖν ; » Ἡ δὲ εἶπεν· « Καλῶς εἶπας, ἡγεμών, τί σε ἐπλάνησεν· ἐπλανήθην γὰρ πάλαι καταλιποῦσα τὸν Θεὸν τὸν ποιήσαντα τὸν οὐρανὸν καὶ τὴν γῆν. Νῦν δὲ ἐπέγνων αὐτὸν διὰ τῶν ἁγίων αὐτοῦ. » Λέγει αὐτῇ ὁ ἡγεμών· « Αὗται αἱ πλάναι ἐδίδαξάν σε τοιαῦτα λαλεῖν ; « Ἡ δὲ λέγει· « Ἀσεβέστατε ἡγεμών, ποία πλάνη ἡ πρὸς τὸ φῶς ὁδηγοῦσα τῆς ἀληθείας; σὺ εἶ ὁ πλάνος καὶ ὁδηγὸς τοῦ σκότους, ὁ ἕλκων τοὺς ἀνθρώπους εἰς ἀπώλειαν. » Ὁ δὲ ἡγεμὼν λέγει αὐτῇ· « Ἰδοὺ παραινῶ σοι ζητῆσαι παρὰ τῶν θεῶν ἱλασμὸν ἐπὶ τοῖς προλαβοῦσί σου[1] ἔργοις καὶ ἐπὶ ταῖς πράξεσι ταῖς ἀτόποις. » Ὁ δὲ ἡγεμὼν χολέσας, ἔθετο αὐτὴν ἐν τῇ φυλακῇ, ὁμοίως δὲ καὶ τὰς ἀνδρείας γυναῖκας σὺν αὐτῇ. Ἀπελθουσῶν δὲ ἐν τῇ φυλακῇ, ἡ μακαρία Θεοδοσία λαβοῦσα ὀθόνην μεθ' ἑαυτῆς, τὸ αἷμα αὐτῶν κατέμασσεν καὶ περιόδευεν τὰ σώματα αὐτῶν· ἦν γὰρ καὶ τῆς ἰατρικῆς σοφίας μεμυημένη. Ὁ δὲ ἅγιος τοῦ Θεοῦ μάρτυς ἰδὼν τὴν ἑαυτοῦ μητέρα, ἠγαλλιάσατο καὶ λέγει αὐτῇ· « Κυρία μου μήτηρ, τί ἧκας ἐνταῦθα, ἢ τί θεασαμένη κατέλιπες τοὺς θεούς σου ; » Λέγει αὐτῷ ἡ μήτηρ· « Τέκνον, τὴν καρτερίαν αὐτῶν θεωρήσασα, ἵνα τί μὴ καταλείψω τὰ μάταια εἴδωλα τῶν οὐκ ὄντων θεῶν ; καὶ προσέλθω κἀγὼ καὶ προσκυνήσω τῷ ἐσταυρωμένῳ Χριστῷ. » Τότε λέγει αὐτῇ ὁ ἀθλητὴς τοῦ Χριστοῦ· « Μακαρία ἡ κυρία μου, ὅτι κατηξιώθη εἰσελθεῖν εἰς τὸν χορὸν τῶν πασχόντων ὑπὲρ τοῦ παθόντος ὑπὲρ ἡμῶν. » Καὶ παραλαβὼν αὐτὴν ἐν ἐκείνῃ τῇ νυκτὶ ἀπήνεγκε πρὸς τὸν ἐπίσκοπον Λεόντιον καὶ ἐβάπτισεν αὐτὴν εἰς τὸ ὄνομα τοῦ πατρὸς καὶ τοῦ υἱοῦ καὶ τοῦ ἁγίου πνεύματος. Ἐλθόντων δὲ αὐτῶν ἐν τῇ φυλακῇ, ἠσπάσαντο αὐτὴν αἱ ἅγιαι χαίρουσαι. Μετὰ δὲ ταῦτα παρῄνει αὐταῖς ὁ ἀθλητὴς τοῦ Χριστοῦ λέγων· « Μητέρες καὶ ἀδελφαί, μὴ δειλιάσητε, ὅσαι τῷ καθαρῷ τῆς διανοίας ὄμματι πεπιστεύκατε τῇ τοῦ Θεοῦ δυνάμει, ἀλλὰ τὰς βασάνους ὡς ἐν ἀλλοτρίῳ σώματι ὑποδεξάμεναι σπεύσατε τυχεῖν τῆς αἰω-

1. μου E.

νίου μακαριότητος· μὴ οὖν θορυβήσῃ ὑμᾶς ὁ θυμὸς τοῦ ἡγεμόνος μηδὲ συλήσῃ ὑμῶν τὴν πίστιν τοῖς ἀπατηλοῖς αὐτοῦ λογισμοῖς μηδὲ δελεάσῃ ὑμᾶς[1] χρυσὸς μηδὲ ἄργυρος· οὐδὲν γὰρ εἰσηνέγκαμεν[2] εἰς τὸν κόσμον, δῆλον ὅτι οὐδὲ ἐξενεγκεῖν τι δυνάμεθα. » Ταῦτα δὲ αὐτοῦ παραινοῦντος, ἀπέστειλεν ὁ ἡγεμὼν τοῦ παραστῆναι αὐτὰς τῷ κριτηρίῳ· πᾶσαι δὲ προσκυνήσασαι τῷ ἀθλητῇ τοῦ Χριστοῦ λέγουσιν· « Πρόσευξαι ὑπὲρ ἡμῶν, ἵνα καταλάβωμεν τοὺς γενναίους στρατιώτας τοῦ Χριστοῦ. » Ὁ δὲ λέγει· « Μητέρες καὶ ἀδελφαί, ἐγὼ εὔχομαι, ἵνα πρὸ ἐμοῦ εἰσέλθητε εἰς τὴν βασιλείαν τῶν οὐρανῶν. » Σταθεισῶν δὲ αὐτῶν ἐπὶ τοῦ βήματος, ἡ μακαρία Θεοδοσία προσηύχετο λέγουσα· « Κύριε Ἰησοῦ Χριστέ, υἱὲ τοῦ Θεοῦ τοῦ ζῶντος, ὁ μόνος ἐκ μόνου γεννηθείς, οὗ τὴν γέννησιν οὐδεὶς καταλαβέσθαι δύναται, αὐτὸς ἐπίδε ἐπ' ἐμὲ καὶ ἐνίσχυσόν με· αὐτὸς ἀξίωσόν με πειρατηρίων καὶ βασάνων διὰ τὸ ἅγιον ὄνομά σου. » Ὁ δὲ ἡγεμὼν ἀκούσας λέγει πρὸς τὴν μακαρίαν Θεοδοσίαν· « Ὁρᾷς, πόσον σου φείδομαι καὶ οὐ θέλω σε ἀναλῶσαι, καὶ οὐ θέλεις ἐπιστρέψαι καὶ ἐπικαλέσασθαι τοὺς εὐμενεῖς θεούς, ἵνα ἕξεις τιμὰς πλείους τῶν προτέρων. » Ἡ δὲ μακαρία λέγει· « Ἀσεβέστατε ἡγεμών, οὐκ αἰδῇ, ὅτι τὰ γλυπτὰ καὶ χωνευτὰ θεοὺς ὀνομάζεις; ὅμοιοι αὐτῶν γένοιντο οἱ ποιοῦντες αὐτὰ καὶ πάντες οἱ πεποιθότες ἐπ' αὐτοῖς. » Ἐκέλευσεν δὲ ὁ ἡγεμὼν διαρρήξαντας τὸν χιτῶνα αὐτῆς τύπτειν τὸ στόμα αὐτῆς· καὶ μετὰ ταῦτα κελεύει ταθεῖσαν αὐτὴν ἐκ τεσσάρων ῥαβδίζεσθαι· οἱ δὲ ὑπηρέται ἐποίουν τὰ προσταττόμενα αὐτοῖς. Μετὰ δὲ ταῦτα κελεύει χερσὶ σιδηραῖς τὰς ἁγίας αὐτῆς ξέεσθαι πλευράς. Αἱ δὲ ἅγιαι θεωροῦσαι προσηύχοντο ὑπὲρ αὐτῆς· εἶτα καὶ ἔψαλλον λέγουσαι· « Δεῦτε, ἀγαλλιασώμεθα τῷ Κυρίῳ, ἀλαλάξωμεν τῷ Θεῷ τῷ σωτῆρι ἡμῶν. » Ὁ δὲ ἡγεμὼν ἐκέλευσεν τύπτεσθαι τὰς σιαγόνας αὐτῶν ταῖς μολυβδίσιν[3]. Ἰδὼν δὲ ἐπὶ πλεῖον, ὅτι οὐχ ἅπτονται αὐτῶν αἱ βάσανοι, ἀλλὰ τὰ πρόσωπα αὐτῶν μᾶλλον ἐφαιδρύ-

1. ἡμᾶς E. — 2. εἰσενέγκαμεν E. — 3. μολύβδεσιν E.

νοντο καὶ προσετίθεντο πλήθη τῷ Κυρίῳ πιστεύοντα δι' αὐτῶν, ἐκέλευσεν μιᾷ ἁλύσει δεθῆναι αὐτὰς καὶ ἀποτμηθῆναι τὰς κεφαλὰς αὐτῶν ξίφει. Αἱ δὲ ἅγιαι ἀπερχόμεναι εἰς τὸν προκείμενον τόπον προσηύχοντο λέγουσαι· « Ὁ Θεός, τὴν ζωὴν ἡμῶν σοι παρατιθέμεθα· δέξαι ἡμᾶς, Κύριε, εἰς τὸν νυμφῶνά σου καὶ εἰς τὸ χορὸν τῶν σοι εὐαρεστησάντων. » Καὶ κλίνασαι τοὺς αὐχένας αὐτῶν, ἐτελειώθησαν ἐν Χριστῷ Ἰησοῦ τῷ Κυρίῳ ἡμῶν μηνὶ μαίῳ εἰκάδι ἐννάτῃ. Καὶ μετά τινας ἡμέρας καθεσθεὶς ἐπὶ τοῦ βήματος ὁ ἡγεμὼν βρύχων ὡς λέων ἐκέλευσεν ἄγεσθαι τὸν ἀθλητὴν τοῦ Χριστοῦ. Παραστάντος δὲ αὐτῷ ἐπὶ τοῦ βήματος, λέγει· « Ἐκορέσθης λοιπὸν ἀναλώσας τοσαύτας ψυχάς; » Ὁ δὲ μάρτυς τοῦ Χριστοῦ λέγει αὐτῷ· « Ἐγὼ οὐκ ἀπώλεσα, ἀλλὰ μετέστησα ἐκ τοῦ θανάτου εἰς τὴν ζωήν. » Καὶ ἐκέλευσεν ὁ ἡγεμὼν χερσὶν σιδηραῖς τὰς ὄψεις αὐτοῦ καθαιρεῖσθαι, ὥστε καὶ αἱμάτων ἔκχυσιν πολλὴν γενέσθαι καὶ λοιπὸν μὴ ὁρᾶσθαι τὸ πρόσωπον αὐτοῦ ὡς ἀνθρώπου. Καὶ πάλιν ἐκέλευσε ταῖς μολυβδίσι [1] τὸν αὐχένα αὐτοῦ τύπτεσθαι καὶ συντρίβεσθαι· καὶ μετὰ ταῦτα ἀπαχθῆναι αὐτὸν ἐν τῇ φυλακῇ. Ὁ δὲ ἀθλητὴς του Χριστοῦ γενναίως φέρων τὰς [2] ἀφορήτους βασάνους προσηύχετο λέγων· « Φιλάνθρωπε πατήρ, ὁ τὸν θησαυρὸν τοῦ ἁγίου σου πνεύματος καταπέμψας ἐπὶ τοὺς ἁγίους τοὺς τὴν δόξαν σου ὁμολογήσαντας ἐνώπιον τῶν ἀνθρώπων, κατάπεμψον τὴν βοήθειάν σου καὶ ἐπ' ἐμὲ καὶ δεῖξον τὴν ἀσθένειαν Οὐλκίωνος τοῦ ἡγεμόνος· διάλυσον αὐτοῦ τὰς κατὰ τῆς δικαιοσύνης σου μηχανάς, διάρρηξον αὐτοῦ τὰς πολυτρόπους ἐπιβουλάς. » Ὁ δὲ ἡγεμὼν ἐκπληττόμενος ἦλθεν ἐπὶ τὸ πραιτώριον αὐτοῦ καὶ ἀνεκλίθη καὶ οὐκ ἔδωκε λόγον τινὶ πᾶσαν τὴν ἡμέραν· συνείχετο γὰρ πυρετοῖς ἀνενδότοις καὶ ὀλιγοψυχῶν γνῶσιν οὐκ ἐλάμβανεν, ὅτι παρὰ Κυρίου ἐστὶν ἡ παροῦσα αὐτῷ πληγή. Ἐκπλησσομένου δὲ αὐτοῦ ἐπὶ πλεῖον καὶ ἀδημονοῦντος, ἐξέψυξεν. Ὁ δὲ τοῦ Θεοῦ λόγος ηὔξανεν καὶ ἐπληθύνετο· πολλὰ τοίνυν πλήθη ἀνδρῶν

1. μολύβδεσι E. — 2. τοὺς E.

τε καὶ γυναικῶν προσετίθεντο τῇ πίστει τοῦ Κυρίου ἡμῶν Ἰησοῦ Χριστοῦ. Προκόπιος δὲ ὁ ἀληθῶς φερώνυμος πίστει καὶ εὐσεβείᾳ κεκοσμημένος οὐκ ἠρνεῖτο τοῖς ἔργοις τὸ ὄνομα, οὐδὲ ἐψεύδετο τῇ προσηγορίᾳ τὰ ἔργα· ἀλλ' ἦν προκόπτων ἐν προκοπῇ τελείᾳ τῆς πίστεως, πᾶσαν ὥραν δεόμενος τοῦ Κυρίου τὴν | τῆς δυσσεβείας [1] ἀνομίαν ἀνασταλῆναι [2]· ὃς πολλάκις καὶ δαιμονῶντας ἀνθρώπους ῥήματι μόνῳ καὶ σφραγῖδι τοῦ σωτῆρος ἡμῶν Θεοῦ ἐφορκίζων ἀναχωρεῖν τοῦ πλάσματος ἐκέλευεν. Ἐπέταττε γὰρ τοῖς δαίμοσιν ὡς ἀλόγοις ζῴοις, καὶ ὑπήκουον τοῖς προστάγμασιν αὐτοῦ μετὰ ἀνάγκης βοῶντες, τὸν διὰ τοῦ ἁγίου Προκοπίου καλούμενον Θεὸν τοιαῦτα δυνάμενον κατ' αὐτῶν λέγοντες εἶναι αἴτιον. Ἐδέοντο δὲ τοῦ μάρτυρος ἀνεθῆναι αὐτοὺς ἐκ τῶν ἐπαγομένων αὐτοῖς τιμωριῶν.

1. δυσεβείας E. — 2. σταλῆναι E.

IX

Cod. F.

ΜΑΡΤΥΡΙΟΝ ΤΟΥ ΑΓΙΟΥ ΜΑΡΤΥΡΟΣ ΜΕΡΚΟΥΡΙΟΥ.

1. Βασιλεύοντος κατ' ἐκεῖνον τὸν καιρὸν Δεκίου καὶ Οὐαλλεριανοῦ ἐν τῇ μεγάλῃ πόλει Ῥώμῃ, κοι ῇ ψήφῳ ἐδογμάτισαν πάντας πανταχοῦ θύειν καὶ σπένδειν τοῖς θεοῖς· προσκαλεσάμενοι[1] οὖν πᾶσαν τὴν σύγκλητον ἀνέθεντο αὐτοῖς τὰ συμφώνως παρ' αὐτοῖς θεσπισθέντα· καὶ εὑρόντες αὐτοὺς συμψήφους ὄντας τῆς βουλῆς αὐτῶν, ἐχάρησαν λίαν. Εὐθέως οὖν βασιλικοῖς γράμμασιν μεθ' ὑπογραφῆς[2] τῆς συγκλήτου τὰ κοινῇ δόξαντα ἀνατεθῆναι ἐκέλευσαν καὶ προετέθη[3] ἐν τῷ καπετωλίῳ ἔχοντα τὸν τύπον τοῦτον·

2. « Βασιλεῖς αὐτοκράτορες, [τροπαιοῦχοι, νικηταί, σεβαστοί, εὐσεβεῖς, Δέκιος καὶ Οὐαλλεριανὸς ἅμα τῇ συγκλήτῳ ὁμοσυμφώνῳ βουλῇ τάδε· τὰς εὐεργεσίας τῶν θεῶν καὶ τὰς δωρεὰς καταμαθόντες, ἅμα δὲ καὶ ἀπολαύοντες τῆς τε νίκης τῆς κατὰ τῶν ἐχθρῶν δι' αὐτῶν ἡμῖν παρασχεθείσης, οὐ μὴν δὲ ἀλλὰ καὶ τῆς τῶν ἀέρων εὐκρασίας καὶ τῆς τῶν παντοδαπῶν καρπῶν δαψιλείας, καταμαθόντες οὖν εὐεργέτας αὐτοὺς ὄντας τῆς κοινῆς λυσιτελείας, τούτου χάριν θεσπίζομεν μιᾷ ψήφῳ, ὥστε πᾶσαν τύχην ἐλευθέρων τε καὶ δούλων, στρατευομένων τε καὶ ἰδιωτῶν, τὰς εὐμενεῖς θυσίας τοῖς θεοῖς ἀποδιδόναι, προσπίπτοντας[4] αὐτοῖς καὶ ἱκετεύοντας[5]. Εἰ δέ τις βουληθείη τὸ θεῖον ἡμῶν γράμμα παρατρῶσαι τὸ συμφώνως ὑφ' ἡμῶν

1. προσκαλεσάμενος. F. — 2. μετ' ὑπογραφῆς F. — 3. προσετέθη F. — 4. προσπίπτοντες F. — 5. ἱκετεύοντες F.

ἐκτεθέν, τοῦτον προστάττομεν δεσμοῖς κατάκλειστον γενέσθαι, εἶθ' οὕτως βασάνοις διαφόροις ὑποβάλλεσθαι· καὶ εἰ μὲν πεισθείη, τιμὰς οὐ τὰς τυχούσας παρ' ἡμῶν κομιεῖται· εἰ δὲ ἀντιλέγοιεν, μετὰ πολλὰς αἰκίσεις τὴν διὰ ξίφους ὑπομένειν τιμωρίαν ἢ ἐν βυθῷ ῥίπτεσθαι ἢ ὀρνέοις καὶ κυσὶν βορὰν[1] παραδίδοσθαι· ἐξαιρέτως δὲ εἴ τινες τῆς θρησκείας τῶν χριστιανῶν εὑρεθεῖεν, ταύτῃ ὑποπιπτέτωσαν τῇ ἀποφάσει. Οἱ δὲ τοῖς θείοις ἡμῶν πειθαρχοῦντες δόγμασιν μεγίστων ἀπολαύσουσι τιμῶν τε καὶ δωρεῶν· εὖ πράττετε, εὐτυχέστατοι. »

3. Προτεθέντος οὖν τοῦ βασιλικοῦ γράμματος, πᾶσα πόλις ταραχῆς ἐπληρώθη διὰ τὸ ἐν πάσῃ πόλει τὸ ἀσεβὲς τοῦτο γράμμα προτεθῆναι. Συνέβη δὲ κατὰ τὸν καιρὸν ἐκεῖνον, πολέμου ἐπαναστάντος τοῖς Ῥωμαίοις ὑπὸ βαρβάρων, εὐτρεπίζειν τοὺς βασιλεῖς τὸ ἴδιον στράτευμα τοῦ παρατάξασθαι αὐτοῖς, κελεύσαντες[2] καὶ τοὺς ἐν πάσαις ταῖς πόλεσι καθημένους ἀριθμοὺς[3] ἐπὶ τὴν συμμαχίαν ἀπαντῆσαι· τῶν δὲ ἀφ' ἑκάστης[4] πόλεως καὶ πατρίδος φθανόντων εἰς τὴν τοιαύτην τοῦ πολέμου παρασκευήν, κατέλαβεν καὶ ὁ τῶν λεγομένων Μαρτησίων ἀριθμὸς τῶν ὄντων ὑπὸ τὴν πρώτην Ἀρμενίαν ὑπὸ τριβοῦνον ὀνόματι Σατορνῖνον.

4. Ἐξιόντος δὲ τοῦ Δεκίου ἐπὶ τὸν πόλεμον, ὁ Οὐαλλεριανὸς διῆγεν ἐν τῇ Ῥώμῃ· καὶ τοῦ πολέμου συγκροτουμένου μεταξὺ τῶν βαρβάρων καὶ τῶν Ῥωμαίων, διίππαζεν χρόνος ἱκανός. Ἐπιμενόντων δὲ αὐτῶν τῇ συμβολῇ, ὅρασις ἐφάνη τινὶ ἐκ τοῦ Μαρτησίων τῶν ὄντων ὑπὸ τὴν πρώτην Ἀρμενίαν, ὀνόματι Μερκουρίῳ, ἀνήρ τις ὑπερμεγέθης, λευχείμων, ἐν τῇ δεξιᾷ χειρὶ ῥομφαίαν κατέχων καὶ λέγων αὐτῷ « Μὴ φοβηθῇς μηδὲ δειλιάσῃς· ἀπεστάλην γὰρ τοῦ βοηθῆσαί σοι καὶ νικηφόρον ἀναδεῖξαι. Δέξαι οὖν τὴν ῥομφαίαν ταύτην καὶ εἴσελθε κατὰ τῶν βαρβάρων καὶ νικήσας μὴ ἐπιλάθῃ κυρίου τοῦ Θεοῦ σου. » Ὁ δὲ ὡς ἐν ἐκστάσει γενόμενος ἕνα τῶν ἀρχόντων

1. βορρὰν F. — 2. *ita* F. — 3. καθημένοις ἀριθμοῖς F. — 4. ἀπ' ἑκάστης F.

τοῦ βασιλέως εἶναι ἐνόμιζεν· καὶ δεξάμενος τὴν ῥομφαίαν καὶ ἀναζωπυρήσας τῷ πνεύματι, ἐπάνω τῶν βαρβάρων κατέδραμεν καὶ διακόψας αὐτοὺς τὸν ῥῆγα[1] αὐτῶν ἀπέκτεινεν καὶ πολλοὺς ἑτέρους, ὥστε τὸν βραχίονα αὐτοῦ καμεῖν καὶ ἐκ τῶν αἱμάτων κολληθῆναι τὴν ῥομφαίαν ἐν τῇ χειρὶ αὐτοῦ· καὶ οὕτως ἔφυγον οἱ βάρβαροι καὶ ἐτροπώθησαν ὑπὸ τῶν Ῥωμαίων.

5. Τότε ὁ Δέκιος μαθὼν τὴν μονομαχίαν τοῦ ἀνδρός, καλέσας αὐτὸν ἔδωκεν αὐτῷ ἀξίαν στρατηλάτου, καταστήσας αὐτὸν ἄρχειν τοῦ στρατοπέδου· καὶ νομίσας ὁ Δέκιος διὰ τῆς προνοίας τῶν θεῶν τοῦ πολέμου κεκρατηκέναι, ἔχαιρεν πάνυ· καὶ ῥογεύσας χρήματα ἱκανὰ τοῖς στρατιώταις, ἀπέστειλεν ἕκαστον εἰς τὸν ἴδιον τόπον· αὐτὸς δὲ κατὰ πᾶσαν πόλιν εἰσιὼν εὐωχεῖτο μεγάλως, τὴν πορείαν ποιούμενος ἐπὶ τὴν Ῥώμην. Καὶ ἐν μιᾷ νυκτὶ κοιμωμένου[2] τοῦ στρατηλάτου, παρίσταται αὐτῷ ἄγγελος κυρίου ἐν τῷ σχήματι τῷ πρώτῳ· καὶ νύξας αὐτοῦ τὴν πλευρὰν διύπνισεν αὐτόν. Ὁ δὲ ἰδὼν αὐτὸν καὶ ἔμφοβος γενόμενος, ἔμεινεν ἐννεός· καὶ λέγει αὐτῷ ὁ ἄγγελος· « Μερκούριε, μέμνησαι, τί σοι εἶπον ἐν τῇ συμβολῇ τοῦ πολέμου ; βλέπε, μὴ ἐπιλάθῃ κυρίου τοῦ Θεοῦ σου· δεῖ γάρ σε ὑπὲρ αὐτοῦ νομίμως ἀθλῆσαι καὶ στέφανον νίκης κομίσασθαι ἐν τῇ ἐνδόξῳ βασιλείᾳ μετὰ πάντων τῶν ἁγίων. » Καὶ ταῦτα εἰπών, ἀφανὴς ἐγένετο ἀπ' αὐτοῦ ὁ ἄγγελος. Ὁ δὲ εἰς ἑαυτὸν γενόμενος καὶ μνησθεὶς ηὐχαρίστει τῷ Θεῷ· ᾔδει γὰρ ἐκ προγόνων τὴν πίστιν τῶν χριστιανῶν. Ὁ γὰρ πατὴρ αὐτοῦ Γορδιανὸς πριμικήριος τυγχάνων τοῦ αὐτοῦ ἀριθμοῦ ἔλεγεν πολλάκις, ὅτι μακάριός ἐστιν ὃς ἂν στρατευθῇ τῷ ἐπουρανίῳ βασιλεῖ· δωρεῖται γὰρ αὐτῷ βασιλείαν οὐρανῶν. Ὁ γὰρ βασιλεὺς ἐκεῖνος λόγῳ τὰ πάντα ἐδημιούργησεν καὶ αὐτός ἐστιν ὁ μέλλων κρίνειν ζῶντας καὶ νεκροὺς καὶ ἀποδοῦναι ἑκάστῳ κατὰ τὰ ἔργα αὐτοῦ. Εἰς ἑαυτὸν οὖν ἐλθὼν καὶ μνησθεὶς τῶν λόγων τοῦ πατρὸς καὶ τὴν ὀπτασίαν τὴν ὀφθεῖσαν αὐτῷ,

1. ῥίγα F. — 2. *corr. prius* καιμωμένου F.

ἤρξατο δάκρυσιν ἐξομολογεῖσθαι καὶ λέγειν οὕτως· « Οἴμοι[1] τῷ ἁμαρτωλῷ, ὅτι δένδρου εὐθαλοῦς κλάδος ὑπάρχων γέγονα ξηρὸς μὴ ἔχων ῥίζαν ἐπιγνώσεως Θεοῦ. »

6. Καὶ ἐν τῷ λέγειν αὐτὸν ταῦτα ἐπέμφθη παρὰ τοῦ βασιλέως σελεντιάριος μετὰ καὶ ἑτέρων πλειόνων καλέσαι αὐτὸν πρὸς τὸν βασιλέα. Τοῦ δὲ παραιτησαμένου, ὑπέρθεσιν ἐποιήσατο τοῦ συνεδρίου ὁ βασιλεύς· καὶ τῇ ἑξῆς μετεστείλατο αὐτὸν Δέκιος. Τοῦ δὲ παραγενομένου καὶ τοῦ συνεδρίου πληρωθέντος, λέγει ὁ βασιλεύς· « Πορευθῶμεν ἅμα εἰς τὸν[2] τῆς Ἀρτέμιδος ναὸν καὶ θυσίαν αὐτῇ προσκομίσωμεν. » Ὁ δὲ ἅγιος ὑποστρέψας ἀπῄει ἐν τῷ πραιτωρίῳ αὐτοῦ. Καί τις τῶν μεγιστάνων διαβάλλει αὐτὸν τῷ βασιλεῖ λέγων· « Εὐσεβέστατε τροπαιοῦχε, νικητά, δεδοκιμασμένε ὑπὸ τῶν θεῶν τὸ βασίλειον διέπειν, γαληνῶς ἀκοῦσαί μου καταξίωσον· ὁ τιμηθεὶς ὑπὸ τῆς αὐτοκρατορικῆς ὑμῶν δεξιᾶς καὶ δοξασθεὶς ὑπὸ τῆς γαληνῶς διεπούσης βασιλείας ὑμῶν τὰ τῶν Ῥωμαίων πράγματα, οὗτος οὐ παρεγένετο ἐν τῷ ναῷ τῆς μεγάλης Ἀρτέμιδος σὺν ἡμῖν θυσίαν ἀποδώσων ὑπὲρ τοῦ ὑμετέρου κράτους. » Ὁ βασιλεὺς ἔφη· « Τίς οὗτος; » Κάτελλος ἀπὸ ὑπάτων εἶπεν· « Μερκούριος, ὃν ἐμεγαλύνατε καὶ ἐφαιδρύνατε διαφόροις ἀξιώμασιν· οὗτος καὶ ἑτέρους ἀναστατοῖ τοῦ μὴ σέβεσθαι τοὺς θεούς, δηλώσει δὲ ὑμῖν τὸ πέρας ἡ αὐτοῦ πρὸς ὑμᾶς ἀπόκρισις. » Δέκιος εἶπεν « Τάχα φθόνῳ τινὶ ἠρμένος πρὸς τὸν ἄνδρα κατ' αὐτοῦ ἐφθέγξω τοιαῦτα· ἀλλ' οὐκ ἀκούσομαί σου, ἐὰν μὴ αὐτοπροσώπως γνῶ τὰ ἀληθῆ· ἀξιοπιστοτέρους γὰρ κρίνω ὀφθαλμοὺς μάρτυρας ὑπὲρ ἀκοήν· σιώπα τοίνυν καὶ μηδένα λόγον ἔχε πρὸς τὸν ἄνδρα. Καὶ εἰ μὲν διαβολικῷ τινι λογισμῷ χρησάμενος κατ' αὐτοῦ ἐφθέγξω τοιαῦτα, δίκην ὑφέξεις οὐ τὴν τυχοῦσαν· εἰ δὲ ἀληθῆ φανείη τὰ παρὰ σοῦ εἰρημένα, τιμὰς καὶ δωρεὰς τεύξῃ παρ' ἐμοῦ ὡς εὐνοϊκῶς διακείμενος πρὸς τοὺς θεοὺς καὶ πρὸς ἡμᾶς. » Καὶ ἐκέλευσεν αὐτὸν ἐλθεῖν μετὰ τῆς προσηκούσης τιμῆς.

1. οἴμμοι F. — 2. τὸ F.

7. Τοῦ δὲ παραγενομένου, ὁ Δέκιος πρὸς αὐτὸν εἶπεν · « Μερκούριε, οὐκ ἐγώ σε ἐτίμησα ἐν τῷ ἀξιώματι τούτῳ στρατοπεδάρχην σε ἀναδείξας ἐνώπιον πάντων μου τῶν ἀρχόντων διὰ τὴν ὑπὸ σοῦ βουλήσει τῶν θεῶν γενομένην νίκην τοῦ πολέμου ; καὶ πῶς παραλογισάμενός μου τὴν τιμὴν τρόπον τινὰ κακοηθείας ἀνελάβου καὶ ἐξουθενῆσαι βούλει τὰς ἐμὰς τιμὰς μὴ προσκυνῶν τοῖς θεοῖς, καθὼς ἤδη ἀκήκοα παρά τινων ; » Ὁ δὲ γενναῖος στρατιώτης τοῦ Χριστοῦ ἀποδυσάμενος κατὰ τὸν ἀπόστολον τὸν παλαιὸν ἄνθρωπον σὺν ταῖς πράξεσιν αὐτοῦ ἐνεδύσατο τὸν νέον τὸν κατὰ Θεὸν κτισθέντα διὰ τοῦ βαπτίσματος, καὶ θαρσαλέᾳ τῇ φωνῇ εἶπεν πρὸς αὐτόν · « Λάβε τὴν τιμήν σου ταύτην ἀπ' ἐμοῦ · ἐγὼ γὰρ ὡς οἶμαι κατ' ὀφειλὴν εἰς τοῦτο ἦλθον ἐν τῷ πολέμῳ νικήσας τοὺς βαρβάρους διὰ τοῦ κυρίου μου Ἰησοῦ Χριστοῦ · πλὴν δέξαι τὰ παρὰ σοῦ ὡς ἔφης ἐμοὶ δωρηθέντα · γυμνὸς γὰρ ἐξῆλθον ἐκ κοιλίας μητρός μου · γυμνὸς καὶ ἀπελεύσομαι ἐν ἐκείνῳ τῷ κόσμῳ. » Καὶ ἀποδυσάμενος τὴν χλαμίδα καὶ λύσας τὴν ζώνην ἔρριψεν εἰς τοὺς πόδας τοῦ βασιλέως κράζων καὶ λέγων · « Χριστιανός εἰμι καὶ πάντες ἀκούσατε ὅτι χριστιανός εἰμι. » Τότε ὁ Δέκιος χολέσας πάνυ, ἅμα δὲ καὶ θαυμάσας τὴν παρρησίαν αὐτοῦ καὶ ἐπὶ τῷ κάλλει καὶ μεγέθει αὐτοῦ ἐκπλαγεὶς ἐκέλευσεν αὐτὸν βληθῆναι ἐν τῇ φυλακῇ εἰπών · « Οὗτος ὁ ἄνθρωπος οὐ συνῆκεν τὴν τιμήν · κἂν τῆς ἀτιμίας αἴσθηται », νομίζων μεταπεῖσαι αὐτοῦ τὸν εὐσεβῆ λογισμόν. Ἀπαγομένου δὲ αὐτοῦ ἐν τῇ φυλακῇ, ἔχαιρεν ὁ μάρτυς καὶ ἠγάλλετο δοξάζων τὸν Θεόν · καὶ τῇ νυκτὶ ἐκείνῃ παρίσταται αὐτῷ ἄγγελος κυρίου λέγων · « Θάρσει, Μερκούριε, καὶ μὴ δειλιάσῃς · πίστευε εἰς ὃν ὡμολόγησας Κύριον. Δυνατὸς γάρ ἐστιν αὐτὸς λυτρώσασθαί σε ἐκ πάσης θλίψεως. » Καὶ τῇ ὀπτασίᾳ τοῦ ἀγγέλου πλεῖον ἐνεδυναμώθη.

8. Τῇ δὲ ἑξῆς προκαθίσας ὁ βασιλεὺς ἐπὶ τοῦ βήματος ἐκέλευσεν παραστῆναι αὐτὸν καί φησιν πρὸς αὐτόν · « Οὕτως σοι πρέπει τοιαύτη τιμὴ διὰ τὴν κακίστην σου γνώμην ; » Ὁ μάρτυς ἔφη · « Ἐμοὶ πρέπει ἡ τιμὴ αὕτη · τὰ γὰρ παρερχόμενα

ἔλαβες, τὰ δὲ εἰς αἰῶνα διαμένοντα ἀντὶ τούτων κομιοῦμαι. » Ὁ βασιλεὺς ἔφη· « Λέγε μοι σὺ τὸ γένος σου καὶ τὴν πατρίδα. » Μερκούριος εἶπεν· « Εἰ θέλεις μαθεῖν τὸ γένος μου καὶ τὴν πατρίδα, ἐγώ σοι ἐρῶ. Ὁ πατήρ μου Γορδιανὸς ἐκαλεῖτο, Σκύθης τῷ γένει· ἐστρατεύετο δὲ ἐν τῷ ἀριθμῷ τῶν Μαρτησίων. Ἡ δὲ πατρίς μου, εἰς ἣν σπεύδω, ἐστὶν ἡ ἐπουράνιος Ἱερουσαλήμ· πόλις δέ ἐστιν τοῦ ἐπουρανίου βασιλέως. » Ὁ βασιλεὺς εἶπεν· « Τὸ ὄνομα τοῦτο ἐκ γονέων κέκλησαι ἢ ἐν τῇ στρατείᾳ ἐκλήθης Μερκούριος ; » Ὁ μάρτυς ἔφη· « Ἐν τῇ στρατείᾳ ὑπὸ τοῦ τριβούνου ἐκλήθην Μερκούριος· ὁ γὰρ πατήρ μου Φιλοπάτορά με ἐκάλεσεν. » Ὁ βασιλεὺς εἶπεν· « Τί οὐ ποιεῖς κατὰ τὰ προσταχθέντα πᾶσιν ἀνθρώποις καὶ προσκυνεῖς τοῖς θεοῖς, ἀπολαμβάνων τὴν προτέραν σου τιμήν ; ἢ μᾶλλον αἱρεῖσαι ἐν βασάνοις ἀποθανεῖν ; Λέγε τάχιστα, εἰδώς, ὅτι διὰ τοῦτο ἐκλήθης. » Μερκούριος ἔφη· « Ἐγὼ ὡς ἔφης εἰς τοῦτο ἐλήλυθα, ἵνα νικήσω σε καὶ τὸν διάβολον τὸν εὑρετὴν πάσης κακίας καὶ στέφανον νίκης κομίσωμαι παρὰ τοῦ ἀγωνοθέτου Ἰησοῦ Χριστοῦ τοῦ κυρίου. Μὴ οὖν βράδυνε μηδὲ ἀναβάλλου, ἀλλὰ πλήρου[1] εἰς ἐμὲ κατὰ τὰ παριστάμενά σοι· ἔχω γὰρ θώρακα πίστεως καὶ τὸν θυρεόν, δι' ὧν νικήσω πᾶσαν ἐπίνοιαν κινουμένην κατ' ἐμοῦ. »

9. Τότε ὁ βασιλεὺς πλησθεὶς θυμοῦ εἶπεν· « Ἐπειδὴ λέγεις ἔχειν θώρακα πίστεως καὶ θυρεόν, γυμνὸς ὑπάρχων, κελεύω σε ταθῆναι εἰς τέσσαρας πάλους καὶ μετεωρισθῆναι ἀπὸ τῆς γῆς. » Τούτου δὲ γενομένου, λέγει αὐτῷ ὁ βασιλεύς· « Ποῦ σου τὰ ὅπλα τὰ πολεμικά ; μὰ τὸν Δία τὸν ἐν θεοῖς μέγιστον, μεγάλως ἀπετάθης. » Ὁ δὲ ἅγιος Μερκούριος ἀναβλέψας εἰς τὸν οὐρανὸν εἶπεν· « Κύριε Ἰησοῦ Χριστέ, βοήθει τῷ δούλῳ σου. » Καὶ πάλιν ὁ βασιλεὺς ἐκέλευσεν μαχαίραις ὀξείαις τέμνεσθαι αὐτοῦ τὸ σῶμα καὶ μετ' ἐκεῖνο πῦρ ὑποστρωθῆναι, ὥστε κατ' ὀλίγον καίεσθαι αὐτόν. Ἐκ δὲ τοῦ πλήθους τῶν

1. πλήροι F.

αἱμάτων ἡ πυρὰ ἐσβέννυτο· καὶ ὁ ἅγιος γενναίως ἐκαρτέρει τὴν τοιαύτην βάσανον. Ο δὲ Δέκιος ἐκέλευσεν. αὐτὸν λυθῆναι, ἵνα μὴ τάχιον ἀποθάνῃ, καὶ ἔν τινι οἴκῳ σκοτεινῷ κατακλεισθῆναι ἀσφαλῶς. Βαστάσαντες οὖν αὐτὸν ἔρριψαν ἐν τῷ οἰκήματι μικρὰν ἔχοντα ἀναπνοήν, νομίζοντες, ὅτι μετὰ μικρὸν τελευτᾷ· τῇ δὲ νυκτὶ ἐκείνῃ φαίνεται αὐτῷ ἄγγελος κυρίου λέγων. « Εἰρήνη σοι, γενναῖε ἀγωνιστά, » καὶ ἀπεκατέστησεν αὐτὸν ὑγιῆ, θεραπεύσας τὰ[1] ἕλκη τοῦ σώματος αὐτοῦ, ὥστε ἀναστῆναι αὐτὸν καὶ δόξαν ἀναπέμπειν τῷ Θεῷ τῷ ἐπιφανέντι αὐτῷ.

10. Πάλιν οὖν ὁ Δέκιος ἐκέλευσεν παραστῆναι αὐτόν· καὶ ἰδὼν αὐτὸν ἔφη· « Νεκρὸς ἀρθεὶς ἀπέμπροσθεν ἡμῶν νῦν ἀφ' ἑαυτοῦ περιπατεῖς, τάχα δὲ οὐδὲ μώλωπα ἔχεις ἐν τῷ σώματί σου ; » Καὶ ἐκέλευσεν τοῖς δορυφόροις καταμαθεῖν αὐτόν. Οἱ δὲ λέγουσιν αὐτῷ· « Μὰ τὴν θειότητά σου εὐσεβῆ, ὡς μὴ λαβόντος αὐτοῦ ψηλαφιῶν[2], οὕτως ἐστὶν τὸ σῶμα αὐτοῦ τρυφερόν, σπίλον μὴ ἔχον. » Δέκιος εἶπεν· « Πάντως ἔχει λέγειν, ὅτι ὁ Χριστός μου ἐθεράπευσέν με· μή τινα εἰσηνέγκατε πρὸς θεραπείαν αὐτοῦ ἐν τῷ φρουρίῳ ; » Οἱ δὲ λέγουσιν πρὸς αὐτόν· « Μὰ τὸ ὑμέτερον κράτος τὸ διέπον πᾶσαν τὴν οἰκουμένην, οὐδεὶς οὐδὲ ἐθεάσατο αὐτόν. Προσεδοκῶμεν[3] γάρ, ὅτι μετὰ μικρὸν τελευτᾷ· πῶς δὲ ὑγιὴς παρίσταται, οὐκ οἴδαμεν. » Ὁ βασιλεὺς εἶπεν· « Ὁρᾶτε τὴν μαγείαν τῶν χριστιανῶν, ὁποία ἐστίν ; πῶς πρὸ τούτου νεκρὸς ἐνομίζετο, ἄρτι δὲ ὑγιὴς παρίσταται ; » Καὶ θυμοῦ πλησθεὶς λέγει· « Τίς ὁ θεραπεύσας σε ; λέγε μετὰ πάσης ἀληθείας· ἄνευ γὰρ βοηθείας οὐκ οἶμαι θεραπευθῆναί σε. » Ὁ ἅγιος Μερκούριος εἶπεν· « Ὡς προεῖπας μὴ θέλων, ὁ κύριός μου Ἰησοῦς Χριστὸς ὁ ἀληθινὸς ἰατρὸς ψυχῶν καὶ σωμάτων αὐτός με ἐθεράπευσεν, φαρμακοὺς δὲ καὶ ἐπαοιδοὺς καὶ κληδονιζομένους καὶ εἰδωλολάτρας ἀπαγορεύει καὶ δεσμοῖς ἀλύτοις δήσας πυρὶ γεέννης παραπέμπει, ἀνθ' ὧν οὐκ ἐπέγνωσαν τὸν ἀληθινὸν Θεὸν τὸν ποιήσαντα αὐτούς. » Ὁ βασιλεὺς εἶπεν· « Πάλιν τὸ

1. τὴ F. — 2. ψηλαφῶν F. — 3. προσδοκῶμεν F.

σῶμά σου ἀναλώσω τοῖς αἰκισμοῖς καὶ ἴδω, εἰ θεραπεύσει σε ὁ Χριστός σου, ὃν σὺ λέγεις.» Ὁ ἅγιος Μερκούριος εἶπεν· «Πιστεύω εἰς τὸν κύριόν μου Ιησοῦν Χριστόν, ὅτι ὅσας τιμωρίας ἐπαγάγῃς μοι, οὐδέν με ἀδικήσεις. Αὐτὸς γὰρ εἶπεν μὴ φοβεῖσθαι ἀπὸ τῶν ἀποκτενόντων τὸ σῶμα τὴν δὲ ψυχὴν μὴ δυναμένων ἀποκτεῖναι, ἀλλὰ φοβήθητε μᾶλλον τὸν δυνάμενον καὶ ψυχὴν καὶ σῶμα ἀπολέσαι ἐν γεέννῃ· ὃς μετὰ θάνατον πάλιν ἀναστήσει με ἐν τῇ φοβερᾷ διακρισίᾳ αὐτοῦ.»

11. Καὶ θυμωθεὶς ὁ βασιλεὺς προσέταξεν σούβλας πεπυρωμένας προσφέρειν ταῖς παρειαῖς αὐτοῦ. Τούτου[1] δὲ γενομένου, ἀντὶ κνίσης εὐωδία ἀρωμάτων ἐκ τοῦ σώματος αὐτοῦ ἔπνει εἰς τοὺς περιεστῶτας. Ὁ δὲ Δέκιος εἶπεν· «Ποῦ ὁ ἰατρός σου; ἐλθέτω καὶ θεραπευσάτω σε νῦν· εἶπας γάρ, ὅτι καὶ μετὰ θάνατον δυνατός ἐστιν πάλιν ἀναστῆσαί με.» Ὁ ἅγιος Μερκούριος εἶπεν· «Ποίει ὃ θέλεις· ἐξουσίαν τοῦ σώματός μου ἔχεις. Τῆς δὲ ψυχῆς μου ὁ Θεὸς ἐξουσιάζει· ὅσον γὰρ τὸ σῶμά μου φθείρεται, τοσοῦτον ἡ ψυχή μου ἄφθαρτος διαμένει.» Πάλιν ὁ βασιλεὺς ἐκέλευσεν αὐτὸν κρεμασθῆναι κατακέφαλα καὶ εἰς τὸν τράχηλον αὐτοῦ λίθον παμμεγέθη ἀποδεθῆναι, ὅπως ἀγχόμενος ὑπὸ τοῦ λίθου ἐν δεινῇ τιμωρίᾳ τὴν ψυχὴν ἀπορρήξῃ. Ἔμεινεν δὲ ὁ μάρτυς ἐπὶ τῇ τοιαύτῃ τιμωρίᾳ ἐπὶ ὥραν πολλήν. Ἰδὼν δὲ ὁ Δέκιος, ὅτι γενναίως ὑποφέρει τὰς ἐπαγομένας αὐτῷ τιμωρίας καὶ οὐδὲν τῶν χαλεπῶν ἅπτεται αὐτοῦ, ἐκέλευσεν τὸν μὲν λίθον λυθῆναι ἀπὸ τοῦ τραχήλου αὐτοῦ, φραγελλωθῆναι δὲ αὐτὸν[2] χαλκῷ φραγελλίῳ, ἕως οὗ τὸ αἷμα αὐτοῦ τὸ ἔδαφος ἐπλήρωσεν. Ὁ δὲ ὄντως ἀδάμας ὑπέμενεν τὰς θλίψεις πάσας εὐχαριστῶν τῷ Θεῷ καὶ λέγων· «Δόξα σοι, ὁ Θεός, ὅτι κατηξίωσάς με ὑπὲρ τοῦ ὀνόματός σου φραγελλωθῆναι.».

12. Γνοὺς δὲ ὁ βασιλεύς, ὅτι ἀμετάθετον ἔχει τὸν λογισμὸν πρὸς τὸ μὴ πεισθῆναι αὐτόν, συμβούλιον ποιησάμενος, ἅμα

1. τοῦτο F. — 2. αὐτῷ F.

δὲ καὶ σπεύδων τοῦ παραγενέσθαι ἐν τῇ Ῥώμῃ, ἔδωκεν αὐτῷ ἀπόφασιν τὴν διὰ ξίφους εἰπών « Μερκούριον τὸν τοὺς θεοὺς ἐξουθενήσαντα καὶ τὸ σεβάσμιον δόγμα τῆς ἡμετέρας ἡμερότητος εἰς οὐδὲν λογισάμενον κελεύει τὸ κράτος μου ἐν τῇ χώρᾳ τῶν Καππαδοκῶν ἀπενεχθῆναι κἀκεῖ τὴν κεφαλὴν ἀποτμηθῆναι πρὸς ἐπίδειξιν πολλῶν· ὅστις γὰρ βασιλεῖ ἀντιπράττει τιμώμενος καὶ δοξαζόμενος ὑπ' αὐτοῦ, μετὰ πολλὰς αἰκίας τῇ διὰ ξίφους τιμωρίᾳ ὑποβληθήσεται. » Καὶ λαβόντες αὐτὸν οἱ ἐπιτεταγμένοι ἀπήγαγον, ἐπιδήσαντες ἐπὶ ζῴου ἑκατέρωθεν διὰ τὸ τὸ σῶμα τοῦ μάρτυρος διαλελύσθαι ἀπὸ τῆς ὑπερβολῆς τῶν βασάνων. Φθάνοντες δὲ κατὰ μονήν, ἠρέμα ἀποτιθέμενοι αὐτόν, οὕτως ἀνέπαυον· καὶ οὕτως ἐν ὀλίγαις ἡμέραις μακρὰν ὁδὸν βαδίσαντες, ἔφθασαν ἐν τῇ Καισαρέων πόλει καὶ ἐπιστὰς αὐτῷ ὁ Κύριος λέγει· « Μερκούριε, δεῦρο λοιπὸν ἀναπαύου, τὸν δρόμον τετέλεκας, τὴν πίστιν τετήρηκας· ἀπολάμβανε τὸν στέφανον τῆς ἀθλήσεώς σου· ὧδε γὰρ κεκλήρωταί σοι τελειωθῆναι. » Καὶ ὁ μάρτυς τῇ ὀπτασίᾳ τοῦ σωτῆρος ἐπιρρωσθεὶς τοῖς μετ' αὐτοῦ οὖσιν λέγει· « Δεῦτε λοιπόν, ἀδελφοί, ποιήσατε τὸ κελευσθὲν ὑμῖν· ὁ δὲ Κύριός μου ὁ πάντας ἀνθρώπους θέλων σωθῆναι καὶ ὑμᾶς καταξιώσει τῆς χάριτος αὐτοῦ καὶ δώσει ὑμῖν εὑρεῖν ἔλεος μετὰ πάντων τῶν δικαίων. » Καὶ ταῦτα εἰπὼν ἀπετμήθη τὴν κεφαλήν, τελειωθεὶς ἐν τῇ ὁμολογίᾳ τοῦ σωτῆρος ἡμῶν Θεοῦ, μηνὶ νοεμβρίῳ εἰκάδι πέμπτῃ.

13. Παράδοξον δὲ θαῦμα ἐγένετο, ὃ ἄξιον μνημονεῦσαι. Μετὰ γὰρ τὴν τελείωσιν αὐτοῦ αὐτὸ τὸ σῶμα τοῦ μάρτυρος ἐγένετο λευκὸν ὡσεὶ χιών, μύρων καὶ θυμιαμάτων εὐωδίαν ἐκπέμπον· καὶ διὰ τὸ σημεῖον τοῦτο πολλοὶ ἐπίστευσαν τῷ Χριστῷ· κατέθεντο δὲ τὸ ἅγιον αὐτοῦ σῶμα ἐν ᾧ τόπῳ ἐτελειώθη, ἔνθα καὶ ἰάσεις ἐπιτελοῦνται, εἰς δόξαν Θεοῦ πατρὸς καὶ κυρίου Ἰησοῦ Χριστοῦ, ἅμα τῷ ἁγίῳ καὶ ζωοποιῷ πνεύματι, νῦν καὶ εἰς τοὺς ἑξῆς καὶ ἀτελευτήτους ἅπαντας αἰῶνας τῶν αἰώνων, ἀμήν.

X

ΜΑΡΤΥΡΙΟΝ ΤΟΥ ΑΓΙΟΥ ΚΑΙ ΕΝΔΟΞΟΥ[1] ΜΕΓΑΛΟΜΑΡΤΥΡΟΣ ΜΕΡΚΟΥΡΙΟΥ.

1. Δέκιος ἡνίκα καὶ Βαλεριανὸς[2] ὁ μὲν ἐπὶ τῶν τῆς Ῥώμης σκήπτρων ἦν, ὁ δὲ τοῖς τῆς ἐξουσίας[3] θρόνοις ἐφήδρευεν, ὡς ἂν[4] ἀπορουμένου Δεκίου μόνου περὶ τὴν τῶν δημοσίων διοίκησιν κρίναντός τε τοῦτον ἔχειν τῶν ἄλλων μᾶλλον συλλήπτορα, τὰ χριστιανῶν ἐκηρύττετο. Οἱ δὲ ὑπερηγανάκτουν καὶ πρὸς ὀργὴν ἀνήκεστον ἐξανήπτοντο, ἐπὶ μέγα μὲν τὰ τῶν οἰκείων θεῶν αὔξειν διανοούμενοι, παντὶ δὲ τρόπῳ περικόψαι καὶ ἐκτεμεῖν τοὺς τῇ Τριάδι λατρεύοντας διαμελετῶντες· ὅθεν ἃ πρότερον ἐν τῇ καρδίᾳ κακά, ὡς ὁ ψαλμῳδὸς εἰπεῖν, ἐμελέτησαν, ταῦτα μετ' οὐ πολὺ καὶ τοῖς δολίοις ἐξήνεγκαν χείλεσι, τὸ πάντα τὸν ἑαυτὸν χριστιανὸν ὀνομάζοντα θάνατον ἔχειν τὸ ἐπιτίμιον· ὡς ἂν δὲ κατὰ τὸ δεισιδαιμονεῖν φανῶσι πάντων ἐπιμελέστεροι, τὸ σκέμμα καὶ τοῖς περὶ αὐτοὺς ἄρχουσιν ἐκοινώσαντο. Ἐπεὶ δὲ κἀκείνους συνηγοροῦντας εὗρον αὐτοῖς καὶ μακαρίους λονιζομένους τοῦ ἐννοήματος, τηνικαῦτα κατὰ τῶν χριστιανῶν ἀμάχῳ θυμῷ χωροῦσι· τὰ δόξαντα δὲ ὧδέ πως ἔχουσι τοῖς θεσπίσμασιν ἐβεβαίουν·

2. « Βασιλεῖς αὐτοκράτορες, τροπαιοῦχοι, νικηταί, εὐσεβέστατοι[5], ἀεισέβαστοι, μέγιστοι, Δέκιος καὶ Βαλεριανὸς τοῖς ὑπὸ τὴν ἡμετέραν ἐξουσίαν. Ἐπειδὴ πολλὰ τὰ εἰς[6] ἡμᾶς τῶν

1. καὶ ἐνδόξου *om.* H. — 2. Βαλλεριανὸς *hic* H. — 3. G. N; Ἀσίας H. — 4. *om.* H. — 5. εὐσεβεῖς H. — 6. πρὸς H.

ἀθανάτων θεῶν εὐεργετήματα πέφυκε καὶ ὡς ἀπὸ πηγῶν ῥέοντα καὶ νῦν μὲν νίκαις ταῖς κατ' ἐχθρῶν στεφανούμεθα, νῦν δὲ ταῖς ἀφθόνοις τῶν ὑπηκόων χορηγίαις ἐνευφραινόμεθα εὐφορίαις τε γῆς συγχαῖρον τὸ ὑποχείριον ἔχομεν, τούτων χάριν αὐτοῖς δὴ τοῖς ἡμετέροις θεοῖς βραχύ τι καὶ ἡ ἡμετέρα γαληνότης διανοουμένη χαρίσασθαι, ἐλαφρὸν τουτὶ θεσπίζει καὶ ἄπονον, πᾶσαν μὲν ἡλικίαν, πᾶσαν δὲ διαφορὰν τύχης καὶ φύσεως ἀντιδεξιοῦσθαι τούτους τὸ κατὰ δύναμιν σπονδαῖς τε καὶ θυμιάμασι καὶ παιάνων ᾠδαῖς. Εἰ δέ τις ἀπειθῶν φαίνοιτο, τὸ κεκινδυνευμένως ἄρτι παρεισφθαρὲν ὄνομα τῶν χριστιανῶν ἑαυτῷ ἐπιγραφόμενος, ὡς μανθάνομεν, καλὸν μέν[1], εἰ μηδὲ ὀλίγον αὐτῶν ἐφροντίζομεν, ἀλλὰ κρημνὸς αὐτοὺς ἢ σταυρὸς[2] ἢ σίδηρος εὐθὺς ἐξεδέχετο· ἐπεὶ δὲ τοῖς ἀθανάτοις περισσεύειν οἶδε καὶ τὸ φιλάνθρωπον, ἀξιούσθωσαν οὗτοι καὶ λόγων καὶ παραινέσεων, ὡς ἄν, εἰ μὲν τῶν εὐγνωμονεστέρων εἶεν καὶ συνετῶν, ἐπιλάβωνται τοῦ συμφέροντος, γνόντες εἰς ὅσον ἀπωλείας ἀποπεπτώκασι, καὶ παρ ἡμῖν ἀπολαύσωσι πλήθους τε δωρεῶν καὶ μεγέθους τιμῶν· αὐτὸ γὰρ τοῦτο τὸ μὴ παραπολέσθαι τινὰ ἐκ πολλῶν[3] πολλοῦ δικαίως τιμώμεθα. Εἰ δὲ καὶ οὕτω τύχῃ τις ἐξ αὐτῶν σκαιὸς εἶναι σφόδρα καὶ δύσερις, ὡς ἐπιμένειν τῷ χαλεπῷ τούτῳ τολμήματι καὶ βασάνων εἰς πεῖραν ἐλθὼν μηδὲ οὕτως ἀφίστασθαι ἀλλ' εἰς τέλος τῆς καινῆς ταύτης ἀντέχεσθαι φλυαρίας, πᾶν εἶδος αὐτῷ κολάσεως ἐν τῷ φανερῷ παρασκευαζέσθω, ἁπλῶς δὲ ἅπας χριστιανὸς γενέσθω τῆς πρὸς τοὺς ἀθανάτους θεοὺς εὐνοίας ὑμῶν ἔργον τε καὶ ἀγώνισμα, κακὸς κακῶς ἀπολλύμενος[4]. »

3. Ταῦτα ἐπεὶ[5] τὰ θεσπίσματα πρῶτα μὲν ἀνὰ τὰς τῆς Ῥώμης κατήχθησαν ἀγοράς, ἔπειτα δὲ τοῖς ἁπανταχοῦ τοπάρχαις διεκομίσθησαν, τοὺς μὲν γὰρ ἔπεμπε Δέκιος, ἑτέρους δὲ καταταχύνων αὖθις ἔπεμπεν· οἵ γε καθάπερ τινὲς σκυθρωποί τε καὶ ἀτυχεῖς ἐπεχωρίαζον[6] ταῖς πόλεσι δαίμονες πάσῃ τε

1. H, N, *om.* G. — 2. (ἢ στ.) H, N, *om.* G. — 3. πολλοῦ H. — 4. H, ἀπολούμενος G, ἀποθούμενος N. — 5. *om.* H. — 6. ἐπιχωριάζοντες H.

χειρὶ τοῖς ἄρχουσι συνελάμβανον. Οἷς μὲν οὖν ἐτύγχανε πάτριον τὸ προσέχειν εἰδώλοις, σπουδῇ τῇ πάσῃ παρὰ τούτων πάντα προσήγετο, ἃ τὸ τῶν εἰδώλων αὔξειν ἐδόκει σεβάσμιον· οἷς δὲ τὸ χριστιανοὺς[1] εἶναι ἢ ἐκ πατέρων ὥς τις ἐσῴζετο κλῆρος[2] ἢ παρ' ἑαυτοῦ τις τὸ τῶν ξοάνων καταμαθὼν ἀσθενέστατον τῆς τῶν ἑλλήνων ἑαυτὸν ἀπέστησε δόξης καὶ πρὸς τὴν εὐσέβειαν μετετάξατο, τούτων ὁ μὲν κατήγγελτο[3], ὁ δὲ[4] ὑπὸ φρουρὰν κατεκλείετο, ἄλλος δὲ διαβολὰς ἁπάσας ἐξ αἰτιουτοῦ μηδενὸς ὑφίστατο· εἶχε γὰρ ὁ διαβάλλειν βουλόμενος τὸν ἑκάστης πόλεως ἄρχειν[5] λαχόντα καὶ πρὸς αὐτὰς τὰς ὑποψίας[6] εὐθέως κινούμενον· οἳ καὶ πρὸς ἐπισκευὰς βασάνων ὑπῆρχον ὀξεῖς καὶ δεινότατοι· ὅθεν καὶ πρὸς κακίαν ἀφόρητοι ἦσαν[7] κἀκεῖνος παρὰ τοῖς βασιλεῦσιν ἐπισημότερος ὃς τῶν ἄλλων χριστιανοῖς ὠμότερος ἦν[8]· οὕτω τεταραγμένους καταμαθόντες τοὺς ὑπὸ τοῖς Ῥωμαίοις ὄντας οἱ βάρβαροι πρὸς τὸν κατ' αὐτῶν ἐξανίστανται πόλεμον. Ἀμέλει καὶ τῷ ἀδοκήτῳ τοῦ πράγματος καταπλαγέντες οἱ βασιλεῖς τὸ στράτευμα συνῆγον καὶ τὰς δυνάμεις συνέταττον καὶ τοῖς τῶν στρατιωτῶν προεστῶσιν ἐκέλευον τάχει παντὶ συλλέγειν αὐτοὺς εἶναί τε πρὸς ἀντιπαράταξιν εὐτρεπεῖς· πολλῶν οὖν ἑτέρων ἐκ διαφόρων πρότερον συλλεγέντων τῶν πόλεων, εἶτα καὶ ὁ τῶν λεγομένων Μαρτησίων ἀριθμὸς ἐξ Ἀρμενίας ὕστερον κατειλήφει, ἁδρότερος ὢν τῶν ἄλλων καὶ τοῖς οἰκειοτέροις τῷ βασιλεῖ συνταττόμενος, ὑπὸ κόμητα τυγχάνων, ᾧ Σατορνῖλος τὸ ὄνομα.

4. Δεκίου γοῦν συνελθόντος τῇ ἐκστρατείᾳ, Βαλεριανὸς τὰς ἐν τῇ πόλει δυνάμεις ἐξήταζε καὶ τοὺς πολέμων ἐμπειρίᾳ διαφέροντας ἐξελέγετο καὶ χεῖρα συχνὴν ἐκεῖθεν ἐξάγων τοῖς τῷ Δεκίῳ συνοῦσιν ἀεὶ προσετίθει. Μετ' οὐ πολὺ δὲ μάχη τε συνερράγη καὶ ἡ κατὰ πρόσωπον συνῆλθεν ἀντίστασις. Καὶ Ῥωμαῖοι μὲν τὰ τῆς ἀρετῆς ἐπεδείκνυντο καὶ τῶν πολεμίων εἰς τέλος ἐφιλονείκουν κρατεῖν. Οἱ βάρβαροι δὲ θυμῷ πλέον

1. χριστιανοῖς H. — 2. (ἐ. κ.) κ. ἐ. H. — 3. κατηγγέλλετο G, H. — 4. *om.* H. — 5. ἀρχὴν H. — 6. (τ. ὑ.) N, ὑπ. H, *om.* G. — 7. ἦσαν ἀφ. H. — 8. *om.* H. N.

ἢ τάξει συνείχοντο καὶ συώδεις τὰς ἐμβολὰς ἐποιοῦντο. Πλὴν ἀλλὰ καὶ οὕτως[1] καρτερῶς ἀντεφιλοτιμοῦντο περὶ τῶν ὅλων· καὶ Ῥωμαιοι μὲν τοῖς ὅπλοις ἐσκευασμένοι λαμπρῶς προθυμίας ἔργα καὶ χειρὸς ἐπεδείκνυντο, οἱ βάρβαροι δὲ ὡς ἔτυχεν ἔχοντες — φιλοκερδὲς γὰρ τὸ σκυθικόν, οὐ φιλόκοσμον — διεκαρτέρουν ὅμως καὶ ἐπὶ πλεῖστον ἀντέπιπτον καὶ τὰς ὁρμὰς ἀνεδέχοντο, ἄχρις ἂν τῶν τις ἀνὴρ Ῥωμαίων[2] καὶ τῆς τῶν Μαρτησίων ὢν παρατάξεως[3], τὸ γένος ἐκ Σκυθῶν ἕλκων, πατρὸς ὢν οὐκ ἀσήμου Γορδιανου τοὔνομα, αὐτὸς δὲ Φιλοπάτωρ μὲν κατονομαζόμενος, Μερκούριος δὲ τὸ ἐπώνυμον ἔχων, ᾧ καὶ μᾶλλον ἢ τῷ ὀνόματι καλούμενος ἐγνωρίζετο, οὔτε πρὸς τὸ πλῆθος οὔτε πρὸς τὴν τόλμαν ὑποδείσας τῶν πολεμίων, γενναιότατα διακόπτων τὰς[4] παρεμβολὰς καὶ λεόντειον κατ' αὐτῶν ἐπιδεικνὺς ὅρμημα, κατὰ τύχην ἐπὶ δεξιὰ νεύσας λευχείμονά τινα καθορᾷ τῇ χειρὶ ῥομφαίαν διεσπασμένον φιλίως τε αὐτῷ προσλαλοῦντα καὶ τὴν ψυχὴν ἐκθαρρύνοντα[5]· « Ἑταῖρε » γὰρ ὁ φανεὶς ἔφη, « Μερκούριε, πρὸς σέ με ὁ τῶν κυρίων ἀπέστειλε κύριος, ἰσχὺν δι' ἐμοῦ σοι δωρούμενος καὶ τὸ κράτος κατὰ τῶν ἀντιτεταγμένων ἀπρόσμαχον. Ταύτην οὖν τὴν ῥομφαίαν δεξάμενος ἔμβηθι κατ' αὐτῶν τῇ τοῦ Χριστοῦ[6] δυνάμει καὶ δεξιᾷ τοὺς πολεμίους τροπούμενος· ἐγὼ δέ σοι καὶ περὶ τῶν μελλόντων ἐρῶ καὶ εἰς οἷον πέρας τὰ σὰ καταντήσει· γενήσῃ μὲν τῷ ἀριστεύματι διαβόητος τῶν συστρατιωτῶν τε[7] φανήσῃ περιδοξότερος· ἔσται δέ σοι καὶ πλοῦτος ἐκ βασιλέως οὐ μετρητὸς εἰς ἀντίδοσιν· πλὴν ἡ τοῦ εὐεργετήσαντος[8] μνήμη τοῦ σε οὕτως[9] Θεοῦ ἐνισχύσαντος τῇ καρδίᾳ ἐνσημανθήτω σου καὶ κυρίου τοῦ Θεοῦ σου ἐπιλήσῃ μηδέποτε. Δεῖ γάρ σε καὶ ὑπεραθλῆσαι τούτου καὶ τὸν τῆς μαρτυρίας στέφανον ἀναδήσασθαι[10]. » Τούτοις ὡς εἰκὸς ἐκπλαγεὶς ὁ Μερκούριος συνεστάλη τῷ καινοπρεπεῖ[11] τοῦ θεάματος

1. οὕτω H. — 2. (ἀ. Ῥ.) Ῥ. ἀ. H. — 3. π. ὢν H. — 4. πάσας H. — 5. (κ. τ. ψ. ἐκθ.) *om.* H. — 6. θεοῦ H. — 7. H, *om.* G. — 8. εὐεργετήματος H. — 9. οὕτω H. — 10. ἀν. στεφ. H. — 11. καινοπρεπος *corr.* H.

καὶ τοῦ θυμικωτέρου μεταβαλὼν σχῆμά τε τὸ πολεμιστήριον ἀποθέμενος καὶ τὸ ξίφος οὐ μετὰ χεῖρας ἔχων, ἀλλ' εὐθέως ὑποζωσάμενος, οἱονεὶ παῖς ὡρᾶτο μετὰ φόβου παιδαγωγούμενος· θάρσους δὲ καὶ προθυμίας πάλιν ὑποπλησθεὶς ὑπὸ τῆς χάριτος[1] πολὺν ἐν ὀλίγῳ κατὰ τῶν βαρβάρων ἐξέκαυσε τὸν θυμόν. Διατεμὼν οὖν τῆς φάλαγγος τὸ βαθύτατον, ἀπείρους τῶν ὑπαντώντων παίων ἀνῄρει ἀτρέπτῳ τε ψυχῆς παραστήματι εὐθὺ κεχώρηκε τοῦ τῶν βαρβάρων ἀφηγουμένου, ῥῆγα τοῦτον καλεῖν σύνηθες· τῶν γοῦν εἰς χεῖρας αὐτῷ ἐρχομένων οἱ μὲν καὶ αὖθις κατέπιπτον, πολλῷ δὲ πλείους τῶν συγκοπέντων μακρόθεν ὑπέφευγον, μόνῃ τῇ θέᾳ τὴν τοῦ τρισαριστέως ῥύμην οὐχ ὑπομένοντες καί τις αὐτὸν πολλάκις βέλει περιξύσας ἢ δόρατι θάνατον ἀπρόοπτον ἀντεκομίζετο[2]· ἐπεὶ δὲ τῶν ἐπιβοηθούντων σωματοφυλάκων, πρὸς δὲ καὶ τῶν δορυφορούντων, ὁ τῶν βαρβάρων ἄρχων γεγύμνωτο, ἔτι δὲ ἀλκὴν[3] σώματος ὁ γενναῖος ἀνυποστάτως φερόμενος καὶ τούτου δὴ τοῦ ῥηγὸς καιρίαν κατενεγκὼν ἔτεμνε τοὺς λοιποὺς οὐδενὸς ἑτέρου συμπράττοντος· ὅθεν οἱ Σκύθαι τοὺς ἀνδρικωτάτους αὐτῶν καὶ πρὸς τόλμαν εὐψύχους τοὺς μὲν κειμένους ἰδόντες, οὓς δὲ καὶ λίαν αἰσχρῶς φεύγοντας, τὰ τῆς ἀσφαλείας καὶ αὐτοὶ τοῖς ποσὶν οὐ τοῖς ὅπλοις πιστεύσαντες, εἰς φυγὴν εὐθέως ἐτράποντο.

5. Δέκιος οὖν ὁ βασιλεὺς ὑπερήσθη τῷ κατορθώματι· ἀνηγγέλη γὰρ αὐτῷ ὅσα κατὰ τῶν πολεμίων Μερκούριος δέδρακε καὶ ὅτιπερ ἔθνος ὅλον μυρίανδρον ἑνὸς εἶξεν ἀριστέως ὁρμήματι[4]· καὶ τοῦτον δὴ παραυτίκα μεταπεμψάμενος ἐπὶ πάνυ πολλαῖς ἀγαθαῖς τῶν Ῥωμαίων ἐλπίσι στρατηλάτην τετίμηκε τοῦ στρατοπέδου τε παντὸς ἀπέφηνεν ἄρχοντα καὶ πράττειν ἐπὶ πᾶσι τὰ κατὰ θέλησιν προετρέψατο. Πάνυ γὰρ Μερκουρίῳ προσεῖχε τὸν νοῦν, ὑπερεπῄνει τοῦ κατορθώματος, ὑπερεφίλει τῆς ὄψεως, ὥστε τοὺς θεοὺς ὁ τύραννος πολλάκις ὀμνύμενος

1. ὑπὸ τῆς χ. πληρωθεὶς H. — 2. ἀπρ. ἀντ. θάνατον H. — 3. διαλκὴν H. — 4. ὁρμη H.

εἰς πίστιν βεβαιοτέραν προσετίθει τοῖς ὀμωμοσμένοις καὶ τὸ τοῦ Μερκουρίου σωτήριον, ἀνθ' ὧν ἔναγχος ἰσχυρόν τε καὶ μέγιστον τὸ τῆς ἀνδρίας δοκίμιον δέδωκε. Τὸ μὲν οὖν ὑπ' αὐτῷ τῶν στρατιωτῶν πλῆθος φιλοτίμως δεξιωσάμενος Δέκιος πρὸς τὴν οἰκίαν ἀφῆκεν ἕκαστον· αὐτὸς δὲ εἰς Ῥώμην ἀναστρέφων τὸν στρατηλάτην εἶχεν ἑπόμενον καὶ πᾶσάν[1] τε αὐτῷ συνευωχούμενον τὴν ἡμέραν. Οὕτω Μερκουρίῳ τῶν πραγμάτων διοικονομηθέντων, ἐν μιᾷ τῶν νυκτῶν ὁ ἐπιφανεὶς αὐτῷ πρότερον καὶ πάλιν ὀπτάνεται[2]. Ὁ δὲ διϋπνισθεὶς ἐξαίφνης ἀνίσταται καὶ τὰς χεῖρας συναγαγὼν ἐν δουλικῷ τῷ προσχήματι τῷ ὀραθέντι παρίσταται. Ὁ φανεὶς δὲ τῷ Μερκουρίῳ δῆθεν διεφιλονείκει τε καὶ τὴν[3] λήθην ὠνείδιζε καὶ[4] ὅτι μὴ τὸν χρήσιμον αὐτῷ ἐπ' ἀνάγκαις γεγενημένον μᾶλλον ἠγάπησεν, ἀλλὰ Δέκιον· « Οὐκ οἶσθα γάρ, ὁ ἄγγελος ἔφησεν, ὅτι περ, ὁπόταν τὴν ῥομφαίαν σοι ἐνεχείριζον καὶ θάρσους ἐνεπίπλων[5], οὕτως ἔφην[6]· Κυρίου τοῦ Θεοῦ σου μὴ ἐπιλάθῃ; ὑπὲρ αὐτοῦ γάρ σε δεῖ καὶ ἀθλῆσαι καὶ τὸν τῆς μαρτυρίας ἀναδήσασθαι στέφανον· οὐ μετὰ τῆς αὐτοῦ συμμαχίας μυρίους κατίσχυσας; οὐ σὺν αὐτῇ τοὺς τοσούτους κατεστρατήγησας; οὐκ ἀγαθός σοι μᾶλλον τῶν βασιλικῶν οἰκημάτων[7] οὗτος ὁ φαινόμενος οὐρανός, ὃς ἡλίῳ μὲν περιλάμπεται, νυκτὸς δὲ σελήνης φωτὶ καταυγάζεται διαπρεπῶς τε τῷ πυρὶ τῶν ἄστρων ἀνθεῖ; » Ἐπὶ τούτοις ὁ μὲν ὀραθεὶς ἀπέστη, Μερκούριος δὲ συναγαγὼν ἑαυτὸν τοῦτο μὲν τῶν παρὰ τοῦ φανέντος ἑαυτῷ[8] λελεγμένων, τοῦτο δὲ καὶ ὧν παρὰ τοῦ πατρὸς πολλάκις κατήκουεν εἰς ἀνάμνησιν ἤρχετο. Ἦν γὰρ κἀκεῖνος τῶν κεκρυμμένων Χριστοῦ μαθητῶν, εἰ καὶ τοῦ Μαρτησίων τάγματος πριμικήριος ἐτύγχανεν ὤν· ὃς καὶ τοιαῦτα τῷ παιδὶ παρῄνει καὶ ὑπετίθετο, ὡς εἴη βασιλεὺς ὁ Χριστὸς προαιώνιος καὶ τῶν ὁρωμένων πάντων δεσπότης καὶ κύριος, τοὺς οὐρανοὺς[9] παραγαγὼν καὶ

1. κατὰ πᾶσαν H. — 2. ὀπτάνετο H. — 3. εἰς H. — 4. *om.* H. — 5. ἐπίμπλων H. — 6. σοι *add.* H. — 7. εἰς κατοικίαν *add.* H. — 8. αὐτῷ H. — 9. τε λόγω *add.* H.

θαλάσσης κύτος ἐξηπλωκὼς γῇ τε θεμέλιον ὕδωρ δοὺς καὶ πάντα φέρων αὐτοκρατῶς ἐρχόμενός τε πάλιν μετὰ δόξης πολλῆς[1] κρῖναι ζῶντας καὶ[2] νεκρούς. Ταῦτα δὴ κατὰ νοῦν συμβαλὼν ὁ Μερκούριος ἐπ' ἀγκῶνος γνωσιμαχῶν ἐκαθέζετο τέλος δὲ ποταμοῖς δακρύων ἔγνω προοιμιάσασθαι τὴν μετάνοιαν. Μεμνημένος οὖν τῶν τε κακῶς αὐτῷ δεδογμένων καὶ τῶν[3] τοῦ πατρὸς καλῶς νενουθετημένων, ὀδυρμοῖς καὶ θρήνοις ἐκόπτετο. Οὕτω μὲν οὖν εἶχε Μερκούριος.

6. Ἐπεὶ δὲ μετεπέμψατο τοῦτον ὁ Δέκιος ἕνα τοῦ συνεδρίου καθάπερ σύνηθες γενέσθαι βουλόμενος, ὁ δὲ ἀνεβάλετο[4], εἰσαύριον ἥξειν ἐπαγγειλάμενος, ἔλυσε μὲν ὁ βασιλεὺς παραχρῆμα τότε τὸν σύλλογον, ὅτι μὴ παραγεγόνει Μερκούριος τὴν σύναξιν μέλλων ἐπικοσμεῖν· αὐτὸς δὲ σχολάζων ἐπέμενε τὴν παρὰ τοῦ Θεοῦ γνῶσιν τοῦ συμφέροντος ἐξαιτούμενος. Ὡς δὲ τῷ βουλευτηρίῳ τῇ ἑξῆς ὑπήντησε κατὰ τὴν ὑπόσχεσιν· « Εἰς τὸν ναὸν τῆς Ἀρτέμιδος ἴωμεν, ἔφη Δέκιος, θύμασί τε αὐτὴν καὶ εἰς τὸ ἐπιὸν ἱλασώμεθα· αὐτὴ γὰρ ἀκινδύνως σε τῷ τῶν καθ' ἡμῶν φονώντων περιερράντισεν αἵματι, τὴν δεξιάν σου κατ' αὐτῶν θαυμασίως νευρώσασα. » Ὁ στρατηλάτης οὖν[5] τὸν χρόνον ἀνατιθεὶς[6] πιθανὸς ἐδόκει τέως καὶ ὑποψίας ἐναντίας τῷ βασιλεῖ ἀλλότριος· ὅθεν ὁ μὲν εἰς τὰ βασίλεια καὶ αὖθις ἀπῄει, Μερκούριος δὲ εἰς τὰς ἀφωρισμένας[7] τῶν οἰκιῶν τοῖς εἰς τὸ τοιοῦτον ἀναβεβηκόσι τοῦ στρατηλάτου ἀξίωμα[8]. Ἀνὴρ δέ τις, ἐξ ὑπάτων ἄρτι πεσών, πανουργότατος ὢν ἅμα καὶ δολιώτατος, ἐν ὑπονοίαις εἶχε τὸν ἅγιον· δι' ἐλπίδα δὲ τιμῆς, ὡς ἔνι σκοπεῖν, κατεῖπε τούτου πρὸς Δέκιον· « Ἥκω σοι » λέγων « μέγιστε βασιλεῦ, οὐκ ἴδιόν τι δηλώσων ἀλλὰ τὸ κοινῇ[9] μάλιστα χρήσιμον· ἐγὼ τῇ σῇ κρίσει Μερκούριον τοῦ στρατοπέδου κατάρξαντα σφόδρα διὰ τιμῆς εἶχον καὶ ὑπανιστάμην αὐτῷ καὶ μεθιστάμην[10], ὁπότε προσίοι, διὰ πολλῆς αἰδοῦς

1. (μετὰ — πολλῆς) *om.* H. — 2. τοὺς *add.* H. — 3. παρὰ *add.* H. — 4. ἀνεβάλλετο H. — 5. πάλιν *add.* H. — 6. ὑπερτιθεὶς H. — 7. ἀφωρισμένους H. — 8. ἀξίμα G. — 9. τὰ *add.* H. — 10. (αὐτῷ — μεθιστάμην) *om.* H.

τὸν ἄνδρα τιθέμενος· ἑώρων τε γὰρ ὡς εὐεργέτην καὶ τῶν μεγίστων ἔκρινον ἀξιώτατον. Ἐπεὶ δὲ νῦν ἐκ προνοίας τἀναντία φρονοῦντα πρὸς θεοὺς πεφώρακα καὶ μονονουχὶ τοὺς βωμοὺς καταστρέφειν αἱρούμενον, τοὺς τοιούτους λόγους προέτεινα, γνώριμόν σοι τὸν ἄνδρα ποιῶν. Σὺ δέ, ὦ γαληνότατε, οὐ πρὸς ὀργήν, ὡς ἴσμεν, οὐδὲ λύπῃ νικώμενος ὡς ἡμεῖς αὐτὸ τὸ πρᾶγμα βαθέως ἅμα καὶ συνετῶς σκοπήσας δοκιμάσεις ὡς ἄριστα, ὅπερ αὐτὸν προσήκει παθεῖν, οὕτω μὲν παρὰ τοῦ σοῦ κράτους τετιμημένον, οὕτω δὲ πρὸς τὴν τοιαύτην τύχην ὑβρίσαντα καὶ τοὺς θεοὺς ἐν οὐδενὶ θέμενον· ὃς οὐχ ἱκανὴν νομίσας τὴν αὑτοῦ πρὸς τοὺς θεοὺς περιφρόνησιν σπουδὴν τίθεται καὶ ἑτέρους τὰ ὅμοια τούτῳ παρασκευάσαι φρονεῖν. » Τούτων ἀκούων ὁ Δέκιος οὔτε τὸν ἄνθρωπον διωθεῖτο καθάπαξ, οὐκ εὐκαταφρόνητον εἶναι τὸ ῥηθὲν λογισάμενος, οὔτε μὴν καθ' ὅλου νενόμικεν ἀξιόπιστον, οἰηθεὶς εἰκὸς εἶναι καὶ διὰ φθόνον ταῦτα συσκευασθῆναι· ὅθεν « Οὐκ ἂν ἐκ πρώτης, » ἔφη, « διαβολῆς, ὦ Μέτελλε, κεκινημένος Μερκουρίου καταψηφίσομαι· μειρακιῶδες γὰρ τοῦτο καὶ ἀτεχνῶς ἄδικον· ἀλλ' ἐνδιατρίψω περὶ τὴν ἔρευναν· καὶ εἰ μὲν εὕροιμί σε[1] διαφθονούμενον καί, ὅτιπερ αἰτιώτατος μόνος τῆς πρὸ μικροῦ νίκης ἐγεγόνει Μερκούριος, βασκήνας αὐτῷ τῆς δόξης τάδε συκοφαντεῖς, οὐ χρηστή σοι κείσεται ἀνταπόδοσις· εἰ δὲ πρὸς ἀλήθειαν μᾶλλον ἐφθέγξω, ἐπαινέσομαί σε καὶ τῶν εἰρημένων σοι[2] διαμνημονεύων ἀναλογοῦσαν παρέξω καὶ τὴν ἀντίδοσιν. »

7. Ἐκ τοῦ παραχρῆμα δὲ τιμίως τὸν στρατηλάτην μεταπεμψάμενος Δέκιος[3]· « Οὐκ ἐγώ σε, εἶπεν, ἀξιώματί τε τῷ ἐπισημοτάτῳ τετίμηκα καὶ τῶν ἀρχόντων ἄρχοντα τῇ τῶν θεῶν βουλήσει κατέστησα καὶ τῇ συγκλήτῳ πρῶτον ἐθέμην; ὅθεν — οὐδὲ γὰρ ἐπικρύψομαι τὸ παράδοξον — αἱ παρατάξεις σοι τῶν Σκυθῶν ἐνδεδώκασι[4]; πόθεν οὖν ἡ τοσαύτη περιέσχε σε φρενοβλάβεια; πόθεν οὓς ἔδει τιμᾶν σε θεοὺς καὶ ὡς εὐεργέταις αὐτοῖς εὐνοεῖν, ἀτιμοῖς μᾶλλον καὶ εἰς μυκτηρισμὸν καὶ γέλωτα τὰ

1. σοι H. — 2. *om.* H. — 3. *om.* H. — 4. H, N, ἐκδεδώκασιν G.

ἐκείνων ποιεῖς; ἀλλὰ γὰρ ἀεὶ τὰ τῶν ἀγαθῶν μεγέθη τοὺς πολλοὺς εἰς ὕβριν διερεθίζει· ποῦ τοίνυν τὸ περὶ τὴν ἡμετέραν ἐξουσίαν εὐπειθές, ὦ Μερκούριε, καὶ περὶ τὰ παραγγέλματα δραστικώτατον; ὅπερ ἐσκηνοποίητό σοι δηλαδὴ καὶ σχήματι μᾶλλον οὐ πράγματι ἐνομίζετο[1]. » Καὶ ταῦτα μὲν ὁ βασιλεύς. Μεταξὺ δὲ δημηγοροῦντος αὐτοῦ, διακόπτειν ἐπειρᾶτο τὸν λόγον ὁ μάρτυς, τὴν ἀκαιρίαν ὥσπερ ἐπιμεμφόμενος. Ἐπεὶ δὲ καὶ τοῦ λέγειν ἐπαύσατο, ὅλον ὁ ἀθλητὴς κατὰ τὸν μέγαν ἀπόστολον τὸν παλαιὸν μὲν ἀποδυσάμενος ἄνθρωπον, τὸν δὲ νέον ἐπενδυσάμενος[2], δῆλον ἑαυτὸν καθιστᾷ καί φησι μετὰ παρρησίας· « Οὐδὲν ἐμοὶ καὶ τῇ σῇ τιμῇ, βασιλεῦ· ἐπὶ σοὶ αὕτη καὶ τοῖς ταύτην μεταδιώκουσιν εἴη· ἐμοὶ δὲ μέλει[3] τιμῆς ἄρα πολλῷ τῷ μείζονι μείζονος· ὡς γὰρ τῷ πολέμῳ τῇ τοῦ Θεοῦ μου δυνάμει κεκρατηκώς, ἐκεῖθεν γάρ μοι προφανῶς ἡ βοήθεια, παρὰ σοῦ προεδρίας ἠξίωμαι, οὕτω καὶ σὲ νικῆσαι δι' ἐκείνου πειράσομαι, ἵνα καὶ τῆς τιμῆς, ἧς ἐρῶ, δι' αὐτοῦ τύχοιμι. Πάντων γὰρ τῶν ἐν τῷ κόσμῳ πολλῶν ὄντων καταπεφρόνηκα διὰ τὴν τοῦ πνεύματος ἐντολήν, ἐν ἴσῳ ταῦτα καπνοῦ καὶ κόνεως θέμενος· οὐδὲ γὰρ ἂν παραθεῖναι τολμήσω τοῖς παροῦσι τὰ μέλλοντα, ἐπείπερ ταῦτα μὲν ὡς εἰπεῖν ἀπανθεῖ καὶ μαραίνεται, τὰ δ' ἐν παραδείσῳ, ὧν σύ, βασιλεῦ, ἑκὼν ἑαυτὸν ἀπεστέρησας, ἀναλάμπει καὶ τέθηλεν εἰς ἀεί τε διαμένει, πολλὴν ἐν ἀπολαύσει τὴν εὐφροσύνην παρέχοντα. » Ἐπὶ τούτοις χριστιανὸν ὁ γεννάδας ἑαυτὸν ἀνεκήρυττε, πάντα τε[4] πάσχειν ἀπέφαινε προθυμότατον, δημίων ἐξεκαλεῖτο καὶ χεῖρας καὶ μάστιγας, τὸν τοῦ δικάζοντος θυμὸν ἀνῆπτε καὶ διηρέθιζε. Τὴν ζώνην οὖν λύσας εὐθὺς ἀποδυσάμενός τε χλαμύδα τὴν ἀρχικήν· « Γυμνὸς ἐξῆλθον ἐκ κοιλίας μητρός, ἔλεγε, γυμνὸς ἐκεῖ καὶ διὰ τὸν ζῶντα Θεὸν ἀπελεύσομαι· ἡ χλαμύς, ἡ ζώνη τῶν σῶν ἀξιωμάτων τὰ σύμβολα· δίδωμί σοι[5], ὦ Δέκιε, τὰ παράσημα ταῦτα[6] καὶ ἑκὼν αὐτῶν ἀπαλλάττομαι. Τί γὰρ ἐμοὶ καὶ τούτοις κοινόν, ἑτέρας ἐρῶντι δόξης, οὐ τῆς παρούσης; » Μετὰ δὴ

1. ἐγνωρίζετο H. — 2. μηδὲν μηδ' ὅλως ὑποστειλάμενος *add.* H, N. — 3. μέλλει H. — 4. *om.* H. — 5. (τὰ — σοι) *om.* H. — 6. (τὰ — ταῦτα) *om.* H.

τὸ τὴν ζώνην μὲν ἀπορρῖψαι, τὴν χλαμύδα δὲ καταθεῖναι παρὰ τῷ βασιλικῷ θρόνῳ τὸν μάρτυρα, τότε μᾶλλον αὐτὸς ἀπερίσκευός τε καὶ μικροῦ γυμνὸς ὀραθεὶς θαυμάσιος ἔδοξε τὴν μορφὴν τοῖς εἰς τὴν ἀκρόασιν παρειλημμένοις τῆς ἐξετάσεως· εὐθὺς δὲ τὴν ὥραν ὡς εἶδε, καταπλαγεὶς Δέκιος, διαπρεπὴς γὰρ εἰ καί τις τῷ σώματι καὶ τῇ τῶν μελῶν εὐρυθμίᾳ Μερκούριος, οὐκ εἶχε τῆς θέας ἀποσπάσαι τοὺς ὀφθαλμοὺς οὐδὲ ἄλλοθί που πολλῶν ἀνθελκόντων μεταγαγεῖν. Οὐδὲν οὖν ἕτερον μετὰ χρόνον ἀλλ' ἢ τὴν κεφαλὴν ἐπισείσας εἰς τὴν εἱρκτὴν ἀπαχθῆναι προστάττει τὸν ἅγιον, λάθρᾳ τοῖς τοῦτον ἀπάγουσιν ἐπισκήψας ἀπειλαῖς αὐτὸν ἐκπλῆξαι καὶ τῆς πολλῆς ταύτης ἐνστάσεως ὑφεῖναι παρασκευάσαι. Ὁ δὲ ὡρᾶτο τοῖς προσιοῦσιν ἀνθηρότερός τε τὴν ὄψιν καὶ ἱλαρώτατος, ὥστε τοῖς πᾶσι γενέσθαι καταφανές[1], ὅτιπερ εὐφροσύνης ἡμέραν ἐκείνην ὅλως ἐνόμισεν, ἐν ᾗ παρέστη τῷ βήματι καὶ χριστιανὸν ἑαυτὸν ἀνεκήρυξε[2]. Κατὰ τὴν φρουρὰν οὖν ὁ μάρτυς γενόμενος καὶ τὰς χεῖρας εἰς οὐρανοὺς ἄρας[3], ἅμα μὲν ηὐχαρίστει τῷ τὴν ψυχὴν παρρησίας πληρώσαντι, ἅμα δὲ καὶ τὴν ὁμοίαν ᾔτει παρὰ Χριστοῦ καὶ εἰς τὸ ἑξῆς περιποιηθῆναι αὐτῷ γενναιότητα. Ταῦτα δὴ προσευχομένου καὶ ἱκετεύοντος ἐπὶ μακρῷ, διῆλθε τὰ τῆς νυκτός· κατὰ δὲ τὸ ταύτης μεσαίτατον ὁ φανεὶς αὐτῷ καὶ πάλιν καταπεφοίτηκεν ἄγγελος, τοῖς δεδογμένοις ἐμμένειν ἀσφαλιζόμενος καὶ τὸν εἰς τὴν ἐκείνου ψυχὴν ἐμφυτευθέντα πόθον Χριστοῦ περιθάλπειν εἰς δύναμιν εἰσέτι τε τῶν ἑλλήνων ἐνώπιον τὸν Χριστὸν κηρύττειν Θεὸν ἀληθῆ, ὅς καὶ πάσης μὲν ἀνάγκης αὐτὸν καὶ θλίψεως ἐξαιρήσεται, πάντων δὲ μετὰ τὴν ἐνθένδε ἀποδημίαν ἀγγέλων παρισταμένων στεφάνῳ κατακοσμήσει μαρτυρικῷ ἀντὶ προσκαίρου τε καὶ βραχείας ὀδύνης πολλὴν ὅτι καὶ ἀΐδιον εὐφροσύνην ἀντιδωρήσεται.

8. Ὅλως τοιγαροῦν τοῦ μάρτυρος τῶν τοῦ φανέντος τότε γενομένου παραγγελμάτων, ἐπεὶ ἡμέρα τε διεφάνη καὶ Δέκιος μὲν ἐπὶ καθέδρας ἐπηρμένης ἐφαίνετο αὐτός τε παρίστατο,

1. N. H, *om.* G. — 2. ἐκήρυξε H. — 3. ἄρας εἰς οὐρ. H.

ὑπούλως πως ὁ τύραννος πρὸς ὁμαλότητα τὸ ἦθος μεταβαλών[1], δολιώτατα προσεφέρετο, « Οὕτω δέον, εἰπών, στρατηλάτα, τιμᾶσθαί σε παρ' ἡμῶν · » ἔτι γὰρ αὐτὸν εἰς μνήμην ἦγε τοῦ ἀξιώματος τῷ φιλοτίμῳ σαίνειν οἰόμενος καὶ οὕτω δολερῶς ἐκκρούειν[2] τὸ εἰς Χριστὸν τοῦ μάρτυρος φίλτρον. Ὁ δὲ καὶ πάνυ ταύτην ἔφη τὴν στάσιν ποθεῖν · « οἶδε γὰρ αὕτη καθέδραν ἐμοὶ καὶ δόξαν αἰώνιον προξενεῖν. » Ἐπὶ τούτοις ὁ μὲν[3] βασιλεὺς παρατείνειν ἔτι τὴν ὁμιλίαν βουλόμενος, ὡς ἂν μὴ βραδὺς[4] δόξῃ μηδὲ ταχύς τις[5] πρὸς ὀργήν · « Τίς σου ἡ ἐξ ἀρχῆς κλῆσις; » εἶπε[6] τῷ μάρτυρι · ὁ δὲ Φιλοπάτωρ μὲν ὀνομασθῆναι παρὰ τοῦ πατρὸς ἀπεκρίνατο, ὑπὸ τοῦ τριβούνου δὲ μετὰ ταῦτα Μερκούριος · « Τί οὖν; » γεγωνότερόν πως καὶ ἀγριώτερον ἐκπεφωνήκει ὁ τύραννος, παραγυμνῶν ὥσπερ τὴν κεκρυμμένην διάνοιαν « ἀπολαμβάνων τὴν προϋπηργμένην σοι τιμήν, ὦ Μερκούριε, τοῖς τῶν θεῶν ἐπιθύεις βωμοῖς; καὶ δίδως τὸ προσῆκον σέβας αὐτοῖς; ἢ καὶ ἔτι τοῖς αὐτοῖς ἐπιμένεις, τῆς ἡμετέρας παρατρυφῶν ἡμερότητος καὶ περὶ τοὺς σωτῆρας μὲν θεοὺς ἀσεβῶς ἀχαρίστως δὲ περὶ ἡμᾶς διακείμενος; » Τούτοις μηδὲν καταπλαγεὶς ὁ Μερκούριος μηδὲ τὸν ἐκείνου θυμὸν ὑποπτήξας μετὰ πολλῆς ἀπελογεῖτο τῆς παρρησίας · « Ἐγὼ πάλαι προωρώμην σου τὴν διάνοιαν, ὦ βασιλεῦ, καὶ τὸ τῆς ψυχῆς ὁποῖον ἐγίνωσκον, ἐφυλαττόμην δέ σου καὶ τὴν δοκοῦσαν ταύτην φιλανθρωπίαν, ἀφορμὴν ἀεὶ γινομένην[7] σοι τοῦ καθ' ἡμῶν στρατηγήματος · ὅθεν οὐδέν με καταπλήττει τῶν σῶν · τί οὖν τὸν χρόνον τρίβεις καὶ ἀναβάλλῃ[8] τὴν βούλησιν καὶ μὴ ἃς δοκεῖς μεγίστας[9] ἐπάγεις μοι τῶν κολάσεων; ἔστι μοι καὶ κράνος καὶ θώραξ καὶ θυρεός, οἷς σοί, βασιλεῦ, ἀντιτάξομαι, οἷς καὶ τρόπων ἐπιβουλὰς νικήσω καὶ χειρῶν ἐπιβολὰς[10] διαφεύξομαι · χώρει γοῦν ἀπὸ τῶν λαθραίων ἐπὶ τὰς φανερωτέρας τῶν ἀναγκῶν · οὐδὲ γὰρ Μερκούριος πρᾶξαί ποτε καταδέξαιτο[11] τὰ τοῖς ἐχθροῖς

1. ὡς ἂν ἐκ τοῦ ἴσου αὐτῷ *add.* H. — 2. ἐκρύειν H. — 3. *om.* H. — 4. βαρὺς H. — 5. ὢν *add.* H. — 6. εἶπεν H. — 7. ἀεὶ *add. hic* H. — 8. ἀναβάλη G. — 9. μεγίστους G. — 10. (νικήσω — ἐπιβολὰς) *om.* H. — 11. καταδέξεται H.

τοῦ Χριστοῦ εὐκταιότατα, εἰ καὶ σπλάγχνα ταῖς πληγαῖς γυμνωθῇ, εἰ τὸ πᾶν τῆς ἰσχύος ἀναλωθῇ ταῖς βασάνοις[1], εἰ καὶ ἐπ' αὐτοῦ μοι τοῦ φάρυγγος ὁ σίδηρος διαβῇ καὶ ἄλλα τινὰ τῶν πώποτε γενομένων[2] κολαστήριά μοι καινουργηθῇ. »

9. Τότε δὴ Δέκιος ὡς πᾶσαν ἀπράκτως καταναλώσας τὴν τῶν λόγων πειθώ, τὸ πᾶν ἐδίδου θυμῷ, οὑτωσὶ δέ πως διαπαίζων τὰ λελεγμένα τῷ μάρτυρι πάνυ χολούμενος ἐπέταττε τοῖς τῆς τάξεως ἐμβριθῶς ἅμα καὶ μανικῶς[3] « Ἐπείπερ » λέγων « ὁ γεννάδας οὗτος ἐξ οὐδεμιᾶς αἰτίας ἠθέλησεν ἐμπορεύσασθαι τὰ συμφέροντα, ἀλλ' ὡς ὁρᾶτε πρὸς τοσαύτην ἐξ ἀπονοίας ἤλασε δυστυχῶς[4] ἄνοιαν, ὥστε καὶ γυμνὸς ἀξίως πρὸ τῶν ὀφθαλμῶν ἡμῶν τῷ φρικώδει τούτῳ[5] βήματι παριστάμενος, οὐκ οἶδα τίσιν ἐλπίσιν αἰωρηθείς, ἀσπίδι πεφράχθαι λέγει καὶ θώρακι καὶ τῇ ψυχὴν ἐπάνω παντὸς ἔχειν ἐγκαυχᾶται δεινοῦ, τηλικούτων δὲ[6] ἀπειλῶν μέγεθος ἐκκαλεῖται, σχοινίοις ἐκ τεσσάρων δεθεὶς εἰς τὸν ἀέρα διατεινέσθω μετέωρος, αἱ τῶν σχοίνων δὲ τέσσαρες ἀρχαὶ πάλοις τισὶ προσδεδέσθωσαν, ἵνα σφοδρῶς οὕτω διατεινόμενος αἴσθηται, οἵων ἀπολαύειν τῶν ἡδέων ἐπιθυμεῖ. » Ἐπεὶ οὖν οἱ στρατιῶται τὸ κεκελευσμένον ὡς τάχος ἐποίουν· « Ποῦ σοι τὰ ὅπλα; » Δέκιος[7] κατειρωνευόμενος ἔφη. Ὁ δὲ ταῖς τῶν τῇ γῇ πεπηγμένων σκολόπων ἀνθολκαῖς βιαίως κατατεινόμενος, καὶ οὕτω γενναίως ἐγκαρτερῶν, ἄνω βλέψας εἰς[8] οὐρανὸν λαμπρὰν ἀφῆκε καὶ μακαρίαν φωνήν· « Κύριε Ἰησοῦ Χριστέ, λέγων, βοήθησόν μοι τῷ δούλῳ σου. » Ὁ τύραννος οὖν εἰς ὕβριν τὴν πρὸς αὐτὸν ἀποσιώπησιν[9] λογισάμενος, ἑτέρας ἐπὶ τῇ προτέρᾳ δύο προστίθησι βασάνους κομιδῇ χαλεπάς, ἃς μόνος Μερκούριος ἔδειξε φορητάς. Τοῖς μὲν γὰρ τῶν δημίων μαχαιρίσι τὸ ἐκείνου σῶμα τέμνειν προστάττει, τοῖς[10] δὲ πῦρ ἠρέμα κάτωθεν ὑποκαίειν, ὥστε ταῖς τομαῖς μὲν τὰς σάρκας αὐτοῦ καταρρεῖν[11], τῷ καπνῷ δὲ καὶ τῷ τῆς

1. (ἀ. τ. β.) τ. β. ἀ. H. — 2. γινομένων H. — 3. (ἐμβριθῶς — μανικῶς) *om.* H. — 4. *om.* H. — 5. (πρὸ — τούτῳ) τῷ H. — 6. τ. τε H, τηλικούτω δὲ G. — 7. τῷ ἁγίῳ *add.* H. — 8. τὸν *add.* H. — 9. τοῦ μάρτυρος *add.* H. — 10. τοὺς H. — 11. αὐτοῦ καταρρεῖν N, H, *om.* G.

φλογὸς ἄσθματι[1] κατὰ βραχὺ συμπνίγεσθαί τε καὶ κατατήκεσθαι. Ταύτας ὁμοῦ τὰς ἀπανθρωποτάτας ὁ θεῖος[2] μάρτυς ὑφιστάμενος τιμωρίας, ἐπὶ μᾶλλον ἐρρώννυτο[3]· καὶ χεῖρες μὲν αὐτῶν[4] δημίων ἔκαμνόν τε καὶ διελύοντο, αὐτὸς δὲ πρὸς πολλὰς[5] ὥρας διεκαρτέρει τῇ ἐπικλήσει Χριστοῦ δυναμούμενος· καὶ τὸ μὲν πῦρ τοῖς αἵμασι κατεσβέννυτο, τὸ δὲ τῆς τοῦ ἀθλητοῦ διανοίας μᾶλλον ἐξήπτετο[6] πρόθυμον. Τότε γοῦν ἀμηχανήσας ὁ Δέκιος[7] τῷ παραδόξῳ[8] τοῦ πράγματος, ἅμα δὲ καὶ τοῦ τί δράσειεν εἰς τὸ μέλλον ἐξαπορούμενος[9], ἀνικήτῳ προσπολεμῶν, ἀνεθῆναι μὲν τῶν δεσμῶν, ἐν οἴκῳ δὲ σκοτεινῷ κλεισθῆναι τοῦτον διακελεύεται. Οἱ τιμωροὶ δὲ τὸν ἅγιον, ἐπεὶ μὴ ποσὶν βαδίζειν ἐδύνατο[10], ἑαυτοῖς ἐπιφορτισάμενοι τῷ ζοφερῷ ἐκείνῳ κατακλείουσι τόπῳ, τὴν ψυχὴν ἐκπνεῦσαι προσδόκιμον ὄντα· καὶ οὕτω μὲν οἱ ἀλάστορες αὐτὸν καταλιπόντες[11] ἀπῄεσαν· ὁ δὲ μάρτυς ἐν τῇ φρουρᾷ ἐπὶ κατατετμημένῳ τῷ σώματι ἀκεραίαν τὴν ψυχὴν περισῴζων εἴχετο τῆς εἰς Χριστὸν προσευχῆς καὶ μόνῳ τῷ νῷ συνελάλει Θεῷ. Ἄγγελος δὲ πάλιν συνήθως παρίσταται βοηθῶν ἐπιφωνῶν τε τὰ μάλιστα προσηνῶς[12]· « Εἰρήνη σοι, γενναῖε ἀγωνιστά » ἅμα δὲ τῷ λόγῳ καὶ ὑγιῆ ἀποκαθιστῶν[13] ὡς τὸ πρότερον.

10. Δι' ὅλης δὲ τῆς νυκτὸς ὑπνομαχῶν φροντίσιν ὁ τὴν μανίαν ἀφόρητος βασιλεὺς καὶ τὴν ἧτταν οὐ φέρων, ἣν ἐπὶ πολλοῖς τοῖς ὁρῶσι Μερκούριος αὐτὸν ἥττησεν, ἅμα δὲ καὶ τοῖς ὠσὶν ἔχων ἐνηχοῦντα τὰς εἰσηγήσεις ὃν ἐκ πρώτης τριχὸς ἠσπάζετο δαίμονα, ἔτι τι[14] καὶ νυκτὸς ἐχούσης αὖθις ἐδέχετο μὲν τὸ βῆμα τὸν τύραννον, ἡ δὲ τάξις ἦγε τὸν ἅγιον. Ἐπεὶ δὲ καὶ παρέστη Μερκούριος ὅλος ἄρτιος, ὅλος ὑγιεινός, εὐθὺς καὶ πρὸς αὐτὴν τὴν ὄψιν ἐξεπέπληκτο Δέκιος, οὕτως ὑγιῶς ἔχοντα βλέπων, ὃν ἐξ ἅπαντος μηδ' ἀναπνεῖν[15] ὑπετόπαζε, πίστεως δὲ τὸ πρᾶγμα δόξας ἀνώτερον τοῖς περιεστῶσι τῶν δορυφόρων τὸ

1. ἀσθενεῖ H. — 2. om. H. — 3. ἐρρώνυτο G. — 4. αἰτῶν G. — 5. τὰς add. H. — 6. ἐξανήπτετο H. — 7. ὁ Δ. ἀμηχανήσας H. — 8. ξένω H. — 9. (ἅμα — ἐξαπορούμενος) ἠλέγχθη γὰρ H. — 10. ἠδύνατο G (?). — 11. καταλ. αὐτὸν H. — 12. om. H. — 13. ἀποκαθιστᾷ H. — 14. τε H. — 15. (μηδ' ἀναπ.) ἀποθανεῖν H.

μαρτυρικὸν ἐγγύτερον σῶμα θεᾶσθαι προσέταττε καὶ τῶν μελῶν ἕκαστα[1] διαψηλαφᾶν· Ὡς δὲ οἷόν τις τὸ σῶμα μαργαρίτης διέλαμπε καὶ πληγῆς οὐδὲ τὸ τυχὸν ἐγκεχάρακτο γνώρισμα, πρὸς τὸν μάρτυρα Δέκιος· « Τάχα που τὰς ἐκ μαχαιρῶν, ἔφη, τομὰς κατὰ πρόνοιαν τῶν θεῶν[2] ἐξιαθεὶς τῷ Χριστῷ σου ἂν ἐπιγράψῃς τὸ εὐεργέτημα καὶ πάλιν δημηγορῶν ὀφθῇς καθ' ἡμῶν τε πολὺς ῥέων καὶ τῶν θεῶν καταφλυαρῶν ἀφρονέστατα. » Ἐπὶ τούτοις ὑπ' ὀδόντα διαψιθυρίσας· « Μή τινα », τοῖς περιεστῶσιν ἔφη, « κατὰ τὸ λεληθὸς εἰσηγάγετε, ὃς αὐτοῦ τὰ κεκακωμένα τοῦ σώματος ἐπιμελείας ἠξίωσεν ; » Ἐκεῖνοι· « Θάνατος, εἶπον, ἡμῖν ἔστω τὸ ἐπιτίμιον, εἴ τι τοιοῦτον δράσαντες φωραθῶμεν. » Δεινῶς οὖν ἐπὶ τούτοις ὁ τύραννος ἐχαλέπαινε, τὴν ἰσχὺν ὑπὸ τῶν[3] τῆς ἀληθείας[4] ἐχθρῶν οὐ φέρων μαρτυρουμένην ὁρᾶν τοῦ Χριστοῦ[5]· ὅθεν καὶ δριμὺ τῷ μάρτυρι ἐνιδών· « Δῆλον, ἔφη, κἂν ἄρτι γενέσθαι τὸν θεραπευτὴν ἡμῖν παρασκεύασον· γοητείᾳ γὰρ μᾶλλον ἢ κρείττονι δυνάμει πεπανουργεῦσθαί σοι τὴν ἴασιν πεπληροφορήμεθα. » Ὁ δέ· « Μηδὲ συλλαλῆσαί μοι ποτὲ γόητι γένοιτο μηδὲ σὺν αὐτοῖς ὅλως μοι τὰ τῆς μερίδος ταχθείη· πῦρ γὰρ ἄσβεστον μετὰ σοῦ τοῖς τοιούτοις ἡτοίμασται. » Τοῦτον ἐκδεξάμενος τὸν λόγον, ὁ βδελυρὸς[6] βασιλεύς· « Ἔστι μοι καὶ δημίων πλῆθος καὶ βάσανοι, εἶπε[7], δι' ὧν καὶ αὖθις ἀπόπειράν σου ποιήσομαι τῆς ἀνδρίας καὶ θεάσομαι[8], εἰ ὁ σὸς Χριστὸς ἐπιβοηθήσει σοι, ᾧ καὶ τὰ τῆς ἰάσεως ἐπιγράφεις. » Πρὸς ταῦτα· « Βέλος μοι, φησί, νηπίων, ὁ ἀθλητής, αἱ παρὰ σοῦ πληγαὶ καταφαίνονται. Αὐτὸς γάρ, ὃν εἶπας, Χριστὸς αὐτός μοι πάρεστι βοηθός· εἰ δὲ ᾔδεις, ὅσα μοι ταῖς πληγαῖς ταύταις προξενεῖς ἀγαθά, καὶ αὐτὸς εἵλου χριτὸς ἐπίσης ἐμοὶ ἢ κριτὴς εἶναι καθάπερ νῦν ἀδικώτατος. »

11. Ἐπὶ τούτοις τὸ πεπαρρησιασμένον καὶ θαρραλέον τοῦ μάρτυρος οὐκ ἐνεγκὼν ὁ παρανομώτατος βασιλεύς, θυμῷ μερί-

1. ἕκαστον H. — 2. (τ. θ.) ἡμετέραν H. — 3. (ὑπὸ τῶν) *om.* H. — 4. ὑπ αὐτῶν ἐκείνων τῶν ταύτης *add.* H. — 5. (τ. Χ.) *om.* H. — 6. βδελλυρὸς G. — 7. εἶπεν καὶ β. H. — 8. (τῆς — θεάσομαι) *om.* H.

σασθαι τοὺς δημίους τὰ μαρτυρικὰ τούτου μέλη προσέταττε καὶ τοὺς μὲν πλήκτροις τισὶν ὀξυτάτοις τοῦτον κεντεῖν[1], τοὺς δὲ πεπυρωμέναις σούβλαις διαπερονᾶν, ἑτέρους κατὰ κόρρης παίειν, τοὺς δὲ ἄλλους ὕβρεσι πλύνειν καὶ τοὺς θεοὺς ἐπιφωνεῖν αὐτῷ φοβεῖσθαι καὶ τὴν προσήκουσαν νέμειν τιμήν. Ἐπεὶ δὲ ἐκείνους μᾶλλον ἀτονοῦντας ἑώρα ἢ τὸν τοῦ Χριστοῦ μάρτυρα τοῖς ἀλγεινοῖς ἐνδιδόντα[2] καὶ παθαινόμενον, πρὸς πλείονα θυμὸν ἐκκαυθεὶς κατὰ κεφαλῆς αὐτὸν κρεμασθῆναι κελεύει, τοῦ τραχήλου δὲ λίθου τι μέγα χρῆμα καὶ λίαν τραχύτατον ἐξαφθῆναι· ὡς δὲ καὶ πρὸς τὴν τοιαύτην βάσανον ὁ γενναῖος ἀνδρικώτατα διακαρτερεῖν ἐῴκει οὐκ ἀνθρωπίνῃ φύσει ἀλλὰ θεϊκῇ συνεργίᾳ, οἱ μὲν[3] παρόντες λῆξαί ποτε τῆς ὀργῆς ἔλεγον τῷ τυράννῳ καὶ μηκέτι κάμνειν ἀπονενοημένῳ ἀνδρὶ μαχομένῳ[4]· οὕτω γὰρ τὴν τοῦ ἀθλητοῦ καρτερίαν οἱ ἀνόητοι ἀπεκάλουν τὸν Δέκιον ὑποπτήσσοντες. Ὁ δὲ τοῖς ἐκείνων λόγοις οὐδέν τι προσσχὼν τῆς αὐτοῦ[5] εἴχετο γνώμης, ὥστε Μερκούριον τῇ παρατάσει τῶν ἀλγεινῶν τῆς ἐνστάσεως ἐνδοῦναι παρασκευάσαι. Χαλεπὸν γὰρ ἔλεγεν εἶναι φανερῶς οὕτω περιορᾶν ὑπ' ἐκείνου τοὺς θεοὺς καθυβριζομένους, οἳ μείζονα τῶν ἐκ γειτόνων αὐτῷ βασιλέων παρέσχοντο δύναμιν· καὶ διὰ τοῦτο οὐδὲν ἧττον τῆς τῶν ἔργων ὠμότητος εἴχετο τῶν τε κινδύνων ἐπενόει τὸν ἔσχατον. Τοῖς γοῦν περὶ ταῦτα[6] διακονουμένοις ἀφελεῖν μὲν ἐκ τοῦ τραχήλου τὸν λίθον ἐπέταττε, τετραφραγέλλῳ δὲ μάστιγι καὶ αὐτῇ χαλκενδέτῳ τύπτεσθαι αὐτὸν ἰσχυρῶς ἐκέλευεν, ἕως, φησί, ταῖς τῶν πληγῶν ἐπιθέσεσιν ἡ δύσερις τούτου ψυχὴ ἀπορραγείη τοῦ σώματος.

12. Ἀλλὰ καὶ οὕτω μακρὰν διέπεσε τοῦ σκοποῦ, ἅτε δὴ τοῦ ἁγίου καὶ ἔτι λίαν εὐψύχως ταῖς ἀλγηδόσιν ἐμμένοντος· μόλις δέ ποτε καταπειθὴς γεγονώς, ὅτι πρότερον ἂν αὐτὸν τὸ τοῦ βίου πέρας ἐκδέξεται[7] ἢ Μερκούριον δυνήσεται μεταπεῖσαι τῆς εἰς Χριστὸν μεταστῆναι[8] ὁμολογίας, τοιαύτην ἐκφέρει κατ' αὐτοῦ

1. κατακεντεῖν H. — 2. ἐνδιδοῦντα H. — 3. Ν, δὲ G. — 4. διαμαχομένῳ H. — 5. αὐτῆς H. — 6. τὰ τοιαῦτα H. — 7. ἐκδέξαιτο H. — 8. ἀποστῆναι H.

τὴν ἀπόφασιν· « Μερκούριον τὸν τοὺς μεγάλους μὲν ἐξουθενηκότα θεοὺς τοῦ ἡμετέρου δὲ προστάγματος παρακούσαντα εἰς τὴν τῶν Καππαδοκῶν ἀπαχθῆναι κἀκεῖ τὴν κεφαλὴν ἀποτμηθῆναι κελεύω. » Ὁ μὲν οὖν εἴχετο τῆς εἰς Ῥώμην ἀπαγούσης· οἱ δὲ τὸν μάρτυρα παραλαβόντες, ἐπεὶ μὴ καὶ[1] βαδίζειν οὗτος ἐδύνατο, τὸ σῶμα τούτου διαβαστάζοντες πρὸς τὴν τῶν Καππαδοκῶν ἤλαυνον. Εἰς τὴν τῶν[2] Καισαρέων δὲ ἀφικόμενοι τὸν ἐκ τῆς μακρᾶς ὁδοῦ γενόμενον αὐτοῖς κάματον παραμυθήσασθαί πως διενοοῦντο· ἔνθα καὶ ὁ Χριστὸς τῷ αὐτοῦ μάρτυρι ἐπιφανεὶς χαίρειν τοῦτον παρακελεύεται, ἤδη τὸν καλὸν ἀγῶνα τετελεκότα καὶ τῶν βραβείων ἐγγὺς γενόμενον, ἐσήμανε δὲ καὶ τὸ τῆς ἀθλήσεως αὐτοῦ τέλος εἰς καλὸν τοῖς τε[3] Καισαρεῦσι καὶ πᾶσι τοῖς δι' αὐτοῦ ἐπικαλουμένοις αὐτὸν γενέσθαι. Καὶ ὁ μὲν οὕτω παρακληθεὶς τὴν ψυχὴν ἐπευξάμενός τε τοῖς εἰς αὐτὸν ἐξαμαρτήσασιν ἀμνηστίαν, ὑπὲρ δὲ τῶν τὴν ἡμέραν τῆς αὐτοῦ τελειώσεως διὰ τιμῆς ἀγόντων μετέπειτα τὸν δεσπότην καθικετεύσας τῷ τοῦ σταυροῦ τε σημείῳ ὅλον ἑαυτὸν ἐπισφραγισάμενος, πληροῦν τὸ προσταχθὲν εἰς αὐτὸν τοῖς δημίοις ἐπέτρεπεν· οἳ καὶ τὴν τελευταίαν τούτῳ διὰ ξίφους πληγὴν ἐπαγαγόντες τὴν αὐτοῦ τιμίαν ἐξέτεμον κεφαλήν, πέμπτην ἐπὶ εἰκάδι τότε τοῦ νοεμβρίου μηνὸς ἄγοντος.

13. Καὶ οὕτω μὲν οἱ τὴν μαρτυρικὴν ἐκείνην[3] ἐνηργηκότες σφαγὴν ὑπεχώρουν[4] ἤδη, πολλὰ τῆς ὠμότητος Δεκίῳ[5] κατηγοροῦντες· ἡ γῆ δέ, ἔνθα τὸ ἀθλητικὸν ἐκεῖνο διὰ Χριστὸν αἷμα κατέρρει, πᾶσα καθηγιάζετο τὸ σῶμά τε τοῦ μάρτυρος ὥσπερ χιὼν ὅλον διέφαινε καὶ εὐωδίας οἱ παρόντες μύρων τε καὶ θυμιαμάτων ἠσθάνοντο· καὶ πολλοὶ δὲ νοσήμασι κατεχόμενοι διαφόροις ὑγείας καὶ θεραπείας ἀπέλαυον, αἰνοῦντες τὸν ἐπὶ πάντων Θεὸν καὶ δοξάζοντες, ὅτι αὐτῷ ἡ δόξα[6] εἰς τοὺς αἰῶνας, ἀμήν.

1. *om.* H. — 2. *om.* H. — 3. *om.* H. — 4. ἀπεχώρουν H. — 5. Δεκ'ου H. — 6. (ὅτι — δόξα) τιμῶντες δὲ καὶ τὸν αὐτοῦ μάρτυρα Μερκούριον ὅτι Χριστῷ πρέπει τιμὴ κράτος μεγαλωσύνη τε καὶ μεγαλοπρέπεια νῦν καὶ ἀεὶ καὶ S.

XI

Cod. K, L.

ΜΑΡΤΥΡΙΟΝ ΤΟΥ ΑΓΙΟΥ ΜΕΓΑΛΟΜΑΡΤΥΡΟΣ ΔΗΜΗΤΡΙΟΥ.

1. Ὅτε Μαξιμιανὸς ὁ βασιλεὺς ἐν τῇ Θεσσαλονικέων διῆγε πόλει, δεισιδαίμων καὶ θεομάχος ἄνθρωπος καὶ εἰς βάθος τῆς πλάνης ὠλισθηκώς, ἐδιώκοντο μὲν οἱ τῆς εὐσεβοῦς θρησκείας ἐκπληρωταί, ἀνῃροῦντο δὲ οἱ τῆς ἀληθινῆς σοφίας θεραπευταί ἐν οἷς ἦν καὶ ὁ μακαριώτατος Δημήτριος, ἐμφανῆ ποιῶν ἑαυτὸν καὶ οὐδένα κίνδυνον[1] ἢ φόβον[2] ὑποστελλόμενος, βίον μὲν καθαρὸν καὶ ἄμεμπτον ἐκ νεότητος[3] ἐπιδειξάμενος, τὸν δὲ σωτήριον λόγον ἔχων ἐν ἑαυτῷ καὶ μεταδιδοὺς τοῖς παρατυγχάνουσι καὶ διδάσκων αὐτοὺς μετὰ προθυμίας, πείθων δὲ καὶ διαλεγόμενος κατὰ τὸ ἀποστολικὸν ἔνταλμα τοῦ μακαρίου Παύλου, πρὸς τὸν ἅγιον Τιμόθεον γράψαντος[4] καὶ ὑποθέσθαι καταξιώσαντος τό· «ἐπίστηθι εὐκαίρως ἀκαίρως.» Οὗτος ὁ θεοφιλέστατος Δημήτριος πᾶσαν ἠβούλετο κερδᾶναι ψυχὴν καὶ τοὺς ζωοποιοὺς ἐποιεῖτο λόγους δεικνὺς[5] καὶ ἑρμηνεύων, ὅτι τὸν ἄνθρωπον ἀπολωλότα καὶ ταῖς ἰδίαις ἀνομίαις τεθανατωμένον ἡ πάνσοφος τοῦ Θεοῦ λόγου κατὰ σάρκα παρουσία διέστησε μὲν ἀπὸ τῆς πλάνης, ἀπεκάθηρε δὲ πάσης ἀγνοίας καὶ παντὸς σκότους, φῶς δὲ ἀνέτειλε καὶ ἡμέραν ἐλευθερίας ἐν[6] ταῖς ψυχαῖς τῶν δεχομένων αὐτὴν

1. φόβον L. — 2. κίνδυνον L. — 3. ἐκ νεότητος *om.* L. — 4. γράφοντος L. — 5. δεικνύων L. — 6. *om.* L.

ἀπειργάσατο, δικαιοσύνην, ἐπιείκειαν, εἰρήνην, ἀγάπην, ἐλπίδα, ζωὴν αἰώνιον περιποιοῦσα[1], τὰ πρόσκαιρα μὲν ἀπορρίπτουσα[2], τῶν δὲ ἀϊδίων καὶ ἀφθάρτων ἀρραβῶνα παρέχουσα[3], τὴν ἐκ νεκρῶν ἀνάστασιν καὶ τὴν εἰς παράδεισον ἐπανάζευξιν προξενοῦσα[4].

2. Πολλῶν οὖν αὐτῷ[5] διὰ ταῦτα προσιόντων[6] καὶ μεγαλυνομένης τῆς περὶ αὐτὸν[7] φήμης, οἱ τὴν ἀναζήτησιν τῶν τοιούτων προστεταγμένοι[8] ποιεῖσθαι δήμιοί[9] τινες ὄντες ὑπηρέται θανάτου συλλαβόμενοι τὸν μακάριον τῷ θεομάχῳ Μαξιμιανῷ καθάπερ τι μέγιστον[10] θήραμα προσήγαγον, οἰόμενοι ἑαυτοὺς μάλιστα τῷ βασιλεῖ παραθέσθαι, εἰ[11] τὴν ἐπιμέλειαν τοῦ μηδένα χριστιανὸν λανθάνειν ἐπεδείξαντο[12]· καὶ ὁ μὲν ἔτυχεν ἐπὶ τὸ στάδιον τῆς πόλεως ἀνιὼν[13] θέας ἕνεκεν τῶν μονομαχεῖν[14] μελλόντων· ἐκεῖ γὰρ αὐτῷ παρεσκεύαστο διά τινων σανίδων κύκλῳ[15] περιπεφραγμένος τόπος[16], ὁ δέχεσθαι μέλλων τοὺς ἀντικρὺ[17] ἀλλήλων πολεμήσοντας θεατρικῶς· τέρψις γὰρ ἦν αὐτῷ[18] βλέπειν ἀνθρωπίνων αἱμάτων ἔκχυσιν[19].

3. Πλὴν οὐκ ἐκτὸς φροντίδος καὶ μερίμνης εἶχε τὸ ἡδόμενον· διέκειτο γὰρ περί τινα Λυαῖον ὀνόματι μονομάχον, ὃς ἤδη πολλοὺς ἀνηρήκει, δυνάμει καὶ μεγέθει σώματος ἀποχρώμενος καὶ τὴν ἐν τῷ φονεύειν ἐμπειρίαν διὰ μελέτης[20] καὶ συνηθείας βεβαιοτέραν κεκτημένος. Τοῦτον ἐπειδήπερ ἅπαντες ἐδεδοίκεσαν καὶ ἀνταγωνιστὴς αὐτῷ ἀνεφαίνετο οὐδὲ εἷς[21], ἐν τοῖς πρώτοις αὐτὸν[22] εἶχεν ὁ Μαξιμιανὸς καὶ φιλεῖν ἐπεδείκνυτο.

4. Καὶ ἡδέως μὲν ἀπέβλεπεν εἰς αὐτόν, ἐπῄνει δὲ καὶ ἐθαύμαζε καὶ ὡς ἐπὶ μεγάλῳ κτήματι τῇ ὑπερηφανίᾳ τοῦ ἀνδρὸς ἐσεμνύνετο. Ὅτε δὲ πλησίον ἐγένετο τοῦ σταδίου, τότε προσάγουσιν αὐτῷ οἱ συνειληφότες τὸν ἅγιον[23] Δημήτριον.

1. περιποιοῦσαν K, L. — 2. ἀπορριπτοῦσαν K, (τὰ προσκ. — ἀπ.) *om.* L. — 3. L, παρέχουσαν K. — 4. προξενοῦσαν K, L. — 5. *om.* L. — 6. προσόντων L. — 7. αὐτοῦ L. — 8. L, προστεταμένοι K. — 9. δημόσιοι L. — 10. μέγα L. — 11. *om.* L. — 12. L, ἐπιδείξαντο K. — 13. τῆς πόλεως ἀνιὼν *om.* L. — 14. μονομάχων L. — 15. κύκλος L. — 16. *om.* L. — 17. ἀντικρὺς L. — 18. ὅτι τέρψις ἦν αὐτῶ τὸ L. — 19. ἐκχύσεις L. — 20. ἐν τῶ φεύγειν μελέτην δι' ἐμπειρίας L. — 21. οὐδεὶς ὃν L. — 22. πρώτοις αὐτὸν *om.* L. — 23. μακάριον L.

Πυθόμενος δὲ ὁ βασιλεύς, ὡς χριστιανὸς εἴη, τῶν ἐσομένων αὐτῷ θεαμάτων ὅλος ὤν, τὸν μὲν μακάριον Δημήτριον ἐκέλευσεν [1], αὐτοῦ που παρὰ τὸ στάδιον δημοσίου γειτνιῶντος βαλανείου, περὶ τὰς τῶν καμίνων φρουρεῖσθαι καμάρας [2]. Αὐτὸς δὲ προκαθίσας καὶ τὸν Λυαῖον εἰσαγαγὼν ἐκάλει τὸν βουλόμενον αὐτῷ μονομαχεῖν, προτιθεὶς δῶρα καὶ ἐπαγγελλόμενος πολλά.

5. Καί τις ἐκ τοῦ δήμου νεανίσκος ὀνόματι Νέστωρ, ἄρτι τὸν ἴουλον ἐπανθοῦντα φέρων, καταπηδήσας ἐκ τῶν ἄνωθεν βαθμίδων καὶ ἐπαναιρούμενος [3] τὴν πρὸς τὸν Λυαῖον μονομαχίαν εἱστήκει, ὡς ἐκπλαγέντα τὸν Μαξιμιανὸν καλέσαι πρὸς ἑαυτὸν τὸν εἰς τοῦτο προπηδήσαντα καὶ συμβουλεύειν αὐτῷ λέγοντα· « Οἶδα, ὅτι χρημάτων σε σπάνις εἰς τοσοῦτον ἀρθῆναι φαντασίας παρεσκεύασεν, ἵνα περιγενόμενος πλοῦτον ἀθρόον κτήσῃ ἢ ἀποτυχὼν πενίας ἐνοχλούσης μετὰ τοῦ ζῆν [4] ἀπαλλαγῇς· ἐγὼ δέ σοι δι' οἶκτον τῆς ἡλικίας καὶ τῆς νεότητος, ᾗ [5] κεκόσμησαι, δώσω καὶ ὑπὲρ μόνης τόλμης ἀντάξια καὶ ἀρκοῦντα χρήματα· καὶ ἄπιθι μετὰ τοῦ ζῆν ἔχων καὶ τὰ χρήματα. Λυαίῳ δὲ ἑαυτὸν μὴ ἀντιστήσῃς, ἐπειδὴ σοῦ πολλοὺς ἤδη [6] δυνατωτέρους ἀπήλλαξε. »

6. Ταῦτα ἀκούσας ὁ Νέστωρ οὔτε ἥρπασε τὴν τοῦ βασιλέως φιλοτιμίαν οὔτε ἐδειλίασε πρὸς τὸν ἔπαινον τοῦ Λυαίου, τῷ βασιλεῖ δὲ ἀπεκρίνατο· « Οὐ χρημάτων ἐπιθυμῶ [7] οὐδὲ διὰ τοῦτο ἐπὶ τὸν ἀγῶνα [8] ἐλήλυθα, ἀλλ' ἵνα κρείττονα [9] τοῦ Λυαίου ἐμαυτὸν συστήσω. » Μηδὲ γὰρ [10] βούλεσθαι ζῆν ἢ πλουτεῖν, εἴξαντα καὶ ἐκχωρήσαντα τῇ προλαβούσῃ τοῦ Λυαίου δόξῃ. Εὐθὺς οὖν ὅ τε βασιλεὺς καὶ οἱ περὶ αὐτὸν τῷ Λυαίῳ σπουδάζοντες ὀργῆς τούτων λεχθέντων ἐπλήσθησαν [11], τὴν ἀλαζονείαν τοῦ Νέστορος οὐχ ὑπομείναντες. Καὶ ὁ μὲν βασιλεὺς προτρεπόμενος ἐβόα καὶ παρεθάρρυνε τὸν Λυαῖον, ὁ δὲ ἄξιον τῆς βασιλικῆς κρίσεως ἑαυτὸν ἔσπευδεν [12] ἐπιδείξασθαι. Γενομένης δὲ τῆς

1. Δ. ἐκέλευσεν *om.* L. — 2. ἐ[κέλευσεν *haec supra lin.* L. — 3. ἐπανηράμενος L. — 4. μετὰ τοῦ ζῆν *om.* L. — 5. ἧς L. — 6. *om.* L. — 7. τῶν χρημάτων σου ἐπ. φήσας L. — 8. τοῦτον *add.* L. — 9. κρείττων L. — 10. ἂν *add.* L. — 11. (λεχθ. ἐπ.) ἔπλησαν L. — 12. *om.* L.

συμπλοκῆς, καιρίαν λαβὼν ὁ Λυαῖος αὐτός τε ἀνῃρέθη παραχρῆμα καὶ τὴν ἐσχάτην τῷ βασιλεῖ περιεποίησε σύγχυσιν.

7. Ὅθεν οὐδὲ [1] ἀμειψάμενος τοῖς προτεθεῖσι καὶ ἐπαγγελθεῖσι χρήμασι τὸν Νέστορα, παραυτὰ τῆς καθέδρας ἀπεπήδησε καὶ στυγνὸς ἐπὶ τὰς ἰδίας αὐλὰς ἐπανήρχετο. Ὑποβαλόντων δὲ αὐτῷ τινων περὶ Δημητρίου, ὡς ἐκεῖνος αἴτιος τῆς τοῦ Λυαίου σφαγῆς γένοιτο, εὐχαῖς κατ' αὐτοῦ ὁπλίσας τὸν Νέστορα [2], αὐτίκα παροξυνθεὶς καὶ ὡς ἔθος ἐστὶ τοῖς θεομαχοῦσιν οἰωνισάμενος, ὡς οὐκ [3] ἀγαθῷ συμβούλῳ [4] χρησάμενος αὐτῷ, ἡνίκα ἐπὶ τὸ στάδιον ἤρχετο [5], λόγχαις αὐτὸν ἐν τοῖς τόποις αὐτοῖς [6] ἐν οἷς καθεῖρκτο διαφθαρῆναι κελεύει· καὶ οὕτως ὁ μακαριώτατος τῆς καλῆς ὁμολογίας τὴν μαρτυρίαν ἐπλήρωσε. Τὸ δὲ πανάγιον αὐτοῦ [6] λείψανον καταφρονηθὲν ὑπὸ τῶν ἀνῃρηκότων οἱ τῶν τότε ἀδελφῶν εὐλαβέστεροι ἄνδρες, λαβόντες νυκτός [7], ὥστε διαλαθεῖν, ἐν αὐτοῖς οἷς ἔρριπτο χώμασι διαμησάμενοι τῆς γῆς ὅσον οἷόν τε ἦν, ἔκρυψαν, ἵνα μὴ παρά τινος τῶν αἱμοβόρων ζῴων ὑπομείνῃ βλάβην [8]. Οὐδενὶ δὲ μετὰ [6] ταῦτα διὰ φροντίδος ἐγένετο μετενέγκαι τὸ σωμάτιον τοῦ μακαρίου, ἀλλ' ἔμενεν ἐπὶ σχήματος.

8. Ἐκ δὲ τῶν ὑπὲρ λόγον [9] ἐν τῷ τόπῳ γινομένων δυνάμεων ἰάσεών τε [10] καὶ χαρισμάτων τοῖς μετὰ πίστεως ἐπικαλουμένοις περιβοήτου γενομένης τῆς ἐνεργείας τοῦ μάρτυρος, Λεόντιος ὁ θεοφιλέστατος ἀνὴρ κατακοσμῶν τὸν τῆς ἐπαρχότητος κατὰ τὸ Ἰλλυρικὸν θρόνον, τὴν περιέχουσαν τὸ πανάγιον [11] λείψανον οἰκίαν ἐπὶ μικροῦ πάνυ τοῦ σχήματος [12] ὑπάρχουσαν καὶ [13] φορυτοῖς περικεχωσμένην καὶ στενουμένην [14] ὑπὸ τῶν περιβόλων τοῦ δημοσίου λουτροῦ καὶ τοῦ σταδίου περιελὼν καὶ περικαθάρας χωρίοις τε [15] εὐρυτέροις ἐμπλατύνας, ἀνήγειρε τὸν εὐκτήριον

1. οὔτε L. — 2. (ὡς ἐκεῖνος — Νέστορα) *om.* L. — 3. (ὡς οὐκ) καὶ καθάπερ L. — 4. συμβόλω K (?) — 5. διήρχετο L. — 6. *om.* L. — 7. νύκτωρ L. — 8. λώβην L. — 9. (ὑπὲρ λόγον) προσόντων οὐ μικρὸν L. — 10. δυνάμεων καὶ συνθημάτων L. — 11. ἅγιον L. — 12. (ἐπὶ — σχήματος) χθαμαλοτάτην (*in marg.* χαμηλοτάτην) L. — 13. *om.* L. — 14. περιστενουμένην L. — 15. πλατυτεροις *add. in margine* L.

οἶκον, τῇ Θεσσαλονικέων πόλει οἰκεῖον μάρτυρα καὶ πολίτην λαμπροτέραις τοῦ ναοῦ κατασκευαῖς εἰς ἑτοιμοτέραν εὐηκοΐαν αὐτὸν[1] ἐπαγόμενος, ἐν Χριστῷ Ἰησοῦ τῷ κυρίῳ ἡμῶν, μεθ' οὗ τῷ πατρὶ σὺν ἁγίῳ πνεύματι δόξα. τιμή, κράτος[2] εἰς τοὺς αἰῶνας τῶν αἰώνων.

1. *om.* L. — 2. (μεθ' οὗ — κράτος) ᾧ ἡ δόξα. L.

TABLE ALPHABÉTIQUE

K

L

M

N

O

P

R

S

TABLE DES MATIÈRES

Abbeville. — Imprimerie F. Paillart

For EU product safety concerns, contact us at Calle de José Abascal, 56–1°, 28003 Madrid, Spain or eugpsr@cambridge.org.

www.ingramcontent.com/pod-product-compliance
Ingram Content Group UK Ltd.
Pitfield, Milton Keynes, MK11 3LW, UK
UKHW010345140625
459647UK00010B/844

* 9 7 8 1 1 0 8 0 8 1 4 5 0 *